中国特色高水平高职学校和专业群建设研究与实践

（成果篇）

主　编　申雪峰
副主编　崔　岩

北京理工大学出版社
BEIJING INSTITUTE OF TECHNOLOGY PRESS

版权专有 侵权必究

图书在版编目（CIP）数据

中国特色高水平高职学校和专业群建设研究与实践. 成果篇 / 申雪峰主编. -- 北京：北京理工大学出版社，2024.10.
ISBN 978-7-5763-4503-2

I. G718.5

中国国家版本馆 CIP 数据核字第 20242VJ715 号

责任编辑：徐艳君　　**文案编辑**：徐艳君
责任校对：周瑞红　　**责任印制**：李志强

出版发行 / 北京理工大学出版社有限责任公司
社　　址 / 北京市丰台区四合庄路 6 号
邮　　编 / 100070
电　　话 / (010) 68914026（教材售后服务热线）
　　　　　(010) 63726648（课件资源服务热线）
网　　址 / http://www.bitpress.com.cn

版 印 次 / 2024 年 10 月第 1 版第 1 次印刷
印　　刷 / 涿州市新华印刷有限公司
开　　本 / 787 mm×1092 mm　1/16
印　　张 / 24.75
字　　数 / 611 千字
定　　价 / 96.00 元

图书出现印装质量问题，请拨打售后服务热线，负责调换

编 委 会

主　任　申雪峰
副主任　崔　岩
委　员　王　鹏　周　杰　刘永亮　王周锁
　　　　　张敏华　焦胜军　刘敏涵　张　弘
　　　　　朱忠军　杨卫军　王晓江

前　言

继 2020 年 12 月《中国特色高水平高职学校和专业群建设研究与实践》（方案篇）、2023 年 3 月《中国特色高水平高职学校和专业群建设研究与实践》（建设篇）出版后，编者按计划编撰了《中国特色高水平高职学校和专业群建设研究与实践》（成果篇）。

陕西 8 所国家"双高计划"建设学校，按照教育部和财政部审定通过的本校"双高计划"建设方案和任务书要求，遵循"省委省政府统筹指导、省教育厅和省财政厅等多部门联动推进、相关行业企业大力支持参与、立项建设单位具体实施"的推进机制，在建设过程中贯彻落实国家新颁布的一系列相关政策和要求，全力加强国家"双高计划"建设。根据教育部"双高计划"监测平台填报数据统计，陕西 8 所国家"双高计划"建设学校全部完成既定建设任务，终期绩效目标完成度 100%，获得国家级标志性成果、重点项目 1 345 项，建设成果丰硕、成效显著。

经专家组评价一致认为：陕西 8 所国家"双高计划"建设学校全面完成了建设方案和任务书规定的各项任务，建设资金足额拨付到位（第三方审计机构报告称"预算执行良好，资金管理规范，达到了预期建设目标"），建设成果丰硕、成效显著，引领了职业教育改革发展和人才培养，支撑了国家战略和地方经济社会发展，推动形成了一批国家层面有效支撑职业教育高质量发展的政策、制度、标准，充分发挥了示范引领作用，实现了"当地离不开、业内都认同、国际可交流"的建设目标。

《中国特色高水平高职学校和专业群建设研究与实践》（成果篇）一书分为三个部分：第一部分为陕西国家"双高计划"绩效评价，包括陕西国家"双高计划"建设推进会上领导讲话、《教育部办公厅 财政部办公厅关于开展中国特色高水平高职学校和专业建设计划（2019—2023 年）绩效评价工作的通知》（教职成厅函〔2024〕1 号）文件、省级绩效评价专家组评审意见等。第二部分为陕西国家"双高计划"总结报告，包括陕西省推进国家"双高计划"总结报告和陕西 8 所国家"双高计划"建设学校的总结报告。第三部分为陕西国家"双高计划"典型案例，包括陕西 8 所国家"双高计划"建设学校的典型案例 16 个、高水平专业群典型案例 12 个。

在《中国特色高水平高职学校和专业群建设研究与实践》（成果篇）一书的编写和出版过程中，陕西 8 所国家"双高计划"建设学校给予了大力支持，组织专人对本校国家"双高计划"总结报告、典型案例进行了最终修订，陕西（高校）哲学社会科学重点研究基地——西部现代职业教育研究院相关专家参与了编撰工作。在此，向他们表示衷心的感谢！

由于编者水平有限，书中难免有不妥之处，敬请读者提出宝贵意见。

编　者
2024 年 4 月

目 录

第一部分　陕西国家"双高计划"绩效评价

王树声厅长在陕西"双高计划"建设推进会上的讲话 ………………………………… 3
教育部办公厅 财政部办公厅关于开展中国特色高水平高职学校和专业建设计划
（2019—2023 年）绩效评价工作的通知 ………………………………………………… 4
第一轮国家"双高计划"验收 76 项标志性成果目录 …………………………………… 11
陕西省教育厅 陕西省财政厅关于印发《陕西省中国特色高水平高职学校和专业建设计划
（2019—2023 年）绩效评价工作方案》的通知 ………………………………………… 14
陕西省教育厅办公室成立我省国家"双高计划"绩效评价工作专班通知 ……………… 20
陕西省国家"双高计划"建设省级绩效评价专家评审意见 ……………………………… 22

第二部分　陕西国家"双高计划"总结报告

陕西省推进"双高计划"总结报告 ………………………………………………………… 37
陕西工业职业技术学院"双高计划"总结报告 …………………………………………… 46
杨凌职业技术学院"双高计划"总结报告 ………………………………………………… 84
陕西铁路工程职业技术学院"双高计划"总结报告 ……………………………………… 112
西安航空职业技术学院"双高计划"总结报告 …………………………………………… 153
陕西国防工业职业技术学院"双高计划"总结报告 ……………………………………… 176
陕西职业技术学院"双高计划"总结报告 ………………………………………………… 195
陕西能源职业技术学院"双高计划"总结报告 …………………………………………… 223
咸阳职业技术学院"双高计划"总结报告 ………………………………………………… 251

第三部分　陕西国家"双高计划"典型案例

国家"双高计划"学校典型案例

以"1—3—6—0"生态圈创新"三全育人"实践
　　——陕西工业职业技术学院 ……………………………………………………………… 271
聚焦四全导向　聚力四优举措　智造堪当"造出来"重任的时代工匠
　　——陕西工业职业技术学院 ……………………………………………………………… 274
以"杨职金课"为引领，推进课程建设与变革，提升人才培养质量
　　——杨凌职业技术学院 …………………………………………………………………… 280

"四果一菌一蜂一麝"新品种新技术研发推广
　　——杨凌职业技术学院 ··· 283

铁色铸魂　技能筑梦　培养具有央企特质的铁路工程开路先锋
　　——陕西铁路工程职业技术学院 ··· 286

紧跟铁路教随产出　伴随中企职教出海
　　——陕西铁路工程职业技术学院 ··· 289

思政引领　聚焦航空　构建"1235"师德师风建设体系
　　——西安航空职业技术学院 ·· 292

德技融通　四阶递进　五方协同　创新定向军士人才培养模式
　　——西安航空职业技术学院 ·· 295

"三匠四创、五阶递进、学训一体"，"行企校所"共育红色军工传人
　　——陕西国防工业职业技术学院 ··· 299

"两园一体化、组织多元化、平台实体化"三化一体，打造军民融合校企命运共同体
　　——陕西国防工业职业技术学院 ··· 303

打造"一带一路"职教联盟平台　塑造"秦岭工坊"职教出海品牌
　　——陕西职业技术学院 ·· 307

打造专业化特种兵团　助力文旅产业转型升级
　　——陕西职业技术学院 ·· 311

培根铸魂　实践强基　建设高水平教师团队
　　——陕西能源职业技术学院 ·· 319

"多级联动、逐级防护"保障学校数字化转型顺利实施
　　——陕西能源职业技术学院 ·· 322

"五维"并举　多方联动　打造技术技能创新服务"咸职"高地
　　——咸阳职业技术学院 ·· 327

五色赋能　共绘乡村振兴新画卷
　　——咸阳职业技术学院 ·· 330

国家"双高计划"专业群典型案例

"四共四融、三进双通"，校企共建先进制造产业学院
　　——陕西工业职业技术学院机械制造与自动化专业群 ··················· 334

"五化一体、六共协同"产教融合实训基地建设的"陕工模式"
　　——陕西工业职业技术学院材料成型与控制技术专业群 ··················· 342

兴农强农躬耕不辍　振兴乡村奋楫笃行
　　——杨凌职业技术学院现代农业技术专业群 ······························ 346

行业指导　校企共建　上合助推的水利工程专业群人才培养模式建设与实践
　　——杨凌职业技术学院水利工程专业群 ···································· 348

四化协同　五课堂联动　打造专业群模块化课程改革新范式
　　——陕西铁路工程职业技术学院高速铁道工程技术专业群 ··············· 350

校企协同，六双引领，培育新时代城轨工匠
　　——陕西铁路工程职业技术学院城市轨道交通工程技术专业群 ·········· 353

"标准融通、军民两用"人才培养体系创新与实践
　　——西安航空职业技术学院飞机机电设备维修专业群……………………… 356
跨类集群　课程筑基　多维融通培养复合型无人机高素质技术技能人才
　　——西安航空职业技术学院无人机应用技术专业群…………………………… 360
"专产耦合、两境共育"培养军工智造工匠人才
　　——陕西国防工业职业技术学院机电一体化技术专业群……………………… 365
育训结合建文旅服务平台　创新机制促区域产业发展
　　——陕西职业技术学院旅游管理专业群………………………………………… 369
煤矿智能开采虚拟仿真基地"一井+一面+一中心"一体化建设与应用
　　——陕西能源职业技术学院煤炭智能开采专业群……………………………… 372
校企园融通打造共同体　开展卓越幼师培养的咸职新实践
　　——咸阳职业技术学院学前教育专业群………………………………………… 376

附　录

教育部办公厅　财政部办公厅关于公布中国特色高水平高职学校和专业建设
计划中期绩效评价结果的通知（教职成厅函〔2023〕3号）……………………… 380
陕西8所学校国家"双高计划"新增10项标志性成果项目情况……………………… 382

第一部分

陕西国家"双高计划"绩效评价

根据《教育部办公厅 财政部办公厅关于开展中国特色高水平高职学校和专业建设计划（2019—2023年）绩效评价工作的通知》（教职成厅函〔2024〕1号），陕西省教育厅会同陕西省财政厅制定了《陕西省中国特色高水平高职学校和专业建设计划（2019—2023年）绩效评价工作方案》（陕教〔2024〕5号）并组织8所国家"双高计划"建设学校开展总结自评，邀请全国知名职教专家组建省级评价专家组，通过查阅资料、听取汇报、访谈座谈、现场考察的方式，对陕西国家"双高计划"项目建设成效开展了客观、公正的省级评价，形成评价结论。本部分内容包括陕西省教育厅王树声厅长在陕西"双高计划"建设推进会上的讲话、《教育部办公厅 财政部办公厅关于开展中国特色高水平高职学校和专业建设计划（2019—2023年）绩效评价工作的通知》（教职成厅函〔2024〕1号）、《陕西省教育厅 陕西省财政厅关于印发〈陕西省中国特色高水平高职学校和专业建设计划（2019—2023年）绩效评价工作方案〉的通知》（陕教〔2024〕5号）等文件及陕西国家"双高计划"省级绩效评价专家组评审意见。

王树声厅长在陕西"双高计划"建设推进会上的讲话

2023年10月18日，陕西"双高计划"建设推进会在陕西能源职业技术学院召开。陕西省委教育工委副书记、省教育厅厅长王树声出席会议并讲话，省委教育工委委员、省教育厅副厅长申雪峰主持会议，陕西省职业技术教育学会会长崔岩教授作专题点评。

王树声指出，首轮"双高计划"建设实施以来，陕西高职院校人才培养质量不断提高，社会服务能力持续增强，职教影响力显著扩大，办学质量和人才培养水平稳步提升，获得了学生家长、行业、企业和社会的认可。

王树声要求，要客观正视"双高计划"建设的问题和困难，在实施"双高计划"建设时，从职业教育核心竞争力、"双高计划"建设目标达成、统筹实施项目管理、财务运行和资金筹措等方面加大推进力度。要全面梳理、认真总结"双高计划"建设的经验，强化交流学习和宣传推广，擦亮陕西职业教育品牌。

王树声强调，要着眼于高质量发展，精准发力，强化学校内涵建设。要突出问题导向，倒排工期、夯实责任，加快推进任务落实，强化沟通交流，积极学习职业教育先进省份的好经验、好做法，开阔思路、改革创新，努力突破发展瓶颈。要突出目标导向，坚持长短结合、软硬结合、内外结合，落实"中亚峰会"成果，扩大高水平对外开放，高质量推动"鲁班工坊""秦岭工坊"等合作项目。要突出结果导向，增强实绩质效，肩负起引领陕西职教改革发展的使命，实现争先进位、有为有位。要突出发展导向，坚持系统思维，统筹人力、物力、财力等关键资源，下好"双高计划"建设"先手棋"。要突出服务导向，主动服务国家战略，融入共建"一带一路"大格局，聚焦陕西省重点产业链和产业集群，形成教育与产业深度互动的新格局。

全省8所国家"双高计划"建设学校主要负责人汇报了学校"双高计划"建设成效、迎接本轮验收和下一轮申报准备情况。22所省级"双高计划"建设院校负责人汇报了学校"双高计划"建设成效、下一步目标及工作打算。省教育厅职业教育与成人教育处主要负责人、有关院校负责人及部门负责人共计100余人参加会议。

（陕西省教育厅网站）

教育部办公厅　财政部办公厅关于开展中国特色高水平高职学校和专业建设计划（2019—2023年）绩效评价工作的通知

教职成厅函〔2024〕1号

各省、自治区、直辖市教育厅（教委）、财政厅（局），新疆生产建设兵团教育局、财政局：

为贯彻落实党的二十大精神，加快推进教育强国建设，根据《教育部 财政部关于实施中国特色高水平高职学校和专业建设计划的意见》（教职成〔2019〕5号）、《中国特色高水平高职学校和专业建设计划项目遴选管理办法（试行）》（教职成〔2019〕8号）和《中国特色高水平高职学校和专业建设计划绩效管理暂行办法》（教职成〔2020〕8号），教育部、财政部（以下简称两部）决定启动中国特色高水平高职学校和专业建设计划（2019—2023年）（以下简称"双高计划"）绩效评价工作。现将具体事项通知如下。

一、评价对象

《教育部 财政部关于公布中国特色高水平高职学校和专业建设计划建设单位名单的通知》（教职成函〔2019〕14号）公布的197个"双高计划"建设单位。具体为：高水平学校建设单位学校和两个立项专业群的建设情况，高水平专业群建设单位学校和一个立项专业群的建设情况。

二、评价内容

根据"双高计划"项目管理要求，绩效评价包括以下三方面内容：

一是建设绩效完成情况。考核学校和专业群的绩效目标达成度、建设任务完成度。

二是资金保障和使用情况。考核建设资金的到位率、预算执行率和资金使用的合规性。

三是项目建设水平。考核学校和专业群的建设水平。其中学校从以下十个方面进行考核：党的建设和思想政治工作、技术技能人才培养高地、技术技能创新服务平台、高水平专业群、高水平双师队伍、校企合作水平、服务发展水平、学校治理水平、信息化水平、国际化水平。

专业群从以下九个方面进行考核：人才培养模式、课程教学资源、教材与教法、教师教学创新团队、实践教学基地、技术技能平台、社会服务、国际交流与合作、可持续发展保障机制。

三、工作流程

绩效评价工作按照建设单位总结自评、省级评价、两部复核的流程进行，具体如下。

（一）建设单位总结自评

2024年2月28日前，各建设单位按照要求在中国特色高水平高职学校和专业建设计划项目监测平台（http://sg.cutech.edu.cn，以下简称监测平台），填写建设周期绩效评价数据，提交佐证材料和典型案例，对照《"双高计划"建设绩效评价标准》（见附件1）形成自评分及自评结论，撰写建设单位"双高计划"总结报告（参考提纲见附件2），加盖建设单位公章后上传至监测平台。

2024年3月6日前，建设单位须聘请具有资质的第三方审计机构完成"双高计划"项目审计，出具项目审计报告，上传至监测平台。审计报告要就资金筹措、使用、管理及其有效性作出具体明确的审计意见。

（二）省级评价

2024年4月8日前，省级教育行政部门、财政部门须制订工作方案，组织专家组对建设单位提交的总结报告和数据进行核查确认，并通过听取汇报、查阅材料、访谈座谈、现场考察等方式，参照《"双高计划"建设绩效评价标准》，对建设单位进行评分，形成绩效评价结论和地方推进"双高计划"总结报告（参考提纲见附件3），加盖省级教育行政部门和财政部门公章后上传至监测平台。

（三）两部复核

2024年5月15日前，两部组建专家组，对建设单位项目审计报告和省级评价情况进行复核，参照《"双高计划"建设绩效评价标准》对建设单位进行评分，形成评价结论建议。评价结论经两部确定后将在教育部政府门户网站公示公布。

四、评价结论

根据建设单位的绩效评价得分，评价结论分为"优""良""中""差"四类，结论为"中""差"的限期整改，结论为"差"的建设单位不得进入第二轮"双高计划"遴选。

联系人及电话：

教育部 李恒（职业教育与成人教育司 010-66097867）、卢正天（财务司 010-66097520）、赵艳玲（双高监测平台 18618260029）

财政部 张爱萍（科教和文化司 010-68551959）

附件：

1. "双高计划"建设绩效评价标准
2. 建设单位"双高计划"总结报告参考提纲
3. 地方推进"双高计划"总结报告参考提纲

教育部办公厅 财政部办公厅
2024年1月16日

附件1

"双高计划"建设绩效评价标准

对于高水平学校建设单位,建设单位评分=学校层面建设任务评分×50%+专业群A建设任务评分×25%+专业群B建设任务评分×25%;对于高水平专业群建设单位,建设单位评分=学校层面建设任务评分×30%+专业群建设任务评分×70%。根据建设单位绩效评价得分形成评价结论,90(含)~100分为"优";80(含)~90分为"良";60(含)~80分为"中";60分以下或出现以下情况为"差",主要包括:学校违背立德树人根本任务,在思想政治工作上出现重大问题的;偏离国家"双高计划"总体目标、社会贡献度明显较弱或建设任务完成度不到80%的;资金管理与执行情况问题严重的(学校层面或专业群层面"管理与执行"得分低于18分);报送信息严重失真,影响恶劣的。学校层面和专业群层面建设绩效评价参照以下标准。

一级指标	二级指标	评价依据
产出指标 (40分)	数量指标 (15分)	对照建设方案和任务书,填写数量指标完成情况,由系统根据建设单位填报数据自动计算得分,根据提交佐证材料进行调整
	质量指标 (15分)	对照建设方案和任务书,填写质量指标完成情况,由系统根据建设单位填报数据自动计算得分,根据提交佐证材料进行调整
	水平指标 (10分)	根据建设单位数量指标和质量指标完成情况,系统对同类建设单位横向比较,自动排序赋分
效益指标 (20分)	社会效益指标 (10分)	评价要点: ①引领职业教育改革发展和人才培养的贡献度; ②支撑国家战略和区域经济社会发展的贡献度; ③推动形成一批国家层面有效支撑职业教育高质量发展的政策、制度、标准的贡献度
	可持续影响指标 (10分)	评价要点: 项目建设成果、国家级标志性成果、学校治理体系与制度建设、学校特色品牌打造的可持续影响时间和范围等方面
满意度指标 (10分)	服务对象满意度指标 (10分)	评价要点: ①在校生满意度; ②毕业生满意度; ③教职工满意度; ④用人单位满意度; ⑤家长满意度

续表

一级指标	二级指标	评价依据
管理与执行指标 （30分）	资金到位率指标 （8分）	根据《中国特色高水平高职学校和专业建设计划绩效管理暂行办法》有关规定，资金到位率=资金到位数/项目预算数×100% 评价要点： ①项目资金到位总数是否足额或超额； ②各级投入到位资金是否足额，包括以下内容： 省级核拨中央专项到位资金是否足额； 地方各级财政投入到位资金是否足额； 举办方投入到位资金是否足额； 行业企业支持到位资金是否足额； 学校自筹到位资金是否足额
	资金预算 执行率指标 （8分）	根据《中国特色高水平高职学校和专业建设计划绩效管理暂行办法》《中央部门项目支出核心绩效目标和指标设置及取值指引（试行）》等相关规定，预算执行率=到位资金使用总额/项目预算总额×100% 评价要点：项目预算执行情况
	资金使用 合规性指标 （10分）	考核项目资金使用符合相关的财务管理制度规定，能反映和考核项目资金的规范运行情况。 评价要点： ①项目资金是否单独核算的； ②是否存在截留、挤占、挪用、虚列支出等情况； ③资金使用方向及合规性是否符合专项资金管理办法
	项目管理指标 （4分）	评价要点： ①管理制度是否健全，制度执行是否有效。是否对项目建设中存在的问题客观分析并提出解决方案； ②组织机构是否健全，协调推进是否有序

附件 2

建设单位"双高计划"总结报告参考提纲

(报告总字数控制在 15 000 字以内)

一、总体情况

(一) 项目绩效目标达成和建设任务完成总体情况概述

(二) 项目预算执行情况概述

(三) 项目建设自评分和自评结论

二、绩效目标达成情况

(一) 学校层面绩效目标达成情况

建设单位须对照学校层面预设绩效目标全面总结自评,具体包括产出指标、效益指标和满意度指标。其中产出指标达成情况包括数量、质量、时效方面;效益指标达成情况包括社会效益、可持续影响方面;满意度指标达成情况包括在校生满意度、毕业生满意度、教职工满意度、用人单位满意度、家长满意度方面。

(二) 专业群层面绩效目标达成情况

建设单位须对照专业群层面预设绩效目标全面总结自评,具体包括产出指标、效益指标和满意度指标。其中产出指标达成情况包括数量、质量、时效方面;效益指标达成情况包括社会效益、可持续影响方面;满意度指标达成情况包括在校生满意度、毕业生满意度、教职工满意度、用人单位满意度、家长满意度方面。

三、建设任务完成情况

(一) 学校层面建设任务完成情况

建设单位须对照任务书的验收要点全面总结自评,具体包括党的建设和思想政治工作、技术技能人才培养高地、技术技能创新服务平台、高水平专业群、高水平双师队伍、校企合作水平、服务发展水平、学校治理水平、信息化水平、国际化水平十项任务。

(二) 专业群层面建设任务完成情况

建设单位须对照任务书的验收要点全面总结自评,具体包括人才培养模式、课程教学资源、教材与教法、教师教学创新团队、实践教学基地、技术技能平台、社会服务、国际交流与合作、可持续发展保障机制九项任务。

四、项目建设采取的措施

(一) 项目推进机制建设与运行

项目推进的组织管理、制度建设及运行情况。(可从学校和专业群两个层面进行总结)

（二）项目资金管理与使用

项目资金投入机制、资金管理制度、预算编制与执行、资金使用情况。（可从学校和专业群两个层面进行总结）

五、特色经验与做法

主要围绕学校和专业群在对接国家重大产业布局、服务国家重大战略、服务区域经济发展方面，在落实"一体两翼五重点"战略部署方面的特色经验做法，突出职业教育的支撑力、贡献度，数据要翔实。（本部分篇幅不少于 5 000 字）

六、问题与改进措施

对建设过程中存在问题进行分析，提出下一步工作考虑。

七、其他需要说明的有关事宜（可选项）

附件 3

地方推进"双高计划"总结报告参考提纲

(报告总字数控制在 10 000 字以内)

一、地方推进"双高计划"建设的情况

(一) 本地推进"双高计划"的体制机制建设情况

(二) 本地推进"双高计划"的政策支持情况

(三) 本地推进"双高计划"的资金支持情况

(四) 本地"双高计划"的项目实施情况

二、地方对"双高计划"建设单位的绩效评价情况

(一) 本地"双高计划"的绩效评价组织与实施情况

(二) 本地"双高计划"建设单位评价得分和绩效评价结论

三、成效、问题与下一步工作考虑

(一) 本地推进"双高计划"的经验与成效

(二) 本地推进"双高计划"的不足及成因

(三) 下一步的工作考虑

第一轮国家"双高计划"验收 76 项标志性成果目录

一、党建思政

1. 全国高校"双带头人"教师党支部书记工作室
2. 全国党建工作示范高校、标杆院系、样板支部培育创建单位
3. 国家课程思政教学研究示范中心、示范课程、教学名师和团队
4. 高校思想政治工作有关培育建设项目
5. 全国高校思想政治理论课教学展示活动评选(一、二、三等奖)
6. 五四红旗团委(团支部)、全国优秀共青团员、全国优秀共青团干部

二、人才培养

7. 国家级教学成果奖(特、一、二等奖)
8. 职业教育国家规划教材书目
9. 全国教材建设奖(特、一、二等奖)
10. 全国职业院校技能大赛(一、二、三等奖)
11. 全国职业院校技能大赛承办
12. 全国首届职业技能大赛(金牌、银牌、铜牌、优胜)
13. 世界技能大赛(金牌、银牌、铜牌、优胜)
14. 世界职业院校技能大赛(金牌、银牌、铜牌、优胜奖级其他)
15. 全国技能大赛(金牌、银牌、铜牌、优胜)
16. 中国国际"互联网+"大学生创新创业大赛(金牌、银牌、铜牌)
17. "挑战杯"全国大学生课外学术科技作品竞赛(特、一、二、三等奖)
18. "挑战杯"中国大学生创业计划竞赛(金牌、银牌、铜牌)
19. 全国大学生艺术展演
20. 全国大学生电子设计竞赛(特、一、二、三等奖)
21. 全国创新创业典型经验高校
22. 青年文明号
23. 国防教育特色学校
24. 示范性职业教育集团(联盟)培育单位
25. 国家备案众创空间

26. 全国普通高校中华优秀传统文化传承基地
27. "互联网+中国制造 2025"产教融合促进计划建设院校
28. 全国普通高校毕业生就业创业工作典型案例
29. "推普助力乡村振兴"全国大学生暑期社会实践志愿服务活动
30. "推普脱贫攻坚"全国大学生暑期社会实践专项活动
31. "全国大学生网络文化节"和"全国高校网络教育优秀作品推选展示活动"

三、师资队伍

32. 国家"万人计划"教学名师
33. 全国优秀教师、全国优秀教育工作者
34. 全国教书育人楷模
35. 全国教育系统先进集体、模范教师、先进工作者
36. 全国五一劳动奖章、工人先锋号
37. 全国技术能手
38. 全国青年岗位能手
39. 国家级职业教育教师教学创新团队
40. 全国高校黄大年式教师团队
41. 全国职业院校技能大赛教学能力比赛（第一单位）（一、二、三等奖）
42. 最美高校辅导员、全国高校辅导员年度人物
43. 全国高校辅导员素质能力大赛（一、二、三等奖）
44. 全国行业职业教育教学指导委员会、教育部职业院校教学（教育）指导委员会委员
45. 全国脱贫攻坚先进集体和先进个人
46. 高等职业学校"双师型"教师队伍建设典型案例、首批高等职业学校"双师型"教师个人专业发展典型案例
47. 职业教育教师教学创新团队课题
48. 全国职业院校校长培训基地
49. 国家级职业教育教师教学创新团队培训基地
50. 全国高校毕业生基层就业卓越奖
51. 国家级职业教育"双师型"教师培训基地

四、科研与社会服务

52. 全国乡村振兴人才培养优质校
53. 国家自然科学
54. 社会科学基金项目
55. 全国教育科学规划项目
56. 国家艺术基金项目
57. 高等学校科学研究优秀成果奖（自然科学奖、技术发明奖、科学技术进步奖、青年科学奖）（一、二、三等奖）
58. 国家级专业技术人员继续教育基地
59. 教育部人文社会科学研究一般项目

60. 首批市域产教联合体

五、学校治理

61. 全国文明校园
62. 全国公共机构水效领跑者
63. 国家节约型公共机构示范单位、公共机构能效领跑者
64. 首批全国急救教育试点学校公示名单

六、信息化建设

65. 全国职业教育信息化标杆校、全国职业院校数字校园建设样板校
66. 国家精品在线开放课程
67. 国家级职业教育专业教学资源库
68. 网络学习空间应用普及优秀学校
69. 职业教育示范性虚拟仿真实训基地培育项目
70. 教育信息化教学应用实践共同体项目

七、国际交流

71. "一带一路"暨金砖国家技能发展与技术创新大赛获奖（金牌、银牌、铜牌、优胜）
72. 教育部"人文交流经世项目"首批"经世国际学院"
73. 职业教育"走出去"试点项目学校
74. "中文工坊"项目
75. "中文+职业技能"教学资源建设项目
76. 汉语桥"中文+职业技能"线上团组交流项目

陕西省教育厅　陕西省财政厅
关于印发《陕西省中国特色高水平
高职学校和专业建设计划（2019—2023年）
绩效评价工作方案》的通知

陕教〔2024〕5号

咸阳市教育局、财政局，各有关高职院校：

为切实加强中国特色高水平高职学校和专业建设计划（以下简称"双高计划"）项目建设，做好陕西省国家"双高计划"绩效评价工作，根据《教育部办公厅 财政部办公厅关于开展中国特色高水平高职学校和专业建设计划（2019—2023年）绩效评价工作的通知》（教职成厅函〔2024〕1号）要求，省教育厅会同省财政厅制定了《陕西省中国特色高水平高职学校和专业建设计划（2019—2023年）绩效评价工作方案》。现予以印发，请遵照执行。

省教育厅联系人：唐婷、任锁平　联系电话：029-88668837
省财政厅联系人：赵文龙　　　　联系电话：029-68936534

陕西省教育厅　陕西省财政厅
2024年2月7日

陕西省中国特色高水平高职学校和专业建设计划（2019—2023年）绩效评价工作方案

为贯彻落实党的二十大精神，加快推进教育强国建设，根据《教育部、财政部实施中国特色高水平高职学校和专业建设计划的意见》（教职成〔2019〕5号）、《中国特色高水平高职学校和专业建设计划项目遴选管理办法（试行）》（教职成〔2019〕8号）和《中国特色高水平高职学校和专业建设计划绩效管理暂行办法》（教职成〔2020〕8号）等文件精神，按照《教育部办公厅 财政部办公厅关于开展中国特色高水平高职学校和专业建设计划验收工作的通知》（教职成厅函〔2024〕1号）要求，省教育厅、省财政厅将对陕西省入选中国特色高水平高职学校和专业建设计划（简称"双高计划"）建设单位组织开展绩效评价。为顺利推进绩效评价工作，特制定本方案。

一、评价依据

1.《教育部 财政部关于实施中国特色高水平高职学校和专业建设计划的意见》（教职成〔2019〕5号）

2.《中国特色高水平高职学校和专业建设计划项目遴选管理办法（试行）》（教职成〔2019〕8号）

3.《教育部 财政部关于印发〈中国特色高水平高职学校和专业建设计划绩效管理暂行办法〉的通知》（教职成〔2020〕8号）

4.《教育部办公厅 财政部办公厅关于开展中国特色高水平高职学校和专业建设计划（2019—2023年）绩效评价工作的通知》（教职成厅函〔2024〕1号）

5.《关于印发〈现代职业教育质量提升计划资金管理办法〉的通知》（财教〔2021〕270号）

二、评价对象

评价对象为陕西省8所国家"双高计划"立项建设单位及专业群建设情况。其中，高水平学校建设单位4所，分别为陕西工业职业技术学院、杨凌职业技术学院、陕西铁路工程职业技术学院、西安航空职业技术学院，每所学校2个立项建设专业群；高水平专业群建设单位4所，分别为陕西国防工业职业技术学院、陕西职业技术学院、陕西能源职业技术学院、咸阳职业技术学院，每所学校1个立项建设专业群。

三、评价内容

根据"双高计划"项目管理要求，绩效评价包括以下三方面内容：
一是建设绩效完成情况。考核学校和专业群的绩效目标达成度、建设任务完成度。
二是资金保障和使用情况。考核建设资金的到位率、预算执行率和资金使用的合规性。
三是项目建设水平。考核学校和专业群的建设水平。其中学校从以下10个方面进行考核：党的建设和思想政治工作、技术技能人才培养高地、技术技能创新服务平台、高水平专业群、高水平双师队伍、校企合作水平、服务发展水平、学校治理水平、信息化水平、国际化水平。

专业群从以下9个方面进行考核：人才培养模式、课程教学资源、教材与教法、教师教学创新团队、实践教学基地、技术技能平台、社会服务、国际交流与合作、可持续发展保障机制。

四、评价标准

对于高水平学校建设单位，建设单位评分=学校层面建设任务评分×50%+专业群A建设任务评分×25%+专业群B建设任务评分×25%；对于高水平专业群建设单位，建设单位评分=学校层面建设任务评分×30%+专业群建设任务评分×70%。学校层面和专业群层面建设绩效评价参照《"双高计划"建设绩效评价标准》（以下简称评价标准），详见附件2。

五、评价流程

（一）建设单位总结自评

各建设单位按照省级绩效评价工作方案要求，对照已备案的任务书，在中国特色高水平高职学校和专业建设计划项目监测平台（http://sg.cutech.edu.cn，以下简称监测平台）填报建设周期绩效数据、提交佐证材料和典型案例等，对照评价标准，组织开展绩效自评，形成自评分及自评结论，并撰写总结报告（参考提纲见附件3）。(2月28日前)

建设单位须聘请具有资质的第三方审计机构完成"双高计划"项目审计，出具审计报告，按要求上传监测平台。审计报告要就资金筹措、使用、管理及其有效性作出具体明确的审计意见。(3月6日前)

建设单位通过监测平台导出绩效数据表、建设水平成果数据表，连同总结报告、审计报告加盖学校公章后，将纸质版材料报省教育厅职成教处。(3月7日前)

（二）专家评价打分

省教育厅、省财政厅组建专家团队，通过听取汇报、查阅材料、访谈座谈、现场考察等方式，对建设单位提交的总结报告、相关数据表、佐证材料、典型案例、审计报告等进行核查确认，参照评价标准，对建设单位进行综合评分。(3月20日前)

（三）形成省级评价结论

省教育厅会同省财政厅，依据各建设单位自评结果和专家组绩效评价建议，确定省级绩效评价结论，形成省级推进"双高计划"建设总结报告（参考提纲见附件4），并按要求上传监测平台。(4月8日前)

六、评价结果及应用

（一）评价结果

评价结果采取评分和评级相结合的方式，根据建设单位绩效评价得分形成评价结论，总分设置为100分，等级划分为四档：90（含）~100分为"优"；80（含）~90分为"良"；60（含）~80分为"中"；60分以下或出现以下情况为"差"，主要包括：学校违背立德树人根本任务，在思想政治工作上出现重大问题的；偏离国家"双高计划"总体目标、社会贡献度明显较弱或建设任务完成度不到80%的；资金管理与执行情况问题严重的（学校层面或专业群层面"管理与执行"得分低于18分）；报送信息严重失真，影响恶劣的。

（二）结果应用

省教育厅、省财政厅将依据教育部和财政部对各建设单位绩效评价结果，统筹安排下一阶段现代职业教育质量提升计划资金分配，并作为我省下一轮"双高计划"推荐的重要参考。

七、工作要求

建设单位对照已备案的建设方案、任务书，按照国家"双高计划"绩效评价工作要求，结合项目建设实际情况，如实在监测平台填报相关数据信息，在相应指标项下按要求上传相关佐证材料及典型案例，填报过程中要坚持实事求是，杜绝弄虚作假，信息失真，学校要对所有提交材料和信息的真实性、准确性负全责。

附件：

1. "双高计划"建设绩效评价工作安排表
2. "双高计划"建设绩效评价标准（同教育部文件要求，略）
3. 建设单位"双高计划"总结报告参考提纲（同教育部文件要求，略）
4. 陕西推进"双高计划"总结报告参考提纲

附件 1

"双高计划"建设绩效评价工作安排表

时间	工作任务	工作内容
2月28日前	建设单位总结自评	1. 建设单位在监测平台填报相关数据、提交相关佐证材料及典型案例等； 2. 建设单位组织开展自评； 3. 建设单位将自评报告上传至监测平台
3月6日前	建设单位提交审计报告	建设单位通过监测平台提交审计报告
3月7日前	建设单位提交纸质版材料	建设单位通过监测平台导出绩效数据、建设水平成果数据表，建设单位总结报告、审计报告，将上述纸质版材料加盖公章后，报省教育厅职成教处
3月20日前	专家评价打分	1. 组建专家团队； 2. 校验监测平台数据； 3. 专家组按照评价标准对建设单位进行综合评分
4月8日前	形成省级评价结论及报告	省教育厅会同省财政厅，依据各建设单位自评结果和专家组绩效评价建议，确定省级绩效评价结论，形成省级推进"双高计划"建设总结报告，通过监测平台报送

附件 4

陕西推进"双高计划"总结报告参考提纲
(报告总字数控制在 10 000 字以内)

一、陕西推进"双高计划"建设的情况

(一)推进"双高计划"的体制机制建设情况

(二)推进"双高计划"的政策支持情况

(三)推进"双高计划"的资金支持情况

(四)"双高计划"的项目实施情况

二、陕西对"双高计划"建设单位的绩效评价情况

(一)"双高计划"的绩效评价组织与实施情况

(二)"双高计划"建设单位评价得分和绩效评价结论

三、成效、问题与下一步工作考虑

(一)推进"双高计划"的经验与成效

(二)推进"双高计划"的不足及成因

(三)下一步的工作考虑

陕西省教育厅办公室成立我省国家"双高计划"绩效评价工作专班通知

各有关部（处）室：

按照国家"双高计划"绩效评价工作对建设绩效完成情况、资金保障和使用情况、项目建设水平等方面的评价要求，确保高质量完成绩效评价工作，经委厅领导研究同意，成立我省国家"双高计划"绩效评价工作专班，统筹推进我省国家"双高计划"绩效评价工作。

一、工作专班组成人员

组　　长：王树声　陕西省委教育工委副书记、省教育厅厅长
副组长：申雪峰　陕西省委教育工委委员、省教育厅副厅长
　　　　董　侠　陕西省委教育工委、省教育厅二级巡视员
成　　员：胡海宁　陕西省委教育工委组织部部长
　　　　李燕妮　陕西省教育厅财务处处长
　　　　田民政　陕西省教育厅教材处处长
　　　　王彬武　陕西省教育厅教师工作处处长
　　　　朱晓冬　陕西省教育厅科学技术处处长
　　　　文　通　陕西省教育厅对外合作与交流处（港澳台办公室）处长（主任）
　　　　李享阳　陕西省教育厅教育信息化处处长
　　　　王　鹏　陕西省教育厅职业教育与成人教育处处长

二、工作专班办公室

设立工作专班办公室，办公室设在职业教育与成人教育处。主要负责加强与教育部、委厅各部门的沟通协调，为各任务组做好相关服务工作；研制绩效评价工作方案，组织开展绩效评价工作，撰写省级推进"双高计划"总结报告，确保"双高计划"绩效评价工作有序推进。

三、专项任务组

工作专班下设6个任务组，分别统筹负责、指导"双高计划"学校高质量完成建设任务，提升项目建设水平。

1. 党建工作组。统筹负责"双高计划"建设任务中加强党的建设部分，协调指导学校高质量完成党建工作任务，提升建设水平。（责任处室：组织部牵头，职成教处配合）

2. 教育教学改革建设工作组。统筹负责"双高计划"建设任务中打造技术技能人才培养高地、打造技术技能创新服务平台、打造高水平专业群、提升校企合作水平、提升服务发展水平、提升学校治理水平等，协调指导学校做好教育教学改革相关建设任务，提升建设水平。（责任处室：职成教处牵头，教材处、科技处配合）

3. 经费保障工作组。主要负责"双高计划"绩效评价工作的资金保障和使用情况，协调指导学校按照绩效评价标准做好资金保障和使用情况等方面数据填报，完善相关支撑材料及审计报告等。（责任处室：财务处牵头，职成教处配合）

4. 师资队伍建设工作组。统筹负责"双高计划"建设任务中打造高水平双师队伍建设部分，协调指导学校高质量完成师资队伍项目建设任务，提升建设水平。（责任处室：教师处牵头，职成教处配合）

5. 信息化建设工作组。统筹负责"双高计划"建设任务中提升信息化水平建设部分，协调指导学校高质量完成信息化项目建设任务，提升建设水平。（责任处室：信息化处牵头，职成教处配合）

6. 国际化建设工作组。统筹负责"双高计划"建设任务中提升国际化水平建设部分，协调指导学校高质量完成国际化项目建设任务，提升建设水平。（责任处室：外事处牵头，职成教处配合）

四、其他事项

各任务组按照要求，集中优势资源和力量向国家"双高计划"建设单位和有望冲击下一轮的学校倾斜，并主动协调解决各院校项目建设中遇到的相关问题，指导学校做好相关工作。工作专班实行工作会议制度，由组长或其委托的副组长召集，根据工作需要召开，参加人员为工作专班成员，必要时可邀请其他相关人员参加，主要协商解决绩效评价工作中的难点堵点问题，促进国家"双高计划"绩效评价工作顺利推进。

陕西省教育厅办公室
2024 年 1 月 24 日

陕西省国家"双高计划"建设省级绩效评价专家评审意见

陕西工业职业技术学院
国家"双高计划"建设省级绩效评价
专家组意见

根据《教育部办公厅 财政部办公厅关于开展中国特色高水平高职学校和专业建设计划（2019—2023年）绩效评价工作的通知》（教职成厅函〔2024〕1号）等相关文件要求，受陕西省教育厅、财政厅委托，专家组一行10人对陕西工业职业技术学院进行了省级绩效评价。2024年3月11—18日，线上认真审阅了学校提交的"双高计划"总结报告、建设任务完成情况表、第三方审计报告、佐证等相关材料。3月19—20日，听取了学校层面和两个专业群层面的汇报并质询，进一步查阅了资料，召开了学生、教师座谈会，考察了学校实训基地等相关办学设施等环节，完成了对陕西工业职业技术学院的实地核查。专家组对照《"双高计划"建设绩效评价标准》，对学校"双高计划"建设项目完成的程度、质量、建设效果等进行全面核查，形成如下意见：

一、陕西省教育厅、财政厅等部门高度重视并大力支持学校国家"双高计划"建设工作和项目管理，强化对项目的指导和责任考核，将项目建设纳入本省教育事业发展"十四五"规划；在省级重点教育改革项目方面向建设单位倾斜，并提高生均拨款水平重点支持学校优先发展；政策措施落实到位，各项承诺全部兑现，建设资金足额拨付到位。

二、学校为中国特色高水平高职学校建设单位（A档）。学校全面完成了建设方案和任务书规定的各项任务。学校组织机构健全、保障有力、制度完善、执行有效，建设过程监测数据完整，佐证支撑材料翔实，产出指标、效益指标、满意度指标增量明显。根据陕西笃信会计师事务所有限公司（第三方审计机构）出具的《陕西工业职业技术学院"双高计划"专项资金审计报告》，资金使用结构符合管理办法规定，项目资金筹措有力、足额到位，预算执行良好，资金管理规范，达到了预期建设目标。

三、学校在党的建设、人才培养、专业建设、师资队伍、社会培训、科技服务、国际交流合作、信息化建设等方面增量明显，在落实"一体两翼五重点"战略部署方面，做出了诸多创新探索，总结出系列特色经验做法。建设了全国高校思政工作创新发展中心、全国课程思政教学研究示范中心、国家级职业教育"双师型"教师培训基地等，引领了职业教育改革发展和人才培养。牵头成立市域产教联合体、行业产教融合共同体等产教融合新载体，重构"地方政府+链上企业+对口院校+科研院所+行业组织"的协同互助生态，与西安航天发动机有限公司等多家企业深度合作，开设订单班，共建产业学院，支撑了国家战略和地方经济社会发展。参与制定工信部机床标准4项、柔性折叠玻璃等10项行业标准，主持国家及行业专业类及专业教学标准研制18项。推动形成了一批国家层面有效支撑职业教育高质量发展的政策、制度、标准。近5年，毕业生85%扎根制造行业，75%服务陕西发展，65%在国家制造大类骨干企业就业，为"中国制造"走向"中国创造"输送了大批德技双馨的技术能手和工匠人才。

四、机械制造与自动化和材料成型两个高水平专业群对接高端产业、产业高端发展需求，创新了"产业技术引领、学做创一体融通"的人才培养模式，将"育人"的思政要素与"育才"的专业要素有机融合，创新了"四微融入式"匠心育人新方法，毕业生在航空航天、军工等企业实现"技能报国"，实施了"需求导向、信息赋能，构建智能成型产业'双平台'社会服务模式"，为陕西天成航空材料有限公司、西部超导等企业开展员工技能培训，完成玻璃液通道关键技术、高纯高均匀钛铝合金棒材制备等技术创新及成果转化项目，在服务国家"大国重器"制造贡献陕工力量，社会服务能力显著增强。为赞比亚、尼日利亚输出专业教学标准和课程标准，获批西北首家德国莱茵TÜV授权"焊接培训考试中心"，开辟陕工标准海外输出新航路，推广中国特色职教模式。

五、发展建议。一是要进一步推进专业群课程体系建设，加强产教深度融合，促进专业群建设向纵深发展，更好地发挥专业群引领示范效应。二是要进一步发挥好中赞职院、鲁班工坊、秦工苑等国际交流平台，促进专业标准、课程标准、课程资源和数字化资源等"双高计划"建设成果由"中国特色"向"世界水平"发力。

专家组认为，陕西工业职业技术学院全面完成了国家"双高计划"高水平学校建设任务和绩效指标，在办学体制机制创新、人才培养模式改革、国际交流合作和服务区域经济与社会发展等方面成效显著，充分发挥了示范引领作用，实现了"当地离不开、业内都认同、国际可交流"的建设目标。

专家组经合议，一致同意该校省级绩效评价等级为优秀。

专家组长：

专家组成员：

国家"双高计划"绩效评价省级评价专家组

2024年3月20日

杨凌职业技术学院
国家"双高计划"建设省级绩效评价
专家组意见

根据《教育部办公厅 财政部办公厅关于开展中国特色高水平高职学校和专业建设计划（2019—2023年）绩效评价工作的通知》（教职成厅函〔2024〕1号）等相关文件要求，受陕西省教育厅、财政厅委托，专家组一行10人对杨凌职业技术学院进行了省级绩效评价。

2024年3月11—18日，线上认真审阅了学校提交的"双高计划"总结报告、建设任务完成情况表、第三方审计报告、佐证等相关材料。3月19—20日，听取了学校层面和两个专业群层面的汇报并质询，进一步查阅了资料，召开了学生、教师座谈会，考察了学校实训基地等相关办学设施等环节，完成了对杨凌职业技术学院的实地核查。专家组对照《"双高计划"建设绩效评价标准》，对学校"双高计划"建设项目完成的程度、质量、建设效果等进行全面核查，形成如下意见：

一、陕西省教育厅、财政厅等部门高度重视并大力支持学校国家"双高计划"建设工作和项目管理，强化对项目的指导和责任考核，将项目建设纳入本省教育事业发展"十四五"规划；在省级重点教育改革项目方面向建设单位倾斜，并提高生均拨款水平重点支持学校优先发展；政策措施落实到位，各项承诺全部兑现，建设资金足额拨付到位。

二、学校为中国特色高水平高职学校建设单位（B档）。学校全面完成了建设方案和任务书规定的各项任务。学校组织机构健全、保障有力、制度完善、执行有效，建设过程监测数据完整，佐证支撑材料翔实，产出指标、效益指标、满意度指标增量明显。根据浙江中兴会计师事务所（特殊普通合伙）出具的《中国特色高水平高职学校和专业建设计划杨凌职业技术学院建设项目审计报告》，资金使用结构符合管理办法规定，项目资金筹措有力、足额到位，预算执行良好，资金管理规范，达到了预期建设目标。

三、学校在党的建设、人才培养、专业建设、师资队伍、社会培训、科技服务、国际交流合作、信息化建设等方面增量明显，在落实"一体两翼五重点"战略部署方面，做出了诸多创新探索，总结出系列特色经验做法。挖掘了"后稷文化"内涵，搭建"正禾"育人架构。创新基于乡村振兴人才培养新模式，培养大量现代农业生产一线技术技能人才，发挥了干旱半干旱地区现代农业职业教育改革发展"领头羊"作用，引领了职业教育改革发展和人才培养。选育优质高产小麦13个品种，累计推广面积达9 000多万亩，遍及黄淮麦区。聚焦"四果一菌一蜂一麝"新品种新技术，助推地方特色产业发展，设施草莓"新机立智"高效栽培管理技术体系，提升单位面积收益2.5倍。支撑了国家战略和地方经济社会发展。作为副组长单位主持、参与教育部职业教育农林牧渔大类、水利大类专业目录修（制）订，主持职业教育专业教学标准研制8项。推动形成了一批国家层面有效支撑职业教育高质量发展的政策、制度、标准。近5年，学校以强农兴农为己任，造就了一批有文化、懂技术、会经营的新型职业农民，成为带领当地农民致富奔小康的生力军。

四、农业生物技术和水利工程两个高水平专业群，对接高端产业、产业高端发展需求，创新了岗课赛证"四对接、五融通"人才培养模式、创新了"对接三江源生态产业、水利生态复合型人才培养"人才培养模式，建立"现代农牧产教融合共同体、杨凌现代农业产教联合体、现代农业产教融合实训中心"，聚焦"种业芯片"，良种选育取得新突破，有2个小麦品种通过国审，2个通过省审，2个无花果品种通过省审。形成"生物炭技术+有机质技术+微生物技术"三大土壤改良技术体系，社会服务能力显著增强，为乡村全面振兴贡献了杨凌职院力量。

五、发展建议。一是要进一步推进专业群课程体系建设，加强产教深度融合，促进专业群建设向纵深发展，更好地发挥专业群引领示范效应。二是要进一步提升国际化水平，促进专业标准、课程标准与资源等建设成果由"中国特色"向"世界水平"发力。

专家组认为，杨凌职业技术学院全面完成了国家"双高计划"高水平学校建设任务和绩效指标，在办学体制机制创新、人才培养模式改革、国际交流合作和服务区域经济与社会发展等方面成效显著，充分发挥了示范引领作用，实现了"当地离不开、业内都认同、国际可交流"的建设目标。

专家组经合议，一致同意该校省级绩效评价等级为优秀。

专家组长：

专家组成员：

国家"双高计划"绩效评价省级评价专家组

2024 年 3 月 20 日

陕西铁路工程职业技术学院
国家"双高计划"建设省级绩效评价
专家组意见

根据《教育部办公厅 财政部办公厅关于开展中国特色高水平高职学校和专业建设计划（2019—2023 年）绩效评价工作的通知》（教职成厅函〔2024〕1 号）等相关文件要求，受陕西省教育厅、财政厅委托，专家组一行 10 人对陕西铁路工程职业技术学院进行了省级绩效评价。2024 年 3 月 11—18 日，线上认真审阅了学校提交的"双高计划"总结报告、建设任务完成情况表、第三方审计报告、佐证等相关材料。3 月 19—20 日，听取了学校层面和两个专业群层面的汇报并质询，进一步查阅了资料，召开了学生、教师座谈会，考察了学校实训基地等相关办学设施等环节，完成了对陕西铁路工程职业技术学院的实地核查。专家组对照《"双高计划"建设绩效评价标准》，对学校"双高计划"建设项目完成的程度、质量、建设效果等进行全面核查，形成如下意见：

一、陕西省教育厅、财政厅等部门高度重视并大力支持学校国家"双高计划"建设工作和项目管理，强化对项目的指导和责任考核，将项目建设纳入本省教育事业发展"十四五"规划；在省级重点教育改革项目方面向建设单位倾斜，并提高生均拨款水平重点支持学校优先发展；政策措施落实到位，各项承诺全部兑现，建设资金足额拨付到位。

二、学校为中国特色高水平高职学校建设单位（C 档）。学校全面完成了建设方案和任务书规定的各项任务。学校组织机构健全、保障有力、制度完善、执行有效，建设过程监测数据完整，佐证支撑材料翔实，产出指标、效益指标、满意度指标增量明显。根据陕西永昌会计师事务所有限责任公司出具的《陕西铁路工程职业技术学院中国特色高水平高职学校和专业建设计划（2019—2023 年）项目审计报告》，资金使用结构符合管理办法规定，项目资金筹措有力、足额到位，预算执行良好，资金管理规范，达到了预期建设目标。

三、学校在党的建设、人才培养、专业建设、师资队伍、社会培训、科技服务、国际交流合作、信息化建设等方面增量明显，在落实"一体两翼五重点"战略部署方面，做出了诸多创新探索，总结出系列特色经验做法。坚持铁路特色办学，对接产业链创新专业集群建设模式，促进专业集束发展、资源集成共享、专业产业同频共振。创新实施"大师引领、六化联动"职业素养教育模式，形成了"铁军精技匠心"为核心的校园文化，引领了职业教育改革发展和人才培养。建立轨道交通未来产业创新研究院，聚焦超长深埋海底隧道等领域开展攻关，研发的二次衬砌充填材料成套技术等多项关键技术转化应用。研发的新型土压平衡盾构用泡沫剂"中铁壹号"成套技术，在10余个地铁项目转化应用。支撑了国家战略和地方经济社会发展。作为全国铁道行指委第一副主任委员单位、铁工专委会主任委员单位，牵头主持参与研制铁路工程类中、高职和本科专业教学标准多项。推动形成了一批国家层面有效支撑职业教育高质量发展的政策、制度、标准。近5年，超80%毕业生就职于中国铁建等世界500强企业，奉献在铁路和城轨工程施工和运维一线，超60%的毕业生扎根西部建功立业，支撑了交通强国战略。

四、高速铁道工程技术和城市轨道交通工程技术两个高水平专业群，对接高铁高端产业和城轨产业高端发展需求，创建了"双主体、三融合、四对接"人才培养模式，构建了模块化课程体系和具有铁路特质的职业素养培养体系。融入高铁创新技术，建成专业能力图谱、行业标准、课程中心等六大板块组成的开放型教学资源平台。创新模块化课程体系统领、项目化教学组织、数字化资源赋能、结构化团队保障的"四化"协同课程建设模式，获国家教学成果奖。联合中铁四局建成育训研结合的"全真实体+虚拟仿真+智慧管理"开放型产教融合实践教学基地。服务高铁"走出去"，建设肯尼亚和孟加拉2个海外铁路培训中心，培养本土铁路技术技能人才1 000余名，成为"一带一路"铁路建设生力军。5年来，学生在中国中铁等央企就业达85%，73.5%毕业生在3~5年成长为技术骨干，成为铁路施工企业招聘的首选。

五、发展建议。一是要进一步推进专业群课程体系建设，加强产教深度融合，促进专业群建设向纵深发展，更好地发挥专业群引领示范效应。二是要进一步加强对国家"双高计划"建设成果的总结凝练，为现代职业教育高质量发展和交通强国建设作出更大贡献。

专家组认为，陕西铁路工程职业技术学院全面完成了国家"双高计划"高水平学校建设任务和绩效指标，在办学体制机制创新、人才培养模式改革、国际交流合作和服务区域经济与社会发展等方面成效显著，充分发挥了示范引领作用，实现了"当地离不开、业内都认同、国际可交流"的建设目标。

专家组经合议，一致同意该校省级绩效评价等级为优秀。

专家组长：

专家组成员：

国家"双高计划"绩效评价省级评价专家组
2024年3月20日

西安航空职业技术学院
国家"双高计划"建设省级绩效评价
专家组意见

根据《教育部办公厅 财政部办公厅关于开展中国特色高水平高职学校和专业建设计划（2019—2023年）绩效评价工作的通知》（教职成厅函〔2024〕1号）等相关文件要求，受陕西省教育厅、财政厅委托，专家组一行10人对西安航空职业技术学院进行了省级绩效评价。2024年3月11—18日，线上认真审阅了学校提交的"双高计划"总结报告、建设任务完成情况表、第三方审计报告、佐证等相关材料。3月19—20日，听取了学校层面和两个专业群层面的汇报并质询，进一步查阅了资料，召开了学生、教师座谈会，考察了学校实训基地等相关办学设施等环节，完成了对西安航空职业技术学院的实地核查。专家组对照《"双高计划"建设绩效评价标准》，对学校"双高计划"建设项目完成的程度、质量、建设效果等进行全面核查，形成如下意见：

一、陕西省教育厅、财政厅等部门高度重视并大力支持学校国家"双高计划"建设工作和项目管理，强化对项目的指导和责任考核，将项目建设纳入本省教育事业发展"十四五"规划；在省级重点教育改革项目方面向建设单位倾斜，并提高生均拨款水平重点支持学校优先发展；政策措施落实到位，各项承诺全部兑现，建设资金足额拨付到位。

二、学校为中国特色高水平高职学校建设单位（C档）。学校全面完成了建设方案和任务书规定的各项任务。学校组织机构健全、保障有力、制度完善、执行有效，建设过程监测数据完整，佐证支撑材料翔实，产出指标、效益指标、满意度指标增量明显。根据西安同盛联合会计师事务所（普通合伙）出具的《西安航空职业技术学院"中国特色高水平高职学校和专业建设计划"项目审计报告》，资金使用结构符合管理办法规定，项目资金筹措有力、足额到位，预算执行良好，资金管理规范，达到了预期建设目标。

三、学校高质量推进双高计划建设，在人才培养、师资队伍、社会培训、技术服务等方面，树立了航空职业院校新标杆，"双高计划"建设成效显著，增量明显，引领航空职业教育高质量发展。落实落细"一体两翼五重点"战略部署，获批西北唯一国家级市域联合体建设单位，牵头成立全国工业无人机行业产教融合共同体等，构建航空特色产教融合发展新载体；聚焦"秦创原"航空、民用无人机两条重点产业链，搭建"一院一企两中心三团队"，打造职业院校服务地方经济发展新样板；牵头制订《飞行器维修技术工程》等国家教学标准30项，开发《无人机应用技术》等"1+X"证书标准27项，推动形成了一批国家层面有效支撑职业教育高质量发展的政策、制度、标准，成为全国航空类专业建设的新范式。累计为中航工业、航空维修等企业培养航空工匠3万余人，一批西航学子成长为"蓝天工匠"等大国工匠，形成"学航修、找西航"的品牌效应。

四、飞机机电设备维修和无人机应用技术两个高水平专业群，对接高端企业发展需求，打造航空类专业群建设新样板。人才培养模式特色鲜明，创建"标准融通、军民两用"人才培养体系、"集群发展、能力递进、多元协同"人才培养模式，军航、民航共建"航空基础+航修通用+机务核心+综合应用+岗位拓展"五阶递进职业能力培养的课程体系，获得国家教学成果奖3项（其中一等奖1项）；社会服务能力显著提升，取得西北高校首家CCAR-147培训资质，为空军雷达厂等航空企业提供技术服务，完成航空航天零部件精密整形、新型航空环保脱漆剂等技术创新及成果转化项目，社会服务到账金额大幅提升，成为飞机城企业技术人员培训的航空摇篮。

五、发展建议。一是要进一步推进专业群课程体系建设，加强产教深度融合，促进专业群建设向纵深发展，更好地发挥专业群引领示范效应。二是进一步发挥好"秦岭工坊""经世学堂"等作用，在教学资源、职教方案等方面彰显"西航力量"。

专家组认为，西安航空职业技术学院全面完成了国家"双高计划"高水平学校建设任务和绩效指标，在办学体制机制创新、人才培养模式改革、国际交流合作和服务区域经济与社会发展等方面成效显著，充分发挥了示范引领作用，实现了"当地离不开、业内都认同、国际可交流"的建设目标。

专家组经合议，一致同意该校省级绩效评价等级为优秀。

专家组长：（签名）

专家组成员：（签名）

国家"双高计划"绩效评价省级评价专家组

2024 年 3 月 20 日

陕西国防工业职业技术学院
国家"双高计划"建设省级绩效评价
专家组意见

根据《教育部办公厅 财政部办公厅关于开展中国特色高水平高职学校和专业建设计划（2019—2023 年）绩效评价工作的通知》（教职成厅函〔2024〕1 号）等相关文件要求，受陕西省教育厅、财政厅委托，专家组一行 10 人对陕西国防工业职业技术学院进行了省级绩效评价。2024 年 3 月 11—18 日，线上认真审阅了学校提交的"双高计划"总结报告、建设任务完成情况表、第三方审计报告、佐证等相关材料。3 月 19—20 日，听取了学校层面和两个专业群层面的汇报并质询，进一步查阅了资料，召开了学生、教师座谈会，考察了学校实训基地等相关办学设施等环节，完成了对陕西国防工业职业技术学院的实地核查。专家组对照《"双高计划"建设绩效评价标准》，对学校"双高计划"建设项目完成的程度、质量、建设效果等进行全面核查，形成如下意见：

一、陕西省教育厅、财政厅等部门高度重视并大力支持学校国家"双高计划"建设工作和项目管理，强化对项目的指导和责任考核，将项目建设纳入本省教育事业发展"十四五"规划；在省级重点教育改革项目方面向建设单位倾斜，并提高生均拨款水平重点支持学校优先发展；政策措施落实到位，各项承诺全部兑现，建设资金足额拨付到位。

二、学校为中国特色高水平专业群建设单位（B 档）。学校全面完成了建设方案和任务书规定的各项任务。学校组织机构健全、保障有力、制度完善、执行有效，建设过程监测数据完整，佐证支撑材料翔实，产出指标、效益指标、满意度指标增量明显。根据陕西咏昌会计师事务所有限责任公司出具的《陕西国防工业职业技术学院"中国特色高水平高职学校和专业建设计划"项目审计报告》，资金使用结构符合管理办法规定，项目资金筹措有力、足额到位，预算执行良好，资金管理规范，达到了预期建设目标。

三、学校在党的建设、人才培养、专业建设、师资队伍、社会培训、科技服务、国际交流合作、信息化建设等方面增量明显，在落实"一体两翼五重点"战略部署方面，做出了诸多创新探索，总结出系列特色经验做法。实施"大思政"聚力和"大先生"培育行动，将人民兵工精神融入"五育并举"育人体系。"政行军企校"五方共建协同创新联盟、军工品质智能制造中心、高水平生产型实训基地等，引领了职业教育改革发展和人才培养。联合中国航天科技国际交流中心等多家单位，共建新时代航天人才培养基地，开设航天工匠班和兵器工匠班等，培养军工特质人才。支撑了国家战略和地方经济社会发展。参与制定机电一体化技术、数控技术等6项专业教学标准。校企共同研制《弹箭总装工》等3项国家级职业技能标准。推动形成了一批国家层面有效支撑职业教育高质量发展的政策、制度、标准。近5年，培养了6 000余名具备"忠博武毅"特质的红色军工传人，毕业生主要服务于十大军工集团，有力助推国防工业高质量发展。

四、机电一体化技术高水平专业群对接高端产业、产业高端发展需求，形成了"专产耦合、两境共育"的军工特质专业群人才培养模式，与海克斯康等头部企业共同开展课程建设，开发军工特质课程教学资源。创新形成"1校+1龙头企业+N个细分领域企业或区域紧密合作企业"模式。建成西部领先的FANUC产业学院和培养智控人才的"西门子工坊"。构建多元化培训体系，开发以军工典型智能制造产品为载体的模块化培训课程，社会服务产生了"培训一批、带动一片"的效果。

五、发展建议。一是要进一步推进专业群课程体系建设，加强产教深度融合，促进专业群建设向纵深发展，更好地发挥专业群引领示范效应。二是要进一步处理好特色和质量的关系，向"中国特色""世界水平"发力。

专家组认为，陕西国防工业职业技术学院全面完成了国家"双高计划"高水平学校建设任务和绩效指标，在办学体制机制创新、人才培养模式改革、国际交流合作和服务区域经济与社会发展等方面成效显著，充分发挥了示范引领作用，实现了"当地离不开、业内都认同、国际可交流"的建设目标。

专家组经合议，一致同意该校省级绩效评价等级为优秀。

专家组组长：

专家组成员：

国家"双高计划"绩效评价省级评价专家组
2024年3月20日

陕西职业技术学院
国家"双高计划"建设省级绩效评价
专家组意见

根据《教育部办公厅 财政部办公厅关于开展中国特色高水平高职学校和专业建设计划（2019—2023年）绩效评价工作的通知》（教职成厅函〔2024〕1号）等相关文件要求，受陕西省教育厅、财政厅委托，专家组一行10人对陕西职业技术学院进行了省级绩效评价。2024年3月11—18日，线上认真审阅了学校提交的"双高计划"总结报告、建设任务完成情况表、第三方审计报告、佐证等相关材料。3月19—20日，听取了学校层面和两个专业群层面的汇报并质询，进一步查阅了资料，召开了学生、教师座谈会，考察了学校实训基地等相关办学设施等环节，完成了对陕西职业技术学院的实地核查。专家组对照《"双高计划"建设绩效评价标准》，对学校"双高计划"建设项目完成的程度、质量、建设效果等进行全面核查，形成如下意见：

一、陕西省教育厅、财政厅等部门高度重视并大力支持学校国家"双高计划"建设工作和项目管理，强化对项目的指导和责任考核，将项目建设纳入本省教育事业发展"十四五"规划；在省级重点教育改革项目方面向建设单位倾斜，并提高生均拨款水平重点支持学校优先发展；政策措施落实到位，各项承诺全部兑现，建设资金足额拨付到位。

二、学校为中国特色高水平专业群建设单位（B档）。学校全面完成了建设方案和任务书规定的各项任务。学校组织机构健全、保障有力、制度完善、执行有效，建设过程监测数据完整，佐证支撑材料翔实，产出指标、效益指标、满意度指标增量明显。根据陕西华汇会计师事务所（普通合伙）出具的《陕西职业技术学院"中国特色高水平高职学校和专业建设计划"项目专项审计报告》，资金使用结构符合管理办法规定，项目资金筹措有力、足额到位，预算执行良好，资金管理规范，达到了预期建设目标。

三、学校在党的建设、人才培养、专业建设、师资队伍、社会培训、科技服务、国际交流合作、信息化建设等方面增量明显，在落实"一体两翼五重点"战略部署方面，做出了诸多创新探索，总结出系列特色经验做法。建立了"紧跟产业、分层分类、梯级建设"的专业群发展机制，构建了"分岗位分层级、集中学分散学、线上学线下学、校内校外培训、国内国外培训"双师队伍培训培养格局，引领了职业教育改革发展和人才培养。与陕西省会展中心合作建立陕西会展研究院、陕西省会展服务标准化技术委员会教育分会；与曲江文旅合作，聚焦大唐不夜城，打造沉浸式唐文化主题旅游示范景区，支撑了国家战略和地方经济社会发展。参与制定《游戏创意设计》等专业简介及教学标准、《会展项目管理职业技能等级标准》等国家会展业团体标准、《数字会展服务规范》等陕西省地方标准，推动形成了一批国家层面有效支撑职业教育高质量发展的政策、制度、标准。近5年，持续打造"一带一路"职教联盟平台，举办4届国际论坛，吸纳20个国家和地区的百余家教育机构和行业企业参加，扩大了国际影响力。

四、旅游管理高水平专业群对接旅游产业高端发展需求，实施"五方共育、三职贯通、四阶递进、双轨运行"人才培养模式，建设了白鹿仓文旅产业学院，开发了"智慧+"浸入式文旅项目和"文化+"旅游产品，依托"双百工程"产学研一体化示范基地、文旅科技服务站建设，实施"美丽庭院"规划项目，助力乡村振兴，培养了景区规划设计、导游、酒店数字化管理师、研学导师等高技能人才，助力陕西省万亿级文化旅游产业集群高质量发展。

五、发展建议。一是要进一步推进专业群课程体系建设，加强产教深度融合，促进专业群建设向纵深发展，更好地发挥专业群引领示范效应。二是要进一步深化高层次人才聘任工作，采取多种方式吸引高层次人才到校工作，全方位提升师资队伍水平和服务社会发展水平。

专家组认为，陕西职业技术学院全面完成了国家"双高计划"高水平学校建设任务和绩效指标，在办学体制机制创新、人才培养模式改革、国际交流合作和服务区域经济与社会发展等方面成效显著，充分发挥了示范引领作用，实现了"当地离不开、业内都认同、国际可交流"的建设目标。

专家组经合议，一致同意该校省级绩效评价等级为优秀。

专家组长：

专家组成员：

国家"双高计划"绩效评价省级评价专家组
2024 年 3 月 20 日

陕西能源职业技术学院
国家"双高计划"建设省级绩效评价
专家组意见

根据《教育部办公厅 财政部办公厅关于开展中国特色高水平高职学校和专业建设计划（2019—2023 年）绩效评价工作的通知》（教职成厅函〔2024〕1 号）等相关文件要求，受陕西省教育厅、财政厅委托，专家组一行 10 人对陕西能源职业技术学院进行了省级绩效评价。2024 年 3 月 11—18 日，线上认真审阅了学校提交的"双高计划"总结报告、建设任务完成情况表、第三方审计报告、佐证等相关材料。3 月 19—20 日，听取了学校层面和两个专业群层面的汇报并质询，进一步查阅了资料，召开了学生、教师座谈会，考察了学校实训基地等相关办学设施等环节，完成了对陕西能源职业技术学院的实地核查。专家组对照《"双高计划"建设绩效评价标准》，对学校"双高计划"建设项目完成的程度、质量、建设效果等进行全面核查，形成如下意见：

一、陕西省教育厅、财政厅等部门高度重视并大力支持学校国家"双高计划"建设工作和项目管理，强化对项目的指导和责任考核，将项目建设纳入本省教育事业发展"十四五"规划；在省级重点教育改革项目方面向建设单位倾斜，并提高生均拨款水平重点支持学校优先发展；政策措施落实到位，各项承诺全部兑现，建设资金足额拨付到位。

二、学校为中国特色高水平专业群建设单位（C 档）。学校全面完成了建设方案和任务书规定的各项任务。学校组织机构健全、保障有力、制度完善、执行有效，建设过程监测数据完整，佐证支撑材料翔实，产出指标、效益指标、满意度指标增量明显。根据深圳日浩会计师事务所（普通合伙）出具的《中国特色高水平高职学校和专业建设计划陕西能源职业技术学院建设项目审计报告》，资金使用结构符合管理办法规定，项目资金筹措有力、足额到位，预算执行良好，资金管理规范，达到了预期建设目标。

三、学校在党的建设、人才培养、专业建设、师资队伍、社会培训、科技服务、国际交流合作、信息化建设等方面增量明显，在落实"一体两翼五重点"战略部署方面，做出了诸多创新探索，总结出系列特色经验做法。实施"双主体—四对接—六共同"多样化育人模式改革，获2022年国家教学成果奖二等奖1项；打造了政行企校"共定标准、共建平台、共研项目、共育人才"的"四共"政行企校协同体系；形成了服务矿企的"五对接、三评价、双主体"人才培训模式，引领了职业教育改革发展和人才培养。服务陕西能源化工、医护康养产业发展，创新了能源化工、医护康养职业教育与区域产业共荣共生产教融合生态；紧贴行业企业，主动融入"秦创原"，助推技术成果转化应用，建成国家煤矿应用技术协同创新中心、陕西省高校工程研究中心、咸阳市工程技术研究中心等科技创新和技术服务平台，开展技术服务项目和各类培训，有力支撑了国家战略和地方经济社会发展，促进了能源化工、医护康养产业发展。参与完成原煤炭类采矿技术等5个中职专业，煤矿智能开采技术等6个高职专业，智能采矿技术、煤炭清洁利用工程2个职教本科专业的中高本一体化目录修订。主持煤炭综合利用技术、煤炭清洁利用技术、煤化工技术、煤田地质勘查、矿山机电与智能装备专业等8个专业简介、专业标准的研制工作。与企业共同开发煤矿智能化开采、矿山应急救援、煤炭清洁高效利用三个职业技能等级证书标准，推动形成了一批国家层面有效支撑职业教育高质量发展的政策、制度、标准。近5年，培养万余名煤炭类高素质技术技能人才，毕业生成为煤炭类用人单位首选。

四、煤矿智能开采技术高水平专业群对接国家级能源基地，适应区域产业升级和企业技转数改需求，创新"分类培养、分层教学、复合成才"专业群人才培养培训模式，组建了技术型企业+职业院校+生产型的"三位一体"技术联盟，政行企校共建国内首个煤矿智能开采实训公共基地，完成煤矿智能化建设顶层设计、煤矿智能开采与信息化系统建设、煤矿安全生产专项设计等技术服务，开展职工岗前培训、继续教育培训、特种作业培训、煤矿安全培训等，累计培养了5 000余名复合型技术技能人才。

五、发展建议。一是要进一步推进专业群课程体系建设，加强产教深度融合，促进专业群建设向纵深发展，更好地发挥专业群引领示范效应。二是进一步发挥煤炭行业产教融合共同体、康养行业产教融合共同体作用，加强与重点企业的合作力度，利用煤矿应用技术协同创新中心、煤炭清洁利用技术研究中心等平台，促进产业成果转化，提升"双高计划"建设成果的辐射带动与示范引领作用。

专家组认为，陕西能源职业技术学院全面完成了国家"双高计划"高水平学校建设任务和绩效指标，在办学体制机制创新、人才培养模式改革、国际交流合作和服务区域经济与社会发展等方面成效显著，充分发挥了示范引领作用，实现了"当地离不开、业内都认同、国际可交流"的建设目标。

专家组经合议，一致同意该校省级绩效评价等级为优秀。

专家组长：

专家组成员：

国家"双高计划"绩效评价省级评价专家组
2024年3月20日

咸阳职业技术学院
国家"双高计划"建设省级绩效评价
专家组意见

根据《教育部办公厅 财政部办公厅关于开展中国特色高水平高职学校和专业建设计划（2019—2023 年）绩效评价工作的通知》（教职成厅函〔2024〕1 号）等相关文件要求，受陕西省教育厅、财政厅委托，专家组一行 10 人对咸阳职业技术学院进行了省级绩效评价。2024 年 3 月 11—18 日，线上认真审阅了学校提交的"双高计划"总结报告、建设任务完成情况表、第三方审计报告、佐证等相关材料。3 月 19—20 日，听取了学校层面和两个专业群层面的汇报并质询，进一步查阅了资料，召开了学生、教师座谈会，考察了学校实训基地等相关办学设施等环节，完成了对咸阳职业技术学院的实地核查。专家组对照《"双高计划"建设绩效评价标准》，对学校"双高计划"建设项目完成的程度、质量、建设效果等进行全面核查，形成如下意见：

一、陕西省教育厅、财政厅等部门高度重视并大力支持学校国家"双高计划"建设工作和项目管理，强化对项目的指导和责任考核，将项目建设纳入本省教育事业发展"十四五"规划；在省级重点教育改革项目方面向建设单位倾斜，并提高生均拨款水平重点支持学校优先发展；政策措施落实到位，各项承诺全部兑现，建设资金足额拨付到位。

二、学校为中国特色高水平专业群建设单位（C 档）。学校全面完成了建设方案和任务书规定的各项任务。学校组织机构健全、保障有力、制度完善、执行有效，建设过程监测数据完整，佐证支撑材料翔实，产出指标、效益指标、满意度指标增量明显。根据陕西诚明联合会计师事务所出具的《咸阳职业技术学院中国特色高水平高职学校和专业建设计划（2019—2023 年）项目审计报告》，资金使用结构符合管理办法规定，项目资金筹措有力、足额到位，预算执行良好，资金管理规范，达到了预期建设目标。

三、学校在党的建设、人才培养、专业建设、师资队伍、社会培训、科技服务、国际交流合作、信息化建设等方面增量明显，在落实"一体两翼五重点"战略部署方面，做出了诸多创新探索，总结出系列特色经验和做法。深化赛教融合，探索形成"三课堂联动、学赛创赋能"的人才培养模式，成果获省级教学成果特等奖；实施"数字化、赛教式、混合式"教法改革，在团队建设、教学比赛等方面产生多项国家级成果；创新实践"三级递进、六维贯通"大思政课教育教学业绩评价体系，获全国思政课教学展示一等奖，引领了职业教育改革发展和人才培养。探索实践"校地融合、育训结合"的社会服务模式，为区域中小企业开展职工培训超过 1 万人·日。创新定制化、菜单式社区服务模式，建成咸阳"互联网+"养老服务示范社区，支撑了国家战略和地方经济社会发展。主持参与制定了多个专业简介、教学标准，制定了《平欧大果榛子栽培技术规程》咸阳市地方标准，推动形成了一批国家层面有效支撑职业教育高质量发展的政策、制度、标准。

四、学前教育高水平专业群适应产业高端发展需求，依托卓越幼师学院，探索专业共建、人才共育、资源共享、投入共担、发展共赢机制，形成了"全实践融通"人才培养、"三段五步"课堂教学模式，获省级教学成果特等奖。发挥系统化培训、特色化活动、专业化平台作用，承担幼儿园教师国培计划，累计服务 1 500 多人次，在 6 家社区挂牌成立"早教之家。5 年来，有 154 名师生赴西部偏远地区支教帮扶，有 689 名毕业生到西部地区就业。

五、发展建议。一是要进一步推进专业群课程体系建设，加强产教深度融合，促进专业群建设向纵深发展，更好地发挥专业群引领示范效应。二是要进一步做优特色专业，做强优势专业，在引领职业教育改革发展、服务学生全面成长、支撑国家战略和区域经济社会发展上作出更大贡献。

专家组认为，咸阳职业技术学院全面完成了国家"双高计划"高水平学校建设任务和绩效指标，在办学体制机制创新、人才培养模式改革、国际交流合作和服务区域经济与社会发展等方面成效显著，充分发挥了示范引领作用，实现了"当地离不开、业内都认同、国际可交流"的建设目标。

专家组经合议，一致同意该校省级绩效评价等级为优秀。

专家组长：

专家组成员：

国家"双高计划"绩效评价省级评价专家组

2024 年 3 月 20 日

第二部分

陕西国家"双高计划"总结报告

按照《教育部办公厅 财政部办公厅关于开展中国特色高水平高职学校和专业建设计划（2019—2023年）绩效评价工作的通知》（教职成厅函〔2024〕1号）、《陕西省教育厅、陕西省财政厅关于印发〈陕西省中国特色高水平高职学校和专业建设计划（2019—2023年）绩效评价工作方案〉的通知》（陕教〔2024〕5号）文件要求，在陕西省教育厅、财政厅的组织指导下，对照国家《"双高计划"建设绩效评价标准》，陕西8所国家"双高计划"项目建设学校认真开展绩效总结自评，形成了本校"双高计划"总结报告。省教育厅、财政厅在各校自评的基础上，邀请全国知名职教专家（包括全国"双高计划"建设咨询专家委员会委员）组成省级评价专家组进行省级绩效评价，并形成陕西省国家"双高计划"总结报告。本部分内容为陕西推进"双高计划"总结报告和陕西8所学校的"双高计划"总结报告。

陕西省推进"双高计划"总结报告

根据《教育部办公厅 财政部办公厅关于开展中国特色高水平高职学校和专业建设计划（2019—2023年）绩效评价工作的通知》（教职成厅函〔2024〕1号），陕西省教育厅会同陕西省财政厅制定了《陕西省中国特色高水平高职学校和专业建设计划（2019—2023年）绩效评价工作方案》（以下简称《工作方案》），根据《工作方案》，组织8所国家"双高计划"建设单位开展总结自评，邀请全国知名职教专家组建省级评价专家组，通过查阅资料、听取汇报、访谈座谈、现场考察的方式，对陕西国家"双高计划"项目建设成效开展了客观、公正的省级评价，形成评价结论，现将陕西省推进"双高计划"工作总结报告如下。

陕西省共有8所高职院校入选国家"双高计划"建设单位（以下简称"双高建设单位"），其中，高水平高职学校建设单位4所，分别是陕西工业职业技术学院（A档）、杨凌职业技术学院（B档）、陕西铁路工程职业技术学院（C档）和西安航空职业技术学院（C档）；高水平专业群建设单位4所，分别是陕西国防工业职业技术学院（B档）、陕西职业技术学院（B档）、陕西能源职业技术学院（C档）和咸阳职业技术学院（C档）。

一、陕西省推进"双高计划"建设的情况

陕西省委、省政府坚持把职业教育发展摆在突出位置，认真贯彻落实习近平总书记关于职业教育的重要指示、来陕考察重要讲话和全国职业教育大会精神，全面贯彻新修订的《中华人民共和国职业教育法》，坚持职业教育类型定位，将国家"双高计划"建设作为推进全省职业教育高质量发展的有力抓手，在政策、资金、土地、项目、基地等方面予以倾斜支持。目前，全省8所双高建设单位全部完成既定建设目标，获得国家级标志性成果、重点项目1 345项（统计范围见8所"双高计划"建设学校的建设水平成果数据表），产教融合、校企合作持续深化，高素质技术技能人才培养质量显著提升，服务国家战略和陕西经济社会发展能力持续增强，充分发挥了国家"双高计划"示范引领作用。

（一）陕西省推进"双高计划"的体制机制建设情况

1. 建立三级统筹推进机制

陕西省委教育工作领导小组建立了职业教育工作厅际联席会议制度，省教育厅、省财政厅牵头组建了陕西省国家"双高计划"建设工作领导小组和绩效评价工作专班，负责统筹推进全省"双高计划"建设和绩效评价工作。各双高建设单位均成立了由学校主要领导牵头的工作专班，设立了学校"双高办"等专门机构，形成了"省委省政府统筹设计、省教育厅和省财政厅等多部门联动推进、建设单位具体实施"的纵向三级推进机制。

2. 建立校地融合发展机制

依托西咸新区、杨凌农业高新技术产业示范区、阎良航空经济技术开发区等国家级示范

区建设，指导、协调双高建设单位与示范区紧密合作，签订支持建设框架协议，通过"政府搭台、学校唱戏"的方式，将"双高计划"建设项目融入地方经济社会发展规划，有力推动了校地融合发展、同频共振。陕西省教育厅、咸阳市政府、机械工业教育发展中心共同签订了《支持陕西工业职业技术学院争创全国高水平院校框架协议》，陕西省教育厅、杨凌示范区管委会签订了《共同支持杨凌职业技术学院高水平建设框架协议》等。

3. 建立产教融合发展机制

2019 年，陕西省入选国家产教融合首批试点省份，咸阳市入选试点城市，为深化职业教育产教融合，省政府办公厅印发了《关于深化产教融合的实施意见》（陕政办发〔2019〕26 号），力促产业、行业和院校的有效对接、深度融合，全省认定 23 家企业为陕西产教融合型试点企业，政策向双高建设单位倾斜。成立 34 个职教集团，优先支持双高建设单位牵头组建的职教集团进行实体化运行，9 个职教集团被教育部认定为示范性职教集团（联盟）培育单位；围绕省级重点产业链和 4 个万亿级产业集群，建设 18 个省级市域产教联合体、15 个行业产教融合共同体和 78 个开放型区域产教融合实践中心，职业教育服务能力和适应性不断增强。

4. 建立信息交流沟通机制

陕西省"双高计划"建设始终坚持"共建共享、交流互鉴、合作共赢"的基本原则，省教育厅、省财政厅积极推动建立院校信息共享交流机制。以共享促建设，先后组织召开"陕西省'双高计划'建设推进会"，举办"双高计划"建设论坛 8 次、研讨会 15 次，促进国家"双高计划"院校和省级"双高计划"院校间的交流借鉴和学习，推动院校间合作交流；以交流促提升，召开绩效评价专题会 3 次，通过专家讲座、经验交流、问题探讨等形式指导院校高质量完成自评总结工作。以互鉴促发展，联合西部 12 个省（区），举办西部"双高计划"建设论坛、渝陕"双高计划"建设研讨会、陕渝川"双高计划"建设研讨会、川陕渝"双高计划"建设研讨会等活动，加强交流、共谋发展。

5. 建立院校梯队发展机制

陕西省教育厅指导各职业院校结合自身办学特色和区域产业布局，优化专业结构、提升专业品质，组建专业群，以国家"双高计划"引领带动省级"双高计划"建设。印发《陕西省高水平高职学校和专业建设计划实施方案（2022—2025 年）》，遴选 13 个省级高水平高职学校建设单位，92 个省级高水平专业群。8 所双高建设单位全部入选省级高水平学校建设单位，入选高水平专业群 49 个，占全省总量的 53.3%，形成了国家、省两级"双高计划"建设梯队和国、省、校三级"高水平专业群"发展格局。省财政厅专门下达年度学校建设发展专项资金（"双高计划"建设补助）5 000 万元，用于支持省级"双高计划"学校建设，对 8 所国家双高建设单位支持资金 2 400 万元，占全省总量的 48%。

（二）陕西省推进"双高计划"的政策支持情况

1. 强化顶层设计

陕西省政府印发《关于印发职业教育改革实施方案的通知》《关于深化产教融合的实施意见》《关于推动陕西省现代职业教育高质量发展的实施意见》，健全财政投入稳定增长机制，落实教育附加费 30%用于职业教育的政策，新增教育经费要向职业教育倾斜，重点建设国家双高建设单位。先后出台的《陕西省国民经济和社会发展第十四个五年规划和二〇三五年远景目标纲要》《陕西省教育事业发展"十四五"规划》等文件，大力支持和推进国家"双高计划"建设。

2. 加大经费支持

陕西省教育厅将国家"双高计划"建设项目列入年度工作要点，协调省发改委、财政厅、科技厅等部门，先后出台了《关于改革省属高校财政拨款制度促进高等教育高质量发展的意见》《关于调整公办高等学校学费标准的通知》《关于"两校一区"所提诉求反馈意见的函》《关于公布陕西高校科研平台、青年创新团队增补结果的通知》等文件，从加大资金投入、改善办学条件、搭建研究平台等方面，协调推进国家"双高计划"建设。在上调公办高职院校学费标准的基础上，特别针对双高建设单位给予政策倾斜，允许学校学费在新收费标准的基础上再上浮10%，8所双高建设单位每年学费增收合计约5 000万元。

3. 破解发展难题

省委省政府领导多次前往双高建设单位实地调研，及时解决"双高计划"建设存在的关键问题。积极协调推进处理部分双高建设单位发展过程中的土地问题；协调省委编办、省人社厅，建立人才"周转池"，增加高级职称编制比例，保障双高建设单位高水平人才队伍建设。

4. 带动地市支持

以省级政策支持激活地方发展职业教育的能动性，相关地市政府积极行动，专门出台支持"双高计划"建设的政策。咸阳市政府印发《咸阳市国家产教融合试点城市建设实施方案》，明确支持3所驻咸双高建设单位组建产业学院，打造产教融合示范高校；渭南市政府划拨专项经费，将驻渭双高建设单位打造为技术转移示范机构。

（三）陕西省推进"双高计划"的资金支持情况

1. 经费投入及执行情况

2019—2023年，全省双高建设单位经费总预算357 880万元，实际到位金额为365 233.56万元，资金到位率为102.05%，支出361 128.37万元，支出率98.88%。其中：

中央财政拨款预算为58 500万元，实际到位金额为58 500万元，到位率为100%，支出58 489.55万元，支出率99.98%。

地方财政拨款预算为61 560万元，实际到位金额为62 279万元，到位率为101.17%，支出62 174.84万元，支出率99.83%。

行业企业投入预算为25 581万元，实际到位金额为28 725.25万元，到位率为112.29%，支出28 725.25万元，支出率100%。

学校自筹预算为212 239万元，实际到位金额为215 729.31万元，到位率为101.64%，支出211 738.73万元，支出率98.15%，如表1所示。

表1 "双高计划"建设单位建设经费投入及使用情况统计表

项目名称	资金预算金额/万元	资金到位金额/万元	资金到位率/%	资金支出金额/万元	资金支出率/%
中央财政拨款	58 500.00	58 500.00	100.00	58 489.55	99.98
地方财政拨款	61 560.00	62 279.00	101.17	62 174.84	99.83
行业企业投入	25 581.00	28 725.25	112.29	28 725.25	100.00
学校自筹	212 239.00	215 729.31	101.64	211 738.73	98.15
总额	357 880.00	365 233.56	102.05	361 128.37	98.88

2. 地方各级财政投入资金支持情况

2019—2023年，我省对8所双高建设单位按不同档次中央财政拨款经费的1∶1配套支持，拨款预算总额为 61 560 万元。截至 2023 年 12 月 31 日，到位资金总计 62 279 万元，资金到位率为 101.17%，如表 2 所示。在配套经费之外，陕西省充分利用政府专项债券支持职业教育，2020 年以来，发行地方政府专项债券 92.55 亿元（其中：省级发行 19 亿元，市县发行 73.55 亿元），为职教发展提供财政保障。

表 2　陕西省各级政府 2019—2023 年资金到位情况表

单位名称	预算总额/万元	到位资金/万元	资金到位率/%
陕西工业职业技术学院	25 000.00	25 000.00	100.00
杨凌职业技术学院	12 500.00	12 500.00	100.00
陕西铁路工程职业技术学院	5 000.00	5 000.00	100.00
西安航空职业技术学院	5 000.00	5 000.00	100.00
陕西国防工业职业技术学院	3 500.00	3 500.00	100.00
陕西职业技术学院	3 500.00	3 500.00	100.00
陕西能源职业技术学院	2 000.00	2 719.00	135.95
咸阳职业技术学院	5 060.00	5 060.00	100.00
总计	61 560.00	62 279.00	101.17

（四）陕西省"双高计划"项目实施情况

1. 绩效管理情况

（1）提出明确绩效管理政策要求

陕西省委省政府高度重视"双高计划"建设及绩效管理工作，在《陕西省职业教育改革实施方案》等文件中，将建设绩效作为职业教育建设与改革的主要考核指标，明确提出"对职业教育发展明显滞后、整改不力的地区和学校，严肃追究单位和个人责任"。

（2）加强对绩效管理工作的指导

省教育厅先后出台了《关于开展"双高计划"建设学校年度绩效自评工作的通知》《陕西省中国特色高水平高职学校和专业建设计划绩效评价工作方案》等文件，明确"建设绩效评价工作安排""建设绩效评价标准""建设水平成果参考范围"，进一步规范了绩效管理评价工作，并明确提出"评价结果将作为省级统筹安排下一阶段现代职业教育质量提升计划资金分配和下一轮国家'双高计划'遴选推荐的重要参考"。

（3）建立绩效年报信息交流机制

建立"双高计划"建设绩效年报制度和建设信息交流简报制度，委托陕西省职业技术教育学会先后编发《陕西国家"双高计划"建设内部信息交流简报》77 期，立项"双高计划"建设专项研究课题 27 项，组织编写高等职业教育质量年报，出版《中国特色高水平学校和专业建设研究与实践》（方案篇）和（建设篇）等 11 部专著。加强绩效管理和经验交流。

2. 绩效执行情况

根据教育部"双高计划"监测平台填报数据统计，全省 8 所双高建设单位整体完成了学校层面和专业群层面既定建设任务，达成建设目标，8 所双高建设单位终期绩效目标完成度均达到 100%。具体完成情况如表 3 所示。

表3 陕西省双高建设单位终期绩效目标完成情况统计表

单位名称	分类	终期绩效目标完成度/%
陕西工业职业技术学院	学校层面	100.00
	专业群1	100.00
	专业群2	100.00
	总体	100.00
杨凌职业技术学院	学校层面	100.00
	专业群1	100.00
	专业群2	100.00
	总体	100.00
陕西铁路工程职业技术学院	学校层面	100.00
	专业群1	100.00
	专业群2	100.00
	总体	100.00
西安航空职业技术学院	学校层面	100.00
	专业群1	100.00
	专业群2	100.00
	总体	100.00
陕西国防工业职业技术学院	学校层面	100.00
	专业群1	100.00
	总体	100.00
陕西职业技术学院	学校层面	100.00
	专业群1	100.00
	总体	100.00
陕西能源职业技术学院	学校层面	100.00
	专业群1	100.00
	总体	100.00
咸阳职业技术学院	学校层面	100.00
	专业群1	100.00
	总体	100.00

二、陕西省对"双高计划"建设单位的绩效评价情况

(一)陕西省"双高计划"绩效评价组织与实施情况

1. 成立组织机构

陕西省教育厅成立由厅长任组长的陕西省国家"双高计划"绩效评价工作专班,下设6个任务组,研制《工作方案》,审定评价程序和实施要求,全程指导评价工作。制定《专家工作手册》,遴选8位全国知名职教专家、2位财务专家组成专家组开展绩效评价工作。

2. 明确进度安排

要求8所双高建设单位于2月28日前,组织开展自评,在监测平台填报绩效数据并提

交自评报告及相关佐证材料；3月1—10日，省教育厅、省财政厅核验平台填报数据；3月11—18日，专家组对8所双高建设单位的自评材料进行了线上审读；3月19日上午组织8所双高建设单位集中汇报答辩；3月19日下午专家进校实地复核；3月20日上午，专家组召开评审会议。

3. 精准客观评价

专家组依据《"双高计划"建设绩效评价标准》，按照"突出绩效、客观公正"原则，通过审读材料、听取汇报、现场质询、访谈座谈、实地复核等方式精准客观评价，完成评分、评级，形成了对双高建设单位的评审意见。

（二）陕西省双高建设单位评价得分和绩效评价结论

双高建设单位得分构成为：高水平学校建设单位学校层面得分占50%，两个专业群得分分别占25%；高水平专业群建设单位学校层面得分占30%，专业群层面得分占70%。根据双高建设单位评分形成评价结论，90（含）~100分为"优"，80（含）~90分为"良"，60（含）~80分为"中"，60分以下为"差"。具体评价结论如表4所示。

表4 陕西省8所双高建设单位绩效评价结论

序号	建设单位	类型	得分	评价结论
1	陕西工业职业技术学院	高水平学校建设单位		优秀
2	杨凌职业技术学院	高水平学校建设单位		优秀
3	陕西铁路工程职业技术学院	高水平学校建设单位		优秀
4	西安航空职业技术学院	高水平学校建设单位		优秀
5	陕西国防工业职业技术学院	高水平专业群建设单位		优秀
6	陕西职业技术学院	高水平专业群建设单位		优秀
7	陕西能源职业技术学院	高水平专业群建设单位		优秀
8	咸阳职业技术学院	高水平专业群建设单位		优秀

（三）陕西省绩效评价结论应用拟采取的主要措施

按照教育部、财政部绩效评价工作通知，将绩效评价结论作为今后对各建设单位支持的重要依据。一是作为统筹安排下一阶段陕西省现代职业教育质量提升计划资金分配的重要参考；二是作为陕西省下一轮国家"双高计划"推荐的重要参考。

三、成效、问题与下一步工作考虑

（一）陕西省推进"双高计划"的经验与成效

陕西省加强项目统筹、加大资金投入，出台了一系列政策、拿出了一系列实措，扎实推进国家"双高计划"建设，建设成效显著，具体概括为"八个新"。

1. 党建业务相融互促，展现"新作为"

指导双高建设单位深入贯彻落实习近平新时代中国特色社会主义思想和新时代党建工作总要求，坚持党建和业务同部署同落实同检查，切实以高质量党建推动事业高质量发展。获批全国党建工作示范高校、标杆院系、样板支部培育创建单位18个，实现建设单位全覆盖。以党建为引领、以思政教育为抓手，构建思政课程和课程思政同向同行的大思政工作体系，出台《关于全面推进高等学校课程思政建设工作方案》（陕教工〔2020〕171号），制定全国"大思政课"综合改革试验区陕西省实施方案,指导院校加强课程思政建设。获批国家课程思政教育研究示范中心、示范课程、教学名师和团队10个,立项全国高校思政工作培育建设项目1个,在全国高校思政理论课教学展示活动评选中获一等奖3项、二等奖4项。

2. "双高计划"培优融合推进,取得"新成效"

指导双高建设单位把"双高计划"和"提质培优行动计划"融合推进,强化人才培养特色,结合陕西经济社会发展需要,发挥自身优势,积极开展"三教"改革和实践探索,形成系列富有典型特征的人才培养模式。8所双高建设单位获2022年国家职业教育教学成果奖17项,入选职业教育国家规划教材数目105本,获全国教材建设奖8项。对接国赛精心组织陕西省职业院校技能大赛,选优培强参赛队伍,承办国赛12项,获全国职业院校技能大赛一等奖37项、二等奖80项、三等奖134项。在全国"互联网+""挑战杯""大艺展""电子设计"等赛项中获奖102项。学生技术技能显著提高。

3. 打造团队锻造匠师,增添"新活力"

指导双高建设单位通过内培外引,打造高层次人才队伍,培育领军人才。5年来,培育国家"万人计划"教学名师2人,全国优秀教师和优秀教育工作者3人,全国五一劳动奖章获得者、技术能手、模范教师、先进工作者9人,全国工人先锋号1个,全国高校黄大年式教师团队3个,国家级职业教育教师教学创新团队10个,入选全国行业职业教育教学指导委员会57人。根据技术技能人才培养要求,连续4年组织陕西省高等职业院校课堂教学创新大赛,开展课堂革命陕西行动,打造"有灵魂的大学课堂"。在全国职业院校技能大赛教学能力比赛中获一等奖9项、二等奖13项、三等奖16项。建设师德高尚、能力全面、素质过硬的"双师型"教师队伍。获批全国高职学校"双师型"教师队伍建设典型案例、高职学校"双师型"教师个人专业发展典型案例7个,获批国家级职业教育"双师型"教师培训基地12个。

4. 产教融合校企合作,实现"新跨越"

陕西省从"强统筹、搭平台、拓领域、促规范"四个维度精准发力,持续提升产教融合政策供给效能,提升产教供需匹配度,连续印发《构建全链条产业技术创新体系推动产业创新发展若干措施》《关于深化产教融合的实施意见》《加快推进落实现代职业教育体系建设改革重点任务的通知》,明确了全省职业教育产教融合的推进路线图。指导双高建设单位着眼国家战略、立足地方经济发展需要,推动产教融合走向深水区。重点建设陕西省第一批市域产教联合体18个、行业产教融合共同体15个、开放型区域产教融合实践中心50个。西安航空高端制造产教联合体入选国家首批市域产教联合体。校企共建产业学院,推进校企资源的有机结合和优化配置,实现了校企共赢。

5. 科教融汇服务创新,激发"新动能"

指导双高建设单位围绕国家重大发展战略和区域经济社会发展总体规划,坚持履行社会服务职能,积极融入秦创原创新驱动平台建设,服务企业技术升级、服务企业职工技能提升,持续加强成果转移转化和科技服务能力。5年来,8所双高建设单位为企业解决技术难题760余项,开展非学历继续教育培训161万人·日,为区域经济社会发展提供有力支撑。出台《职业教育服务乡村振兴战略三年行动计划》,对建好"双高计划"服务乡村振兴的路径方法做出规划设计,构建"项目研究、基地培训、科技指导、技术支持"等一体化的社会服务体系,获农业农村部科研技术创新重要亮点成果,开启了陕西职教服务"乡村振兴"战略的新篇章。

6. 管理有序保障有力,展现"新面貌"

指导双高建设单位加快落实国家现代职业教育体系建设改革"一体两翼五重点"总体部署,加快提升职业教育关键办学能力,打通制约改革发展的卡点、堵点。在政策上注重激励和引导,扩大高职学校办学自主权。对"高精尖缺"技能人才实行协议工资、技术创新成果入股等激励办法,支持地方深化收入分配制度改革,提高一线技术技能人才工资收入水平。健全社会力量兴办职业教育引导机制,探索开展职业学校股份制、混合所有制办学改革试点。指导双高建设单位按照"政治引领、法治保障、自治协同、数治赋能"的思路,以"一章八制"为统领,聚焦重点领域改革创新制度,构建了"事前有标准、事中有监督、事后有考核"的现代大学制度体系,8 所双高建设单位"党委领导、校长负责、教授治学、民主管理"的治理架构日益完善。

7. 数智赋能信息提效,跑出"新速度"

指导双高建设单位积极实施"互联网+教学"融合计划,加大专业教学资源库和在线精品课的建设力度,构建教与学新模式,完善共建共享机制,构建起以学习者为中心的全新教育生态,线上交互、全面覆盖,资源的利用率不断提高,共享体系趋于完善,逐步实现先进信息技术与教学的融合。建有专业教学资源库 172 个、在线精品课 2 044 门、虚拟仿真实训基地 192 个,其中 80 个专业教学资源库、352 门在线精品课、90 个虚拟仿真实训基地均已接入国家智慧教育平台。8 所双高建设单位牵头建设国家级职业教育专业教学资源库 19 个,入选国家精品在线开放课程 30 门,立项建设职业教育示范性虚拟仿真实训基地 10 个,7 所双高建设单位入选全国职业教育信息化标杆校、数字校园建设样板校。

8. 教随产出职教出海,塑造"新品牌"

指导双高建设单位开放办学,坚持"走出去"与"走进来"结合,不断加强与世界一流职业院校的合作,探索具有学校特色的国际化办学模式,持续推进高质量"一带一路"建设丝路品牌。在海外设立"鲁班工坊"2 个、"秦岭工坊"6 个,推动资源融合、教育教学改革和课程研发,加强优质教学标准和资源的输出,国际交流合作美誉度、影响力有效提升。入选职业教育"走出去"试点项目学校、"中文工坊"项目,获批"中文+职业技能"教学资源建设项目 6 项,汉语桥"中文+职业技能"线上团组交流项目 11 项,在"一带一路"金砖国家技能发展与技术创新大赛中获奖 96 项,开发并被国外采用的职业教育标准 349 项、职业教育资源 658 个、职业教育装备 21 个,为打造陕西职业教育国际品牌、彰显服务国际职教能力、服务中国职业教育"走出去"贡献力量。

(二)陕西省推进"双高计划"的不足及成因

1. 示范引领仍需强化

双高建设单位在建设过程中,高质量完成了各项产出指标,形成了一大批典型经验和实践成果,由于对成果物化、理论研究、总结凝练推广不足,导致成果经验辐射带动的广度和深度尚不够,示范引领作用有待加强。

2. 产教融合仍需深化

双高建设单位在产教融合与校企合作发展方面进行了有益的探索,取得了一定的成效,但受部分高职院校行业领军人才不足、校企人员双向流动缺乏有效制度保障、混合所有制办学落地政策供给不足等方面影响,服务行业企业和陕西区域经济社会发展能力有待进一步提高。

3. 国际交流仍需优化

双高建设单位在国际化进程中取得了一定的成绩,但受新冠疫情、国际形势等多种因素影响，留学生来校学习、师生出国交流、培训等遇到一定困难。各建设单位采用了线上会议、论坛、培训等形式推动国际交流与合作，虽完成了目标任务，但取得的成效与预期相比还存在一定差距。

(三) 下一步的工作考虑

陕西省将全面梳理总结双高建设单位终期绩效评价工作中的经验和问题，加强对国家"双高计划"建设的省级统筹，加大对建设单位的指导和支持，积极筹备第二轮申报遴选工作。同时高效推动省级"双高计划"建设，补短板、强特色、顾长远、打基础。重点在建体系、抓突破、凝特色三个方面持续发力，稳步推进国省两级"双高计划"建设，引领带动全省职业教育高质量发展，有效支撑服务国家战略、助力区域经济社会高质量发展。

1. 持续推进现代职业教育体系建设

吃透政策文件、厘清发展脉络，深入领会两办印发的《关于推动现代职业教育高质量发展的意见》，把省委教育领导小组印发的《关于推动现代职业教育高质量发展的实施意见》作为我省职教改革发展的纲领性文件，适时制定陕西省关于产教融合、校企合作、国际交流、信息化建设等方面的政策法规。主动扛起省级政府构建现代职教体系的主体责任，着力解决职业教育区域发展不适配的问题。同时把发展职业教育的发力点下沉到市一级，推动印发深化现代职教体系建设改革"三张清单"，把"一体两翼"做实，不断增强职业教育适应性和吸引力。

2. 聚焦职业教育关键办学能力

瞄准关键环节破难题、促发展，全力落实教育部构建现代职教体系 11 项重点改革任务，倾力打造西部职业教育新高地。围绕陕西 4 个万亿级产业集群，组建普通高校和职业学校创新联盟、工程技术联盟，联合培养创新型人才和工程技术人才。持续抓好思政课大练兵、"课堂革命 陕西行动"、职业教育数字化升级等陕西职教特色重点工作。及时回应职业院校改革发展中的诉求，指导和帮助学校围绕发展过程中存在的痛点、难点、堵点下功夫，求突破。

3. 强化区域职业教育发展特色

落实新修订的《职业教育法》，积极配合省人大修订陕西省实施《职业教育法》办法，为深化现代职教体系建设改革，推动我省职业教育高质量发展提供坚实的法律基础。持续做好国家"双高计划"和省级"双高计划"建设成果的总结和提炼，强化理论研究，深化规律认识，凝练职教特色，推出一批具有本地特色的典型优秀案例、模式、标准，推动成果惠及更多院校，全面提升全省职业教育的质量和水平，为推进我国现代职业教育高质量发展贡献"陕西力量"。

陕西工业职业技术学院"双高计划"总结报告

2019年,陕西工业职业技术学院被确定为"中国特色高水平高职学校和专业建设计划"A档学校建设单位。立项建设以来,学校紧紧围绕十大建设任务,按照"引领改革、支撑发展、中国特色、世界水平"的建设要求,以"服务国家战略,培养能堪当'造得出'重任的时代工匠"为己任,以"引领发展、服务制造、中国特色、世界水平"为目标,按照"强基树标、培优赋能、扶强促弱、特色发展"的思路,与国家西咸新区、国家产教融合试点城市咸阳市协同推进产教融合,深化校企合作,将自身努力、政府给力、行业助力、企业合力有机统一,借助于专家指导、智库辅助、平台赋能,历经5年辛勤努力,取得了内涵建设、质量提升、品牌打造的全面突破。根据《教育部办公厅 财政部办公厅关于开展中国特色高水平高职学校和专业建设计划(2019—2023年)绩效评价工作的通知》要求,紧扣建设方案和任务书,全面开展总结自评工作(如表1所示),形成如下报告。

表1 "双高计划"建设单位自评表

类别	学校层面自评得分	机械制造与自动化专业群自评得分	材料成型与控制技术专业群自评得分
分项自评得分	99.98	99.96	99.99
所占权重/%	50	25	25
合计	99.98		

一、总体情况

(一)项目绩效目标达成和建设任务完成总体情况概述

学校层面,对标任务书中378项绩效指标、10大建设任务41项子任务共572个任务点,所有绩效指标和建设任务均已按期高质量完成,绩效指标终期达成度100%,建设任务终期完成度100%,共获得国家级奖励荣誉346项(双高监测平台填报238项)、省级奖励荣誉1 076项。

机械制造与自动化专业群对标任务书中82项绩效指标、9大建设任务34项子任务共124个任务点,总体绩效目标终期达成度100%,任务终期完成度100%,建设期内累计获得国家级奖励及荣誉44项、省级105项。

材料成型与控制技术专业群对标任务书中86项绩效指标、9大建设任务30项子任务共138个任务点,总体绩效目标终期达成度100%,任务终期完成度100%,建设期内累计获得国家级奖励及荣誉64项、省级105项。

绩效目标达成、建设任务完成及建设成果如表2~表4所示。

表 2 绩效目标达成情况一览表

指标体系		学校层面			机械制造与自动化专业群			材料成型与控制技术专业群		
		预期数	达成数	达成度	预期数	达成数	达成度	预期数	达成数	达成度
产出指标	数量指标	87	87	100%	17	17	100%	11	11	100%
	质量指标	212	212	100%	49	49	100%	56	56	100%
	时效指标	4	4	100%	3	3	100%	3	3	100%
效益指标	社会效益指标	63	63	100%	4	4	100%	9	9	100%
	可持续影响指标	7	7	100%	4	4	100%	2	2	100%
满意度指标		5	5	100%	5	5	100%	5	5	100%
合计		378	378	100%	82	82	100%	86	86	100%

表 3 建设任务完成情况一览表

层面	建设任务	预期任务点数	完成数	完成度
学校层面	加强党的建设	34	34	100%
	打造技术技能人才培养高地	36	36	100%
	打造技术技能创新服务平台	50	50	100%
	打造高水平专业群	262	262	100%
	打造高水平师资队伍	19	19	100%
	提升校企合作水平	19	19	100%
	提升服务发展水平	26	26	100%
	提升学校治理水平	25	25	100%
	提升信息化水平	78	78	100%
	提升国际化水平	23	23	100%
	合计	572	572	100%
机械制造与自动化专业群	人才培养模式创新	11	11	100%
	课程教学资源建设	7	7	100%
	教材与教法改革	12	12	100%
	教师教学创新团队	15	15	100%
	实践教学基地	24	24	100%
	技术技能平台	11	11	100%
	社会服务	7	7	100%
	国际交流与合作	12	12	100%
	可持续发展保障机制	25	25	100%
	合计	124	124	100%

续表

层面	建设任务	预期任务点数	完成数	完成度
材料成型与控制技术专业群	人才培养模式创新	20	20	100%
	课程教学资源建设	28	28	100%
	教材与教法改革	9	9	100%
	教师教学创新团队	17	17	100%
	实践教学基地	16	16	100%
	技术技能平台	17	17	100%
	社会服务	10	10	100%
	国际交流与合作	10	10	100%
	可持续发展保障机制	11	11	100%
	合计	138	138	100%

表 4　建设成果一览表

项目名称	数量	组织部门	获得时间
全国高校思政工作创新发展中心"三全育人"综合改革试点	1 个	教育部	2022 年 6 月
课程思政教学研究示范中心	1 个	教育部	2021 年 6 月
第四届"全国文明单位"	1 个	中央文明委	2020 年 12 月
全国工人先锋号	1 个	中华全国总工会	2021 年 4 月
第三批全国党建工作示范高校	1 个	教育部办公厅	2022 年 3 月
第三批全国党建工作样板支部	2 个	教育部办公厅	2022 年 3 月
全国五四红旗团委（团支部）	1 个	共青团中央	2022 年 4 月
2022 年国家级教学成果奖一等奖	1 项	教育部	2023 年 7 月
2022 年国家级教学成果奖二等奖	4 项	教育部	2023 年 7 月
国家自然科学基金面上项目	3 项	国家自然科学基金委员会	2022 年 10 月
国家级"十三五"规划教材	6 本	教育部	2020 年 12 月
国家级"十四五"规划教材	18 本	教育部	2023 年 6 月
职业教育国家在线精品课程	9 门	教育部	2023 年 1 月
国家级职业教育专业教学资源库	2 个	教育部	2019 年 11 月
国家级职业院校校长培训基地	1 个	教育部	2023 年 9 月
教育部首批首批职业院校校长培训基地	1 个	教育部	2020 年 9 月
国家级生产性实训基地	4 个	教育部	2019 年 7 月
国家级"新时代职业学校名师（名匠）"培养基地	1 个	教育部	2023 年 10 月
国家级职业教育教师教学创新团队	3 个	教育部	2019 年 8 月
课程思政示范课程、教学名师和团队	2 个	教育部	2021 年 6 月
"国家高层次人才特殊支持计划"教学名师	1 人	教育部	2021 年 8 月
全国高校黄大年式教师团队	1 个	教育部	2022 年 1 月
国家级教学名师全国模范教师（教师 尚华）	1 人	人社部、教育部	2019 年 9 月

续表

项目名称	数量	组织部门	获得时间
国务院特殊津贴专家	1人	人社部	2021年3月
全国模范教师	1人	人社部、教育部	2019年9月
国家示范性职教集团	1个	教育部	2020年12月
国家级职业教育"双师型"教师培训基地	1个	教育部	2022年12月
"高端装备"教育教师教学创新团队培训基地	1个	教育部	2022年1月
职业教育示范性虚拟仿真实训基地（智能制造与智能成型）	1个	教育部	2021年8月
国家职业教育虚拟仿真实训基地（机电一体化专业）	1个	教育部职业教育与成人教育司	2022年12月
国家级职业教育"双师型"教师培养培训基地	3个	教育部	2019年7月
第一批全国职业院校数字校园建设试点学校	1个	教育部	2023年6月
全国健康学校建设单位	1个	教育部	2023年5月
全国示范性职教集团（联盟）培育单位	1个	教育部	2019年8月
全国高职院校"综合影响力百强"	1个	教育部	2021年12月
国家级协同创新中心	4个	教育部	2019年7月
国家级虚拟仿真实训中心	1个	教育部	2019年7月
国家优质专科高等职业院校	1个	教育部	2019年7月
教育部教学诊断与改进工作试点	1个	教育部	2019年6月
全国首批"1+X"证书制度试点院校	1个	教育部	2019年6月
国家级骨干专业	12个	教育部	2019年7月
全国高校思想政治理论课教学展示活动 一等奖	1项	教育部	2021年12月
"新时代职业学校名师（名匠）"培养对象	1人	教育部	2023年10月
职业教育教师队伍建设典型工作案例多措并举，创字为先建设国家级职业教育教师教学创新团队	1个	教育部	2023年6月
教育部第二期供需对接就业育人项目	17项	教育部	2023年4月
部省共建国家职业教育虚拟仿真示范实训基地专业课程与教学资源开发建设项目	2项	教育部	2022年12月
教育部职教团队创新实践性课题"产教融合、校企协同"先进制造技术复合型人才培养实训基地建设的研究与实践	1项	教育部	2020年7月
教育部社科项目	2项	教育部社会科学司	2022年8月
承办全国职业院校技能大赛	4次	教育部职业教育与成人教育司	2023年6月
金砖国家职业技能大赛国际总决赛个人二等奖	3项	南非高等教育与培训部	2023年11月

续表

项目名称	数量	组织部门	获得时间
金砖国家职业技能大赛国际总决赛个人三等奖	2项	南非高等教育与培训部	2023年12月
金砖国家职业技能大赛国际总决赛个人优秀奖	1项	南非高等教育与培训部	2023年11月
2023年一带一路暨金砖大赛之电子商务运营数据分析预选赛团体二等奖	1项	金砖国家技能发展与技术创新大赛组委会、一带一路暨金砖国家技能发展国际联盟	2023年10月
2023年一带一路暨金砖大赛之电子商务运营数据分析预选赛团体三等奖	1项	金砖国家技能发展与技术创新大赛组委会，一带一路暨金砖国家技能发展国际联盟	2023年10月
2022一带一路暨金砖国家技能发展与技术创新大赛一等奖	3项	金砖国家技能发展与技术创新大赛组委会、一带一路暨金砖国家技能发展国际联盟	2022年10月
2022一带一路暨金砖国家技能发展与技术创新大赛二等奖	3项	金砖国家技能发展与技术创新大赛组委会、一带一路暨金砖国家技能发展国际联盟	2022年11月
2022一带一路暨金砖国家技能发展与技术创新大赛三等奖	3项	金砖国家技能发展与技术创新大赛组委会、一带一路暨金砖国家技能发展国际联盟	2022年11月
2022一带一路暨金砖国家技能发展与技术创新大赛优秀奖	2项	金砖国家技能发展与技术创新大赛组委会、一带一路暨金砖国家技能发展国际联盟	2022年11月
全国职业院校技能大赛教学能力比赛一等奖	1项	教育部	2022年1月
全国职业院校技能大赛教学能力比赛二等奖	4项	教育都	2023年12月
全国职业院校技能大赛教学能力比赛三等奖	1项	教育部	2020年2月
全国大学生数学建模竞赛团体一等奖	5项	中国工业与应用数学学会、全国大学生数学建模竞赛组织委员会	2019年12月
全国大学生数学建模竞赛团体二等奖	7项	中国工业与应用数学学会、全国大学生数学建模竞赛组织委员会	2023年12月
2023年美国大学生数学建模竞赛二等奖、三等奖	2项	美国数学及其应用联合会	2023年5月
中国国际"互联网+"大学生创新创业大赛总决赛职教赛道金奖	3项	教育部	2020年1月
中国国际"互联网+"大学生创新创业大赛总决赛职教赛道铜奖	4项	教育部	2023年4月
第十二届"挑战杯"中国大学生创业计划竞赛银奖	1项	第十二届"挑战杯"中国大学生创业计划竞赛组织委员会	2020年12月
第十二届"挑战杯"中国大学生创业计划竞赛铜奖	2项	第十二届"挑战杯"中国大学生创业计划竞赛组织委员会	2020年12月

续表

项目名称	数量	组织部门	获得时间
第十三届"挑战杯"中国大学生创业计划竞赛铜奖	1项	共青团中央、教育部	2023年3月
全国第六届大学生艺术展演一等奖	2项	教育部	2021年5月
全国第六届大学生艺术展演二等奖	1项	教育部	2021年5月
全国第六届大学生艺术展演优秀组织奖	1项	教育部	2021年5月
全国第六届大学生艺术展演优秀创作奖	1项	教育部	2021年5月
全国高校思想政治理论课教学展示活动二等奖	2项	教育部	2019年11月
全国职业院校技能大赛一等奖	9项	教育部	2023年9月
全国职业院校技能大赛二等奖	13项	教育部	2023年10月
全国职业院校技能大赛三等奖	42项	教育部	2023年10月
全国大学生电子设计竞赛团体二等奖	3项	教育部	2019年12月
第四届中华经典诵写讲大赛"诵读中国"经典诵读大赛二等奖	1项	教育部	2022年12月
第六届全国高校网络教育优秀作品推选展示活动新媒体作品二等奖	1项	教育部	2023年4月
第二届"我心中的思政课"全国高校大学生微电影展示活动优秀奖	1项	教育部高等学校思想政治理论课教学指导委员会	2019年2月
第八届全国大学生自动化系统应用大赛团体二等奖	1项	教育部高等学校自动化类教学指导委员会	2020年8月
2019中国工程机器人大赛暨国际公开赛团体特等奖	1项	教育部高等学校创新方法教学指导委员会	2019年4月
2019中国工程机器人大赛暨国际公开赛团体三等奖	1项	教育部高等学校创新方法教学指导委员会	2019年4月
第六届全国大学生网络文化节一等奖	1项	教育部思政司、中央网信办网络社会工作局	2023年3月
第六届全国大学生网络文化节二等奖	2项	教育部思政司、中央网信办网络社会工作局	2023年3月
2019年第十届"蓝桥杯"大赛个人二等奖	2项	工信部人才交流中心,"蓝桥杯"全国软件和信息技术专业人才大赛组织委员会	2019年5月
2019年第十届"蓝桥杯"大赛个人三等奖	4项	工信部人才交流中心,"蓝桥杯"全国软件和信息技术专业人才大赛组织委员会	2019年5月
全国第六届"绽放杯"5G应用征集大赛优秀奖	1项	工信部	2023年10月
"京东方杯"智能制造技能大赛团体二等奖	3项	工信部人才交流中心	2022年11月
"京东方杯"智能制造技能大赛团体三等奖	7项	工信部人才交流中心	2021年12月
《高等学校数字校园建设规范》优秀应用案例——低碳智慧校园解决方案	1项	教育部教育信息化技术标准委员会	2023年4月

续表

项目名称	数量	组织部门	获得时间
2022年度职业教育示范性虚拟仿真实训基地培育项目典型案例（《技术引领数字赋能助力打造人才高地》）	1个	教育部高等学校科学研究发展中心	2023年11月
教育部职业技术教育中心项目	1项	教育部职业技术教育中心研究所	2022年12月
2021年职业院校校园文化建设"一校一品"学校	1个	教育部职业院校文化素质教育指导委员会	2022年1月
埃塞俄比亚中文工坊	1个	教育部中外语言交流合作中心	2023年12月
2023年产教融合专业合作建设优秀案例（《校企协同共育人产教融合促发展》）	1个	工信部	2023年12月
工业和信息化部人才交流中心第一批产教融合专业合作建设试点单位	2个	工信部	2022年9月
2023年全国大中专学生志愿者暑期"三下乡"社会实践优秀团队	1个	共青团中央	2023年12月
2022年度共青团实践育人工作课题	1个	共青团中央	2022年11月
中国大学生自强之星	6人	共青团中央、全国学联	2023年10月
中国电信奖学金—飞young奖	2项	共青团中央、中国电信股份有限公司、全国学联、中国光华科技基金会、中国电信股份有限公司大客户事业部、中国光华科技基金会大客户事业部	2022年11月
2022年全国大中专学生志愿者暑期"三下乡"社会实践优秀单位	1个	共青团中央青年发展部	2022年10月
2023年全国大学生机器人科技创新交流营暨机器人大赛二等奖	1项	共青团中央、工信部	2023年12月
第十八届"挑战杯"全国大学生课外学术科技作品竞赛三等奖	1项	共青团中央等单位	2023年10月
第十七届"振兴杯"全国青年职业技能大赛（学生组）优胜奖	2项	共青团中央青年发展部、人社部职业能力建设司	2022年7月
2022年"迎冬奥·我来赛"网络知识竞赛活动优秀组织奖	1项	共青团中央青年发展部、中国青年报社	2022年2月
国家技术标准创新基地（智能铸造）共建单位	1个	国家标准化管理委员会	2020年8月
以革命文物为主题的"大思政课"优质资源项目	1项	国家文物局办公室 教育部办公厅	2023年11月
联合国教科文组织国际职业技术教育与培训中心优秀案例（The TVET Industry Centre/Promising Practice）	1个	联合国教科文组织国际职业技术教育与培训中心	2023年3月
全国大学生电子设计竞赛团体一等奖	1项	全国大学生电子设计竞赛组委会	2021年12月
全国大学生金相技能大赛一等奖	2项	全国大学生金相大赛竞赛委员会	2021年10月

续表

项目名称	数量	组织部门	获得时间
全国大学生金相技能大赛二等奖	3项	全国大学生金相大赛竞赛委员会	2021年10月
全国大学生金相技能大赛三等奖	1项	全国大学生金相技能竞赛组委会	2020年10月
全国工商联人才中心产教融合示范实训基地	1个	全国工商联人才交流服务中心	2023年3月
全国交通运输职业教育道路与桥梁施工技术应用技能大赛三等奖	4项	全国交通运输职业教育道路与桥梁施工技术应用技能大赛组委会	2021年11月
国家级高技能人才培训基地（智能焊接）	1个	人社部	2021年2月
2020年世界职业院校与技术大学联盟卓越奖教育可持续发展金奖	1项	世界职业院校与技术大学联盟	2020年9月
2020年全国大中专学生志愿者暑期"三下乡"社会实践活动优秀个人	2项	团中央青年发展部	2020年10月
2020"外研社·国才杯"全国英语写作大赛（高职组）复赛三等奖	1项	外语教学研究出版社、中国职业外语教育研究发展中心、陕西省职业技术教育学会	2020年11月
2019"外研社·国才杯"全国大学生英语写作大赛（高职组）个人三等奖	1项	外语教学与研究出版社	2019年12月
第十七届"挑战杯"全国大学生课外学术科技作品竞赛红色专项活动一等奖	1项	第十七届"挑战杯"全国大学生课外学术科技作品竞赛委员会	2021年11月
第十七届"挑战杯"全国大学生课外学术科技作品竞赛红色专项活动最具感染力奖	1项	第十七届"挑战杯"全国大学生课外学术科技作品竞赛委员会	2021年11月
第六届"东方财富杯"全国大学生金融精英挑战赛团队三等奖	2项	中国共产主义青年团青年发展部	2020年8月
2021年度机械行业思想政治工作守正创新单位	1个	中国机械工业职工思想政治工作研究会	2023年4月
2021年度全国机械行业文化建设创新单位	1个	中国机械工业职工思想政治工作研究会	2023年4月
未来非洲——中非职业教育合作特色项目	1项	中国教育国际交流协会	2023年6月
TÜV莱茵数字创新赋能计划建设单位	1个	中国教育国际交流协会	2023年3月
全国鲁班工坊有条件运营项目（中赞职院）	1项	中国教育国际交流协会	2022年9月
参与发起筹建世界职业技术教育发展联盟的倡议	1项	中国教育国际交流协会	2022年8月
中国东盟职业教育联合会项目	1项	中国教育国际交流协会	2022年7月
"职业教育共同体故事征集"案例	1个	中国职业技术教育学会	2022年11月
陕西省第六届中华职业教育创新创业大赛（全国总决赛）二等奖	1项	中华职业教育社	2023年6月

续表

项目名称	数量	组织部门	获得时间
全国大学生田径锦标赛获奖	5项	中国大学生体育协会	2023年8月
第25届中国大学生篮球三级联赛西北赛区女子组季军	1项	中国大学生体育协会	2023年4月
第25届中国大学生篮球三级联赛西北赛区女子组体育道德风尚奖	1项	中国大学生体育协会	2023年4月
第15届中国大学生校园健身操舞锦标赛高职院校组一等奖	1项	中国大学生体育协会	2019年11月
2019年第15届中国大学生健康活力大赛暨中国大学生健美操、校园健身操舞锦标赛体育道德风尚运动队	1项	中国大学生体育协会	2019年11月
制定全国行业标准	10项	工信部、中国铸造协会、机械工业教育发展中心、中关村材料试验技术联盟	2020年1月
制定国家专业教学标准	35项	全国机械职业教育教学指导委员会	2021年9月
向"一带一路"国家输出专业标准	17个	尼日利亚、赞比亚等国家教育部	2019年3月
向"一带一路"国家输出课程标准	232项	尼日利亚、赞比亚等国家教育部	2021年4月
合计	640		

(二) 项目预算执行情况概述

1. 项目经费到位情况

"双高计划"建设资金总预算8.2亿元,经会计师事务所审定,到位建设资金8.3764亿元,资金到位率102.15%。

2. 经费执行情况

截至2023年年底,项目总计支出8.3753亿元,预算执行率102.14%,如表5所示。

表5 2019—2023年预算执行情况事务所审定数

资金来源	预算总额/万元	到位额/万元	资金到位率/%	支出总额/万元	预算执行率/%
中央财政	25 000	25 000	100	25 000	100
地方财政	25 000	25 000	100	25 000	100
行业企业投入	3 000	4 763.98	158.80	4 763.98	158.80
学校自筹	29 000	29 000	100	28 989.37	99.96
合计	82 000	83 763.98	102.15	83 753.35	102.14

(三) 项目建设自评分和自评结论

结合5年建设成效,全面梳理任务完成和绩效目标的实现情况,参照《"双高计划"建设绩效评价标准》,自评得分99.98分,自评结论"优秀",如表6所示。

表6 "双高计划"建设自评表

评价指标		学校自评分	机械制造与自动化专业群自评分	材料成型与控制技术专业群自评分
产出指标（40分）	数量指标（15分）	15分	15分	15分
	质量指标（15分）	15分	15分	15分
	水平指标（10分）	9.98分	9.96分	9.99分
效益指标（20分）	社会效益指标（10分）	10分	10分	10分
	可持续影响指标（10分）	10分	10分	10分
满意度指标（10分）	服务对象满意度指标（10分）	10分	10分	10分
管理与执行指标（30分）	资金到位率指标（8分）	8分	8分	8分
	资金预算执行率指标（8分）	8分	8分	8分
	资金使用合规性指标（10分）	10分	10分	10分
	项目管理指标（4分）	4分	4分	4分
分项自评得分		99.98分	99.96分	99.99分
所占权重		50%	25%	25%
合计		99.98分		

二、绩效目标达成情况

（一）学校层面绩效目标达成情况

绩效指标378项，其中产出指标303项（数量指标87项、质量指标212项、时效指标4项）、效益指标70项（社会效益指标63项、可持续影响指标7项）、满意度指标5项，378指标均已完成，总体达成度100%。

1. 产出情况

（1）加强党的建设

4项二级任务、34个任务点，完成度100%。增设35项建设任务（自筹365.62万元）均已完成。学校实施党建"提质培优、耦合育人、红色匠心、双融双促"四项计划，深化示范创优、全员练兵、分类考核、智慧保障四项机制，健全名称具象化、内涵个性化、争创全员化、推进制度化、成效显性化的"五化"工作体系，构建起国、省、校三级"双创"工作集群，荣获全国党建工作示范高校、样板支部培育创建单位、全国高校思政工作创新发展中心、全国课程思政教学研究示范中心等国家级成果53项、省级成果349项。

（2）打造技术技能人才培养高地（如表7所示）

表7 打造技术技能人才培养高地产出指标达成表

任务类型	数量指标	质量指标	产出指标	完成数	达成度
打造技术技能人才培养高地	9项	51项	60项	60项	100%

学校实施"工匠型人才质量提升"等五大工程，通过优化升级课程体系、实训基地、教材资源、师资团队，形成了岗位标准、教学标准、技能认证标准等要素覆盖人才培养全周期的专业标准体系，建成西部装备"智造"及服务产业支柱型技术技能人才培养基地，获得国家级教学成果

奖（5项）、国家级骨干专业（12个）、国家级生产性实训基地（4个）、国家级精品在线开放课程（9门）、全国教师教学能力比赛获奖（9项）、国家级虚拟仿真示范实训基地和虚拟仿真中心、教育部首批"1+X"证书制度试点院校等国家级成果154项、省级成果367项。

（3）打造技术技能创新服务平台（如表8所示）

表8 打造技术技能创新服务平台产出指标达成表

任务类型	数量指标	质量指标	产出指标	完成数	达成度
打造技术技能创新服务平台	25项	19项	44项	44项	100%

聚焦职教研究、产教融合、创新创业，依托西部现代职业教育研究院等3个研究院和1个技术转移中心，创新"学校为主导、校企双主体、教师为主力、学生为主角"的"四主"工作机制，建成集人才培养、团队建设、技术服务于一体的人才培养与技术创新平台，建成国家级协同创新中心4个、院士工作站（室）3个，解决中小微企业技术难题214项，年均横向科研合同额1 530万元，产生经济效益8.5亿元，获批国家自然科学基金项目3项、教育部社科项目2项，荣获第六届中国国际"互联网+"大学生创新创业大赛国赛金奖等国家级成果12项、省级成果36项。

（4）打造高水平专业群（如表9所示）

表9 打造高水平专业群产出指标达成表

任务类型	数量指标	质量指标	产出指标	完成数	达成度
打造高水平专业群	28项	89项	117项	117项	100%

对接装备制造产业，聚焦我省十大核心产业领域，以机械制造与材料成型两个国家级专业群为引领，构建"2+8+2"三级专业群建设体系，实施人才培养模式创新等3大类建设项目，形成"学做创"和"研学用"一体化人才培养模式，获得国家骨干专业（6个）、国家级协同创新中心（2个）、国家级生产性实训基地、国家级虚拟仿真中心、国家级课程思政示范课程、国家在线精品课程等国家级成果荣誉108项、省级荣誉210项。

（5）打造高水平双师队伍（如表10所示）

表10 打造高水平双师队伍产出指标达成表

任务类型	数量指标	质量指标	产出指标	完成数	达成度
打造高水平双师队伍	5项	10项	15项	15项	100%

实施"领军人才培育计划"等五项计划，构建分层分类五级培养机制，形成"双师型教师四级认定"等四类制度体系，完善"师德网格化、梯队链条化、培育结构化、评价多元化、服务品牌化"的五化联动机制，打造双带头人、双师、双语、兼职团队、领军人才5支队伍，获得国家级教育教学创新团队（3个）、国家级课程思政教学团队（2个）、全国高校黄大年式教师团队、国家级职业教育"双师型"教师培训基地等国家级成果15个、省级成果40个。

（6）提升校企合作水平（如表11所示）

表11 提升校企合作水平产出指标达成表

任务类型	数量指标	质量指标	产出指标	完成数	达成度
提升校企合作水平	5项	16项	21项	21项	100%

校企合作领域和深度全面提升，校企共建8个产业学院，搭建1个省级市域产教联合体、2个省级行业产教融合共同体，建成陕西装备制造业职教集团、机械行业材料成型与控

制技术职教集团、校企协同育人战略联盟和人才交流服务平台等四大合作平台，推行订单培养、现代学徒制和职工培训三类协同育人模式，获得全国示范性职业教育集团培育单位、全国大学生就业创业能力提升培训基地培育单位、大学生创新创业就业服务基地、"全国职业院校产教融合50强"、校企合作方面国家级教学成果二等奖、高职院校就业竞争力星级示范校等国家级成果28项、省级成果59项。

（7）提升服务发展水平（如表12所示）

表12 提升服务发展水平产出指标达成表

任务类型	数量指标	质量指标	产出	完成数	达成度
提升服务发展水平	4项	8项	12项	12项	100%

实施职业培训内涵提升等四大工程，构建"院校治理、师资培养、职工培训"三类培训平台，构建资助育人、教育帮扶、科技下乡和实用技术培训"四位一体"帮扶体系，学校的技术服务、社会培训、科技扶贫能力大幅跃升，实现了高技能人才培训基地国家级、省级、市级全覆盖，获批教育部首批职业院校校长培训基地、国家级高技能人才培训基地、国家级"双师型"教师培训基地等国家级基地9个、省级基地6个。

（8）提升学校治理水平（如表13所示）

表13 提升学校治理水平产出指标达成表

任务类型	数量指标	质量指标	产出指标	完成数	达成度
提升学校治理水平	1项	8项	9项	9项	100%

以"一章八制"为引领，构建现代大学治理架构，聚焦"三教"改革、二级治理、评价考核等重点领域出台制度112项，形成了具有现代大学治理特征的党委领导、校长负责、教授治学、民主管理、企业参与、社会监督的内部管理运行体系，内部治理体系与治理能力显著增强，获得全国文明单位、全国健康学校建设单位、全国高职院校"综合影响力百强"等国家级成果10项、省级成果21项。

（9）提升信息化水平（如表14所示）

表14 提升信息化水平产出指标达成表

任务类型	数量指标	质量指标	产出指标	完成数	达成度
提升信息化水平	2项	7项	9项	9项	100%

依托"陕工E家、智慧服务、智慧数据、智慧技术、智能环境"等五大智慧平台，构建涵盖信息化、数据治理、新型网络互动教学等功能的"极简式"服务集群及一体化"网络服务空间"，与华为技术有限公司校企合作共建全国首个低碳智慧校园，取得第四届智慧高校SCIO凌云奖"智慧校园"特色高校、全国高职院校信息素养大赛一等奖、全国《高等学校数字校园建设规范》优秀应用案例、陕西省教育网络安全和信息化工作先进集体等国家级成果8项、省级成果6项。

（10）提升国际化水平（如表15所示）

表15 提升国际化水平产出指标达成表

任务类型	数量指标	质量指标	产出指标	完成数	达成度
提升国际化水平	8项	7项	15项	15项	100%

服务中国优势产能走出去需要，实施职教出海五项计划，通过海外引智等四大举措，获得国家级成果22项、省级成果7项；获批联合国教科文组织国际职业教育联系中心，与21个国家151家单位建立了合作关系；建成中国—赞比亚职业技术学院、埃塞俄比亚中文工坊、印度尼西亚和尼日利亚"秦工苑"，机械制造与自动化专业及课程标准进入赞比亚国民教育体系，17项专业标准及232门课程标准被尼日利亚等高校引进；学生获得国际技能大赛奖项32个，连续3次荣获世界职业院校与技术大学联盟卓越奖，为"一带一路"共建国家培训职教师资987名，国际化水平大幅提升。

2. 时效指标

时效指标4项，达成度100%。其中，资金总预算8.2亿元，资金到位8.3763亿元，收入预算执行率102.15%；资金支出8.3753亿元，支出预算执行率102.14%；任务年度完成度100%，任务终期完成度100%（如表16所示）。

表16 时效指标完成表

	任务类型	指标数	完成数	目标值	完成度
时效指标	任务终期完成度	1项	1项	100%	100%
	收入预算执行率	1项	1项	≥100%	102.15%
	支出预算执行率	1项	1项	≥100%	102.14%
	任务年度完成度	1项	1项	96%	100%

3. 效益指标

效益指标70项，其中社会效益指标63项、可持续影响指标7项，达成度100%。

（1）引领职业教育改革发展和人才培养

学校聚焦"高标准定位、高水平设计、高效能产出"建设目标，累计取得引领职业教育改革发展的国家级重大成果98项。特别是以"全国党建工作示范高校、'互联网+'大赛金奖"等国家级平台和标志性成果引领带动，以"学做创""研学用"一体化人才培养等创新型模式引领示范，以完善常态化诊断改进、教学及科研等校院两级管理引领改革，以10项全国行业技术标准、17项"一带一路"国际专业标准等优质样板引领驱动，以全国网络思政创新示范案例50强和凝练形成的"红色匠心"文化育人理念等文化品牌引领创新，彰显了学校作为"双高计划"A档学校在"质量引领、模式引领、制度引领、标准引领、文化引领"的"头雁"作用。

（2）支撑国家战略和区域经济

服务国家工业强基战略，通过校企协同打造高层次"双主体"育人平台，将自身努力、对外借力、形成合力"三力"有机统一，推动服务社会能力迈上新高度。依托全国首批职业院校校长培训基地、4个国家级协同创新中心、12个厅局级科研平台、2个院士工作站（室）等29个高水平服务平台，制定工信部机床标准4项、柔性折叠玻璃等10项行业标准；解决企业技术难题203项；实现技术创新及成果转化102项，签订77个专利转移合同，79%转化于陕西的中小微企业，技术服务收益8.5亿元；支持乡村振兴，累计培训新型农民3868人次，毕业生在陕西当地就业的比例占毕业生人数的75%，在国家制造大类骨干企业就业的达到65%，培养服务地方经济发展的高素质技术技能人才27339人，实现了对国家战略和区域经济的平台支撑、技术支撑、人才支撑，践行了"双高计划"学校"当地离不开"的建设使命。

(3) 为职业教育高质量发展贡献了陕工力量

学校积极践行"双高计划"学校引领、支撑、贡献的历史使命，着力服务职业教育高质量发展的政策、制度、标准建设需要，以学校发表、出版及获奖的理论成果、实践成果和新闻报道等素材为蓝本，凝练形成了《"双高"案例集》《"双高"文献合集》《国家教学成果集》《标准汇编》《课程思政设计案例集》《制度汇编》《咨询报告集》《优秀毕业生新闻报道集》等八大类成果，取得推动职业教育高质量发展的政策、制度、标准类成果304项。其中，牵头制定行业标准10项，主持研制国家及行业专业教学标准18项、参与27项，为教育部、省教育厅等提供政策咨询报告35份，向"一带一路"共建国家输出专业标准17个、课程标准232门。

(4) 可持续影响指标

5年来，学校受邀在全国重要职教会议发言57次，形成的育人机制、教学模式改革经验等被20个省市72所高职院校学习借鉴，凝练的育人经验和成果被《人民日报》《光明日报》等国家媒体报道1 600余次，学校国内外影响力持续提升。

学校入选世界职业院校与技术大学联盟会员单位等国际组织，联合国教科文职教联系中心落户学校，在教育部"职教走出去"试点项目等5个方面首开高职领域先河，国际影响不断增强；时任国务院副总理孙春兰，教育部部长怀进鹏，副部长吴岩、王光彦等司局领导来校视察时，对学校的人才培养给了高度肯定，人民网、新华网等20余家主流媒体刊发学校办学经验1 500余篇，国内外391家兄弟院校来校交流，获得社会各界广泛认可。

4. 满意度指标

满意度指标5项，达成度100%。委托第三方进行满意度调研，5年调研平均数据显示，在校生满意度98.45%，毕业生满意度97.40%，教职工满意度98.59%，用人单位满意度94.06%，家长满意度97.10%。

招生就业两旺，近3年单独招生考试第一志愿报考率高达411.96%，录取考生二本上线率达60.6%，毕业生3年就业率稳定在96%以上，毕业生在央企和行业龙头企业就业比例超过60%。学校是中国教育电视台专题节目"双高100"全国首家展播的"双高计划"学校，人才培养、产教融合、校企合作典型经验以及优秀毕业生邢小颖、何小虎、何菲等先进事迹先后被中央电视台、中国教育电视台、教育部职成司官方公众号等众多网络报纸媒体专题报道1 000余次，时任国务院副总理孙春兰对学校"四有三突破"的办学特色给予了高度评价。

(二) 机械制造与自动化专业群绩效目标达成情况

绩效指标82项，其中产出指标69项（数量指标17项、质量指标49项、时效指标3项）、效益指标8项（社会效益指标4项、可持续影响指标4项）、满意度指标5项，总体达成度100%。

1. 产出指标

(1) 人才培养模式创新（如表17所示）

表17 人才培养模式创新产出指标达成表

任务类型	数量指标	质量指标	产出指标	完成数	达成度
人才培养模式创新	1项	12项	13项	13项	100%

创新形成"学工合一、知技融通"专业群人才培养模式，获批国家骨干专业3个、省

级一流专业 4 个、省专业综合改革试点专业 1 个；学生层面获得各类国家级比赛荣誉 18 项、省级各类比赛荣誉 55 项；获批教育部"1+X"证书制度——精密数控加工职业技能等级证书试点院校，多轴数控加工、工业机器人应用编程"1+X"考试中心 2 个。

（2）课程教学资源建设（如表 18 所示）

表 18　课程教学资源建设产出指标达成表

任务类型	数量指标	质量指标	产出指标	完成数	达成度
课程教学资源建设	1 项	3 项	4 项	4 项	100%

联合建成机械制造与自动化专业国家级职业教育专业教学资源库 1 个，承担教育部虚拟仿真示范实训基地专业课程与教学资源开发建设项目 2 项，完成西部机械行业产教融合类标准 4 项；入选工信部产教融合专业合作建设试点、省级高等学校创新创业教育课程建设项目；获得国家在线精品课程 2 门、省级精品在线开放课程 10 门、省级职业教育优质继续教育网络课程 1 门。

（3）教材与教法改革（如表 19 所示）

表 19　教材与教法改革产出指标达成表

任务类型	数量指标	质量指标	产出指标	完成数	达成度
教材与教法改革	3 项	5 项	8 项	8 项	100%

开发"活页式""手册式"教材 16 本、双语教材 3 本；入选"十三五""十四五"国家规划教材 7 本、省级优秀教材 3 本；入选教育部课程思政示范课程、课程思政教学名师和教学团队 1 个，省级课程思政示范课程及教学团队 1 个；教师参加各类教学研究项目 25 项，获得国家教学能力比赛等各类比赛荣誉 15 项。

（4）教师教学创新团队（如表 20 所示）

表 20　教师教学创新团队产出指标达成表

任务类型	数量指标	质量指标	产出指标	完成数	达成度
教师教学创新团队	4 项	12 项	16 项	16 项	100%

建成国家级课程思政示范教学团队、国家级教育教学创新团队、全国工人先锋号、教育部职教教师队伍建设典型工作案例各 1 个，国家教学成果奖二等奖 4 项；获省级教学成果奖特等奖 1 项、一等奖 2 项、二等奖 3 项，省级师德建设示范团队、陕西产业工匠人才、省高校科技研究优秀成果一等奖各 1 个；教师参加各类比赛获奖 11 项。

（5）实践教学基地（如表 21 所示）

表 21　实践教学基地产出指标达成表

任务类型	数量指标	质量指标	产出指标	完成数	达成度
实践教学基地	3 项	5 项	8 项	8 项	100%

建成国家级示范性虚拟仿真实训基地、国家级生产性实训基地、省级高校工程研究中心、省级劳动教育实践基地各 1 个；承担教育部供需对接就业育人项目 1 个，入选省级 2022

年未来产业创新研究院、2022 年度现代产业学院示范案例各 1 个。

（6）技术技能平台（如表 22 所示）

表 22　技术技能平台产出指标达成表

任务类型	数量指标	质量指标	产出指标	完成数	达成度
技术技能平台	2 项	2 项	4 项	4 项	100%

建成国家级现代制造技术协同创新中心 1 个、新能源及装备研发院士工作站 1 个，校企共建先进制造（精雕）产业学院 1 个；获批省级高校工程研究中心 1 个、省级教科文卫体系统职工创新工作室 1 个、咸阳重点工程研究中心 2 个、渭城区先进制造技术特色产业专家工作站 1 个。

（7）社会服务（如表 23 所示）

表 23　社会服务产出指标达成表

任务类型	数量指标	质量指标	产出指标	完成数	达成度
社会服务	1 项	5 项	6 项	6 项	100%

获批国家级"双师型"教师培养培训基地 1 个、省级职业资格认证与培训基地 3 个，新增国家专利 98 项、技术创新及成果转化 12 项；企业职工培训累计 34 303 人·日；承担区域内中小微企业技术研发项目 63 项、技术难题 55 项，取得横向项目技术交易额 1 582.88 万元、技术服务收益 4 700 万元。

（8）国际交流与合作（如表 24 所示）

表 24　国际交流与合作产出指标达成表

任务类型	数量指标	质量指标	产出指标	完成数	达成度
国际交流与合作	2 项	5 项	7 项	7 项	100%

首届赞比亚分院学生顺利毕业，专业教学标准和 17 门课程标准成为赞比亚国家标准；3 项专业标准、44 门课程标准被尼日利亚院校采用；培养双语教师 38 人，聘任新西兰籍客座教授 1 名，选派 12 名教师、7 名学生赴国外交流或工作，1 名留学生获"省级'一带一路'教育传播大使"荣誉称号。

2. 时效指标

时效指标 3 项，达成度 100%。其中，专业群项目预算 1.3 亿元，资金到位 1.349 5 亿元，收入预算执行率 103.81%；资金支出 1.301 9 亿元，支出预算执行率 100.15%；任务终期完成度 100%（如表 25 所示）。

表 25　专业群一时效指标达成表

任务类型		指标数	完成数	目标值	达成度
时效指标	任务终期完成度	1 项	1 项	100%	100%
	收入预算执行率	1 项	1 项	≥100%	103.81%
	支出预算执行率	1 项	1 项	≥100%	100.15%

3. 效益指标

效益指标 8 项，其中社会效益指标 4 项、可持续影响指标 4 项，达成度 100%（如表 26 所示）。

表 26　效益指标达成表

一级指标	二级指标	三级指标	目标值	完成值
效益指标	社会效益指标	毕业生就业率	≥98%	98.73%
		对口服务兄弟院校	≥40 家	75 家
		对口服务企业	≥30 家	66 家
		年均各类培训	≥1 500 人·日	6 860 人·日
	可持续影响指标	产教融合校企协同运行长效机制	≥5 年	5 年
		高水平师资团队建设管理机制	≥5 年	5 年
		创新团队社会服务	长期	长期
		技术技能创新平台支撑服务	≥5 年	5 年

培养面向智能制造高端的高素质技术技能人才，毕业生 5 年平均就业率 98.73%；建成国家级职业教育专业教学资源库 1 个、课程 71 门，对口服务兄弟院校 75 家，注册用户 44 929，访问量 56 938 人次；承担企业技术研发项目 63 项，技术服务收益 1 700 万元，完成技术创新及成果转化 12 项；开展各类社会培训累计 34 303 人·日，对口服务企业 66 家，年均各类培训 6 860 人·日；研发国家行业、团体标准 3 项，182 项核心专业教学标准被尼日利亚纳卡布斯理工学院等 6 所院校协议引进，成为赞比亚国家职业教育教学标准。

专业群依托先进制造（精雕）产业学院，联合企业创新群管理体制机制、校企协同运行机制等三大机制，制定 37 项制度、6 个专业的课程与教学标准，通过各种渠道向全国进行推广；发挥国家级"双师型"教师培养培训基地、国家级协同创新中心和院士工作站的优势，社会服务能力持续增强。

4. 满意度指标

满意度指标 5 项，达成度 100%。委托第三方进行满意度调研，5 年调研数据显示，在校生满意度 98.57%，毕业生满意度 98.43%，教职工满意度 99.82%，用人单位满意度 97.16%，家长满意度 97.15%。

（1）在校生专业认同感强

机械制造及自动化专业在金苹果专业竞争力排行榜连续 4 年位居同类专业前列，新生报到率从 95.3% 提升至 97.21%，在校生满意度达 98.57%。

（2）毕业生就业竞争力强

近 3 年毕业生就业率达 96% 以上，毕业生在央企和行业龙头企业就业比例超过 60%，毕业生满意度达 98.43%。

（3）教师获得感高

教师激励机制健全、发展平台多样、晋升渠道畅通，教师满意度达 99.82%。

（4）企业认可度高

校企合作机制健全、运行顺畅、技术服务能力强，毕业生技术技能过硬、忠诚度高，用人单位满意度达 97.16%。

（5）家长认可度高

近 5 年学生报考率 163.63%、新生报到率 97.61%，专业群办学水平高，招生就业两旺，毕业生职业成长空间大，薪资水平高，家长满意度达 97.15%。

（三）材料成型与控制技术专业群绩效目标达成情况

绩效指标 86 项，其中产出指标 70 项（数量指标 11 项、质量指标 56 项、时效指标 3

项)、效益指标 11 项（社会效益指标 9 项、可持续影响指标 2 项）、满意度指标 5 项，总体达成度 100%。

1. 产出指标

（1）人才培养模式创新（如表 27 所示）

表 27　人才培养模式创新产出指标达成表

任务类型	数量指标	质量指标	产出指标	完成数	达成度
人才培养模式创新	2 项	9 项	11 项	11 项	100%

获批国家级骨干专业 3 个，牵头制定国家专业教学标准 4 项，行业标准 1 项、团体标准 6 项、"1+X"技能鉴定标准 2 项，主持完成省重点教改项目 1 项，各类学生技能大赛获国家级荣誉 19 项、省市级荣誉 101 项，与天成航材、西部超导等航空航天企业开设学徒制班 13 班次。

（2）课程教学资源建设（如表 28 所示）

表 28　课程教学资源建设产出指标达成表

任务类型	数量指标	质量指标	产出指标	完成数	达成度
课程教学资源建设	1 项	10 项	11 项	11 项	100%

建成国家级在线精品课程 1 门、省级课程思政示范课程 1 门、省级在线精品课程 5 门，建成在线开放课程 18 门，国家级资源库 5 年更新优质教学资源 12 862 条，优质教学资源受益用户突破 10.5 万人，用户来源单位 2 955 所，学习点击数突破 5 000 万次。

（3）教材与教法改革（如表 29 所示）

表 29　教材与教法改革产出指标达成表

任务类型	数量指标	质量指标	产出指标	完成数	达成度
教材与教法改革	1 项	5 项	6 项	6 项	100%

出版立体化教材 18 本，活页式、工作手册式教材 40 本，双语教材 5 本，入选国家"十四五"规划教材 5 本，获省级优秀教材二等奖 1 项；入选省级课程思政示范课程及教学团队 1 个；获省级教师教学能力比赛一等奖 1 项、二等奖 2 项、三等奖 1 项。

（4）教师教学创新团队（如表 30 所示）

表 30　教师教学创新团队产出指标达成表

任务类型	数量指标	质量指标	产出指标	完成数	达成度
教师教学创新团队	1 项	13 项	14 项	14 项	100%

获批全国党建工作样板支部 1 个、国家级教师教学创新团队 2 个，教育部新时代职业学校名师（名匠）培养对象、省级特支计划教学名师、省级先进教育工作者各 1 人，省级教学名师 2 人、省级五一巾帼标兵 1 人，建成卢秉恒院士工作室 1 个、省级以上技能大师工作室 3 个。

（5）实践教学基地（如表 31 所示）

表 31　实践教学基地产出指标达成表

任务类型	数量指标	质量指标	产出指标	完成数	达成度
实践教学基地	1 项	4 项	5 项	5 项	100%

与宁夏共享集团、罗克韦尔集团等企业建设全国行业产教融合实训基地、国家智能铸造技术标准创新基地，承担国家级虚拟仿真实训基地专业课程与教学资源建设项目 1 项，建成国家级智能制造及智能成型虚拟仿真实训基地、全国工商联人才中心产教融合示范实训基地各 1 个。

（6）技术技能平台（如表 32 所示）

表 32 技术技能平台产出指标达成表

任务类型	数量指标	质量指标	产出指标	完成数	达成度
技术技能平台	1 项	6 项	7 项	7 项	100%

联合宁夏共享集团共建智能成型产业学院，校企合作共建"5G+智能成型"实训基地，获批国家级协同创新中心 1 个、国家自然科学基金面上项目 3 项、省级以上科研项目 16 项，获批省高校工程研究中心、省技能大师工作室各 1 个，完成技术创新及成果转化 13 项，服务中小微企业技术研发和产品升级 41 项，取得横向项目技术交易额 1 618 万元、技术服务收益 1.286 8 亿元。

（7）社会服务（如表 33 所示）

表 33 社会服务产出指标达成表

任务类型	数量指标	质量指标	产出指标	完成数	达成度
社会服务	2 项	6 项	8 项	8 项	100%

建成国家级高技能人才培训基地，国家级"双师型"教师培养培训基地，市职业资格证书考点、科普基地各 1 个，承担世界技能大赛陕西选拔赛增材制造赛项、模具数字化设计与制造工艺赛项比赛 4 次；完成企业职工培训累计 51 070 人·日。

（8）国际交流与合作（如表 34 所示）

表 34 国际交流与合作产出指标达成表

任务类型	数量指标	质量指标	产出指标	完成数	达成度
国际交流与合作	1 项	3 项	4 项	4 项	100%

2 个专业的教学标准和课程标准被认定为尼日利亚国家教学标准，获批西北首家德国莱茵 TÜV 授权"焊接培训考试中心"，承担机械行业服务"一带一路"职业技能标准项目 1 项，建成双语课程 5 门，完成印尼等国家 55 名留学生的双语授课。

（9）可持续发展保障机制（如表 35 所示）

表 35 可持续发展保障机制产出指标达成表

任务类型	数量指标	质量指标	产出指标	完成数	达成度
可持续发展保障机制	1 项	0 项	1 项	1 项	100%

制定《专业群建设动态监测调整管理办法》等 18 项制度，形成涵盖专业群动态调整机制、多主体质量保障机制、教师培养与激励机制、产教融合协同育人机制等专业群可持续发展保障机制。

2. 时效指标

时效指标 3 项，达成度 100%。其中，专业群项目预算 1.35 亿元，资金到位 1.519 4 亿元，收入预算执行率 112.55%；资金支出 1.373 2 亿元，支出预算执行率 101.72%；任务终期完成度 100%（如表 36 所示）。

表36 时效指标达成表

任务类型		指标数	完成数	目标值	达成度
时效指标	任务终期完成度	1项	1项	100%	100%
	收入预算执行率	1项	1项	≥100%	112.55%
	支出预算执行率	1项	1项	≥100%	101.72%

3. 效益指标

效益指标11项，其中社会效益指标9项、可持续影响指标2项，达成度100%。

聚焦"两机"零部件等高端产品生产和绿色智能制造关键岗位人才需求，培养高素质技术技能人才；构建国家职业教育材料成型专业教学资源库，在线用户10.5万人，遍及全国34个省市2 955家中高职及本科院校、企业，总点击量近5 000万次；服务中小微企业技术研发和产品升级23项，完成技术创新及成果转化11项，开展各类社会培训51 070人·日；3个专业的教学标准和课程标准被尼日利亚引用为国家标准，主持修订国家专业标准4项，参与研制国家团体标准6个、"1+X"职业技能等级标准2项。

依托国家级专业教学资源库、国家级生产性实训基地、国家级协同创新中心，围绕关键技术创新、技术推广服务、行业标准研制等3个核心领域进行突破，横向项目技术交易额1 618万元。承担两届全国行业技能大赛4个赛项，承办省级大赛4次，企业员工技能比赛12次，服务区域经济能力持续提升。

4. 满意度指标

满意度指标5项，完成度100%。委托第三方进行满意度调研，5年调研平均数据显示，在校生满意度99.29%，毕业生满意度99.33%，教职工满意度100%，用人单位满意度99.01%，家长满意度97.46%。

（1）在校生满意度高

专业群内招生专业新生报考投档率平均在123.5%以上，在校生满意度达99.29%。

（2）毕业生就业竞争力强

毕业生双证书获取率98.83%，平均就业率始终在97.32%以上，毕业生连续3年平均薪资均呈现持续增长态势，毕业生满意度达99.33%。

（3）教师获得感高

教师激励机制健全、发展平台多样、晋升渠道畅通，教师满意度达100%。

（4）企业认可度高

校企合作机制健全、运行顺畅、技术服务能力强，毕业生技术技能过硬、忠诚度高，培养了一批以实验室副主任高党寻为代表的清华大学工程训练中心实习指导教师团队的优秀毕业生团队，用人单位满意度达99.01%。

（5）家长认可度高

近5年学生报考率162.43%、报到率98.06%，专业群办学水平高，招生就业两旺，毕业生职业成长空间大、薪资水平高，家长满意度达97.46%。

三、建设任务完成情况

（一）学校层面建设任务完成情况

学校层面一级指标10项、二级任务41项、任务点572个，完成度100%（如表37所示）。

共获得国家级奖励荣誉 346 项、省级奖励荣誉 1 076 项，荣获全国党建工作示范高校、样板支部培育创建单位、国家级职业教育教学成果奖 5 项，新增全国示范性职业教育集团培育单位、职业院校校长培训培育基地、高技能人才培训基地等国家级平台（基地）21 个；牵头组建全国机械行业服务先进制造高水平职业院校建设联盟，担任中国职业技术教育学会学术委员会委员等社会团体职务 14 个，入选全国行业职业教育教学指导委员会委员名单 12 人；制定国家专业教学标准与机械行业技术标准共 45 项；向尼日利亚、赞比亚等国家输出专业标准 17 项、课程标准 232 项。

表 37 学校层面建设任务完成表

任务类型	二级任务	任务点/个	完成数/个	完成度/%
加强党的建设	实施"提质培优"计划，提升基层党建组织力	8	8	100
	实施"耦合育人"计划，提升立德树人凝聚力	8	8	100
	实施"红色匠心"计划，提升校园文化感召力	12	12	100
	实施"双融双促"计划，提升党建引领内驱力	6	6	100
	小计	34	34	100
打造技术技能人才培养高地	实施"三级高水平专业群"建设工程，优化专业结构提升专业品质	8	8	100
	实施高层次人才培养试点工程，输出"高、精、尖"技术技能人才	8	8	100
	实施全面育人体系完善工程，培养德智体美劳全面发展人才	8	8	100
	实施工匠型人才质量提升工程，打造全国行业"三教"改革示范基地	8	8	100
	实施教学标准升级工程，开发国际国内通用标准体系	4	4	100
	小计	36	36	100
打造技术技能创新服务平台	创建西部现代职业教育研究院，打造西部职业教育新品牌	12	12	100
	创建西部产教融合研究院，增强西部产教融合新动能	11	11	100
	创建西部创新创业研究院，提升西部双创教育新高度	9	9	100
	建设数字经济产教融合创新发展中心，打造国家级数字媒体产教融合创新应用示范基地	18	18	100
	小计	50	50	100
打造高水平专业群	机械制造与自动化专业群建设	124	124	100
	材料成型与控制技术专业群建设	138	138	100
	小计	262	262	100

续表

任务类型	二级任务	任务点/个	完成数/个	完成度/%
打造高水平双师队伍	实施领军人才培育计划，打造高水平专业带头人	5	5	100
	实施双师素质提升计划，选优培强"工匠型"双师团队	4	4	100
	实施双师素质提升计划，选优培强"工匠型"双师团队	4	4	100
	实施双语教师培养计划，提升教师国际化水平	3	3	100
	实施兼职教师优选计划，构筑高水平兼职教师团队	3	3	100
	小计	19	19	100
提升校企合作水平	搭建四大平台，催生校企合作新动力	7	7	100
	推行六种模式，激发校企合作新活力	7	7	100
	深化四项举措，构建校企合作新机制	5	5	100
	小计	19	19	100
提升服务发展水平	强化培训基地建设工程，服务区域经济社会发展	5	5	100
	强化技术成果转化工程，服务中小微企业提质增效	5	5	100
	强化精准对接帮扶工程，服务国家"乡村振兴"战略	6	6	100
	强化培训内涵提升工程，服务学习型社会建设	10	10	100
	小计	26	26	100
提升学校治理水平	优化治理结构，健全权力运作机制	9	9	100
	强化制度约束，完善内部管控体系	4	4	100
	细化层级治理，增强自主发展活力	5	5	100
	深化质量管理，提升质量保证能力	7	7	100
	小计	25	25	100
提升信息化水平	打造"陕工E家"平台，加速创新智慧服务供给模式	19	19	100
	打造"智慧服务"平台，加速提升数字化管理效能水平	10	10	100
	打造"智慧数据"平台，加速培育数字经济新兴专业	16	16	100
	打造"智慧技术"平台，加速形成信息化基础设施体系	22	22	100
	打造"智能环境"平台，加速促进自主、泛在、个性化学习	11	11	100
	小计	78	78	100

续表

任务类型	二级任务	任务点/个	完成数/个	完成度/%
提升国际化水平	引进内化国际先进经验，打造国际化人才培养标准	5	5	100
	大力拓展交流合作项目，打造全球化合作格局	5	5	100
	实施学生跨境教育交流，打造国际化人才培养新路径	4	4	100
	开发推广先进教学标准，打造陕西工院国际品牌	5	5	100
	深化校企协同模式，打造海外办学新机制	4	4	100
	小计	23	23	100
合计		572	572	100

（二）任务书外完成的建设任务

任务书外，承担教育部党建、人才培养、科研、师资等国家各类建设任务 125 项（如表 38 所示），获全国高校思政工作创新发展中心等国家级成果及荣誉 87 项。

表 38 新增完成任务统计表

任务名称	增项数量/项
加强党的建设	9
打造技术技能人才培养高地	21
打造技术技能创新服务平台	14
打造高水平专业群——机械制造与自动化专业群	6
打造高水平专业群——材料成型与控制技术专业群	13
打造高水平双师队伍	13
提升校企合作水平	7
提升服务发展水平	12
提升学校治理水平	1
提升信息化水平	17
提升国际化水平	12
合计	125

（三）专业群层面建设任务完成情况

1. 机械制造与自动化专业群

专业群一级任务 9 项、二级任务 34 项、任务点 124 个，完成度 100%，共取得国家级成果 44 项、省级 105 项（如表 39 所示）。

获得国家级教学成果奖 2 项，全国工人先锋号、国家级教育教学创新团队、国家级"双师型"教师培训基地、国家级教育教学创新团队培训基地、国家级示范性虚拟仿真实训基地各 1 个，国家级"双师型"教师培养培训基地 2 个，国家级骨干专业 3 个，国家级生产性实训基地、国家级协同创新中心各 1 个；建成国家级专业教学资源库 1 个、国家级在线精品课程 1 门；获评国家级课程思政示范课程、教学名师和团队 1 个；入选"十三五""十四五"国家规划教材 7 本；获批教育部中德先进职业教育合作项目首批试点、工信部产教融合专业合作建设试点；专业群3个专业、44门课程的教学标准被赞比亚、尼日利亚引进，赞比亚分院图片入选《习近平新时代中国特色社会主义思想学生读本》，专业群国际影响力显著提升。

表39 机械制造与自动化专业群完成任务统计表

任务类型	二级任务	任务点/个	完成数/个	完成度/%
人才培养模式	优化"学工合一、知技融通"的人才培养模式	3	3	100
	探索"多层次、多类型"教育方式	3	3	100
	开展"1+X"证书制度试点	2	2	100
	实施现代学徒制人才培养	2	2	100
	积极探索"学分银行"试点	1	1	100
	小计	11	11	100
课程教学资源	紧随产业发展，打造在线开放课程	3	3	100
	健全专业教学资源库，扩大优质资源覆盖面	4	4	100
	小计	7	7	100
教材与教法	瞄准先进制造技术，重塑专业群课程体系	3	3	100
	加强"课程思政"建设，传承红色匠心	3	3	100
	紧跟产业发展趋势，深化教材建设与改革	4	4	100
	依托信息技术，强化教学方法与手段改革	2	2	100
	小计	12	12	100
教师教学创新团队	打造专业群高层次领军团队	2	2	100
	打造高水平专业群带头队伍	3	3	100
	打造高水平骨干教师队伍	3	3	100
	打造技艺精湛技能大师团队	3	3	100
	聘任产业特聘教授，助推教育链、产业链、创新链无缝对接	4	4	100
	小计	15	15	100
实践教学基地	建设数字化仿真中心	3	3	100
	升级机加工基础训练中心	3	3	100
	建设精密加工技术中心	4	4	100
	建设数字化检测中心	3	3	100
	建设装配与系统集成中心	3	3	100
	建设机电设备维修服务中心	3	3	100
	打造高品质校外实习基地	5	5	100
	合计	24	24	100
技术技能平台	教育研究，产教融合创新与教学模式改革	3	3	100
	技术研究，开展精密制造技术研发	2	2	100
	创新研究，开展先进制造技术服务	2	2	100
	技能培养，提升技能大赛水平	4	4	100
	小计	11	11	100

续表

任务类型	二级任务	任务点/个	完成数/个	完成度/%
社会服务	行业领军人才领衔,强化科技创新	3	3	100
	技术技能创新平台支撑,深化技术服务	4	4	100
	小计	7	7	100
国际交流与合作	引进优质职业教育资源,制定职业教育国际标准	4	4	100
	服务"一带一路"倡议,输出中国职业教育标准	4	4	100
	加大学历留学生培养,提升中国职业教育国际影响力	4	4	100
	小计	12	12	100
可持续发展保障机制	创新校企协同长效运行机制、师资团队建设管理机制	18	18	100
	创新专业群与产业发展同步调整机制、专业群内各专业协同发展机制	7	7	100
	小计	25	25	100
合计		124	124	100

2. 材料成型与控制技术专业群

专业群一级任务 9 项、二级任务 30 项、任务点 138 个,完成度 100%,取得国家级成果 64 项、省级 105 项(如表 40 所示)。

建成全国党建工作样板支部 1 个,获批国家级教师教学创新团队 2 个,国家级智能制造及智能成型虚拟仿真实训基地、国家级协同创新中心、国家级高技能人才培训基地、国家级"双师型"教师培养培训基地各 1 个,在"互联网+"大赛国赛中获得省内高职院校首个金奖;3 个专业的教学标准和课程标准被尼日利亚认定为国家教学标准,向清华大学、浙江大学等"双一流"高校工程训练中心实训指导教师岗位输送了 8 名优秀毕业生,专业群人才培养质量显著提升。

表 40 材料成型与控制技术专业群完成任务统计表

任务类型	二级任务	任务点/个	完成数/个	完成度/%
人才培养模式	构建校企"五联合"双元育人机制,推动专业建设与产业需求对接	6	6	100
	创新"学用研"一体化人才培养模式,培养一专多能技术技能人才	4	4	100
	基于"1+X"证书制度深化培养模式改革,培养复合型技术技能人才	4	4	100
	推进现代学徒制改革,瞄准特定岗位群校企合作共育技术技能人才	2	2	100
	探索高层次人才培养改革,培育生产一线专家型技术技能精英人才	4	4	100
	小计	20	20	100

续表

任务类型	二级任务	任务点/个	完成数/个	完成度/%
课程教学资源	构建模块化课程体系，培养职业岗位核心能力	4	4	100
	落实素质培养计划，传承工匠精神提升职业素养	11	11	100
	对接岗位群需求开发项目化课程，传承核心技能提升育人质量	7	7	100
	扩容材料成型专业群教学资源库，建设优质资源促进开放共享	6	6	100
	小计	28	28	100
教材与教法	对接先进技术开发新教材，服务人才培养需求	3	3	100
	改革教学模式和教学方法，提升课堂教学质量	6	6	100
	小计	9	9	100
教师教学创新团队	内培外引，打造"行业有权威、国际能引领"的带头人队伍	4	4	100
	多措并举，打造"工匠型"结构化教师教学创新团队	6	6	100
	校企互聘，打造经验丰富、技艺精湛的兼职教师队伍	7	7	100
	小计	17	17	100
实践教学基地	对接"两机"专项，共建"5G+智能成型"实训基地，提升专业群产业服务能力	6	6	100
	开发实践教学资源，强化校内外实训基地内涵建设，提升实训基地人才培养能力	10	10	100
	小计	16	16	100
技术技能平台	组建高层次专家智库，引领专业群和创新平台发展方向	3	3	100
	建设专家工作室，引领科技创新打造科研服务团队	3	3	100
	建设技能大师工作室，传承技术技能培养精英人才	5	5	100
	建设材料智能成型技术研发中心，服务区域产业转型升级	4	4	100
	建设智能成型创客工坊，提升创新转化和创业孵化能力	2	2	100
	小计	17	17	100
社会服务	面向行业企业开展技能提升培训，培养产业急需人才	4	4	100
	面向特殊群体开展定向培训支援，助力脱贫攻坚战略	3	3	100
	面向在校学生开展实训基地共享，培养产业后备人才	3	3	100
	小计	10	10	100

续表

任务类型	二级任务	任务点/个	完成数/个	完成度/%
国际交流与合作	服务"一带一路"倡议，输出中国职教资源、标准和服务	6	6	100
	扩大国际交流力度，引进专业群国际化领军人才和留学生	4	4	100
	小计	10	10	100
可持续发展保障机制	建立专业群动态调整机制，对接产业发展主动调整专业布局	4	4	100
	建立多主体质量保障机制，多方合力推动专业群高质量发展	4	4	100
	建立教师培养与激励机制，促进师资主动提升教学科研能力	1	1	100
	建立产教融合协同育人机制，共建共享打造校企命运共同体	2	2	100
	小计	11	11	100
合计		138	138	100

四、项目建设采取的措施

（一）项目推进机制建设与运行

1. 项目推进组织管理

组建"双高计划"建设项目工作领导小组、专家智库、项目建设工作组、财务资产管理组、项目审计组、项目督查验收组等工作机构，强化顶层设计与项目指导，明晰工作职责；实施项目负责人制，推行项目负责部门"一把手"工程，建立起学校"双高办"统筹规划、一级项目部门分工负责、二级学院协同、项目负责人推进的四级联动落实机制；各部门按照职能分工，对照整体实施方案，制订各级工作计划，确定时间表和计划书，逐级细化分解任务、明确目标、落实责任。

2. 项目管理制度建设

根据教职成〔2019〕5号、教职成〔2019〕8号和教职成〔2020〕8号等文件精神，制定了学校《"双高计划"项目建设管理办法》《关于成立"双高计划"建设项目工作领导小组的通知》《"双高计划"建设奖励激励管理办法》《"双高计划"专项资金管理实施细则》等多项管理制度。

3. 过程管理及运行情况

将"双高计划"任务划分为重点支持任务、聚力突破任务和持续推进任务，有针对性地制定制度和规范，明晰不同类别项目的建设目标及绩效目标，并逐步完善项目建设实施、资金管理、督查监控、考核评价、设备管理、绩效评价等多方面的管理制度，构建起学校、职能部门、二级学院和项目负责人的分级分类责任体系和标准体系。

学校"双高办"、各建设任务组、建设领导小组、院长办公会、学院党委会等部门分别建立"一周一碰头、半月一会商、一月一通报、三月一报告、半年一研判、一年一考核"的"六个一"定期会商制度和工作机制，及时跟踪落实"双高计划"建设任务推进情况，层层压实压紧责任,为优质高效推进"双高计划"建设项目提供组织保障、制度保障和运行机制保障。

围绕任务制定方案,编制工作计划进度表、工作推进评判表,分级建立台账。编制负面清单表、重点难点表,在纪委审计部门的全程全面监督审查下,按照月通报、季报告、年考核等不同方式,组织开展阶段性项目绩效自评。对年度考核优秀的项目予以重点支持,对年度考核不合格的项目予以降低经费资助直至撤销资助,逐步建立动态调整的专项经费绩效评价制度,确保项目建设任务的高质量完成。

(二) 项目资金管理与使用

1. 项目资金投入机制

成立了"双高计划"建设项目工作领导小组、财务资产小组、监察审计小组,负责资金统筹管理、预算管理、资金筹措、资金使用、资金结算、监督检查等工作,确保资金及时足额到位并按制度规范使用。

按照统筹规划、部门分工负责、二级学院协同推进的建设机制,严格遵守审批、执行与监督相互分离原则,项目经费全部用于项目建设,对项目资金的使用和管理做到专款专用、专账核算。

2. 资金管理制度情况

根据《中共中央 国务院关于全面实施预算绩效管理的意见》《现代职业教育质量提升计划资金管理办法》《教育部 财政部关于实施中国特色高水平高职学校和专业建设计划的意见》和《中国特色高水平高职学校和专业建设计划绩效管理暂行办法》文件精神,结合《高等学校财务制度》《政府会计制度》等有关规定,制定了学校《"双高计划"专项资金管理实施细则》《"双高计划"项目建设管理办法》等管理制度。结合现有的《经济合同管理办法》《国有资产处置管理暂行办法》《院长负责制实施细则》《经费使用审批管理办法》《差旅费管理办法》《采购管理办法》《审计整改工作暂行办法》等管理制度,保证了项目建设中资金管理、资金支出和项目资产管理等的科学合理、规范高效。

3. 预算编制与执行情况

项目预算总额 8.2 亿元,实际到位资金 8.376 3 亿元,资金到位率 102.15%。实际支出 8.375 3 亿元,预算执行率 102.14%。其中:机械制造与自动化专业群预算 1.3 亿元,实际支出 1.301 9 亿元,预算执行率 101.15%;材料成型与控制技术专业群预算 1.35 亿元,实际支出 1.373 2 亿元,预算执行率 101.72%。

4. 项目资金使用情况

项目聘请第三方持续跟踪审计。经审计,会计师事务所认为,学校制定了相关管理制度并能有效执行,专项资金使用和管理符合《中共中央 国务院关于全面实施预算绩效管理的意见》《教育部 财政部关于实施中国特色高水平高职学校和专业建设计划的意见》《现代职业教育质量提升计划资金管理办法》和《中国特色高水平高职学校和专业建设计划绩效管理暂行办法》等文件要求和其他相关规章、规范性文件的规定,将"双高计划"建设资金纳入了学校的预决算,严格执行项目预算,资金到位率 102.15%,预算执行率 102.14%,符合教育部双高验收相关要求。专项资金管理规范严谨,资金审批、支出合规,严格专款专用、专账核算。内部控制健全有效,合同管理规范,未发现项目外包情况。凡纳入政府采购的支出项目,均按照《中华人民共和国政府采购法》和陕西省财政厅的有关规定,严格执行采购流程,规范程序办理相关业务,所形成的资产全部纳入学校固定资产核算与管理,资产管理规范。未发现截留、挤占、挪用、虚列支出等情况,未发现"双高计划"建设专项资金用于学校平衡预算、偿还债务、支付利息、对外投资等违反项目管理禁止性限制性规定,未发现从专项资金中提取工作经费或管理经费情况,未发现不履约等现象,不存在生均财政拨款"挤出效应"。全面完成了建设任务书提出的项目建设内容及相关经费预算,预算执行情况良好,资金使用效益明显。

五、特色经验与做法

坚持"强基树标,培优赋能,扶强促弱,特色发展"的理念,聚焦凸显"高"、彰显"强"、体现"特"、呈现"优",在文化育人、人才培养、双师队伍、产教融合、国际交流等五个方面形成了具备陕工特色的经验与做法。

(一)坚守立德树人初心,"红色匠心"文化锻造时代工匠

学校坚守首任校长1950年提出的"用革命的精神,创办革命的学校"的办学初心,传承与共和国装备制造业同生共长的工业基因,聚焦国家战略、陕西经济发展新要求和人的全面发展需要,启动实施"红色匠心"文化育人工程,以"学做润"文化育人模式为牵引,创建"红色匠心"文化育人体系(如图1所示),实现了从"知识育人"向"文化育人"的转型升级,为"中国制造"走向"中国创造"输送了大批德技双馨的技术能手和工匠人才。

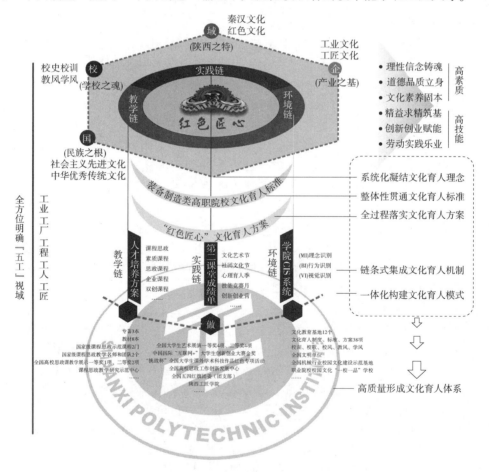

图1 "红色匠心"文化育人体系

1. 立足新时代特征,创新高职院校全链文化育人理论

基于整体论的视角,围绕"技术技能工人到大国工匠"的培养过程,按照"国、域、企、校"同向融合的思路,界定"六位一体"高职文化育人内涵,构建链条式融通育人、链路式融汇路径、链接式融合评价,研创了"红色匠心"核心内涵的全链文化育人理论

(如图 2 所示),出版专著《高职院校文化育人的理论与实践探索》。

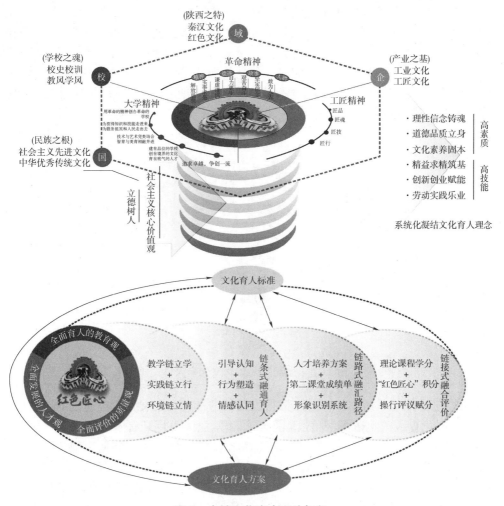

图 2 全链文化育人理论框架

2. 政行企校联合,开发装备制造类高职文化育人标准和实施方案

借鉴岗位职业标准构架,提炼岗位最关键、最具辨识度的核心职业素养,联合"中国机械工业教育发展中心""中国航天科技集团公司",结合"红色匠心"内涵,共同开发编制涵盖 6 项一级指标、20 项二级指标、135 个指标点的文化育人标准,并据此顶层设计包含 6 大模块、18 个项目、107 项任务的"红色匠心"文化育人实施方案(如图 3 所示)。文化育人标准被认定为全国机械职业教育行业文化育人标准。

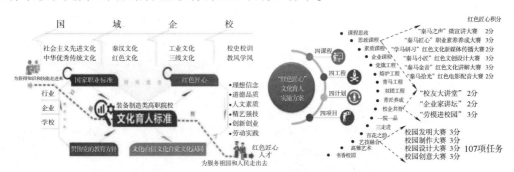

图 3 装备制造类高职院校文化育人标准和实施方案

3. 深化"三全育人",创建"学做润"一体化文化育人模式

文化育人贯穿人才培养全过程,覆盖教育教学全环节,融入学习生活全层面,以课堂主渠道"学"为认知引导,将文化育人列入专业人才培养方案构建"教学链",形成理论课程学分;以活动主阵地"做"为行为塑造,依托第二课堂成绩单构建"实践链",形成红色匠心积分;以氛围主旋律"润"为情感濡染,优化形象识别系统构建"环境链",形成操行评议赋分,形成"学做润"一体化文化育人模式(如图 4 所示)。学校制定文化育人制度、标准、方案 38 项,建成红色广场、机床园等 12 个文化教育基地;在《新闻联播》《光明日报》等主流媒体专题报道 117 次。

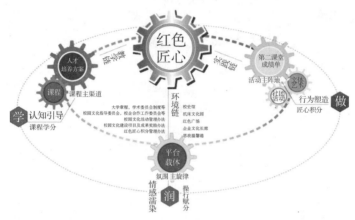

图 4 "学做润"一体化文化育人模式

学校长期坚持传承革命精神、工匠精神以及推进社会主义文化强国建设的历史使命,在"红色匠心"文化育人的塑造下,学生职业素养和职业能力得到有效提升。近 5 年,毕业生 85%扎根制造行业,75%服务陕西发展,65%在国家制造大类骨干企业就业;涌现出党的二十大代表、全国技术能手、全国劳动模范、全国五一劳动奖章获得者等 161 人次,何小虎等一批参与"神舟飞天""嫦娥探月"等重大项目的名片学生;教育部"教育这十年"发布会毕业生代表邢小颖等 24 名学生入职清华大学等高校担任实训指导教师;文化育人成果获得 2022 年国家级教学成果一等奖。时任国务院副总理孙春兰、教育部部长怀进鹏等领导来校视察时,对以红色匠心为特色的育人成效给予了高度肯定。

(二)服务制造强国战略,全面提升"四优"关键能力

学校聚焦我国制造业智能化、高端化、绿色化发展带来的人才需求变化,通过建优校企互融共生格局,创优技能人才培养模式,筑优岗课赛证贯通体系,塑优实践能力锻造机制,加速人才培养供给侧改革,培养胜任现代制造产业链加工制造环节需要、堪当"造得出"重任的时代工匠。

1. 立足全方位,建优产教互融共生格局

聚焦智能制造、高端制造、绿色制造领域紧缺岗位人才需求,按照"一体化设计、平台化管理、合同制运行、项目化实施"思路,依托咸阳国家产教融合试点城市建设,牵头成立 4 个国家级协同创新中心以及市域产教联合体、行业产教融合共同体、全国机械行业材料成型与控制技术职教集团、陕西装备制造业职教集团、校企协同育人战略联盟等 6 个育人平台,重构"地方政府+链上企业+对口院校+科研院所+行业组织"的协同互助生态(如图 5 所示)。学校与西安航天发动机有限公司等 600 余家企业深度合作,开设订单班 338 个,共建产业学院 8 个。

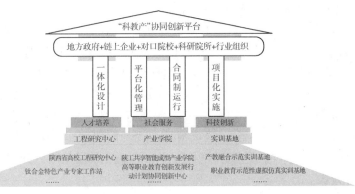

图 5 "科教产"互融共生格局

2. 着眼全要素,创优技能人才培养模式

联合行业、企业、科研院所,共同绘制人才"能力图谱",开发"技术标准、职业标准、教学标准、课程标准";校企共建"科研种子库"和"实践项目库",将"应用研究与生产项目"融入人才培养,构建围绕"学习力、应用力、创新力"的"专业通识+专业核心+技术前沿""实践基础+实践精炼+实践提升"和"工艺探索+试验分析+方法创新"的模块化课程体系,开发项目化课程、立体化教材、虚拟仿真系统,形成"研学用一体"人才培养模式(如图6所示)。学生参与技术服务、产品试制等项目50余项,获"互联网+"大赛国赛金奖等省级以上荣誉70余项。

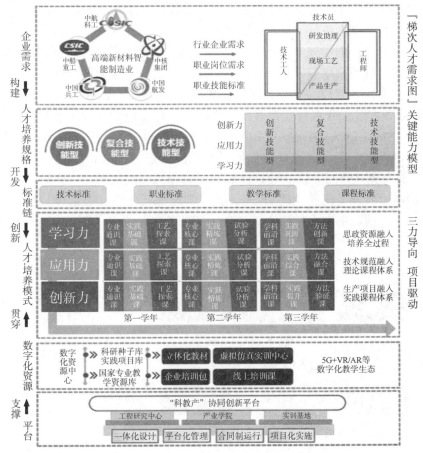

图 6 "研学用一体"人才培养模式

3. 凸显全链条，筑优岗课赛证贯通体系

精准对接新业态、新岗位、新工艺对人才培养的新要求，加强岗课赛证融通，贯通人才培养全过程。基于岗位工作流程重构"通识课共享、专业理论课分立、核心课互选"的全新课程体系，落实"岗课融通"；将职业技能等级证书标准融入课程标准，组建"校内实训室+综合实训基地+工业技术实训中心+校外实习基地"的能力训练体系，促进"课证融通"；将高水平职业技能大赛中的新技术、新规范、新标准融入教学过程，实现"赛课融通"。建成国家级专业资源库3个、国家精品在线开放课程9门、国家规划教材24本、省级精品在线开放课程40门、省级规划教材20本，149门课程在国内知名课程平台上线，选课人数超过80万人次。

4. 聚焦全流程，塑优实践能力锻造水平

聚焦锻造扎实技能功底，联合企业搭建"实训基地—校办实习工厂—校外实训基地"的实践教学体系，遴选技能大师、教学名师、科研骨干组建专业教学、大赛指导、科技创新、职业规划等四支队伍，落实"基础训练—仿真锻炼—实际操练"实践能力三层递进，学生实践动手能力得到明显提升。获得全国大学生技能大赛、数学建模、"互联网+"大赛等各类技能大赛全国一等奖16项；毕业生就业率保持在97%以上。

（三）强德铸魂育训皆能，构建"345"工匠之师培养体系

瞄准数字化时代对技术技能人才的培养需求，以师德培养为主线，依托四类培训平台，构建了"三措强德、四维支撑、五阶递进"的现代职教教师培养体系，为教师职业生涯提供了"五阶段递进式"培养路径，打造了一支德技兼备、育训皆能的工匠之师。

1. 三措强德，塑矢志职教"大先生"

坚持"师德为先、固本强基"的理念，建立健全师德师风建设多项制度及工作机制，形成了按需分类打造师德培养"区""块""链"模式。依据教师所在岗位特点，将教职工分为"专业技术岗、管理岗、工勤岗"三类"区"分培养，针对不同类型人员定制模"块"化专属培养方案，分别开展教书育人修师德计划、科学管理炼师德计划、服务提质强师德计划"三项计划"；通过建设师德师风考核内容、考核方式和评价机制，依岗定标、明确考核侧重点，形成"教育、宣传、考核、监督与奖惩相结合"的师德建设精准考核"链"，着力提升师德考核的时效性和科学性（如图7所示）。先后培育全国优秀教师3人、省级以上劳模、优秀教师48人，全国师德标兵1人，省级师德标兵2人、师德先进个人3人，全国教书育人楷模1人，全国职业教育先进个人2人，省级师德先进集体2个。

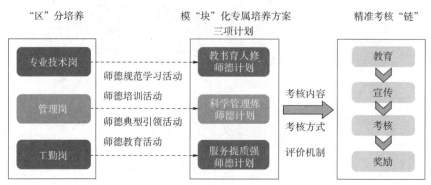

图7 师德培养"区""块""链"模式

2. 四维支撑，促理实协同"双提升"

按照"扩口径、重基础、强能力、多元化"的发展原则，构建了以"教发中心+全国师资培训基地+校内外实训基地+赞比亚海外分院"为依托的四类培养平台，着力提升教师的综合能力。教师发展中心从整合资源、发挥优势、制定规划、培训管理、人才引进、资源建设、研讨交流等七个方面开展教师发展工作；全国师资培训基地从制订计划、设置课程、设计内容、开展教学、专题讲座、技能训练、企业实践等七个方面开展工作；赞比亚海外分院从联办订单班、开展员工技术培训、引入企业培训包、共建实训室等四个方面开展工作。通过建设，开发出的机械制造与自动化专业和机械制图等 232 门课程标准成为赞比亚、印度尼西亚等国家教学标准，开设 3 个工业汉语校企联合订单班，34 名学员实现在联办企业就业。

3. 五阶递进，建梯度赋能"新格局"

通过实施五大工程，构建了"五阶段递进式"教师培养路径，打通了教师职业生涯成长壁垒（如图 8 所示）。面向新进教师开展"青蓝工程"，对新进教师基本教学能力进行系统训练，有效帮助新进教师建立科学的教学思想及理念，完成角色转换；面向青年教师开展"启航工程"，开展"教学能力比赛""课堂教学创新大赛"等教学比赛，有效促进教师教学水平的提升；面向骨干教师开展"扬帆工程"，以"企业实践项目""教师科研与创新创业项目"等为载体，提升教师工程实践能力；面向教学名师开展"领航工程"，通过"教育教学改革""高水平团队建设"等能力培养，提升教师综合业务能力；面向专家教师开展"博雅工程"，利用院士工作站（室）为其搭建高水平发展平台，提升专家教师在全国、全省各类职业教育学会、教学指导委员会、行业学术组织中的话语权，巩固学术地位。

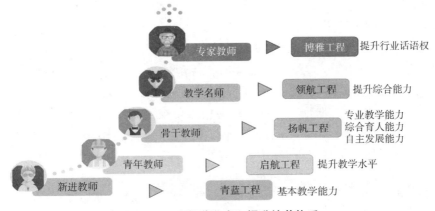

图 8 "五阶段递进式"提升培养体系

（四）坚持三个聚焦，产教深度融合推进产业创新发展

依托在学校设置的陕西现代工业和服务业职业教育改革试验区，紧盯国家高端智能制造、先进材料成型、新能源等产业基础提升和重大技术装备攻关急需，积极对接陕西科技创新发展要求，深度参与秦创原创新驱动平台建设，通过"搭建平台、协同育人、促进服务"等产教融合实招，推进产业链和创新链的深度融合，赋能中小微企业提质增效，服务区域经济社会高质量发展。

1. 聚焦国家重大战略，创新建设产教融合重大平台

学校紧紧围绕高端智能制造、新能源、新材料等国家战略新兴产业布局以及陕西打造万亿级先进制造业集群规划设计，牵头组建咸阳市高端装备制造业市域产教联合体、全国新能源（光伏）装备制造、全国材料智能成型与智能生产行业产教融合共同体等产教融合实体，

牵头成立全国机械行业材料成型与控制技术职教集团、陕西装备制造业职教集团、校企协同育人战略联盟等六大育人平台，创建西部产教融合研究院、西部现代职业教育研究院、西部创新创业研究院三大研究平台以及4个国家级协同创新中心、3个陕西高校工程研究中心、6个市级工程研究中心（重点实验室）、8个产业学院，吸引各方深度参与产教融合、校企合作，形成了产教良性互动、优势互补、共建共享、合作共赢的新格局（如图9所示）。

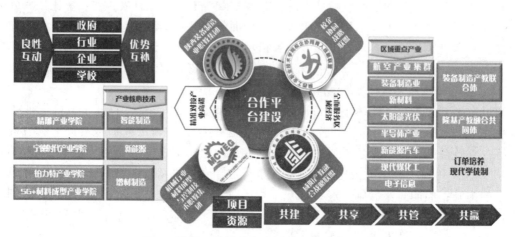

图9 陕西工院校企合作平台建设运行生态

2. 聚焦产业转型升级，推进校企合作协同育人改革

秉承"凸显中国特色、服务智造强国、促进产业升级、引领职教发展"的宗旨，依托学校的区位优势，健全"德技并修、工学结合"的育人机制，不断提升育人质量。学校携手北京精雕，以装备制造类高水平专业群建设为抓手，以区域客户端操作与市场维护人员培养为目标，组建精雕现代工匠旗舰班，为行业上下游企业精准提供人才供给，创新形成"12345"学做创一体化的专业群人才培养模式；校企联合共建优质就业基地，实施"优生优业、优业优扶"计划，对毕业生落实毕业后3年专人定向精准帮扶（如图10所示）。学校先后被授予"全国就业竞争力示范校""中国职业教育就业百强""服务贡献50强""产教融合50强"等荣誉称号，改革经验被《人民日报》《中国教育报》等国内多家主流媒体专题报道。

图10 陕西工院优生优业计划及优业优扶计划

3. 聚焦科技成果转化，服务区域经济高质量发展

对接科技强省发展战略，积极参与秦创原创新驱动平台建设及重大关键核心技术攻关计划，深入参与咸阳市国家首批产教融合试点城市建设。依托牵头成立的国家级协同创新中心和咸阳市高端装备制造业市域产教联合体等校企合作平台，通过"校企结对、揭榜挂帅"，聚力突破新能源与装备研发、智能机器人、视觉智能技术、智能制造装备等关键领域技术升级、数字改造、装备改良、设备更新等技术难题，立项国家自然科学基金项目 3 项，解决技术难题 214 项，签订专利转移合同 77 个，转移转化科研成果 28 项，孵化科技型企业 2 家，技术服务收益达到 8.5 亿元。复合型 6 自由度高性能重载工业机器人科研项目在秦创原落地转化并获得 100 万元春种基金资助；柔性玻璃技术成果在山东落地转化，带动企业持续投入 2 亿元，新增利税 3 500 万元。

（五）围绕"一带一路"倡议，创新"三双"海外办学模式

立足国际产业变革大势，服务"一带一路"倡议，针对共建国家职业教育条件落后、教学标准缺失、技术技能人才培养能力较弱等问题，从"平台搭建、做优资源、做强培训"三个方面探索形成了"双融增效、双创赋能、双语提质"的海外办学模式，支撑国家优势产能"走出去"战略落地落实。

1. 双融并进增效，创新海外集团化办学机制

依托学校设立的联合国教科文组织职教联系中心，按照国际经验融进来、本土元素融进去的"双融"标准，建设了"信息汇聚发布、资源整合优化、合作模式创新、成果服务共享、文化交流展示"五大交流平台（如图 11 所示），形成了"国际学生教育创新、校企协同鲁班工坊建设、高水平国际化师资培养、学生海外学习交流、校企携手订单培养、国际学术科研合作、学生国际技能大赛、职教师资援外培训、教学标准海外输出、学生海外实习就业"十大合作模式，建成了中国—赞比亚职业技术学院、印度尼西亚和尼日利亚秦工苑，开发的 17 项专业标准和 232 门课程标准被赞比亚、印度尼西亚等国家采用，实现了我国职业教育教学标准首次进入主权国家国民教育体系；为中国有色矿业集团公司、陕西鼓风机集团公司等"走出去"企业培训本土员工 13.19 万人·日。

图 11 五大交流平台

2. 双创转化赋能，形成海外办学资源生成新路径

通过创新教育模式，从"职业培训+学历教育"双形式、"线上+线下"双途径、"学习+生产"双路径、"本土+中国"双地区等多维度全方位开展教学工作；通过创新教学资源，开发了一系列的工业汉语教学资源，融入中国元素开展专业技术和专业汉语教学，传播中国工匠精神，设立孔子课堂，开设中国文化等课程，促进了我国与"一带一路"共建国家的区域合作（如图12所示）。开发出了《生产与运作管理》等6本双语活页教材，建成"先进制造技术"等15门双语核心在线课程，推广工业汉语教学；完成了机械行业2项国际标准研制，开发4个国际工程微证书，在印度尼西亚等13个国家推广应用。

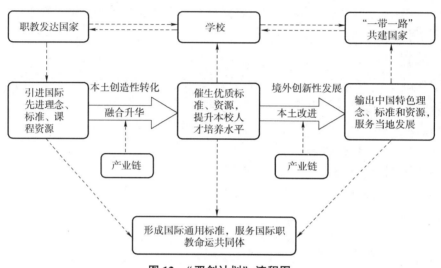

图12 "双创计划"流程图

3. 双语培训提质，打造国际化技术技能人才培养新范式

依托国际职业技术教育与培训中心，依据国际化人才培养岗位需要开发教学培训标准和教材建立了一套国际化的双语教学资源体系，通过引培并举建立了一支国际化创新型的双语教师团队。5年来，累计开发双语教材17本、双语在线课程10门，以及微视频、课件和讲义931个，培训认证双语教师105人。大力开展人才国际交流培训，选派452名学生赴德国等9个国家和地区交流学习，其中16名学生赴柏林工业大学等德国顶尖理工类高校攻读工程硕士研究生；招收培养海外学历留学生219人；与印度尼西亚曼达拉理工学院联合培养62名本科生；为"一带一路"共建国家培训976名职教师资，培养国际化技术技能人才4 469人；学校连续3次荣获世界职业院校与技术大学联盟卓越奖金奖、银奖，7项案例被联合国教科文组织等国际组织采用，被《人民日报》等媒体报道1 600余次，贡献了引领中国职业教育走出国门的"陕工方案"。

六、问题与改进措施

（一）存在问题

疫情影响下的国际合作与预期达成效果存在差距。由于新冠疫情影响，国际交流工作相关的项目虽然完成了挂牌启动、线上培训等预期建设任务，但深度的项目交流、人才培养、人员培训、技术服务、标准输出等受到了一定程度的影响。

（二）改进措施

持续推进，利用好后疫情契机做好国际交流项目。发挥好中赞职院、鲁班工坊、秦工苑等海外交流平台，加速先进成熟的专业标准、课程标准、课程资源和数字化资源等创造性转化，坚持"教随产出"，扩大海外培训、技术服务，开辟陕工标准海外输出新航路，推广中国特色职教模式，持续擦亮陕工职教国际品牌。

七、其他需要说明的有关事宜（可选项）

无。

杨凌职业技术学院"双高计划"总结报告

杨凌职业技术学院于 2019 年被教育部财政部立项为中国特色高水平高职院校建设单位（B 档）。自立项建设以来，学校以习近平新时代中国特色社会主义思想为指导，全面贯彻党的教育方针，以落实立德树人为根本任务，以内涵发展和提质培优为核心，按照"高起点站位、高水平建设、高质量发展"的总体思路，围绕"适应干旱半干旱地区农业发展，建设具有中国特色、世界水平高职学校"目标要求，实施"六新"发展方略，紧盯"引领"、强化"支撑"、凸显"服务"、彰显"特色"的绩效管理要求，对标对表、压紧压实、落细落实，着力推进学校层面和 2 个高水平专业群建设任务高质量完成。

依据《教育部办公厅 财政部办公厅关于开展中国特色高水平高职学校和专业建设计划（2019—2023 年）绩效评价工作的通知》精神以及《陕西省教育厅 陕西省财政厅印发的陕西省中国特色高水平高职学校和专业建设计划（2019—2023 年）绩效评价工作方案》，对照学校"双高计划"建设方案和任务书，全面系统总结如下。

一、总体情况

（一）项目建设任务完成和绩效目标达成总体情况

截至 2023 年 12 月，学校"双高计划"建设任务全部完成，绩效目标全部达成（如表 1 和表 2 所示）。构建了人才培养、专业发展、人才与人事管理、支撑与保障 4 个一流体系，"党建+"工作机制全面建立，"农科教，产学研"涉农高职科教融汇新路径全面开拓，基于乡村振兴的人才培养新模式全面建立，区校融合深化产教融合新形态全面构建，以上合基地建设为支点服务"一带一路"能力全面提升，以教师分类评价改革为抓手的治理体系全面推开，取得国家级主要标志性成果 466 项（含 5 个省级科创平台）。在"双高计划"建设的"快车道"，发挥了干旱半干旱地区现代农业职业教育改革发展"领头羊"作用，全面实现了"中国特色世界水平高职学校"首轮建设目标。

表 1 学校"双高计划"项目绩效目标达成情况一览表

评价方面	产出指标						效益指标				满意度指标	
	数量指标/项	达成率/%	质量指标/项	达成率/%	时效指标/项	达成率/%	社会效益指标/项	达成率/%	可持续指标/项	达成率/%	满意度指标/项	达成率/%
学校层面	65	100.00	43	100.00	3	100.00	34	100.00	5	100.00	6	100.00
农业生物技术专业群	41	100.00	22	100.00	3	100.00	11	100.00	3	100.00	6	100.00
水利工程专业群	26	100.00	18	100.00	3	100.00	14	100.00	2	100.00	6	100.00

表 2　学校"双高计划"项目任务完成情况一览表

评价方面	建设任务完成度					
	一级任务/项	二级任务/项	三级任务点/个	合并后三级任务/项	实际完成任务/项	总体完成度/%
学校层面	10	49	748	254	254	100.00
农业生物技术专业群	9	30	379	173	173	100.00
水利工程专业群	9	37	273	135	135	100.00

（二）项目资金保障和使用情况概述

学校"双高计划"项目及农业生物技术、水利工程专业群建设资金主要来源于中央财政预算资金、省级财政配套资金、行业企业支持和学校自筹资金四个部分，总预算 68 000.00 万元。截至 2023 年 12 月，预算资金实际到位 68 732.13 万元，到位率 101.08%，实际支出 68 633.44 万元，支出率 100.93%，具体情况如表 3 所示。

表 3　学校及专业群"双高计划"项目资金使用情况一览表

评价方面	资金来源	预算资金到位情况			预算资金执行情况	
		预算数/万元	到位数/万元	到位率/%	支出数/万元	完成率/%
学校层面	中央财政	12 500	12 500	100.00	12 500	100.00
	地方财政	12 500	12 500	100.00	12 500	100.00
	行业企业	2 600	3 205.77	123.30	3 205.77	123.30
	学校自筹	40 400	40 526.36	100.31	40 427.67	100.07
	合计	68 000	68 732.13	101.08	68 633.44	100.93
农业生物技术专业群	中央财政	3 500	3 500	100.00	3 500	100.00
	地方财政	3 500	3 500	100.00	3 500	100.00
	行业企业	500	500	100.00	500	100.00
	学校自筹	1 500	1 574.71	104.98	1 574.71	104.98
	合计	9 000	9 074.71	100.83	9 074.71	100.83
水利工程专业群	中央财政	3 500	3 500	100.00	3 500	100.00
	地方财政	3 500	3 500	100.00	3 500	100.00
	行业企业	700	700	100.00	700	100.00
	学校自筹	3 300	3 300	100.00	3 201.31	97.01
	合计	11 000	11 000	100.00	10 901.31	99.10

（三）项目建设自评分和自评结论

项目建设自评分 99.92（如表 4 所示），自评结论为"优秀"。

表 4　学校双高建设中期绩效自评得分表

评价方面	一级指标	二级指标	自评分/分
学校层面	1. 产出指标（40%）	1.1 数量指标（15%）	15.00
		1.2 质量指标（15%）	15.00
		1.3 水平指标（10%）	9.95
	2. 效益指标（20%）	2.1 社会效益指标（10%）	10.00
		2.2 可持续性影响指标（10%）	10.00
	3. 满意度指标（10%）	3.1 服务对象满意度指标（10%）	10.00
	4. 管理与执行指标（30%）	4.1 资金到位率指标（8%）	8.00
		4.2 资金预算执行率指标（8%）	8.00
		4.3 资金使用合规性指标（10%）	10.00
		4.4 项目管理指标（4%）	4.00
	小计		99.95
农业生物技术专业群	1. 产出指标（40%）	1.1 数量指标（15%）	15.00
		1.2 质量指标（15%）	15.00
		1.3 水平指标（10%）	9.95
	2. 效益指标（20%）	2.1 社会效益指标（10%）	10.00
		2.2 可持续性影响指标（10%）	10.00
	3. 满意度指标（10%）	3.1 服务对象满意度指标（10%）	10.00
	4. 管理与执行指标（30%）	4.1 资金到位率指标（8%）	8.00
		4.2 资金预算执行率指标（8%）	8.00
		4.3 资金使用合规性指标（10%）	10.00
		4.4 项目管理指标（4%）	4.00
	小计		99.95
水利工程专业群	1. 产出指标（40%）	1.1 数量指标（15%）	15.00
		1.2 质量指标（15%）	15.00
		1.3 水平指标（10%）	9.85
	2. 效益指标（20%）	2.1 社会效益指标（10%）	10.00
		2.2 可持续性影响指标（10%）	10.00
	3. 满意度指标（10%）	3.1 服务对象满意度指标（10%）	10.00
	4. 管理与执行指标（30%）	4.1 资金到位率指标（8%）	8.00
		4.2 资金预算执行率指标（8%）	8.00
		4.3 资金使用合规性指标（10%）	10.00
		4.4 项目管理指标（4%）	4.00
	小计		99.85
	总计	学校层面得分×0.5+农业生物技术专业群得分×0.25+水利工程专业群得分×0.25	99.92

二、绩效目标达成情况

(一) 学校层面绩效目标达成情况

1. 指标达成情况

学校层面预设绩效指标156项，实际完成绩效指标156项，其中产出指标111项、效益指标39项、满意度指标6项，截至2023年12月，所有指标全部达成，其中76项指标超预期达成（如表5所示）。

表5 学校"双高计划"绩效指标达成情况一览表

一级指标	二级指标	三级指标/项	达成指标/项	超预期达成指标/项	指标达成率/%	超预期达成率/%
产出指标	数量指标	65	65	50	100.00	76.92
	质量指标	43	43	15	100.00	34.88
	时效指标	3	3	2	100.00	66.67
效益指标	社会效益指标	34	34	9	100.00	26.47
	可持续性指标	5	5	—	100.00	—
满意度指标	服务对象满意度指标	6	6	—	100.00	—
	合计	156	156	76	100.00	—

产出指标中数量指标65项，超预期完成50项，总体达成率100.00%，超预期达成率76.92%；质量指标43项，超预期完成15项，总体达成率100.00%，超预期达成率34.88%；时效指标3项，超预期完成2项，总体达成率100%，超预期达成率66.67%。

效益指标中社会效益指标34项，超预期完成9项，总体达成率100.00%，超预期达成率26.47%；可持续性指标5项，总体达成率100%。

服务对象满意度指标6项，全部达成。

2. 标志性成果

自"双高计划"建设项目启动以来，取得国家级主要标志性成果466项（含5个省级科创平台，如表6所示）。

表6 学校"双高计划"取得主要标志性成果一览表

成果类别	主要标志性成果名称	成果数量	授予单位	备注
加强党的建设	全国党建工作样板支部	1个	教育部	
	全国职业院校校园文化"一校一品"学校	1项	教育部	
	国家级课程思政示范课、名师及团队	4个	教育部	
	全国校园文化品牌项目	1项	教育部	
	国家级思政研究项目	1项	教育部	
	全国职业教育中华传统美德教育优秀成果建设培育项目典型案例	4个	教育部	
	全国大学生网络文化节和全国高校网络教育优秀作品推选展示活动	1项	教育部	
	全国水利院校德育教育优秀成果	1项	水利部	
	小计	14		

续表

成果类别	主要标志性成果名称	成果数量	授予单位	备注
打造人才培养高地	全国高校毕业生就业能力培训基地	1个	教育部	
	国家级职业教育教学成果奖	5项	教育部	主持2、合作3
	主持国家职业教育专业教学资源库	3个	教育部	
	"十四五"职业教育国家规划教材	22本	教育部	
	"十三五"职业教育国家规划教材	14本	教育部	
	林草局"十四五"规划教材	5本	国家林业与草原局	
	首届全国优秀教材奖	2项	教育部	
	国家在线精品课程	7门	教育部	
	学生获全国各类技能大赛奖项	57项	教育部	
	承办国家级职业技能大赛	3项	教育部	
	学生获中国国际"互联网+"大学生创新创业大赛奖项	15项	教育部	
	小计	134		
打造技术技能创新服务平台	国家级创新创业教育实践基地	1个	教育部	
	科研技术创新重要亮点成果	1项	农业农村部	
	教育部人文社会科学研究一般项目	3项	教育部	
	国家语委2023年度一般科研项目	1项	国家语委科研规划领导小组办公室	
	全国农牧渔业丰收奖一等奖	1项	农业农村部	
	国家技术标准、规范	1项	国家市场监督管理总局	
	授权专利、软著	207项	国家知识产权局	
	陕西省工程技术研究中心	2个	陕西省科技厅	陕西高职院校唯一
	陕西省高校工程研究中心	1个	陕西省教育厅	
	陕西省林科院工程研究中心	1个	陕西省林科院	
	陕西省高校重点实验室	1个	陕西省教育厅	
	小计	220		含5个省级科创平台
打造高水平专业群	国家级高水平专业群	2个	教育部	
	主持制定国家职业教育专业教学标准	8项	教育部	
	主持制定国家职业教育专业简介	6个	教育部	
	小计	16		

续表

成果类别	主要标志性成果名称	成果数量	授予单位	备注
打造高水平双师队伍	教育部首批全国职业院校"双师型"教师队伍建设典型案例	2个	教育部	
	教育部师德建设优秀工作案例	1个	教育部	
	教育部职业教育教师队伍建设典型案例	1个	教育部	
	国家级职业教育"双师型"教师培训基地	1个	教育部	
	国家级教师教学创新团队	1个	教育部	
	职业教育教师教学创新团队课题	1项	教育部	
	全国高校黄大年式教师团队	1个	教育部	
	全国水利职业教育教师教学创新团队	4个	水利部	
	新时代职业学校名师、名匠工作室	1个	教育部	
	黄炎培职业教育杰出教师奖	1项	中华职教社	
	全国行业职业教育教学指导委员会委员	12人	教育部	
	全国行业职业教育教学指导委员会副主任委员	1人	教育部	
	全国教师教学能力大赛奖项	4项	教育部	
	小计	31		
提升校企合作水平	国家首批示范性职教集团（联盟）培育单位	1个	教育部	
	校企协同就业创业创新示范实践基地	1个	工信部	
	"专精特新"产业学院	1个	工信部	
	全国高等学校"机器人+"产教融合基地培育建设单位	1个	工信部	
	全国第一批产教融合专业合作建设试点单位	1个	高校毕业生就业协会	
	水利职业教育"产教融合"典型案例一等奖	1项	水利部	
	小计	6		
提升服务发展水平	教育部社区教育"能者为师"系列特色课程	7门	教育部	
	全国乡村振兴人才培养优质校	1个	农业农村部、教育部	
	国家审定小麦新品种	2个	农业农村部	
	国家登记番茄新品种	1个	农业农村部	
	教育部乡村振兴课题典型案例	1个	教育部	
	全国骨干科技特派员（杨凌）培训基地	1个	农业农村部	
	职业院校服务全民终身学习项目实验校	1个	教育部	
	职业院校服务全民终身学习项目优秀学校	1个	教育部	
	小计	15		

续表

成果类别	主要标志性成果名称	成果数量	授予单位	备注
提升学校治理水平	教育部首批全国健康学校建设单位	1个	教育部	
	职业院校数字校园建设样板校	1个	中央电化教育馆	
	全国水利类优质高职院校	1个	水利部	
	全国财务治理十佳案例	1个	中国教育会计学会	
	黄炎培职业教育奖优秀学校奖	1项	中华职教社	
	黄炎培职业教育奖杰出校长奖	1项	中华职教社	
	小计	6		
提升信息化水平	国家虚拟仿真实训基地（培育）	1个	教育部	
	《虚拟仿真技术在职业教育教学中的创新应用》专项课题	1项	教育部	
	职业教育示范性虚拟仿真实训基地典型案例	1个	教育部	
	全国职业院校数字校园建设试点学校	1个	教育部	
	小计	4		
提升国际化水平	教育部《中外青少年人文交流成果案例》	1个	共青团中央	
	中华职教社"一带一路"十周年职业教育合作成果典型案例	1个	中华职教社	
	教育部中外教育合作项目	2项	教育部	
	一带一路暨金砖国家技能发展与技术创新大赛获奖	16项	教育部中外人文交流中心	
	小计	20		
	总计	466		

3. 建设成效

（1）树立全国标杆，党建引领、支撑、保障作用全面加强

坚持以"高质量党建引领高水平建设"，紧盯"自身硬"和"引领强"两个关键点，"突出党委领导核心强统领、推动党建机制创新强活力、抓牢关键少数强带动"，以党建"双创"和"党建+X"工作机制创新为双引擎的提质培优和"一融双高"全面激发办学治校活力，杨职特色的"党建引领""思政育人"工作格局全面形成，"正禾"育人工程、专业"双带头"人全覆盖等诸多创新举措和典型做法成为特色案例。获国家样板党支部、全国校园文化品牌项目等国家级标志性成果14项，党对学校各项工作的引领、支撑、保障作用全面加强。

（2）打造职教高峰，引领现代农业职业教育改革创新进一步凸显

构建基于立德树人、五育并举，具有干旱半干旱地区现代农业职业教育特色的高素质技术技能人才培养新体系。创新学生综合素质提升、行动能力培养的路径、方法、资源和模式，全面提升人才培养质量。获批国家级教师教学创新团队6个，学生获全国职业院校技能大赛奖项39项（一等奖8项）；专利（软著）207项；建成国家级课程思政示范课2门，职业教育国家精品在线开放课程7门，陕西省职业教育精品在线开放课程、课程思政示范课58门；获得国家级优秀教材奖2本、省级优秀教材奖8本，获批职业教育"十三五""十四五"国家规划教材36本。

创立职业农民（村干部）"334"和基于水利基层人才校地合作"订单式"人才培养新模式。创新职业农民（村干部）"334"人才培养模式（指校地合作"三共同"，教学组织"三结合"，精准培养"四对接"），招收职业农民（村干部）5 035人，毕业学员中先后涌现出了全国优秀党务工作者万传慧、"育苗能手"李建辉等一批优秀代表。该模式获得2022年国家职业教育教学成果二等奖、陕西省职业教育教学成果特等奖，教育部陈子季司长对该做法予以充分肯定，在全国50余所职业院校进行了推广应用，示范引领效果突出。学校开展的青海省玉树藏族自治州"订单式"基层水利人才培养，为地区脱贫提供人才支持，该案例荣获"全球减贫案例有奖征集活动"最佳减贫案例，水利部将该模式在全国推广，用于培养基层水利人才。《对接三江源生态产业，水利生态复合型人才培养的创新与实践》获陕西省职业教育教学成果二等奖。

打造基于国家农业高新技术产业示范区产教融合"四维四化"新模式。强化与杨凌示范区在区校融合、产教融合、校企合作等方面的全方位合作，区校定期沟通协调、人才资源共享互补、技术协同创新的机制全面建立。建立区校共建共享共管大学科创园等7个区校一体科创平台，共建"杨凌现代农业"市域产教联合体、7个高水平专业化产教融合实训基地、1个区校融合科创中心、1个毕业生就业创业服务基地，实现了区校发展一体化、人才培养精准化、社会服务多样化、就业创业园区化。该模式获2022年国家职业教育教学成果二等奖，已推广到黑龙江佳木斯、山东黄河三角洲等8个农业高新技术产业示范区。牵头成立中国现代农牧、中国智慧林业、全国土木工程双碳行业等3个产教融合共同体，建设杨凌现代果业、智能建造、动物疫病防控等3个区域产教融合实践中心，推进城市实景三维建模、现代智能养猪和智能温室生产管理等3个典型生产实践项目建设，促进产教融合走深走实。

创新集成，打造数字化教学资源中心。建设了涵盖专业建设、课程教学、实践训练、社会服务等体系化数字化教学资源，建成国家级、省级专业教学资源库9个（2023年向教育部申报建设国家级专业教学资源库并获批备案建设5个），国家级精品在线开放课程7门、省级46门、校级100门，全校1 538门课程实现线上线下混合教学，为师生及社会学习者提供"一站式"学习服务，注册用户111 400多人，累计访问超1.24亿人次，上线国家智慧教育平台课程41门，位列全国高职院校前列；学校荣获"职业院校数字校园建设样板校""高职院校资源建设优势学校60强"。

（3）服务国家战略，支撑地方经济社会发展能力显著提升

选育优质高产小麦新品种，服务国家粮食安全。共选育出13个品种，累计推广面积达9 000多万亩，遍及黄淮麦区，实现农民增收65亿元。特别是2021年赵瑜研究员团队培育出的大穗大粒优质高产新优品系"武农981""武农988"两个小麦新品种通过国家审定，在黄淮麦区7个省进行了区域生产试验，平均亩产1 200~1 500斤，成为继袁隆平"抗盐碱特殊类型水稻品种试验"后全国第二例"特殊型"作物品种，"武农981""杨职99"和"杨职111"3个小麦育种材料搭载神舟十五号飞船进入太空，实现首次太空小麦育种试验。小麦育种取得突破性科技创新，为国家粮食安全贡献了杨职力量。

"四果一菌一蜂一麝"新品种新技术，助推地方特色产业发展。研究形成的设施草莓"新机立智"高效栽培管理技术体系，提升单位面积收益2.5倍；研制无花果"丝路黄金"等新品种2个，通过省级审定，研制的有机无花果生产集成技术体系在生产中广泛推广应用，建成示范园1 000亩，辐射推广5 000亩，实现经济效益增收5 000万元；研制的新型双拱双膜大棚火龙果栽培技术，实现南果北种，在省内外推广种植火龙果3万亩；研发山茱

萸果酒等多个高附加值产品，在周至县推广山茱萸种植面积超过 2 万亩，山茱萸原药材销量 1 500 余吨，产值达 5 400 万元，带动全县 1.3 万余人就业；先后引进羊肚菌新品种 12 个，建立 18 个种植基地，2023 年实现农民增收 6 000 余万元；陕西蜂业产业体系首席科学家黎九洲团队，在全省中蜂人工养殖技术推广中发挥核心作用，使中蜂养殖成为全省脱贫攻坚的主打特色产业；学校在凤县建立的林麝工程研究中心及示范基地推动了该县林麝养殖数量与质量，所产麝香在全国市场总量占到 70%，仅 2022 年，林麝人工养殖产业带动群众就业 3 000 余户、10 000 余人，人均增收 4 500 元。

创新集成推广模式，成为干旱半干旱地区现代农业技术推广的典范。在以彬州市、旬邑县为代表的渭北旱塬建立"渭北生态农业建设示范与应用"产学研示范基地 2 个，推广新品种 41 个、新技术 115 项，新增产值 2 114.55 万元，彬州市 2021 年跻身陕西经济 10 强县。彬州基地被农业农村部确定为"农业科技创新与集成示范基地"，2021 年获批陕西省县域科技创新试验示范站。旬邑基地形成的"4321（即建设四支队伍、构建三个平台、寻找两个途径、抓好主导产业）金桥模式"获陕西省农业科技推广二等奖。

探索职业教育服务乡村振兴新机制。牵头成立的陕西职业教育乡村振兴研究院成为陕西乡村振兴理论智库；创建"院校堂室"层级浸润式培训模式（即乡村振兴学院、村干部发展学院、职业农民培育学院+田间学校+乡村学堂+乡村振兴专家工作室）；构建校地合作"五联一抓"工作新机制（即专家联产业、科研联生产、企业联市场、部门联政策、党员联群众、书记抓典型），推动了职业教育服务乡村振兴理论研究与实践向纵深发展。

（4）参与政策、标准制定，助推职业教育高质量发展的贡献充分体现

标准引领，积极参与国家、地方标准的修（制）订。作为副组长单位，主持、参与教育部职业教育农林牧渔大类、水利大类专业目录修（制）订，主持国家职业教育专业教学标准（简介）研制 14 项。参与 2019 年陕西省《农民教育培训教学管理规程》和《农民教育机构管理规范》2 项地方标准制定。主持中国杨凌农业高新技术产业示范区农民技术职称考试培训大纲及题库建设。

建言献策，助推出台职业教育新政策、新机制。向教育部、农业农村部提交职业农民学历教育人才培养方案 1 份、本科层次职业教育试点专业设置建议报告 6 份，完成农指委 2021 年《农民培训与职业教育衔接报告》和《农民培训与职业教育衔接人才培养与实施方案》的编制，承担中国教育会计学会《职业高等教育农林牧渔专业大类教育成本研究》项目。牵头编制《陕西省职业教育服务乡村振兴战略三年行动计划（2020—2022 年）》，2021 年向省教育厅提交《陕西省中、高、本职业教育一体化发展情况调研工作报告》《〈陕西省教育事业"十四五"发展规划〉编制建议报告》，为国家和地方出台有关职业教育政策、制度提供有力支撑。

（5）社会广泛认可，学校影响力不断提升

"双高计划"建设以来，学校影响力不断提高，各类社会媒体关注度持续增强，央视《焦点访谈》、新华社、《人民日报》、《光明日报》、《中国教育报》、中国教育电视台等国家级媒体报道学校办学的典型经验做法和成果 80 余篇，《陕西日报》、陕西电视台等省级媒体报道 178 篇。省委书记赵一德，省委原书记刘国中、胡和平，省委原副书记贺荣、胡衡华，省委原常委、组织部部长程福波，省委常委刘强，以及省教育厅、农业农村厅等厅局领导先后来学校调研指导。

针对所学专业自身培养、教师教学水平、技术技能培养质量、校企合作育人、就业行业领域影响力、学校管理水平、技术技能创新服务平台、高水平专业群建设、高水平"双师型"师资队伍、就业工作、就业质量、学校校风、教风、学风等问题，通过第三方调查显示，在校生满意度 98.40%，毕业生满意度 98.60%，教职工满意度 99.09%，用人单位满意

度 99.35%，家长满意度 97.85%，"一带一路"共建国家服务对象满意度 98.90%。

(二) 农业生物技术专业群绩效情况

1. 指标达成情况

农业生物技术专业群预设绩效指标 86 项，其中产出指标 66 项，效益指标 14 项，满意度指标 6 项，所有指标全部达成，其中超预期达成指标 32 项（如表 7 所示）。

66 个产出指标中，数量指标 41 项，超预期达成指标 15 项，总体达成率 100.00%，超预期达成率 36.58%；质量指标 22 项，超预期达成指标 14 项，总体达成率 100.00%，超预期达成率 63.64%。时效指标 3 项，超预期达成指标 2 项，总体达成率 100%，超预期达成率 66.67%。

14 个效益指标中，社会效益指标 11 项，超预期达成指标 1 项，总体达成率 100%，超预期达成率 9.09%。可持续性指标 3 项，全部达成。

6 个满意度指标，全部达成。

表 7 农业生物技术专业群"双高计划"绩效指标达成情况一览表

一级指标	二级指标	三级指标/项	达成指标/项	超预期达成指标/项	总体达成率/%	超预期达成率/%
产出指标	数量指标	41	41	15	100.00	36.58
	质量指标	22	22	14	100.00	63.64
	时效指标	3	3	2	100.00	66.67
效益指标	社会效益指标	11	11	1	100.00	9.09
	可持续性指标	3	3	—	100.00	—
满意度指标	服务对象满意度指标	6	6	—	100.00	—
合计		86	86	32	100.00	—

2. 标志性成果

自"双高计划"建设项目启动以来，取得国家级、省级主要标志性成果 241 项（如表 8 所示）。

表 8 农业生物技术专业群"双高计划"建设主要标志性成果一览表

成果类别	主要标志性成果名称	成果数量	授予单位	备注
人才培养模式创新	一流专业教学标准	4 项	荷兰朗蒂斯教育集团	
	国家级教学成果奖	2 项	教育部	主持 1 项、参与 1 项
	主持国家专业教学标准制定	1 项	教育部	
	小计	7		
课程教学资源建设	国家级课程思政示范课	1 门	教育部	
	省级精品在线开放课程	6 门	陕西省教育厅	
	省级创新创业教育在线开放课程	2 门	陕西省教育厅	
	主持国家职业教育专业教学资源库	1 个	教育部	
	小计	10		

续表

成果类别	主要标志性成果名称	成果数量	授予单位	备注
教材与教法改革	"十三五"职业教育国家规划教材	4本	教育部、农业农村部	
	"十四五"职业教育国家规划教材	4本	教育部	
	首届全国优秀教材奖	1项	教育部	
	全国教师教学能力大赛奖项	2项	教育部	
	省级教师教学能力大赛奖项(行业)	10项	陕西省教育厅、食品行指委、农专委	
	小计	21		
教师教学创新团队	国家级课程思政教学名师及教学团队	1个	教育部	
	陕西省黄大年式教师团队	1个	陕西省教育厅	
	陕西省师德建设示范团队	1个	陕西省教育厅	
	陕西高校青年创新团队(陕西省设施草莓绿色高效智能化生产关键技术创新团队)	1个	陕西省教育厅	
	全国技能大赛优秀指导教师	2人	教育部	
	全国技能大赛优秀工作者	2人	教育部	
	陕西省教学名师	3人	陕西省教育厅	
	陕西省产业技术体系岗位专家	6人	陕西省农业农村厅	1人为首席专家
	陕西省"最美科技工作者"	1人	中共陕西省委组织部、中共陕西省委宣传部、陕西省科学技术厅、陕西省科学技术协会	
	陕西省"三区"人才	5人	陕西省教育厅	
	陕西省科技特派员	11人	陕西省农业农村厅	
	省级教学成果奖	3人	陕西省政府	
	小计	37		
实践教学基地	农产品质量安全职业技能鉴定站	1个	农业农村部	
	校企协同就业创业创新示范实践基地	1个	教育部	
	"专精特新"产业学院	1个	工信部	
	陕西省"大中小学劳动教育实践基地"	1个	陕西省教育厅	
	职业教育示范性虚拟仿真实训基地培育项目典型案例	1个	教育部	
	学生获全国各类技能大赛奖项	4项	教育部	
	学生获中国国际"互联网+"创新创业大赛奖项	8项	教育部	
	学生获省级中国国际"互联网+"创新创业大赛奖项	26项	陕西省教育厅	
	小计	43		

续表

成果类别	主要标志性成果名称	成果数量	授予单位	备注
技术技能平台	彬州市农业科技创新试验示范站	1个	陕西省科学技术厅	
	高校科学技术奖	3项	陕西省教育厅	
	地方技术标准、规范	19项	—	
	授权专利	26项	国家知识产权局	
	省级以上教科研项目和技术创新项目	56项	陕西省科技厅、农业农村厅、教育厅	
	小计	105		
社会服务	陕西农业技术推广成果	1项	陕西省农业农村厅	
	培育小麦新优系列品种	5个	农业农村部、陕西省农业农村厅	国审2个、省审3个
	培育番茄品种	1个	农业农村部	
	培育无花果品种	2个	陕西省农业农村厅	
	小计	9		
国际合作与交流	中外教育合作项目	1项	教育部	
	输出专业教学标准及课程资源	8项	—	1项专业标准、7门核心课
	小计	9		
	总计	241		

3. 建设成效

（1）改革创新，成为涉农高职专业建设与人才培养的头雁

以大赛为引领构建形成了"赛训融合"技能培养新模式。成功承办了2021年、2022年全国农产品质量安全检测技能大赛；获国赛一等奖2项、二等奖1项、三等奖1项，获国家优秀组织奖；获"互联网+"大赛国赛金奖2项、银奖2项、铜奖4项；教师获国家级教学能力大赛三等奖1项，省赛一等奖1项、二等奖3项。积极推进中高本衔接、资源共享的办学体制，构建形成"一核心、三贯通、三共同"中、高、本衔接人才培养体系，已招收"3+2"及联办本科学生3届。构建了引领职业教育改革的课程和教材体系，建成课程思政教学团队1个，主持完成了国家职业教育食品营养与检测专业教学资源库建设，1门课获评国家课程思政示范课、2门课获评省级课程思政示范课、6门课程获评省级精品在线开放课程、2门课程获评省级创新创业教育在线开放课程，8本教材被确定为职业教育"十三五""十四五"国家规划教材，获国家首届优秀教材二等奖1项，获国家职业教育教学成果奖二等奖1项、陕西省职业教育教学成果特等奖2项、一等奖1项、二等奖2项。构建了引领职业教育高质量发展的产教融合平台，建立现代农牧产教融合共同体、杨凌现代农业产教联合体、现代农业产教融合实训中心。职业教育改革发展的引领作用日益凸显，人才培养质量明显提升。

（2）科技创新，成为服务乡村振兴的标杆

聚焦"种业芯片"，良种选育取得新突破。2个小麦品种通过国审、3个通过省审，2个无花果品种通过省审；聚焦人才振兴，创新形成职业农民（村干部）学历教育"334"模

式,成功培养 2 000 余名毕业生,专业群在校学员达 2 369 人,举办陕西省农业农村厅农产品质量安全检测培训 24 期,培训基层检测人员 820 人;聚焦技术推广,创新集成式农业标准化生产技术推广模式,共建杨凌安全农产品溯源体系,开发了 8 项地方标准及 11 项农产品网络销售流通标准,围绕"两减三基本"研发形成"生物炭技术+有机质技术+微生物技术"三大土壤改良技术体系,同时基于生态农业建设的农技推广"金桥模式"在渭北地区全面推广,研发"EDDHA 有机螯合态铁肥"等新产品 2 个,获发明专利 1 项、陕西农业技术推广成果二等奖 2 项、陕西省高校科学技术奖 2 项,有效破解了乡村振兴中的人才难题和技术难题,推动了地方经济的发展。

(三) 水利工程专业群绩效情况

1. 指标达成情况

水利工程专业群预设绩效指标 69 项,其中产出指标 47 项,效益指标 16 项,满意度指标 6 项,所有指标全部达成,其中超预期达成指标 27 项(如表 9 所示)。

47 项产出指标中,数量指标 26 项,超预期达成指标 13 项,总体达成率 100.00%,超预期达成率 50.00%;质量指标 18 项,超预期达成指标 9 项,总体达成率 100.00%,超预期达成率 50.00%;时效指标 3 项,总体达成率 100.00%。

16 项效益指标中,社会效益指标 14 项,超预期达成指标 4 项,总体达成率 100.00%,超预期达成率 28.57%;可持续性指标 2 项,超预期达成指标 1 项,总体达成率 100.00%,超预期达成率 50.00%。

6 项满意度指标,全部达成。

表 9 水利工程专业群"双高计划"绩效指标达成情况一览表

一级指标	二级指标	三级指标/项	达成指标/项	超预期达成指标/项	总体达成率/%	超预期达成率/%
产出指标	数量指标	26	26	13	100.00	50.00
	质量指标	18	18	9	100.00	50.00
	时效指标	3	3	—	100.00	—
效益指标	社会效益指标	14	14	4	100.00	28.57
	可持续性指标	2	2	1	100.00	50.00
满意度指标	服务对象满意度指标	6	6	—	100.00	—
合计		69	69	27	100.00	—

2. 标志性成果

自"双高计划"建设项目启动以来,取得国家级、省级主要标志性成果 148 项(如表 10 所示)。

表 10 水利工程专业群"双高计划"建设主要标志性成果一览表

成果类别	主要标志性成果名称	成果数量	授予单位	备注
人才培养模式	全国优质水利专业	4 个	水利部	
	全国水利类优质高职院校	1 个	水利部	
	主持国家专业教学标准制定	4 个	教育部	
	陕西省高水平专业群	1 个	陕西省教育厅	
	小计	10		

续表

成果类别	主要标志性成果名称	成果数量	授予单位	备注
课程教学资源	主持国家职业教育专业教学资源库	2个	教育部	
	"十四五"职业教育国家规划教材	8本	教育部	
	"十三五"职业教育国家规划教材	3本	教育部	
	"十四五"时期水利类专业重点建设教材	5本	水利部	
	陕西省优秀教材奖	1项	陕西省教育厅	
	国家精品在线开放课程	2门	教育部	
	小计	21		
教材与教法改革	陕西省教师教学能力大赛奖项	2项	陕西省教育厅	
	中国水利教育协会教师教学能力大赛奖项	2项	水利部	
	小计	4		
教师教学创新团队	全国水利职业教育教师教学创新团队	4个	水利部	
	全国水利行业职业教育教学指导委员会副主任委员	1人	水利部	
	全国水利行业职业教育教学指导委员会委员	1人	水利部	
	全国水利与生态环保行业就业指导委员会委员	1人	教育部	
	陕西省科技特派员	1人	陕西省科技厅	
	小计	8		
实践教学基地	全国职业院校技能大赛奖项	2项	教育部	
	全国水利职业院校技能大赛奖项	42项	水利部	
	中国国际"互联网+"创新创业大赛奖项	2项	教育部	
	陕西省"互联网+"创新创业大赛奖项	9项	陕西省教育厅	
	小计	55		
技术技能平台	授权专利	39项	国家知识产权局	
	国家技术标准、规范	1项	教育部	
	陕西省技能大师工作室	1个	陕西省教育厅	
	小计	41		
社会服务	教育部社区教育"能者为师"系列特色课程	4门	教育部	
	陕西省职业教育教学成果奖	2项	陕西省政府	
	小计	6		
国际交流合作	水利行业中外人文交流研究院理事单位	1个	教育部	
	中外教育合作项目	1项		
	科纳克里大学中文水利工程学院给排水工程技术专业教学标准	1项		
	小计	3		
	总计	148		

3. 建设成效

(1) 坚持体系化资源建设,专业群建设水平全国领先主持建成"水环境智能监测与治理"和"水利水电建筑工程"2个国家级专业教学资源库、"水利工程"省级专业教学资源库，上线优质资源59 838条，服务用户132 979人，覆盖全国水利类院校。打造精品教材，提升学生培养质量。专业群课程线上线下混合式教学全覆盖。入选职业教育"十三五""十四五"国家规划教材11本，省级职业教育"十四五"规划教材3本。获批国家精品在线开放课程2门，教育部能者为师特色课4门，省级精品在线开放课程7门，省级课程思政示范课5门，省级线下一流核心专业课程2门（其中1门推荐参与国家级复核），服务专业发展。以赛促教，培养学生技术技能，获全国职业院校技能大赛一等奖1项、二等奖1项，全国水利职业院校技能大赛一等奖12项。

（2）坚持产教融合，人才培养服务国家战略成效明显

联合杨凌示范区、陕西水利教育协会、陕西东庄水利枢纽公司、西北农林科技大学等19家涉水单位成立"校政行企"四方合作发展理事会，发挥团队优势助力陕西水利发展。入选全国农村供水专家库专家6人，陕西省科技特派员1人，陕西省水土保持技术专家3人。

坚持服务"走出去"的原则，与陕西东庄水利枢纽工程等企业开展技术攻关项目20余项，提供设计、施工等技术咨询服务，产生经济效益1 200余万元；开展水利基层人员、中小型水库管理业务、一级建造师、对外援助项目、技能大赛、精品课建设等培训，共计培训超过1万人·日。推广少数民族水利人才订单培养模式，对口支援新疆水利职业技术学院、山西水利职业技术学院、江西水利职业技术学院。总结凝练《"订单式"人才培养为地区脱贫提供人才支持——青海省玉树藏族自治州"订单式"水利人才培养》案例，荣获"全球减贫案例有奖征集活动"最佳减贫案例，水利部将该模式在全国推广，用于培养基层水利人才。《对接三江源生态产业，水利生态复合型人才培养的创新与实践》获陕西省2021年职业教育教学成果二等奖。

三、建设任务完成情况

（一）学校层面建设任务完成情况

1. 整体情况

学校层面"双高计划"建设任务包含一级任务10项，二级任务49项，预设三级任务点748个，合并后三级任务254项，实际完成254项，任务完成率100.00%（如表11所示）。另外，为落实"双高计划"建设期间国省有关职业教育的最新举措，新增重点任务12项，也全部完成。

表11 学校"双高计划"项目建设任务完成情况一览表

建设期任务							新增重点任务/项
一级任务		二级任务/项	预设三级任务点/个	合并后三级任务		任务完成率/%	
序号	内容			合并数/项	完成数/项		
1	加强党的建设	5	112	47	47	100.00	0
2	打造技术技能人才培养高地	9	126	40	40	100.00	2
3	打造技术技能创新服务平台	7	93	21	21	100.00	2
4	打造高水平专业群	2	46	18	18	100.00	0

续表

建设期任务							新增重点任务/项
一级任务		二级任务/项	预设三级任务点/个	合并后三级任务		任务完成率/%	
序号	内容			合并数/项	完成数/项		
5	打造高水平双师队伍	4	77	10	10	100.00	1
6	提升校企合作水平	4	64	19	19	100.00	2
7	提升服务发展水平	5	55	19	19	100.00	2
8	提升学校治理水平	3	49	14	14	100.00	3
9	提升信息化水平	7	74	47	47	100.00	0
10	提升国际化水平	3	52	19	19	100.00	0
合计		49	748	254	254	100.00	12

2. 具体情况

(1) 政治领航，党建引领全面加强

本任务预设三级任务点112个，合并后三级任务项47项，完成47项，任务完成率100%。创新实施党委中心组开放式、干部读书班、基层组织"五个一"学习制度，建立"星级支部创建"和"党建+X"双驱动工作机制，构建杨职特色鲜明的"党建"工作格局，形成国省校三级提质培优体系；以"正禾"育人工程推动党建、思政及"三全育人"融合发力，形成大思政工作新格局；以"五联一抓"工作模式创新探索党建引领乡村振兴新路径，落实党建"六项工程""五化标准"，强化意识形态阵地管理。党建引领学校各项事业高质量发展的作用全面加强，新增党建样板支部、课程思政示范课、名师及团队等国家级主要标志性成果14项。

(2) 德技并修，人才培养高地全面建立

本任务预设三级任务点126个，合并后三级任务40项，完成40项，任务完成率100%，新增重点任务2项。完善"五育并举"的"四位一体"人才培养方案，创新形成11个专业群人才培养模式，建设职业教育与工匠精神融合改革课程50门，开展"1+X"书证衔接融通计划86项，开发新形态教材100本、技能大赛配套教材10本，推进信息化教学方式和模式应用。以"杨职金课""考试评价改革"为抓手，持续深化"三教"改革，创新开展英语分类教学改革，建立诊断改进常态化机制。具有干旱半干旱地区现代农业职业教育特色的人才培养高地全面建立，新增教学成果奖、职业院校技能大赛、优秀教材奖、职业教育精品在线开放课程等国家级主要标志性成果134项。

(3) 校地融合，区校一体新形态全面形成

本任务预设三级任务点93个，合并后三级任务21项，完成21项，任务完成率100%，新增重点任务2项。建立了区校定期沟通协调、人才资源共享互补、技术协同创新3项机制，搭建"区校、科教、产教"融合平台，实施"三同工程"和3项产教融合计划，共建"杨凌现代农业"市域产教联合共同体、现代农业职业教育创新园、6个协同创新中心、7个产教融合实训基地、1个毕业生创新创业服务基地，形成的《涉农高职院校与农业示范区创新产教融合"四维四化"育人模式》获国家职业教育教学成果二等奖，区校、产教、校企"二元三融"机制全面建立，"共建、共享、共管"的区校一体新形态全面形成，新增全国农牧渔业丰收奖等国家级主要标志性成果220项（含5个省级平台）。

（4）紧贴产业，三级专业群发展格局及标准体系全面构建

本任务预设三级任务点 46 个，合并后三级任务 18 项，完成 18 项，任务完成率 100%。面向经济社会发展、产业转型升级和国家战略需求，创新专业群建设发展机制，构建了国家示范引领、省级重点建设、校级积极培育的三级专业群建设体系，2 个专业群入选国家级高水平专业群、7 个专业群入选省级高水平专业群、4 个专业群列为校级培育专业群。积极推进教学资源库建设、教学标准（简介）研制，在农业生物技术和水利工程 2 个国家高水平专业群中，率先开展包括专业标准、课程标准、实习标准 3 个类别的专业标准体系建设，引领学校其他专业群建设"标准相通、模块相融"的专业标准体系，全校 67 个专业标准体系全面形成，新增国家级主要标志性成果 16 项。

（5）引培并举，高水平"双师型"教师队伍全面形成

本任务预设三级任务点 77 个，合并后三级任务 10 项，完成 10 项，任务完成率 100%，新增重点任务 1 项。构建"引培激评服"人才队伍建设体系和"讲学做评"的师德培育体系，师资队伍建设水平显著提升。引进知名专家 8 人、技能大师高层次人才 11 人、专业带头人 31 人、产业教授 54 人、兼职教师 707 人。获批国家级水平教师教学创新团队、全国黄大年式教学团队等高水平教师团队 6 个、新时期国家名师名匠工作室 1 个、国家级职业教育"双师型"教师培训基地 1 个。一支结构合理、师德师风高尚、能力素质过硬的高水平"双师型"教师队伍全面形成，新增国家级主要标志性成果 31 项。

（6）"双元"融入，产教融合校企合作持续深化

本任务预设三级任务点 64 个，合并后三级任务 19 项，完成 19 项，任务完成率 100%，新增重点任务 2 项。成立"中水学院"等 14 个产业（企业）学院，创新形成"五共同"育人机制和"校企命运共同体"工作运行机制，现代学徒制全面推进。中国杨凌现代农业职教集团入选全国首批示范性职教集团培育单位；获批工信部"专精特新"智慧农业产业学院、校企协同就业创业创新示范实践基地和产教融合专业合作建设试点单位；牵头成立中国现代农牧等 3 个产教融合共同体，校企合作订单班全覆盖，校企"双元"产出了一批教学标准和教材。产教融合、校企合作持续深化，校企协同育人机制全面建成，新增国家级主要标志性成果 6 项。

（7）产学研用，服务乡村振兴能力显著提升

本任务预设三级任务点 55 个，合并后三级任务 19 项，完成 19 项，任务完成率 100%，新增重点任务 2 项。搭建"两室两院七中心"（康振生、张涌院士工作室；蜂产业研究院、陕西职业教育服务乡村振兴研究院；小麦、草莓、无花果、火龙果、山茱萸、羊肚菌、林麝研发中心）为核心的科技创新与社会服务平台，获批省级工程中心、重点实验室 5 个。构建"项目研究、基地培训、科技指导、技术支持"一体化的社会服务体系和"核心示范、周边带动、广泛辐射"科技示范推广体系，集成式技术推广"4321"金桥模式成为典范，2 个大穗大粒优质高产小麦品种成为继袁隆平"抗盐碱特殊类型水稻品种试验"后全国第二例"特殊性"农作物品种，3 个小麦新品种育种材料搭载神舟十五号飞船进入太空，实现首次太空小麦育种试验，培育的"四果一菌一蜂一麝"新技术新品种成为陕西乡村大产业，形成的"一体两翼"高素质农民育训体系，在全国示范推广。服务国家乡村振兴战略，支撑地方经济发展能力显著提升，新增国家级主要标志性成果 15 项。

（8）改革创新，学校治理水平显著提升

本任务预设三级任务点 49 个，合并后三级任务 14 项，完成 14 项，任务完成率 100%，新增重点任务 3 项。形成"一章八制"制度体系，构建"党委领导、校长负责、教授治学、

依法治校、民主管理、社会参与"的治理结构,形成了"校政行企"多元参与的办学格局,教师分类管理评价体系全面建立,"放管服"改革、产学研用、质量保证制度及教师岗位聘任、职称评审、绩效分配、考核评价等制度更加健全,职能部门创新能动性明显提高,二级学院办学活力显著增强,教师创佳绩、出成果的积极性主动性被充分激发,学校治理水平显著提升。学校获评全国健康学校建设单位、全国水利优质校,财务治理案例入选全国高等职业院校财务治理十佳案例,新增国家级主要标志性成果6项。

（9）强基促融,信息化水平全面提升

本任务预设三级任务点74个,合并后三级任务47项,完成47项,任务完成率100%。实施信息化标杆校建设项目,建设涵盖教学、实训、管理和服务于一体的数字校园环境,构建"一站式"线上教学服务体系。建成"万兆楼宇、千兆桌面"的有线和"无感认证、全校漫游"的无线网络环境,专网出口带宽20.5 Gbps,数据中心存储量725TB,形成私有数据云,承载应用系统30余个、线上流程205个。建成智慧教室312间,校内优慕课在线课程1 538门,线上线下混合式教学率达100%。学校入选全国职业院校数字校园样板校、职业院校资源建设优势学校60强、职业院校智慧校园50强。学校数字化校园环境基本形成,信息化水平全面提升,新增国家级主要标志性成果4项。

（10）拓展路径,国际影响力显著增强

本任务预设三级任务点52个,合并后三级任务19项,完成19项,任务完成率100%。构建"分校+基地+项目+留学"合作格局,形成了"校、处、院"三级工作机制,以"引、融、联、建、享"为途径,与"一带一路"共建国家开展专业教育合作项目,在几内亚、乌兹别克斯坦成立2个海外专业学院,输出2个专业及13门课程标准,推动内涵发展,形成农业职教标准体系。设立上合组织国家实用技术培训中心,面向"一带一路"共建国家开展各类培训5 131人·日,培养国际学生325人,推广农业新技术11项。服务"走出去"企业,订单培养技术技能人才1 399人,本土化培养人才620人。"引、融、联、建、享"的国际合作交流"杨职模式"全面形成,学院国际影响力显著提升,新增国家级主要标志性成果20项。

（二）农业生物技术专业群建设任务完成情况

1. 整体情况

农业生物技术专业群"双高计划"建设任务包含一级任务9项,二级任务30项,预设三级任务点379个,合并后三级任务173项,实际完成173项,任务完成率100.00%（如表12所示）。另外,为落实"双高计划"建设期间国省有关职业教育的最新举措,新增重点任务8项,也全部完成。

表12 农业生物专业群"双高计划"项目建设任务完成情况一览表

建设期任务							新增重点任务/项
一级任务		二级任务/项	预设三级任务点/个	合并后三级任务		任务完成率/%	
序号	内容			合并数/项	完成数/项		
1	人才培养模式创新	3	48	14	14	100.00	1
2	课程教学资源建设	3	36	13	13	100.00	0
3	教材与教法改革	2	22	11	11	100.00	1
4	教师教学创新团队	3	48	26	26	100.00	1

续表

建设期任务							新增重点任务/项
一级任务		二级任务/项	预设三级任务点/个	合并后三级任务		任务完成率/%	
序号	内容			合并数/项	完成数/项		
5	实践教学基地	4	62	36	36	100.00	1
6	技术技能平台	2	24	19	19	100.00	1
7	社会服务	6	64	23	23	100.00	1
8	国际合作与交流	4	52	18	18	100.00	2
9	可持续发展保障机制	3	23	13	13	100.00	0
	合计	30	379	173	173	100.00	8

2. 具体情况

(1) 人才培养模式创新

本任务预设三级任务点 48 个，合并后三级任务 14 项，完成 14 项，任务完成率 100%，新增重点任务 1 项。专业群联合现代农业企业，创新实施"双主体、五融合、模块化"人才培养模式；对接职业技能需求，开发一流专业教学标准，实施"1+X"证书试点；构建形成"赛训融合"技能训练模式。新增国家级、省级主要标志性成果 7 项。

(2) 课程教学资源建设

本任务预设三级任务点 36 个，合并后三级任务 13 项，完成 13 项，任务完成率 100%。引融荷兰农业技术标准，形成专业群核心课程标准体系；专业群全部课程实现线上线下混合教学；主持国家职业教育专业教学资源库 1 个，国、省两级精品在线开放课程 10 余门，校企共建的课程体系逐渐完善，优质教学资源更加丰富。新增国家级、省级主要标志性成果 10 项。

(3) 教材与教法改革

本任务预设三级任务点 22 个，合并后三级任务 11 项，完成 11 项，任务完成率 100%，新增重点任务 1 项。对接生产一线，校企合作开发特色教材；融合信息技术，构建高效智慧新型课堂；实施多元教学，推动课堂革命；获批职业教育"十三五""十四五"国家规划教材 8 本，教师获教学能力大赛国赛奖项 2 项，省赛（行业）10 项，专业群"三教改革"成效显著。新增国家级、省级主要标志性成果 21 项。

(4) 教师教学创新团队

本任务预设三级任务点 48 个，合并后三级任务 26 项，完成 26 项，任务完成率 100%，新增重点任务 1 项。整合优质资源着力打造名师引领的教学创新团队、院士领衔的科研创新团队和专家带头的社会服务团队；建成国家课程思政示范团队 1 个，陕西省黄大年教师团队、师德建设示范团队及设施草莓绿色高效智能化生产关键技术创新团队 3 个；教师获省级以上荣誉称号 30 余人次，高水平师资团队全面形成。新增国家级、省级主要标志性成果 37 项。

(5) 实践教学基地

本任务预设三级任务点 62 个，合并后三级任务 36 项，完成 36 项，任务完成率 100%，新增重点任务 1 项。立足杨凌国家级农业高新技术产业示范区，秉承"区校、校企"共建共享理念，建成"三大实践教学基地、一个虚拟仿真中心"。依托基地获省级"大中小学劳动教育实践基地"、工信部"专精特新"产业学院及"校企协同就业创业创新示范实践基地"；获 2022 年度职业教育示范性虚拟仿真实训基地典型案例 1 个；承办 2 届全国农产品质量安全检测技能大赛，学生获奖 12 项，技术技能水平与基地建设成效突出。新增国家级、省级主要标志性成果 43 项。

(6) 技术技能平台

本任务预设三级任务点 24 个，合并后三级任务 19 项，完成 19 项，任务完成率 100%，新增重点任务 1 项。联合杨凌入区企业建成 2 个技术技能协同创新中心，建立校企行协同创新机制；成立康振生院士植物生物技术工作室，获批陕西省草莓工程技术研究中心、彬州市农业科技创新试验示范站；校企协同开展省级以上科研项目和技术创新项目、横向课题 56 项，解决企业技术难题 91 项，校企共同开发地方标准 19 项，团队技术创新服务能力显著提升。新增国家级、省级主要标志性成果 105 项。

(7) 社会服务

本任务预设三级任务点 64 个，合并后三级任务 23 项，完成 23 项，任务完成率 100%，新增重点任务 1 项。积极探索职业教育服务乡村振兴模式，充分发挥国、省两级科普基地及培训基地作用，开展农产品质量安全检测培训，守护老百姓舌尖上的安全；职业农民（村干部）学历教育"334"模式获国家职业教育教学成果二等奖，8 个小麦、蕃茄等品种先后通过国审和省审，武农系列小麦推广 9 000 余万亩，实现农民增收 65 亿元，获陕西农业技术推广成果奖 1 项，培训基层农检人员 1 500 余人。新增国家级、省级主要标志性成果 9 项。

(8) 国际合作与交流

本任务预设三级任务点 52 个，合并后三级任务 18 项，完成 18 项，任务完成率 100%，新增重点任务 2 项。专业群加入杨凌上合组织农业基地，打造"3 基地+1 海外分校"的国际化教育平台，先后招收国际学生 100 余名；引进荷兰朗蒂斯教育集团 20 余门课程，对接"一带一路"共建国家发展需求，转化形成的《园艺技术》专业教学标准、核心课程等资源先后分享到乌兹别克斯坦等国家。新增主要标志性成果 9 项。

(9) 可持续发展保障机制

本任务预设三级任务点 23 个，合并后三级任务 13 项，完成 13 项，任务完成率 100%。组建专业群建设与改革指导委员会；建立专业群双向考核制度；构建形成"双高目标引领、多元评价支撑"的内部质量保证体系。可持续发展保障机制完善健全。

(三) 水利工程专业群建设任务完成情况

1. 整体情况

水利工程专业群"双高计划"建设任务包含一级任务 9 项，二级任务 37 项，预设三级任务点 273 个，合并后三级任务 135 项，实际完成 135 项，任务完成率 100%（如表 13 所示）。另外，为落实"双高计划"建设期间国省有关职业教育的最新举措，新增重点任务 6 项，也全部完成。

表 13　水利工程专业群"双高计划"项目建设任务完成情况一览表

建设期任务							新增重点任务/项
一级任务		二级任务/项	预设三级任务点/个	合并后三级任务		任务完成率/%	
序号	内容			合并数/项	完成数/项		
1	人才培养模式创新	6	54	24	24	100.00	2
2	课程教学资源建设	5	26	17	17	100.00	2

续表

建设期任务						新增重点任务/项
一级任务		二级任务/项	预设三级任务点/个	合并后三级任务		
序号	内容			合并数/项	完成数/项	任务完成率/%
3	教材与教法改革	3	21	13	13	100.00	2
4	教师教学创新团队	4	42	20	20	100.00	0
5	实践教学基地	5	28	22	22	100.00	0
6	技术技能平台	4	37	17	17	100.00	0
7	社会服务	3	26	8	8	100.00	0
8	国际合作与交流	5	27	8	8	100.00	0
9	可持续发展保障机制	2	12	6	6	100.00	0
	合计	37	273	135	135	100.00	6

2. 具体情况

(1) 人才培养模式创新

本任务预设三级任务点54个，合并后三级任务24项，完成24项，任务完成率100%，新增重点任务2项。专业群成立校政行企四方合作发展理事会，依托理事会成立了"中水学院"，由理事会专家组研究制定了水利工程专业群人才培养模式，结合教育部和学校人才培养方案制定的相关文件，制定专业群人才培养课程体系和人才培养方案。现有全国优质水利专业4个。开发专业群各专业教学标准、课程标准、岗位实习标准，形成的专业群标准库在兄弟院校推广应用，获得良好效果。新增国家级、省级主要标志性成果10项。

(2) 课程教学资源建设

本任务预设三级任务点26个，合并后三级任务17项，完成17项，任务完成率100%，新增重点任务2项。专业群按照资源库建设相关标准，年更新2个国家级专业教学资源库资源量超过15%，使用率提高5%以上。水利工程专业教学资源库于2022年被认定为省级专业教学资源库，已申报国家级资源库。认定国家级精品在线开放课程2门、省级5门。与中水十五局等5家企业、山西水利职业技术学院等5所学校联合建成"双语移动学习平台"课程7门。整理国内外水利工程领域建设标准，形成工程建设标准库，课程教学资源建设成效显著。新增国家级、省级主要标志性成果21项。

(3) 教材与教法改革

本任务预设三级任务点21个，合并后三级任务13项，完成13项，任务完成率100%，新增重点任务2项。实施教材与教法改革项目建设，构建了"系统设计、分级管理、统筹推进、制度保障"长效机制，校企共建特色教材16本，获批职业教育"十三五""十四五"国家规划教材11本，获陕西省优秀教材二等奖1项，开发海外课程标准6项、双语教材7本。师生积极参加教学竞赛，获首届水利职业院校课程思政教学创新大赛一等奖1项、国家级行业协会教学能力大赛二等奖2项、陕西省教学能力大赛三等奖2项，教材与教法改革效果良好。新增国家级、省级主要标志性成果4项。

(4) 教师教学创新团队

本任务预设三级任务点42个，合并后三级任务20项，完成20项，任务完成率100%。专业群打造教学改革与专业建设、技术技能创新及技术研发3支团队，构建了"引培结合、优势互补"工作机制,获评全国水利职业教育教师教学创新团队 4 个、省级课程思政教学团队 5 个、省级技能大师工作室 1 个。聘请"千人计划"蔡焕杰等 8 名客座教授指导教师开展科研攻关,SCI、EI 等高水平论文影响因子突破 7.0,形成"大师引领、结构合理、双带头人"可持续发展的教师教学创新团队。新增国家级、省级主要标志性成果 8 项。

(5) 实践教学基地

本任务预设三级任务点 28 个,合并后三级任务 22 项,完成 22 项,任务完成率 100%。通过实施原有实训条件升级改造和水利 BIM 等实训中心新建项目,构建了"校政行企"合作共建共享机制,建成省级高技能人才培养基地。升级改造 6 个校内外实训中心,与东庄水利公司等共建 7 个校外产教融合实训基地,形成"物理型+数字型+智慧型"的实训基地建设模式。依托各类基地,获全国职业院校技能大赛一等奖 1 项、二等奖 1 项,"互联网+"大赛国赛银奖 2 项、省赛金奖 6 项。新增国家级、省级主要标志性成果 55 项。

(6) 技术技能平台

本任务预设三级任务点 37 个,合并后三级任务 17 项,完成 17 项,任务完成率 100%。专业群通过"引企入校""引资入校"等多种模式共同开展水利工程资源创建和技术研发,实现人才培养和企业增值增效协同发展,形成以旱区农业节水灌溉共享研究院、水利云应用技术研究院、渭河(杨凌)水质检测中心、技术技能创新创业中心为结构的"两院两中心"协同创新体系。获批省级以上教科研项目 5 项、具有自主知识产权的技术专利 10 项,"互联网+"大赛学生参与度超 33%,社会影响力及服务能力显著提升。新增国家级、省级主要标志性成果 41 项。

(7) 社会服务

本任务预设三级任务点 26 个,合并后三级任务 8 项,完成 8 项,任务完成率 100%。服务"走出去"企业,构建了中小型水利企业技术服务和培训体系,累计培训超过 10 000 人·日,解决企业难题 20 余项,社会服务产值超 1 200 万元。持续对口支援新疆水利职业技术学院、玉树职业技术学院等兄弟院校,推广少数民族水利人才订单培养模式,总结凝练的青海玉树藏族自治州"订单式"水利人才培养模式,入选联合国"全球减贫案例有奖征集活动"最佳减贫案例,并获陕西省职业教育教学成果二等奖。新增国家级、省级主要标志性成果 6 项。

(8) 国际交流合作

本任务预设三级任务点 27 个,合并后三级任务 8 项,完成 8 项,任务完成率 100%。积极与"走出去"企业合作,与几内亚科纳克里大学合作,签约建成杨凌职业技术学院—科纳克里大学水利工程学院,探索形成一套具有中国技术标准与学校课程标准的教育资源。积极与中国电建集团三局、十五局合作开办"国际订单班",获得良好效果。依托上合组织国家实用技术培训基地,举办多期发展中国家水利类技术培训。新增主要标志性成果 3 项。

(9) 可持续发展保障机制

本任务预设三级任务点 12 个,合并后三级任务 6 项,完成 6 项,任务完成率 100%。实施可持续发展保障机制建设,构建了水利工程专业群"校政行企"四方合作发展理事会工作制度体系,组建了"中水学院",成立了"海外水利学院"。创新了"理事会+中水学院+海外水利学院"运行机制,优化了"中水学院"平台功能和管理制度,发挥了杨凌现代农业高新技术产业示范区区位优势和"四方"合力,与世界"500 强"水电企业探索形成了"1+X"职业技能等级证书考核机制。创新了专业群"专业特长模块"动态调整机制,人才培养质量稳步提升。

四、项目建设采取的措施

（一）项目推进机制建设与运行

1. 强化组织管理

学校成立由书记和校长任组长的"双高计划"建设项目工作领导小组，全面负责"双高计划"项目决策、计划制订、实施组织、条件保障和督查考核；下设"双高计划"建设办公室，主管校领导任办公室主任，具体负责"双高计划"项目建设日常组织与管理工作。根据建设方案和任务书，学校层面设立10个一级任务建设工作组，负责建设任务的具体实施；两个高水平专业群分别成立由副校长为负责人的建设团队，统筹推进专业群建设工作。

2. 深化制度建设

为了强化"双高计划"建设绩效管理，学校先后制定杨凌职业技术学院《"双高计划"项目建设管理办法（试行）》《双高校建设专项资金管理办法（暂行）》《"双高计划"建设项目绩效评价管理办法（试行）》等制度。同时，为了规范和推动"双高计划"任务具体实施，制定教育教学管理、师资队伍建设、产教融合、校企合作、技术创新、社会服务、国际合作等方面的管理办法、实施细则共计78项。

3. 建立推进机制

根据学校项目绩效管理系列制度，建立项目实施推进工作机制。按照学校建设方案和任务书，下达年度建设任务，明确主要责任人和责任部门，编制年度任务建设方案，经批准后实施，形成项目（任务）年度管理机制。强化项目监督检查，每半年对任务实施情况开展一次督促检查，年底对任务完成情况进行考核验收，双高办对任务实施情况开展常态化检查，对发现的问题及时总结梳理并反馈整改，形成项目（任务）中期检查和年终考核机制。定期邀请国内专家来校，组织教师外出交流、课题研究，在《杨凌职业技术学院学报》开设"双高计划"建设专栏，建设"双高计划"专题网站，通过上述系列举措，形成交流研讨机制。

（二）项目资金管理与使用

1. 落实多元投入

学校以服务求发展，积极筹集各方资源，拓宽资金筹措渠道，强化资金投入力度，建立了"国奖补、省配套、行企捐、学校筹"的多元资金投入机制。

2. 健全内控体系

学校严格遵守教育部、财政部《现代职业教育质量提升计划资金管理办法》的规定。同时结合学校实际，制定了《双高校建设专项资金管理办法（暂行）》，健全了涵盖决策机制、工作规则、岗位职责等层面和预算收支、资产采购等九大经济业务层面服务"双高计划"建设的内控制度体系，保证项目资金管理使用有章可循。

3. 严格预算管理

学校按照批复预算，将项目预算全额纳入学校年度财务综合预算管理，学校层面和2个高水平专业群层面实行专账管理，严格预算支出；杜绝从建设资金中提取管理经费，挤占、截留、挪用、虚列、套取项目预算收入，无预算支出，擅自扩大支出范围等行为。

4. 规范资金使用

学校严格执行项目支出审批程序，符合政府采购要求的支出全部纳入政府采购，形成的固定资产或无形资产按规定纳入学校资产统一管理；严格执行经济合同管理办法，确保所有项目资金全部用于项目建设。项目建设资金管理使用自觉接受学校相关职能部门以及上级主管、财政和审计等单位的监督检查，做到项目资金使用合法、规范。

五、特色经验与做法

（一）"正禾"育人，构建耕读教育思政大课堂

1. 挖掘"后稷文化"内涵，树立耕读教育育人理念，搭建"正禾"育人架构

围绕"培养更多知农爱农新型人才"目标要求，依托杨凌农科教资源和产学研优势，将耕读教育纳入人才培养方案，融入专业教育和课程教学，凝练出了"胸怀天下、扎根大地、力耕勤读、矢志兴农、立己达人"的文化内涵，将其作为全体师生价值引领与成才目标。2021年学校研究制定《"正禾"育人工程实施方案》，形成了课程体系夯基、载体平台促学、文化活动赋能、社会实践深化、校园环境浸润的"后稷文化"育人架构。

2. 提炼思政教学要点，设计育人项目和对接活动，探索融入式实践育人路径

立足思政课的价值观塑造功能，从大学生必修思政课中系统梳理出25个教学要点，根据教学要点理出思政点、放大育人点，有针对性地设置10个育人项目，设计60项主题鲜明、操作性强的活动。其中，必选活动14项，由学院各部门牵头组织进行；认领活动46项，由各二级学院党总支结合专业特色主动认领开展。在每年开展各项活动的基础上，各部门、二级学院党总支对活动内容和形式不断创新，建立"正禾"育人动态管理库，实行活动准入、退出机制。

3. 强化课堂内外联动，搭建"课堂、活动、双创、服务"共育平台，构建"四维协同"育人格局

实行思政课教师与二级学院结对制度，由思政课教师联合各二级学院党总支，带领师生党员共同策划各项必选和认领活动，带动专业教师深挖各类课程思政元素，融汇于专业课教学，推动以思政课为核心、以专业课为主干的育人课程链建设；每年设立200万元大学生创新创业基金、引导学生进入各级各类创新创业孵化园，接受创新创业教育，鼓励学生开展科学研究、技术改造、创造发明；每学期有计划安排学生走进田间地头、生产一线调研学习，参与乡村振兴社会实践和志愿服务活动。

4. 聚焦见行见效，打造品牌活动，发挥引领示范作用

学校推出"中华经典晨读""二十四节气暨农耕文化"等23项特色鲜明、影响力大、带动性强的活动，促进了其他各项活动全面铺开、有序推进，形成"力耕勤读、尚德强能"的耕读教育新品牌，形成国家级典型案例4个，多次获得省级以上媒体宣传报道，多家院校来校交流学习，有效发挥引领示范作用。

（二）育训衔接，首创乡村人才培养新模式

学校结合现代农业技术技能人才需求，探索新型职业农民（村干部）学历教育和培训途径，创新形成了以新生代（在校生）职业农民培养为主体，以职业农民（村干部）学历提升培养和综合实用技术培训为两翼的"一体两翼"新型职业农民培养与培训体系。

1. 夯实"一体"，创新"双主体、五融合、模块化"人才培养模式，为现代农业发展培养后备军

依托杨凌农业高新技术产业示范区区位优势，与区内龙头企业联合搭建校企合作人才培养平台。以在校涉农专业学生为主体，创新实施"双主体、五融合、模块化"人才培养模

式，形成了校企紧密互嵌的"现代农业人才培养共同体"。即以"学校+企业"为育人主体，"专家与教师"融合，组建"理实融通+专兼结合"教学科创团队；"生产与教学"融合，教学团队按照农业园区的生产任务、生产过程和生产岗位要求，梳理、打磨、转化为教学任务、教学内容和教学标准；"岗位与课程"融合，提炼企业岗位技能要求，转化为课程知识和实践，实现课程与岗位的融合，从而使教学内容能够直接服务于智慧农业生产一线；"学生与员工"融合，农业园区为学生提供基本的生活和学习条件，在园区学习期间，校企双方均派教师担任班主任，管理学生的日常活动；"工作与实训"融合，学生在企业岗位上以学徒工身份完成一定的工作，通过真实工作岗位完成专业实训任务，动手实践能力得到最大幅度提升，毕业时经考核合格颁发"智慧农业卓越人才"证书。

2. 创新"一翼"，面向职业农民（村干部）开展学历教育提升培养，造就"一懂两爱"人才队伍

围绕陕西省乡村振兴人才需求，立足培养造就一批"回得去、留得住、用得上"的农村基层组织接班人、脱贫致富带头人，破解"谁来种地，谁来兴村"难题。学校率先开设职业农民（村干部）全日制学历教育班，创新实施职业农民（村干部）学历教育"334"培养模式，即：深化校政合作，建立共同招生、共订方案、共同管理"三共同"机制；灵活组织教学，形成农时季节与教学环节相结合、线上教学与线下教学相结合、校内课堂与田间地头结合的"三结合"模式；实施精准培养，构建专业设置对接农业主导产业、课程设置对接职业岗位、教材编写对接专项技术、考核评价对接能力培养的"四对接"体系。

3. 丰盈"一翼"，创新农业技术党建引领"三进五化"培训模式，培养现代农业生产一线技术技能人才生力军

先后在陕西关中、陕南、陕北建立了11个县（区）职业农民培育学院，搭建系统化育训平台，以农业技术人员、新型农业经营者、致富带头人、退伍复转军人、新型职业农民为主体，针对性开展特色产业、经营管理等培训，探索形成了"党建引领'三进五化'育训赋能乡村振兴"模式，即：以"党建+"为引领，通过"校政融通、校企联通、校校贯通"三通机制促进继续教育三全育人，以"培训+"为抓手，持续推进培训"进乡村、进行业、进国际"，落实培训"与产城产教结合、与行业企业结合、与乡村振兴结合"，通过"三进三结合"，推动培训"精准化、全息化、国际化、公益化、持证化"的五化培训体系，造就了一批有文化、懂技术、会经营的新型职业农民，使他们成为带领当地农民致富奔小康的"领头羊"、生力军。

4. 建立育训衔接机制，促进职业培训等学习成果融通、互认

学校设立学分银行，对参加学历教育的职业农民、村干部、退役军人等人员职业培训学分、取得的职业技能等级证书及其他学习成果进行认定，转换成相应课程学分，予以免修相应课程，促进职业培训等学习成果融通、互认，实现育训衔接。

(三) 标准引领，人才培养实现新变革

1. 引融内化规范标准

积极参与国家职业教育标准体系建设，主持、参与农林牧渔和水利2个大类专业目录、64项专业标准（简介）制定。引融内化，在农业生物技术和水利工程2个国家高水平专业群中，率先开展包括专业教学标准、课程标准、实习标准3个类别的专业标准体系建设，引领学校其他专业群建设"标准相通、模块相融"的专业标准体系，全校67个专业标准体系全面形成。

2. 推进人才培养模式改革

强化产教融合，按照专业群对接产业链、专业对接主要岗位群、核心课程对接关键岗位工作能力要求，实现毕业证与专业技能等级证书、课程教学与企业生产、职业技能等级证书培训融通，推进各专业群人才培养模式改革，形成了岗课赛证"四对接、五融通""对接三江源生态产业、水利生态复合型人才培养"等 11 个具有杨职特色的人才培养模式，提升了人才培养质量，增强了职业教育适应性。

3. 聚焦课堂革命打造金课

强化课程建设顶层设计，2021 年出台《杨职金课建设三年行动计划》，提出打造 100 门左右师生公认、名副其实的"杨职金课"总体目标。建立国省校三级精品课程建设体系，实现全校 1 538 门课程线上线下混合教学，主持国省资源库标准课程 163 门，入选国家级课程思政示范课 2 门、省级 13 门，建成国家级精品在线开放课程 7 门、省级 46 门、校级 100 门。深化课程内容改革，全面开展课程标准修（制）订工作，依托"1+X"试点制度，创新岗课赛证融通模式；重视课程应用推广，建立线上课程应用及学习激励机制，强化课程平台应用数据监控和校外推广应用力度，提升课程影响力。

4. 深化课程评价改革

2021 年出台《杨凌职业技术学院课程考试改革实施办法（试行）》，改革传统课程考核评价方式，让学生走进实验室、工作室、实训基地、创新中心，把"枯燥"的笔试考试，转变为"生动"的半开卷、开卷、实践操作、课题答辩、论文写作、专业作品制作、情景模拟、证书考核等形式，建立关注学生全面成长，能够体现职业教育特色的系统、多元、多样的课程考核体系，累计评选出课程考试改革典型案例 182 个。

（四）科技赋能，旱区小麦品种选育取得新突破

1. 构筑研发平台，夯实小麦育种基础

搭建院士工作室、"博士+高职生"工作室、"专家教授+科研成果+推广基地"工作室和赵瑜旱区作物（小麦）育种工程中心为结构的"三室一中心"小麦种业研发平台，形成了 30 余名专家、教师为主体的 2 个小麦育种研发团队，有力保障和支持了旱区小麦育种健康发展。

2. 开展技术攻关，选育优良小麦品种

赵瑜团队利用"武农 6 号"矮秆抗倒、早熟、多抗、广适的特性，利用"武农 318"优质强筋的特性，从中选出了"武农 988""武农 981" 2 个小麦新品系，在大穗大粒超高产育种上实现了重大突破，农业农村部按照"大穗大粒优质高产"特殊类型小麦系列品种在黄淮河 7 个省进行了区域生产试验，其中，"武农 981""武农 988"平均亩产 1 200 斤以上，最高亩产 1 500 斤以上，2020 年通过国家审定。此类试验是继袁隆平"抗盐碱特殊类型水稻品种试验"后全国第二例农作物品种。2 个小麦新品种均可有效抗感纹枯病、中感赤霉病、条锈病、叶锈病和高感白粉病等。王稳江教授团队在杨职系列彩色小麦育种上潜心钻研，育成了杨职 7 号、杨职 11 号等 4 个品种。2023 年学院 3 个小麦品种伴随神舟十五号飞船进入空间站，开启了学院太空小麦育种新试验。

3. 建立产学研基地，开展小麦繁育示范

建有占地 110 亩 2 个小麦育种试验示范站，1 200 平方米实验室、种子库房、挂藏室、考种室、加代室等，各种大中型农机具 20 余台（件）农机一应俱全。并与全国种业三强——江苏大华种业集团共同申报农业农村部大穗、大粒优质小麦区域试验，与香港华隆集团合作建立

赵瑜牌优质高筋面粉生产企业,形成科研生产联合体的示范转化模式,受到农业农村部高度评价。2022年,学校与河南开封莲瑜种业有限公司签订"武农981""武农988"一年100万元的繁育实施许可协议,标志着学校小麦育种科技成果转化工作取得新突破。

4. 深化科教融汇,加大良种推广力度

通过技术服务型、专家大院型、科技包村型、基地示范型、企业带动型5种"产学研"示范推广模式,实现了小麦新品种在全国多个试验示范基地试验与示范,加速了科技成果转化和推广应用。目前,"武农981""武农988"已在黄淮麦区建立了多个良种繁殖基地,示范种植面积不断扩大,累计推广面积达9 000多万亩,实现农民增收65亿元,实现小麦品种既高产又优质突破性科技创新。近年来,学校在甘肃兰州地区成功将春小麦改种成冬小麦,累计推广10余万亩,实现当地小麦耕作制度的重大变革,在新疆石河子等地进行区试收效良好,为干旱半干旱地区小麦高产提供了优良品种,为国家粮食安全作出了突出贡献。

(五)抓特强链,"四果—菌—蜂—麝"成为陕西乡村大产业

1. 搭科技平台,夯实科技创新基础

建立草莓、山茱萸、无花果、火龙果、羊肚菌、林麝产业5个产业研发中心和蜂产业研究院,出台促进技术创新系列制度,夯实科技创新基础。其中,北方草莓产业研发中心被陕西省科技厅认定为省级工程研究中心,林麝产业研发中心被陕西省林科院认定为工程技术研究中心。

2. 组科技团队,聚集科技创新合力

依托研究中心,组建了草莓、山茱萸、无花果、火龙果、羊肚菌、林麝、中蜂等7个由校内外、老中青成员组成的科技创新团队,聚集科技创新合力。培育省审无花果新品种2个,引进羊肚菌新品种12个,研发形成设施草莓"新机立智"高效栽培管理技术体系、有机无花果生产集成技术体系、新型双拱双模大棚火龙果栽培技术等新技术9项。

3. 建示范基地,强化成果转化推广

先后在陕西及甘肃等地建立草莓、山茱萸、无花果、羊肚菌种植示范基地以及林麝、中蜂养殖示范基地20余个,其中,学校在彬州、凤县建立的2个示范基地被陕西省科技厅认定为省级县域科技创新示范站。研究形成的设施草莓"新机立智"高效栽培管理技术体系,提升单位面积收益2.5倍;培育的"丝路黄金"等无花果新品种及生产集成技术体系在生产中广泛推广应用,建成示范园1 000亩,辐射推广5 000亩,实现经济效益增收5 000万元;研制的新型双拱双膜大棚火龙果栽培技术,实现南果北种,在省内外推广种植3万亩;引进的12个羊肚菌新品种累计推广面积200余亩,新品种新技术成果转化应用规模10万棒以上,为企业和菇农创产值400余万元;在凤县建立的林麝养殖基地,所产麝香占全国市场总量70%,带动就业3 000余户、10 000余人,人均年增收4 500元;陕西蜂产业体系首席科学家黎九洲团队,在全省中蜂人工养殖技术推广中发挥核心作用,使中蜂养殖成为全省脱贫攻坚的主打特色产业。经过持续不断努力,成功助推"四果—菌—蜂—麝"成为陕西乡村大产业。

六、问题与改进措施

(一)存在问题

一是学校及2个高水平专业群取得的系列成果,如"新品种、新技术、新规范"等在校外的广泛推广应用还需加强,在人才培养中的引入度仍需深化。

二是围绕"智慧农业""生态农业"等产业,高水平科技创新平台的建设力度还需进一步加大,科技创新能力还需进一步提升。

(二)改进措施

一是进一步加大产教融合的力度和深度,将学校"双高计划"建设中科技创新研制的新品种、新技术及制定的新规范,广泛推广应用,完善"基地+产业+农户"一体化社会服务体系,进一步提升乡村振兴的贡献度。

二是加强人才培养过程中形成成果的完善及实践检验,加大成果在校内外的推广应用,发挥辐射带动作用。持续深化科教融汇,将科技创新成果融入人才培养方案及课程教学内容中,以研促教,在高端技术技能人才培养和新型职业农民培训上实现新突破。

三是加大经费投入,提升现有两个省级科技创新平台建设水平,带动孵化一批新的科技创新平台。充分发挥好现有 2 个院士工作室科技创新团队作用,申报高水平科技创新课题、项目,提升科技创新能力。引培并举,专兼结合,以博士团队为主体,强化政策激励,加大高水平领军人才队伍建设。

四是围绕推进现代职业教育体系建设改革 11 项重点任务,扬长补短、守正创新、统筹谋划,加大推进工作力度,为职业教育高质量发展,贡献杨职方案。

七、其他需要特别说明的有关事宜

无。

陕西铁路工程职业技术学院"双高计划"总结报告

综　述

学校秉承"根植铁路、立足西北、服务全国、走向世界"的历史使命，主动服务交通强国战略和高铁"走出去"，紧扣"双高计划"建设要求，锚定"支撑高铁建设、铸就开路先锋"高水平高职学校建设目标，按照"建平台、树标杆、筑高峰"三步走思路，对接高铁高端产业和城轨产业高端，以立德树人为根本，以专业群建设为核心，深入推进产教融合、科教融汇，改革体制机制，创新建设模式，树立了党建领航、人才培养、双师队伍、技术服务、校企合作、院校治理、数字校园、国际合作八大标杆，在"双高计划"赛道上，跑出了现代职业教育高质量发展的"加速度"。

经5年建设，学校442项绩效指标和110项建设任务全部高质量完成，核心竞争力、服务贡献力和国际影响力显著提升。获评陕西省高水平高职学校（A档）建设单位；入选全国铁道行指委第一副主任委员单位；教学成果奖、优秀教材奖、教学能力比赛等11类国家级标志性成果获奖总量居全国铁路类高职院校第一；荣登《2023年中国职业教育质量年度报告》人才培养、服务贡献和产教融合全部三大卓越榜单；校友会2024中国高职院校排名全国第11。改革经验被340余所院校借鉴应用，《光明日报》等主流媒体宣传报道累计560余次。

一个加强，赋能党建引领学校高质量发展火车头。学校党建与事业发展深度融合，党建"火车头"全面引领"双高计划"建设。政治领航、党建创新、素养筑基、文化塑魂，创新形成"134N"党建工作模式，为推动学校高质量发展提供了坚强保证，树立了"一融双高"建设范式，为全国20余所高校定制专题培训，《中国教育报》等主流媒体报道学校党建工作经验30余次。

四个打造，聚力中国铁路特色高水平学校动车组。打造了铁路特色高素质技术技能人才培养高地，坚持铁色铸魂，培养了大批具有央企特质的交通强国开路先锋，树立了"修高铁、建地铁、找陕铁"的良好口碑；打造了产教融合协同创新技术技能服务高地，入选西部地区50所产教融合卓越高职院校、中国高职产教融合竞争力榜单50强；打造了5类三级高水平专业群，全部入选省级高水平专业群，在"金平果"全国高职专业群竞争力排行中，高铁、城轨2个专业群入选"5★"最高水平，5个专业竞争力全国第一；打造了高水平"双师型"教师队伍，建设经验入选教育部"双师型"教师队伍建设典型案例，立项国家级教师教学创新团队2个，入选全国高职教师发展指数100所优秀院校。

五项提升，注入迈向世界水平高职学校新动能。校企合作持续高质量走深走实，与中国中铁、中国铁建和国铁集团等头部央企共同体关系愈发紧密，80%以上的毕业生就职于世界500强企业，位居全国高职院校首位；服务发展水平树立了品牌，为川藏铁路等重点工程开展技术服务242项，合同额8 080万元，产生经济效益6.4亿元；连续4年获陕西省"双百工程"先进单位，入选西部地区50所服务贡献卓越高职院校；学校治理贡献了陕铁方案，在教育部职业院校校长治理能力提升研讨班等会议上发言12次，诊改经验入选全国职业院校教学诊改典型案例，120余所院校借鉴；建成了数字校园标杆校，入选教育部第一批数字校园试点校、陕西省首批智慧校园示范校，连续5年获评省教育信息化先进集体；国际影响力示范作用彰显，在肯尼亚、卢旺达、孟加拉国等"一带一路"共建国家开展境外办学，获批全国首批"鲁班工坊"运营项目，累计培养本土铁路技术技能人才1 000余名，开展海外培训2.489万人·日，开发的标准和资源在10个国家推广。

一、总体情况

（一）项目绩效目标达成和建设任务完成总体情况概述

学校聚焦关键改革领域，高标准推进"双高计划"建设，442项绩效指标全部达成，110项建设任务701个任务点超额完成（如表1和表2所示）。学校层面、高速铁道工程技术专业群（简称"高铁专业群"）和城市轨道交通工程技术专业群（简称"城轨专业群"）5年绩效目标达成度和任务完成率均超过100%。

1. 党建工作创新发展"示范者"

党建引领聚发展合力，内部治理持续优化、二级学院充满活力、政治生态风清气正、铁路文化特色鲜明，获评陕西省先进集体和陕西高校先进党委、全国工人先锋号、国家党建样板支部、思政课综合改革等全省示范。

2. 铁路特色人才培养"引领者"

立德树人业绩突出，彰显了"学生上陕铁、家长认陕铁、企业选陕铁"的办学效应。近5年培养的2.5万余名毕业生扎根铁路一线，薪酬等7项指标高于全国平均水平，500强企业就业人数全国高职院校第一，呈现出"一年站稳岗位、二年技术骨干、三年独当一面"的职业成长态势。

3. 职业教育三教改革"先行者"

"三教"改革活力足，内涵建设成果多，获教学成果奖、示范性职教集团、教学创新团队、优秀教材奖、专业资源库、教学能力比赛、虚拟仿真实训基地、技能大师工作室等国家级成果93项，领先全国同类高职院校。

4. 产教融合科教融汇"探路者"

服务"交通强国"战略，联合29家企业开展银西高铁隧道注浆新材料等国家重点工程科技攻关项目11项，立项课题177项，技术服务合同额8 080万元。学校90%以上的技术服务成果和专利转化为教学资源，融入课程内容。

5. 国家教学标准体系"参与者"

全国教学诊改试点首批通过复核，教育部现代学徒制试点通过验收，"1+X"证书实现专业全覆盖。作为全国铁道行指委副主任委员单位、铁工专委会主任委员单位，主持和参与国家专业教学标准、"1+X"证书标准等31项。

6. 铁路职教标准国际"传播者"

牵头成立高铁建设应用技术人才培养国际联盟，立项教育部"中文+职业技能"项目2个，在肯尼亚、卢旺达、孟加拉国建设"鲁班工坊"，培养本土化人才。开发和输出职业教育国际化专业教学标准7项、资源包23个。

7. 数字校园标杆建设"实践者"

创新构建"123+N"智慧校园混合云架构体系，形成了"大数据、微服务、慧治理"特色鲜明的数字校园环境，入选陕西省智慧校园示范校、教育部职业院校数字校园建设试点校，连续4年获评陕西省教育信息化先进集体。

8. 质量立校治理方案"贡献者"

构建了"一训三风一精神"文化谱系和"五纵五横一平台"内部质量保证体系，人才培养质量和治理水平显著提升，诊改经验入选全国典型案例，主编《现代高等职业院校内部质量保证体系——实操案例解析》被120余所院校借鉴。

表1 国家级标志性成果一览表

类别	序号	名称	增量	组织部门
党建	1	全国党建工作样板支部	2个	教育部
	2	全国高校思想政治理论课教学展示活动	1项	教育部
人才培养	3	国家级教学成果奖	4项	教育部
	4	职业教育国家规划教材	18本	教育部办公厅
	5	全国教材建设奖	3本	国家教材委员会
	6	全国职业院校技能大赛	20项	教育部职业教育与成人教育司
	7	中国国际"互联网+"大学生创新创业大赛	8项	教育部
	8	"挑战杯"全国大学生创新创业大赛	1项	团中央
	9	"挑战杯"全国大学生课外学术作品竞赛	1项	团中央
	10	全国大学生电子设计竞赛	1项	教育部高等教育司、工信部人事教育司
	11	全国仿真创新应用大赛	16项	工信部人才交流中心
	12	全国示范性职业教育集团培育单位	1个	教育部职业教育与成人教育司
	13	全国大学生网络文化节和全国高校网络教育优秀作品推选展示活动	2项	教育部思想政治工作司
	14	全国工商联人才中心产教融合示范实训基地（轨道交通智慧建造实训基地）	1个	全国工商联人才交流服务中心
	15	产教融合专业合作建设试点	2项	工信部人才交流中心
	16	校企协同就业创业创新示范实践基地	1个	工信部中小企业发展促进中心
	17	国家骨干专业	8个	教育部职业教育与成人教育司
	18	国家级生产性实训基地	3个	教育部职业教育与成人教育司
	19	2020年全国大中专学生志愿者暑期"三下乡"优秀团队、大学生"返家乡"社会实践"优秀调研报告"	2项	团中央青年发展部

续表

类别	序号	名称	增量	组织部门
师资队伍	20	全国优秀教师	1人	教育部
	21	全国工人先锋号	1个	中华全国总工会
	22	国家级职业教育教师教学创新团队	2个	教育部
	23	全国职业院校技能大赛教学能力比赛（第一单位）	9项	教育部 （全国C档"双高计划"学校第1）
	24	全国行业职业教育教学指导委员会、教育部职业院校教学（教育）指导委员会	6人	教育部
	25	高等职业院校"双师型"教师队伍建设典型案例	1个	教育部教师工作司
	26	职业教育教师教学创新团队课题	2项	教育部办公厅
	27	国家级职业教育"双师型"教师培训基地	1个	教育部办公厅
	28	国家级技能大师工作室	1个	2020年人社部、财政部，2019年教育部
	29	新时代职业教育学校名师（名匠）	1个	教育部办公厅
	30	"职教国培"示范项目	2项	教育部
	31	"双师型"教师培养培训基地	2个	教育部职业教育与成人教育司
科研与社会服务	32	全国职业教育规划项目	10项	全国职业教育规划领导小组办公室
	33	国家级协同创新中心	2个	教育部职业教育与成人教育司
学校治理	34	全国健康学校建设单位	1个	教育部办公厅
信息化建设	35	全国职业教育信息化标杆校	1个	教育部职业教育与成人教司
	36	国家精品在线开放课程	5门	教育部办公厅
	37	国家职业教育专业教学资源库	2个	教育部职业教育与成人教育司
	38	职业教育示范性虚拟仿真实训基地	1个	教育部职业教育与成人教育司
	39	全国职业院校数字校园建设试点	1个	教育部职业教育与成人教育司
	40	2020年部省共建职业教育虚拟仿真示范实训基地专业课程和教学资源建设	2项	教育部职业教育与成人教育司
	41	百所数智化标杆实训基地	1个	中国职业技术教育学会
国际交流	42	一带一路暨金砖国家技能发展与技术创新大赛获奖	13项	教育部中外人文交流中心
	43	"中文+职业技能"教学资源建设项目	2项	教育部中外语言交流合作中心
	44	全国首批鲁班工坊运营项目：肯尼亚鲁班工坊	1个	中国教育国际交流协会
	45	教育部援外项目：鲁班学堂菲律宾铁路建设专业人才培养	1项	教育部国际合作与交流司
	46	中国—东盟高职院校特色合作项目：中马铁路工程类专业人才联合培养项目	1项	中国教育国际交流协会
	47	未来非洲——中非职业教育合作特色项目：中肯铁路运输类专业鲁班工坊建设	1项	中国教育国际交流协会
	48	德国"TÜV莱茵数字创新赋能计划"专业群	1个	中国教育国际交流协会

表 2　第三方评价统计表

序号	名称	机构
1	2023 年全国职业院校人才培养、服务贡献、产教融合 50 强三大卓越榜单	中国教育科学研究院
2	2024 中国高职院校排名 20 强（全国第 11）	艾瑞深校友会
3	教师发展指数 100 所优秀院校、学生发展指数 100 所优秀院校	中国教育科学研究院
4	毕业生平均月薪达 5 898 元（全国第 8 位、陕西省首位）	中国教育科学研究院
5	教学资源应用全国排名第 2，教学资源贡献度全国排名第 3	智慧职教平台
6	"5★"专业群 2 个，全国排名第 1 专业 5 个，排名第 2 专业 3 个	"金平果"中国科教评价网
7	GDI 高职高专排行榜第 27 位	广州日报数据和数字化研究院
8	学校就业质量获评 "A+"	中国西部高等教育评估中心
9	教师科研能力全国第 45 位、陕西第 1 位	GDI 高职高专科研能力排行榜（2023）

（二）项目预算执行情况概述

学校"双高计划"5 年总预算 50 000.00 万元。经第三方审计，2019—2023 年，到位资金 50 000.00 万元，资金到位率 100.00%，5 年累计支出 49 883.14 万元，预算执行率 99.77%；高铁专业群到位资金 13 000.00 万元，支出 12 974.09 万元，预算执行率 99.80%；城轨专业群到位资金 11 000.00 万元，支出 10 970.12 万元，预算执行率 99.73%。具体如表 3~表 5 所示。

表 3　学校项目经费投入情况

资金来源	5 年总预算/万元	2019—2023 年					5 年总体资金到位率/%
		预算资金/万元	到位资金/万元	资金到位率/%	支出资金/万元	预算执行率/%	
中央财政投入	5 000.00	5 000.00	5 000.00	100.00	5 000.00	100.00	100.00
地方财政投入	5 000.00	5 000.00	5 000.00	100.00	5 000.00	100.00	100.00
行业企业支持	6 000.00	6 000.00	6 000.00	100.00	6 000.00	100.00	100.00
院校自筹资金	34 000.00	34 000.00	34 000.00	100.00	33 883.14	99.66	100.00
合计	50 000.00	50 000.00	50 000.00	100.00	49 883.14	99.77	100.00

表 4　高铁专业群项目经费投入情况

资金来源	5 年总预算/万元	2019—2023 年					5 年总体资金到位率/%
		预算资金/万元	到位资金/万元	资金到位率/%	支出资金/万元	预算执行率/%	
中央财政投入	2 000.00	2 000.00	2 000.00	100.00	2 000.00	100.00	100.00
地方财政投入	1 400.00	1 400.00	1 400.00	100.00	1 400.00	100.00	100.00
行业企业支持	2 000.00	2 000.00	2 000.00	100.00	2 000.00	100.00	100.00
院校自筹资金	7 600.00	7 600.00	7 600.00	100.00	7 574.09	99.66	100.00
合计	13 000.00	13 000.00	13 000.00	100.00	12 974.09	99.80	100.00

表5 城轨专业群项目经费投入情况

资金来源	5年总预算/万元	2019—2023年					5年总体资金到位率/%
		预算资金/万元	到位资金/万元	资金到位率/%	支出资金/万元	预算执行率/%	
中央财政投入	2 000.00	2 000.00	2 000.00	100.00	2 000.00	100.00	100.00
地方财政投入	1 200.00	1 200.00	1 200.00	100.00	1 200.00	100.00	100.00
行业企业支持	2 000.00	2 000.00	2 000.00	100.00	2 000.00	100.00	100.00
院校自筹资金	5 800.00	5 800.00	5 800.00	100.00	5 770.12	99.48	100.00
合计	11 000.00	11 000.00	11 000.00	100.00	10 970.12	99.73	100.00

（三）项目建设自评分和自评结论

学校自评99.52分、"优秀"等级（如表6所示）。

自评结论：经过5年建设，学校高质量完成所有建设任务，高标准达成所有绩效目标，绩效产出成效显著，内涵建设持续领跑同类院校，人才培养质量、社会服务能力和国际影响力显著提升，取得了一批国家级标志性成果，形成了一系列支撑职业教育高质量发展的标准和制度，建成了中国铁路特色高素质技术技能人才培养高地、产教融合协同创新服务高地和"一带一路"国际铁路人才培养培训高地，核心竞争力头雁效应凸显，服务贡献力品牌成效明显，国际影响力示范作用彰显。

表6 自评得分统计表

一级指标	二级指标	自评得分/分			备注
		学校	高铁专业群	城轨专业群	
产出指标（40分）	数量指标（15分）	15	15	15	
	质量指标（15分）	15	15	15	
	水平指标（10分）	10	10	10	
效益指标（20分）	社会效益指标（10分）	10	10	10	
	可持续影响指标（10分）	9.7	9.6	9.5	国家标志性成果的覆盖面有待扩展
满意度指标（10分）	服务对象满意度指标（10分）	10	10	10	
管理与执行指标（30分）	资金到位率指标（8分）	8	8	8	
	资金预算执行率指标（8分）	7.9	7.9	7.9	预算执行率未达到100%
	资金使用合规性指标（10分）	10	10	10	
	项目管理指标（4分）	4	4	4	
小计		99.6	99.5	99.4	
最终自评得分（99.6×50%+99.5×25%+99.4×25%）		99.52			

二、绩效目标达成情况

（一）学校层面绩效目标达成情况

1. 产出指标达成情况

学校层面45项数量指标、52项质量指标全部达成，4项时效指标中除支出预算执行率外，其他 3 项时效指标全部达成，新增质量指标 9 项。

（1）加强党的建设

四大工程赋能，党建硬核引领事业争先。通过深化"政治领航、党建创新、素养筑基、文化塑魂"四大工程，党建"火车头"全面引领"双高计划"建设。领导班子连续 3 年考核优秀，获评先进校级党委，建成国家样板支部 2 个，省级示范高校、标杆院系、样板支部 7 个，获全国校园文化建设"一校一品"院校，陕西省重点马院。受邀在国家教育行政学院为高职校长做课程思政专题报告；为全国 20 余所高校思政教师定制专题培训；《中国教育报》等媒体以《找准找好"三全育人"着力点》等为题报道党建工作经验 30 余次。

（2）打造技术技能人才培养高地

该项 8 项数量指标、8 项质量指标全部达成（如表 7 所示）。

五大行动支撑，人才培养成效益内点赞。实施"铁军传承、模式引领、'三教'改革、技能筑梦、双创赋能"五大行动，学生职业素养培养体系获国家教学成果奖，学生获省级以上技能大赛、双创大赛奖 240 项；超 80% 毕业生就职于中国铁建等世界 500 强企业，涌现出全国铁路好青年刘柯等一批优秀毕业生，连续 2 年入选陕西高校毕业生建功立业先进事迹报告团；获评全国高职学生发展指数 100 所优秀院校、西部地区 50 所人才培养卓越高职院校。

表 7 "打造技术技能人才培养高地"产出指标达成情况统计表

一级指标	二级指标	三级指标	目标值	实现值	达成率
产出指标	数量指标	专业建设四类标准（专业教学标准、课程标准、顶岗实习标准及实习实训基地建设标准）	2 项	2 项	100.00%
		活页式、工作手册式等新型教材	37 本	51 本	100.00%
		省级校外创新创业实践教育基地	2 个	2 个	100.00%
		"1+X"证书试点	13 个	26 个	100.00%
		项目化教学改革课程	200 门	205 门	100.00%
		模块化教学改革课程	50 门	52 门	100.00%
		新时代铁路工匠精神教育平台	1 个	1 个	100.00%
		文化研究中心（红色文化、铁路文化、传统文化）	3 个	3 个	100.00%
	质量指标	主持或参与国家专业教学标准	2 项	25 项	100.00%
		省级以上优秀教材和规划教材	6 本	25 本	100.00%
		省级以上技能大赛获奖	100 项	162 项	100.00%
		省级以上创新创业大赛获奖	40 项	78 项	100.00%
		省级以上校园文化成果奖	2 项	3 项	100.00%
		主持或参与"1+X"证书考核评价标准	1 项	2 项	100.00%
		"1+X"证书取证人数	5 000 人	5 258 人	100.00%
		就业率	96.00%	96.19%	100.00%

（3）打造技术技能创新服务平台

该项 3 项数量指标、5 项质量指标全部达成（如表 8 所示）。

产教融合增效，创新服务平台效应凸显。服务"交通强国"战略，推进产教融合、科教融汇，校企共建省级以上科研平台 8 个，组建由院士领衔，教授、博士、技能大师等组成的团队 36 个，面向国家重点工程开展技术服务，合同额 8 080 万元。立项省级科研项目 34 项，获人社部、工信部等科技竞赛奖 53 项、陕西高校科技成果奖 10 项。科研能力位居 2023 年 GDI 全国高职排行榜第 45，陕西高职第 1、全国铁路高职院校前列。

表 8 "打造技术技能创新服务平台"产出指标达成情况统计表

一级指标	二级指标	三级指标	目标值	实现值	达成率
产出指标	数量指标	协同创新中心（高铁智慧建造、城轨智慧建造、铁路智能运维）	3 个	3 个	100.00%
		产业学院	8 个	8 个	100.00%
		职业教育与产业发展研究院	1 个	1 个	100.00%
	质量指标	协同创新中心	功能齐全、设施先进	达成	100.00%
		协同创新中心共建企业中世界 500 强企业数量	3 家	3 家	100.00%
		承担纵、横向课题（其中省级及以上课题）	130（24）项	177（34）项	100.00%
		专利授权	150 项	176 项	100.00%
		市厅级以上科技类成果	45 项	54 项	100.00%

（4）打造高水平专业群

该项 1 项数量指标、2 项质量指标全部达成，新增质量指标 1 项（如表 9 所示）。

三级体系协同，专业集群发展树立标杆。对接高铁高端产业和城轨产业高端，国家高水平专业群引领、行业领先专业群赋能、校级特色专业群支撑，创建了"集群建设、集成共享、集束发展"专业群建设模式，获国家教学成果奖。高铁、城轨专业群为全国最高水平，5 个专业竞争力全国第 1、11 个排名前 3。《中国教育报》等主流媒体报道专业群建设特色做法 17 次。承办全国铁路高职院校"双高计划"建设研讨会等大型会议并做主旨报告，建设经验被同类院校广泛借鉴。

表 9 "打造高水平专业群"产出指标达成情况统计表

一级指标	二级指标	三级指标	目标值	实现值	达成率
产出指标	数量指标	组建专业群	6 个	7 个	100.00%
	质量指标	中国特色高水平专业	2 个	2 个	100.00%
		行业领先专业群	2 个	2 个	100.00%
		省级高水平专业群	—	7 个	新增

（5）打造高水平双师队伍

该项 3 项数量指标、12 项质量指标全部达成，新增质量指标 2 项（如表 10 所示）。

一个模式提质，双师队伍建设塑造样板。双师队伍培养模式入选教育部"双师型"教师队伍建设典型案例。全国教学能力比赛获奖数量"双高计划"学校第 7，C 档学校第 1，铁路高职院校第 1，陕西第 1。立项国家级教师教学创新团队 2 个，建成国家级技能大师工作室 1 个、院士工作室 2 个。33 人获陕西"三秦工匠"、五一劳动奖章等荣誉，入选全国高职教师发展指数 100 所优秀院校。《中国教育报》等主流媒体报道双师队伍建设经验 15 次，被 110 余所院校借鉴。

表 10 "打造高水平双师队伍"产出指标达成情况统计表

一级指标	二级指标	三级指标	目标值	实现值	达成率
产出指标	数量指标	技能大师工作室	6 个	9 个	100.00%
		企业兼职教师	500 人	518 人	100.00%
		骨干教师	100 人	109 人	100.00%
	质量指标	国家水平"双师型"教师培养培训基地	2 个	3 个	100.00%
		国家级教师教学创新团队	1 个	2 个	100.00%
		万人计划名师、全国优秀教师、黄炎培杰出教师	1 人	2 人	100.00%
		全国教师教学能力比赛获奖	5 项	8 项	100.00%
		新增省级、行业教学名师	5 人	7 人	100.00%
		省级以上教学成果奖	10 项	12 项	100.00%
		兼职教师中行业领军人才	15 人	15 人	100.00%
		兼职教师高级职称比例	70.00%	71.80%	100.00%
		"双师型"教师占专业课教师总数比例	80.00%	83.37%	100.00%
		全国职业院校"双师型"教师队伍建设典型案例	1 个	1 个	100.00%
		国家水平教师技艺技能传承创新平台	1 个	1 个	100.00%
		核心期刊论文、出版著作	300 篇(本)	326 篇(本)	100.00%
		国家级技能大师工作室	—	1 个	新增
		全国工人先锋号	—	1 个	新增

（6）提升校企合作水平

该项 7 项数量指标、4 项质量指标全部达成（如表 11 所示）。

三项机制驱动，筑牢产教融合共同体。深化校企"四级对接"、现代学徒制联动和实训基地共建三项机制，推进国家示范性职教集团实体化运作；入选全国首个国家轨道交通装备行业产教融合共同体单位，牵头成立铁路建筑市域产教联合体；共建国家示范性虚拟仿真实训基地、国家生产性实训基地和校企协同就业创业示范基地；联合开发国家规划教材 18 本；培养现代学徒制学生 1 391 人；入选西部地区 50 所产教融合卓越高职院校、中国高职产教融合竞争力榜单 50 强。

表 11 "提升校企合作水平"产出指标达成情况统计表

一级指标	二级指标	三级指标	目标值	实现值	达成率
产出指标	数量指标	现代学徒制培养人数	1 200 人	1 391 人	100.00%
		新建、改扩建产教融合实训基地（室）	28 个	30 个	100.00%
		校外实训基地	120 个	128 个	100.00%
		职教集团信息共享平台	1 个	1 个	100.00%
		稳定合作企业总数	330 家	338 家	100.00%
		合作企业接收实习学生数	19 000 人次	19 871 人次	100.00%
		合作企业接收就业学生数	18 000 人	18 713 人	100.00%
	质量指标	示范性职业教育集团	1 个	1 个	100.00%
		教学科研仪器设备总值	2.2 亿	2.38 亿	100.00%
		企业兼职教师承担专业课时比例	50.00%	55.10%	100.00%
		校企共同开发专业课程数占专业课程总数比例	100.00%	100.00%	100.00%

（7）提升服务发展水平

该项 4 项数量指标、3 项质量指标全部达成，新增质量指标 1 项（如表 12 所示）。

四大品牌彰显，优质资源输出成就示范。树立人才培养、社会培训、技术服务、对口帮扶四大品牌。毕业生扎根铁路一线，近 60% 在西部建功立业。为川藏铁路等重点工程开展技术服务 242 项，社会培训 18.21 万人·日。入选教育部"双师型"教师培训基地、"职教国培"示范项目，举办国培项目 20 项、全国高职骨干教师培训 6 项。对口支援西藏职业技术学院、新疆铁道职业技术学院，连续 4 年获省"双百工程"先进单位，立项教育部学习型社会建设创新项目，入选西部地区 50 所服务贡献卓越高职院校。作为唯一高校代表在全国"雨露计划+"就业促进会上发言。

表 12 "提升服务发展水平"产出指标达成情况统计表

一级指标	二级指标	三级指标	目标值	实现值	达成率
产出指标	数量指标	技术服务项目数	90 项	242 项	100.00%
		社会培训项目数	40 项	42 项	100.00%
		民间技艺大师工作室	3 个	3 个	100.00%
		区域经济发展综合服务平台（含 4 个中心）	1 个	1 个	100.00%
	质量指标	技术服务合同额	6 000 万元	8 080.94 万元	100.00%
		社会培训	15 万人·日	18.21 万人·日	100.00%
		公益性培训	5 万人·日	5.98 万人·日	100.00%
		"职教国培"示范项目	—	2 项	新增

（8）提升学校治理水平

该项 5 项数量指标、2 项质量指标全部达成（如表 13 所示）。

三个优化赋能，院校治理体系科学高效。通过优化制度体系、协同共治体系、内部质量保证体系，学校治理水平明显提升。入选陕西省高水平高职学校 A 档建设单位（前 3），获评陕西省文明校园、全国工人先锋号等省部级以上称号 15 项。学生、教职工、用人单位等五方满意度均超 96%，学生满意度连续 2 年居陕西省高职首位。在教育部职业院校校长治理能力提升研讨班等会议上发言 12 次，《中国教育报》等主流媒体报道办学治校经验 15 次。诊改经验入选全国职业院校教学诊改典型案例，120 余所院校借鉴应用。

表 13 "提升学校治理水平"产出指标达成情况统计表

一级指标	二级指标	三级指标	目标值	实现值	达成率
产出指标	数量指标	入选全国 50 强院校	2 次	2 次	100.00%
		内部控制管理机制	1 套	1 套	100.00%
		绩效考核评价管理机制	1 套	1 套	100.00%
		二级管理运行机制	1 套	1 套	100.00%
		优化内部质量保证体系诊断与改进运行机制	1 套	1 套	100.00%
	质量指标	内控覆盖面	100.00%	100.00%	100.00%
		诊断与改进工作机制覆盖率（学校、专业、课程、教师、学生各层面）	100.00%	100.00%	100.00%

(9) 提升信息化水平

该项 9 项数量指标、10 项质量指标全部达成,新增质量指标 2 项(如表 14 所示)。

五化目标牵引,数字校园建设区域领先。建成了"大数据、微服务、慧治理"的数字校园,实现日常管理数据化、师生办事标准化、资源共享无界化、学生学习泛在化、实习实践可视化。入选教育部第一批数字校园试点校,陕西省首批智慧校园示范校,连续 4 年获评省教育信息化先进集体。主持国家级专业教学资源库、在线精品课程、虚拟仿真示范实训基地等标志性成果 16 项。国家职业教育智慧教育平台上线课程 55 门,教学应用数据位列全国第 2。信息化建设水平全国领先,300 余所院校学习借鉴,《人民日报》《中国教育报》专题报道。

表 14 "提升信息化水平"产出指标达成情况统计表

一级指标	二级指标	三级指标	目标值	实现值	达成率
产出指标	数量指标	财务智能机器人	1 套	1 套	100.00%
		高性能云计算中心	1 个	1 个	100.00%
		大数据分析与质量监控平台	1 个	1 个	100.00%
		教育教学管理信息化系统	13 个	14 个	100.00%
		网络安全监测预警与应急体系	1 套	1 套	100.00%
		一站式网上办事事务数	100 个	105 个	100.00%
		智慧教室	60 间	65 间	100.00%
		在线精品课程	120 门	137 门	100.00%
		仿真教学实训平台	10 个	11 个	100.00%
	质量指标	国家职业教育土木工程检测技术专业教学资源库	1 个	1 个	100.00%
		国家职业教育地下与隧道工程技术专业教学资源库资源年更新率	10.00%	10.50%	100.00%
		省级专业教学资源库	3 个	6 个	100.00%
		省级以上在线精品课程和职业教育在线精品课程	15 门	27 门	100.00%
		陕西省教育网络安全与信息化先进集体	3 次	4 次	100.00%
		财务智能机器人业务覆盖率	80.00%	85.16%	100.00%
		校园 IPV6 互联网络覆盖率(有线+无线)	100.00%	100.00%	100.00%
		互联网出口带宽	24GB	44.5GB	100.00%
		日常业务线上办理覆盖率	70.00%	75.00%	100.00%
		信息化教学改革课程占课程总数比例	95.00%	95.20%	100.00%
		全国职业院校数字校园建设试点学校	—	1 项	新增
		国家级示范性虚拟仿真实训基地培育项目	—	1 项	新增

(10) 提升国际化水平

该项 5 项数量指标、6 项质量指标全部达成,新增质量指标 3 项(如表 15 所示)。

盟院坊圈聚力，国际交流合作逆势突破。创新形成"盟院坊圈"国际化办学格局，获首批鲁班工坊运营项目等国家级项目6项，列为教育部鲁班工坊首期培训单位，国际化水平稳居全国第一梯队。为南非等14个国家培养留学生和研修生175人，中外合作培养1 179人。为雅万高铁等10个国家铁路项目培养本土化人才1 000余人，输出标准7项，16所院校学习借鉴。在中国国际教育年会等发言23次，《光明日报》、肯尼亚国家电视台等报道87次，中国教育国际交流协会会长刘利民给予高度评价。

表15　"提升国际化水平"产出指标达成情况统计表

一级指标	二级指标	三级指标	目标值	实现值	达成率
产出指标	数量指标	海外"鲁班工坊"	2个	3个	100.00%
		高铁建设应用技术人才培养国际联盟	1个	1个	100.00%
		培养中俄合作办学学生	800人	1 179人	100.00%
		培养国际铁路人才	200人	279人	100.00%
		培养留学生、研修生	120人	195人	100.00%
	质量指标	面向"一带一路"共建国家开展技术技能培训	2万人·日	2.489万人·日	100.00%
		开发国际化专业教学标准	5项	7项	100.00%
		开发双语教材、培训包	20个	23个	100.00%
		国内外教师互访、研修、交流等	160人次	221人次	100.00%
		合作办学机构外方承担课程课时比例	30.00%	34.00%	100.00%
		海外"鲁班工方"合作单位	世界500强企业或外方高校	达成	100.00%
		"中文+职业技能"项目	—	2项	新增
		中国—东盟高职院校特色合作项目	—	1项	新增
		未来非洲——中非职业教育合作特色项目	—	1项	新增

（11）时效指标达成情况

学校层面3项时效指标达成，支出预算执行率为99.77%（如表16所示）。

表16　学校层面时效指标达成情况统计表

一级指标	二级指标	三级指标	目标值	实现值	达成率
产出指标	时效指标	任务终期完成度	100.00%	100.00%	100.00%
		收入预算执行率	100.00%	100.00%	100.00%
		支出预算执行率	100.00%	99.77%	99.77%
		年度任务完成度	100.00%	100.00%	100.00%

2. 效益指标达成情况

学校层面3项社会效益指标和5项可持续影响指标全部达成（如表17所示）。

表17 学校层面效益指标达成情况统计表

一级指标	二级指标	三级指标	目标值	实现值	达成率
效益指标	社会效益指标	引领职业教育改革发展和人才培养的贡献度	显著增强	达成	100.00%
		支撑国家战略和区域经济社会发展的贡献度	显著增强	达成	100.00%
		推动形成一批国家层面有效支撑职业教育高质量发展的政策、制度、标准的贡献度	明显提升	达成	100.00%
	可持续影响指标	人才培养质量	明显提升	达成	100.00%
		铁路类职业院校影响力	不断增强	达成	100.00%
		毕业生在世界500强企业就业比例	80.00%	82.00%	100.00%
		毕业生3~5年内迅速成为企业技术骨干比例	70.00%	70.00%	100.00%
		职业院校来校交流学习数量	显著增加	410所	100.00%

（1）改革"多点开花"，引领同类院校发展

一是"集群建设"引领高水平专业群集束发展。坚持铁路特色办学，对接产业链创新专业集群建设模式，进一步强化了专业集束发展、资源集成共享、专业产业同频共振。二是"名师名课名教材"锻造教学改革品牌。培育形成"教学名师+创新团队+大师工作室"系列成果，推进"新形态教材+在线课程+混合式学习"深度融合，一体化建设，培育了一批"金师、金课、金教材"。三是"铁军精技匠心"塑造文化育人示范。创新实施"大师引领、六化联动"职业素养教育模式，形成了"铁军、精技、匠心"为核心的校园文化，获评国家级教学成果二等奖和省级校园文化成果一等奖。

（2）铁路"线上添彩"，支撑交通强国战略

一是先导研究介入，联手攻克关键难题。建立轨道交通未来产业创新研究院，聚焦超长深埋海底隧道等领域开展攻关，研发的二次衬砌充填材料成套技术等多项关键技术转化应用，作出了一系列原创性贡献。二是建设过程融合，携手解决应用堵点。针对复杂地质盾构机事故频发等堵点，聚焦轨道施工的高效修复、渣土处置等问题，研发的新型土压平衡盾构用泡沫剂"中铁壹号"成套技术，在10余个地铁项目转化应用，节约成本近3 000万元。三是信息技术融入，保障项目智慧运维。完成BIM建模软件的升级改造、专项施工管理平台二次开发、BIM+GIS+无人机倾斜摄影模型协同管理平台搭建等技术研究，有效应对了复杂局面下监控、管理和故障处理三大运维挑战，服务产业数字化升级。

（3）职教"面上结果"，贡献标准制度政策

一是制定教学标准助力高质量发展。作为全国铁道行指委第一副主任委员单位、铁工专委会主任委员单位，牵头主持和参与国家教学标准、"1+X"证书标准等31项，为国家标准体系作出贡献。二是承担改革试点支撑制度实施。作为全国教学诊改试点首批通过复核；现代学徒制试点通过验收；教育部首批课程改革试点取得阶段性成果；全程参与BIM职业技能等级证书试点的方案研制、标准制定、师资培训、试题开发。三是参与顶层设计推动政策落地。参与制定陕西省职业教育改革实施方案、陕西省关于深化产教融合的实施意见、陕西省教育事业发展"十四五"规划等多项政策，服务区域职教增值发展。

（4）帮扶"立体推进"，助力陕西乡村振兴

一是扶智行动带动万户农民奔小康。推进汉中洋县、渭南临渭区对口教育帮扶；每年资

助家庭困难学生近 2 000 万元；连续 12 年开展"一对一"结对帮扶。学校农村生源超 80%，毕业后在中国中铁等央企就业，形成了"一人上陕铁、全家奔小康"的良好效应。二是扶技行动助力千名劳动力再就业。依托"乡村公路建设技术服务中心"等省级示范性基地，先后选派 61 名技术专家常年开展技术服务，开发焊工、电工等 12 个扶技项目，5 年累计开展公益性培训 5.98 万人·日，帮助 2 000 余名返乡农民工实现家门口就业。三是扶业行动推动农产品走出国门。联合京东物流共建智慧物流实训中心，成立师生电商直播团队，帮助农村打造 20 个直播团队品牌，发挥专业优势将农产品销往"一带一路"共建国家，为美丽乡村建设助力。

3. 满意度指标达成情况

（1）满意度调查

据第三方机构新锦成开展的《双高建设满意度调查报告》显示，在校生、毕业生等五方满意度均达到 96% 以上，相比建设前平均提高了 3 个百分点（如表 18 所示）。

表 18　学校层面满意度达成情况统计表

一级指标	二级指标	三级指标	目标值	实现值	达成率
满意度指标	服务对象满意度指标	在校生满意度	95.00%	96.60%	100.00%
		毕业生满意度	95.00%	96.30%	100.00%
		教职工满意度	95.00%	99.70%	100.00%
		用人单位满意度	93.00%	98.20%	100.00%
		家长满意度	90.00%	97.70%	100.00%

（2）口碑与评价

在校生口碑：多彩铁院，魅力无限。

在校生普遍认为，学校以人为本，是他们技能成才、人生出彩的舞台。据全国高职高专院校满意度排行榜，学生满意度连续 3 年居陕西首位。

毕业生口碑：三年铁院人，一生铁路情。

毕业生普遍认为，母校培养的良好素养和扎实技能是他们安身立命之本，校训和精神是激励他们建功立业的不竭动力。毕业生工作与专业相关度比全国平均值高 10 个百分点；平均月薪 5 898 元，比"双高计划"院校平均值高 1 057 元。《人民日报》等主流媒体报道毕业生事迹千余次。

教职工口碑：拼搏奉献，幸福铁院。

教职工普遍认为，学校风清气正，教学中心地位突出，干事创业氛围浓厚，教师职业成长空间大，幸福感和获得感强。

用人单位口碑：修高铁、建地铁、找陕铁。

企业普遍认为，学生能吃苦、下得去、用得上、留得住、干得好，是他们的理想选择。据统计，用人单位年均提供就业岗位 2.5 万余个，供需比 4∶1。

家长口碑：做铁路人，读陕铁院。

家长普遍认为，学校招生旺、牌子亮、就业有保障，学生能学到真技术、端上铁饭碗。新生报到率稳居陕西前列，出现了一村十余人同上陕铁院的现象。学校年招生 6 000 余人，其中超 80% 是陕西生源、超 80% 是农村生源，超 80% 在 500 强企业就业，一人就业，全家致富。

(二) 高铁专业群绩效目标达成情况

1. 产出指标达成情况

高铁专业群 34 项数量指标、63 项质量指标，4 项时效指标中除支出预算执行率外，其他 3 个时效指标全部达成。

（1）人才培养模式创新

该项 6 项数量指标、8 项质量指标全部达成（如表 19 所示）。

聚焦职业岗位标准，丰富人才培养模式新内涵。创建了"双主体、三融合、四对接"人才培养模式，构建了模块化课程体系和具有铁路特质的职业素养培养体系，获国家级、省级教学成果奖 3 项，全国同类专业第一。作为铁道行指委铁工专委会主任单位，牵头制定铁道工程类 8 个专业国家教学标准，出版人才培养专著 2 本，编写铁路工匠精神教育读本 2 本，被吉林铁道职院等 32 所院校借鉴应用。学生获技能竞赛国家级奖 9 项，省级奖 41 项。用人单位满意度 99.6%，成为铁路施工企业招聘的首选，学生在中国中铁等央企就业达 85%，73.5% 毕业生 3~5 年成长为技术骨干。

表 19 高铁专业群"人才培养模式创新"产出指标达成情况统计表

一级指标	二级指标	三级指标	目标值	实现值	达成率
产出指标	数量指标	专业群人才培养模式及专业人才培养方案	1个	1个	100.00%
		专业建设四类标准（专业教学标准、课程标准、顶岗实习标准及实训条件基地建设标准）	1个	1个	100.00%
		铁路文化研究中心	1个	1个	100.00%
		新时代铁路工匠精神教育平台	1个	1个	100.00%
		"1+X"证书试点	2个	2个	100.00%
		现代学徒制培养人数	300人	316人	100.00%
	质量指标	专业群系列标准和人才培养模式等专著	2本	2本	100.00%
		毕业生就业率	97.00%	98.62%	100.00%
		主持或参与国家专业教学标准	1项	2项	100.00%
		省级校园文化成果奖数量	1项	1项	100.00%
		省级以上教学成果奖数量	4项	6项	100.00%
		"1+X"证书研究省级重点课题	1项	1项	100.00%
		省级以上技能大赛获奖	20项	30项	100.00%
		省级以上创新创业大赛获奖	10项	20项	100.00%

（2）课程教学资源建设

该项 2 项数量指标、6 项质量指标全部达成（如表 20 所示）。

融入高铁创新技术，搭建教学资源共享新平台。建成专业能力图谱、行业标准、课程中心等六大板块组成的开放型教学资源平台，建成标准化课程 30 门、技能模块 20 个、"中文+技能"双语资源包 10 个，成为高铁施工领域首个泛在学习平台，使用单位 524 个，用户 14.12 万人。主持国家专业教学资源库，获评 4 门国家级在线精品课程。高铁海外工程培训包、全流程仿真训练包、信息化管理技术应用包三类特色资源行业领先，被中铁四局等 6 家头部企业作为职工技能提升的核心载体。

表20 高铁专业群"课程教学资源建设"产出指标达成情况统计表

一级指标	二级指标	三级指标	目标值	实现值	达成率
产出指标	数量指标	高铁专业群教学资源库	1个	1个	100.00%
		在线开放课程	42门	42门	100.00%
	质量指标	国家级专业教学资源库	1个	1个	100.00%
		省级专业教学资源库	1个	1个	100.00%
		资源总数	2.5万条	2.73万条	100.00%
		双语课程	3门	3门	100.00%
		双语技能训练模块	10个	10个	100.00%
		省级以上水平精品在线开放课程和职业教育在线精品课程	7门	9门	100.00%

（3）教材与教法改革

该项3项数量指标、6项质量指标全部达成（如表21所示）。

深化教材教法改革，开发课堂教学改革新载体。融入高铁智慧建造"四新"技术，开发新形态教材23本，获全国优秀教材奖1项，入选国家规划教材7本。融入高铁精神，课程思政全覆盖，获评省级课程思政示范课8门，形成课程思政案例库，入选全国典型案例3个。创新模块化课程体系统领、项目化教学组织、数字化资源赋能、结构化团队保障的"四化"协同课程建设模式，获国家教学成果奖。实施"学、精、强、提、拓"系统化教学改革，学生课堂满意度由82%提升至98.6%。教学改革经验被《中国教育报》等媒体宣传报道36次。

表21 高铁专业群"教材与教法改革"产出指标达成情况统计表

一级指标	二级指标	三级指标	目标值	实现值	达成率
产出指标	数量指标	活页式、工作手册式等新型教材	20本	23本	100.00%
		专业群教学改革课程	60门	61门	100.00%
	质量指标	智慧教室	18间	18间	100.00%
		省级以上优秀教材和规划教材	3本	14本	100.00%
		专业核心课使用新型教材比例	85.00%	88.46%	100.00%
		项目化教学改革课程	32门	38门	100.00%
		模块化教学改革课程	20门	22门	100.00%
		课程思政改革示范课	20门	20门	100.00%
		信息化教学改革课程占课程总数比例	95.00%	95.96%	100.00%

（4）教师教学创新团队

该项7项数量指标、15项质量指标全部达成，新增3项质量指标（如表22所示）。

培育大师名师双师，打造教师创新团队新引擎。推行"1364"团队建设模式，建成王景全院士工作室，获批国家级名匠技艺技能传承创新平台，入选国家级教师教学创新团队，获全国工人先锋号、陕西省黄大年式教师团队等荣誉5项。新增国家级技能大师和国省级教学名师（名匠）4人，全国教师教学能力比赛获奖4项。高级职称和"双师型"教师占比提升至 60.19%和 90.29%。承办国培示范项目 2 项，举办职业院校师资培训和交流 11 次，培训职教师资 5 204 人·日。建设经验被石家庄铁路职院等 16 所院校借鉴。

表 22　高铁专业群"教师教学创新团队"产出指标达成情况统计表

一级指标	二级指标	三级指标	目标值	实现值	达成率
产出指标	数量指标	"双师型"教师培养培训基地	1 个	1 个	100.00%
		"1+X"技能证书教师教学创新团队	2 个	2 个	100.00%
		技能大师工作室	2 个	2 个	100.00%
		培养骨干教师	32 人	32 人	100.00%
		培养双语教师	30 人	32 人	100.00%
		企业兼职教师总数	120 人	133 人	100.00%
		专业群领军人才和名师工作室	5 个	5 个	100.00%
	质量指标	国家水平"双师型"教师培养培训基地	1 个	1 个	100.00%
		万人计划名师、全国优秀教师、黄炎培杰出教师	1 人	1 人	100.00%
		省级和行业教学名师	2 人	2 人	100.00%
		持有职业资格证书的专业课教师总数比例	60.00%	61.17%	100.00%
		"双师型"教师占专业课教师总数比例	90.00%	90.29%	100.00%
		"1+X"建筑信息模型（BIM）职业技能等级证书 专家委员会委员或师资培训讲师	3 人	3 人	100.00%
		引入国家级技能大师工作室	1 个	1 个	100.00%
		聘请行业领军人才	6 人	6 人	100.00%
		全国教师教学能力比赛获奖	3 项	4 项	100.00%
		教师获国家级、省级、行业奖	40 人次	63 人次	100.00%
		高级职称教师比例	60.00%	60.19%	100.00%
		企业能工巧匠、技术骨干占兼职教师比例	100.00%	100.00%	100.00%
		具有双语教学能力的教师比例	20.00%	31.07%	100.00%
		国家水平教师技艺技能传承创新平台	1 个	1 个	100.00%
		核心期刊论文、出版著作	75 篇（本）	97 篇（本）	100.00%
		院士工作室	—	1 个	新增
		国家级职业教育教师教学创新团队	—	1 个	新增
		省级黄大年式教学团队	—	2 个	新增

（5）实践教学基地

该项 4 项数量指标、9 项质量指标全部达成（如表 23 所示）。

优化实践教学体系，树立实训基地建设新标杆。联合中铁四局建成育训研结合的"全真实体+虚拟仿真+智慧管理"开放型产教融合实践教学基地，获评国家级生产性实训基地 2 个，入选全国示范性虚拟仿真实训基地。开发实训项目 351 个，核心技能训练全覆盖，学生技能大赛获省级以上奖 30 项。12 家企业将基地作为员工技能培训鉴定指定场所和技术研发平台，（准）捐赠 1 052.23 万元设备支持基地优化升级。长安大学等 4 所院校利用基地开展本科生生产实习 1 580 学时。建设标准被新疆铁道职业技术学院等 28 所院校借鉴。

表 23　高铁专业群"实践教学基地"产出指标达成情况统计表

一级指标	二级指标	三级指标	目标值	实现值	达成率
产出指标	数量指标	新建、改扩建产教融合实训基地（室）	8 个	8 个	100.00%
		新建高铁智慧建造虚拟仿真中心	1 个	1 个	100.00%
		实训基地智慧管理平台	1 个	1 个	100.00%
		新增校外实训基地和创新创业基地	42 个	42 个	100.00%
	质量指标	高水平高铁产教融合综合实践教学基地	1 个	1 个	100.00%
		生均教学科研仪器设备值	2 万元	2.06 万元	100.00%
		校内实践教学工位数	6 200 个	6 720 个	100.00%
		示范性虚拟仿真实训基地	1 个	1 个	100.00%
		行业领先的实训基地智慧管理平台	1 个	1 个	100.00%
		实训基地利用率	100.00%	100.00%	100.00%
		省级创新创业实践教育基地	1 个	1 个	100.00%
		在中国中铁、中国铁建和各铁路局等大型央企建立的校外实训基地占比	90.00%	95.65%	100.00%
		校外实训基地年均接收学生实习	1 000 人次	1 265 人次	100.00%

（6）技术技能平台

该项 3 项数量指标、6 项质量指标全部达成（如表 24 所示）。

搭建科创融汇平台，助力企业技术攻关新突破。与高铁建造国家重点实验室等 6 家单位合作，建成 2 个国家级技术协同创新中心和 1 个省级工程实验室，培育省级青年科技创新团队，获陕西省高校科技成果奖 8 项。BIM 技术应用、高性能混凝土研发水平行业领先。完成 15 项省级以上课题和 12 项企业攻关课题研究，参与制定行业标准 2 项、企业工法 5 项，取得授权专利 43 项（发明专利 7 项），破解生产难题 33 项。混凝土带模注浆成套技术等 5 项成果转化，应用于银西铁路等 8 个国家重点高铁工程项目。

表 24　高铁专业群"技术技能平台"产出指标达成情况统计表

一级指标	二级指标	三级指标	目标值	实现值	达成率
产出指标	数量指标	中铁高铁产业学院	1 个	1 个	100.00%
		高铁职业教育与产业发展研究中心	1 个	1 个	100.00%
		技术应用研究中心	4 个	4 个	100.00%
	质量指标	企业（准）捐赠研仪器设备值	1 000 万元	1 052.23 万元	100.00%
		省级以上教科研课题	8 项	15 项	100.00%
		市厅级以上科技类成果	20 项	20 项	100.00%
		科技成果转化数量	5 项	5 项	100.00%
		专利授权	40 项	43 项	100.00%
		参与制定工法	5 项	5 项	100.00%

（7）社会服务

该项 4 项数量指标、6 项质量指标全部达成（如表 25 所示）。

创新社会服务模式，凸显优势资源应用新增值。成为中铁四局等高新技术企业技术创新基地、中铁北京工程局等施工企业员工培训基地和陕西中小学高铁科普基地。开展技术服务65项，合同额3 721万元，创造经济效益2.04亿元。开发高铁精密测量等精品培训项目10项，承办行业和企业技能竞赛25项，企业培训7.7万人·日。对口支援新疆铁道职业技术学院等3所院校。面向中小学生开展高铁科普教育5 520人次。

表25 高铁专业群"社会服务"产出指标达成情况统计表

一级指标	二级指标	三级指标	目标值	实现值	达成率
产出指标	数量指标	技术服务项目	50项	65项	100.00%
		社会培训项目	12项	14项	100.00%
		职业院校教师培训项目	5项	5项	100.00%
		承办行业、企业及省级以上技能大赛	24项	25项	100.00%
	质量指标	技术服务合同额	3 000万元	3 721万元	100.00%
		社会培训	5万人·日	5.43万人·日	100.00%
		职业院校教师能力师资培训	4 200人·日	5 204人·日	100.00%
		中小学高铁科普教育和职业启蒙教育	5 000人次	5 520人次	100.00%
		技能大赛办赛满意度	90.00%	95.42%	100.00%
		公益性培训	2万人·日	2.27万人·日	100.00%

（8）国际交流与合作

该项5项数量指标、7项质量指标全部达成（如表26所示）。

服务高铁"走出去"，拓宽国际人才培养新路径。建设肯尼亚和孟加拉2个海外铁路培训中心，入选"未来非洲——中非职业教育合作特色项目"和教育部"中文+职业技能"项目。开发双语教材3本、技能训练包10个，完成5个海外项目1.34万人·日培训，构建"专业标准+培训方案+配套资源"一体化海外推广模式，向肯尼亚等4个国家输出。与俄罗斯萨马拉国立交通大学联合培养国际化高铁人才346人，67名学生奋战海外项目，成为"一带一路"铁路建设生力军。

表26 高铁专业群"国际交流与合作"产出指标达成情况统计表

一级指标	二级指标	三级指标	目标值	实现值	达成率
产出指标	数量指标	成立高铁建设应用技术人才培养国际联盟	1个	1个	100.00%
		海外"鲁班工坊"	1个	1个	100.00%
		开发涉外培训和技术服务项目	3项	5项	100.00%
		中俄合作办学培养学生	240人	346人	100.00%
		培养留学生、研修生	50人	67人	100.00%
	质量指标	引进国（境）外优质教学标准	2项	2项	100.00%
		双语教材、培训包（训练模块）	10个	13个	100.00%
		学生赴国（境）外访学交流	70人次	74人次	100.00%
		在国际交流会议发言	5次	8次	100.00%
		输出专业教学标准	1项	1项	100.00%
		面向"一带一路"共建国家开展技术技能培训	1.2万人·日	1.34万人·日	100.00%
		国内外教师互访、研修、交流等	65人次	67人次	100.00%

（9）可持续发展保障机制

完善校企共建机制，激发专业协同发展新动能。聘请王景全院士担任专业群顾问，顶层谋划发展方向。每年发布《专业群对接产业发展白皮书》，增强适应性。专业群国家级教学成果奖、教学创新团队、示范性虚拟仿真基地、在线精品课程、优秀教材、教学能力比赛等标志性成果全覆盖。第三方机构调查显示：高铁专业群连续3年获评综合竞争力评价5★，群内2个专业连续4年位居专业竞争力排行榜第1。在全国性会议交流建设经验52次。

（10）时效指标达成情况

高铁专业群3项时效指标达成，支出预算执行率为99.80%（如表27所示）。

表27 高铁专业群时效指标达成情况统计表

一级指标	二级指标	三级指标	目标值	实现值	达成率
产出指标	时效指标	任务终期完成度	100.00%	100.00%	100.00%
		收入预算执行率	100.00%	100.00%	100.00%
		支出预算执行率	100.00%	99.80%	99.80%
		年度任务完成度	100.00%	100.00%	100.00%

2. 效益指标达成情况

高铁专业群3项社会效益指标和6项可持续影响指标全部达成（如表28所示）。

表28 高铁专业群效益指标达成情况统计表

一级指标	二级指标	三级指标	目标值	实现值	达成率
效益指标	社会效益指标	引领职业教育改革发展和人才培养的贡献度	显著增强	达成	100.00%
		支撑国家战略和区域经济社会发展的贡献度	显著增强	达成	100.00%
		推动国家形成一批有效支撑职业教育高质量发展的政策、制度、标准的贡献度	显著增强	达成	100.00%
	可持续影响指标	专业群年招生规模	800人	1 171人	100.00%
		毕业生3~5年成为企业技术骨干比例	70.00%	73.50%	100.00%
		行业企业影响力突出	中长期	达成	100.00%
		同类院校影响力突出	中长期	达成	100.00%
		职业院校来校学习交流专业建设成果和经验	20所/年	22所/年	100.00%
		专业随产业动态调整机制	运行良好	达成	100.00%

（1）专业群综合实力全国领先，引领国内高铁建设类专业发展

引领教学团队建设，入选国家教师教学创新团队，立项团队建设主课题，牵头团队共同体建设，面向全国同类院校培养师资5 204人·日，3人受聘铁道行指委副主任委员、铁道专委会主任委员；引领教学资源平台建设，建成开放型高铁专业群教学资源库，为全国同类院校开展混合式教学提供资源支撑，注册用户14.12万人；引领产教融合实训基地建设，高铁智慧建造综合实训基地建设标准和方案被哈尔滨铁道职院等28所院校借鉴。

（2）打造人才培养和技术创新品牌，服务交通强国战略

树立人才培养品牌，近5年为中国中铁、中国铁建和国铁集团等企业输送5 500余名技术技能人才，培训员工5.43万人·日；树立技术创新品牌，建成高铁施工与维护协同创新平台，承担课题研究与技术服务65项，参与制定行业标准和工法7项，创造效益2.04亿元；树立服务高铁"走出去"品牌，面向"一带一路"共建国家进行"教学标准+培训方案+课程资源"精准输出，培训铁路本土人才1.34万人·日。

（3）构建专业群标准体系，推动高铁建设类专业高标准建设

形成了标准体系建设范本，组织研制铁路工程类中、高职和本科专业教学标准8个，专业群人才培养模式、职业素养培养体系等被吉林铁道职业技术学院等32所院校借鉴；形成了人才培养紧跟产业发展范本，成立高铁职业教育与产业发展研究中心，发布《高铁专业群对接产业发展态势研究白皮书》4期，保障人才培养与产业需求同频共进。

3. 满意度指标达成情况

专业群综合实力和人才培养质量不断提升，第三方机构调查和企业调研数据显示，在校生、毕业生等五方满意度持续走高（如表1和图1所示）。

表29 高铁专业群服务对象满意度指标达成情况统计表

一级指标	二级指标	三级指标	目标值	实现值	达成率
满意度指标	服务对象满意度指标	在校生满意度	95.00%	98.40%	100.00%
		毕业生满意度	95.00%	98.60%	100.00%
		教职工满意度	97.00%	99.80%	100.00%
		用人单位满意度	95.00%	99.60%	100.00%
		家长满意度	92.00%	98.30%	100.00%

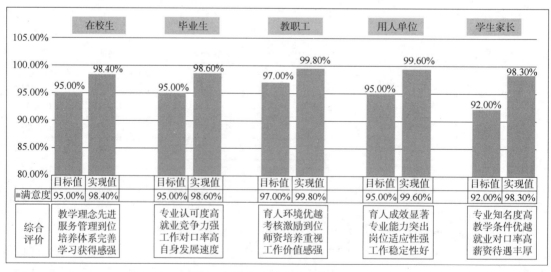

图1 高铁专业群建设满意度分析

（三）城轨专业群绩效目标达成情况

1. 产出指标达成情况

城轨专业群33项数量指标、59项质量指标，4项时效指标中除支出预算执行率外，其

他 3 项时效指标全部达成。

(1) 人才培养模式创新

该项 4 项数量指标、8 项质量指标全部达成（如表 30 所示）。

创新人才培养模式，"六双"育人成效显著。获批国省级样板党支部 2 个。创建"项目载体、信息贯穿、能力递进"人才培养模式，获省级教学成果奖 2 项，省级以上技能竞赛、双创大赛获奖 31 项，毕业生就业率 97.12%，第三方评价专业群获最高等级 5★，2 个专业全国第 1。专业群教学、课程、顶岗实习、实训基地建设四类标准推广至全国 15 所院校。制定"1+X"标准 2 项，14 人入选教育部"1+X"专家委员会，开展"1+X"培训覆盖 400 余所院校。组建现代学徒制班 18 个，培养学生 727 人，经验在全国分享 30 余次，被《中国教育报》专题报道。

表 30　城轨群"人才培养模式创新"产出指标达成情况统计表

一级指标	二级指标	三级指标	目标值	实现值	达成率
产出指标	数量指标	专业建设四类标准（专业教学标准、课程标准、顶岗实习标准及实习实训基地建设标准）	1 项	1 项	100.00%
		"1+X"证书试点	2 个	3 个	100.00%
		现代学徒制培养人数	600 人	727 人	100.00%
		人才培养方案	4 个	4 个	100.00%
	质量指标	职业教育本科层次人才培养方案	1 个	1 个	100.00%
		就业率	97.00%	97.12%	100.00%
		课程思政占比	100.00%	100.00%	100.00%
		主持或参与"1+X"证书考核评价标准	1 项	2 项	100.00%
		"1+X"证书取证人数	800 人	951 人	100.00%
		学徒制合作企业	世界 500 强企业	达成	100.00%
		学徒制班级企业奖学金设置占比	100.00%	100.00%	100.00%
		学徒制毕业生合作企业接收率	98.00%	98.00%	100.00%

(2) 课程教学资源建设

该项 2 项数量指标、7 项质量指标全部达成（如表 31 所示）。

教学资源提质增量，助力教育教学改革。主持国家地隧专业教学资源库，开发颗粒化资源 3.48 万条，注册用户 12.8 万人，覆盖全国 1 723 所院校、企业，辐射 90% 以上同类专业院校，资源贡献度全国第 3，应用全国第 2，在"一带一路"共建 6 个国家推广应用，受到教育部领导表扬。建成国家在线精品课程 1 门、省级 8 门。建设经验在全国性会议上交流 20 余次。牵头编制交通运输部《交通强国建设试点任务》6 个专业百科知识库，发挥了示范引领作用。

表31 城轨群"课程教学资源建设"产出指标达成情况统计表

一级指标	二级指标	三级指标	目标值	实现值	达成率
产出指标	数量指标	在线开放课程	40门	46门	100.00%
		专业群教学资源库	1个	1个	100.00%
	质量指标	专业群双语教学资源库	1个	1个	100.00%
		国家职业教育地下与隧道工程技术专业教学资源库	1个	1个	100.00%
		国家职业教育地下与隧道工程技术专业教学资源库资源年更新率	10.00%	10.80%	100.00%
		专业群教学资源库颗粒化资源	3万条	3.48万条	100.00%
		专业群教学资源库用户	10万人	12.835万人	100.00%
		省级以上精品在线开放课程和职业教育在线精品课程	6门	8门	100.00%
		校企共同开发专业课程数占专业课程总数比例	100.00%	100.00%	100.00%

（3）教材与教法改革

该项4项数量指标、4项质量指标全部达成（如表32所示）。

深化教材教法改革，课堂教学提质增效。融入城轨工程智慧建造"四新"技术，开发新形态教材19本，主编国家规划教材4本，获全国教材建设奖二等奖1项，在58所院校推广。开展项目化和模块化教学改革课程52门，3门课程入选陕西省课程思政示范课及教学团队，立项陕西省课程思政教改课题48项，形成"门门有思政、课课有特色、人人重育人"的良好格局。

表32 城轨群"教材与教法改革"产出指标达成情况统计表

一级指标	二级指标	三级指标	目标值	实现值	达成率
产出指标	数量指标	活页式、工作手册式等新型教材	17本	19本	100.00%
		项目化教学改革课程	40门	42门	100.00%
		模块化教学改革课程	10门	10门	100.00%
		智慧教室	24间	24间	100.00%
	质量指标	省级以上优秀教材和规划教材	2本	7本	100.00%
		专业核心课使用新型教材比例	85.00%	88.88%	100.00%
		线上+线下混合式教学、翻转课堂占比	95.00%	100.00%	100.00%
		专业核心课程智慧课堂覆盖率	100.00%	100.00%	100.00%

（4）教师教学创新团队

该项8项数量指标、13项质量指标全部达成（如表33所示）。

提升教师职教能力，建成国家教学团队。建成院士领衔的国家职业教育教师教学创新团队,获批国家级"双师型"教师培养培训基地、省级技能大师工作室和省级创新工作室。"双师型"教师比例达92.86%,获"全国优秀教师"等国省级荣誉7项,获省级教师教学能力比赛一等奖2项。在中国工程院院士陈湘生、"杰出工程师奖"获得者洪开荣、俄罗斯和亚美尼亚两国外籍院士陈馈等带领下,团队在城轨工程智慧化项目管理等关键技术实现突破。教学团队建设经验在全国28所院校推广。

表33 城轨群"教师教学创新团队"产出指标达成情况统计表

一级指标	二级指标	三级指标	目标值	实现值	达成率
产出指标	数量指标	"双师型"教师培养培训基地	1个	1个	100.00%
		教师教学创新团队	1个	1个	100.00%
		技能大师工作室	2个	2个	100.00%
		专业带头人	10人	10人	100.00%
		骨干教师(培养)	30人	32人	100.00%
		"双师型"教师	90人	91人	100.00%
		企业兼职教师	110人	130人	100.00%
		双语教师	40人	50人	100.00%
	质量指标	国家水平"双师型"教师培养培训基地	1个	1个	100.00%
		国家级教师教学创新团队	1个	1个	100.00%
		万人计划名师、全国优秀教师、黄炎培杰出教师	1人	1人	100.00%
		省级及以上教师教学能力比赛获奖	2人	8人	100.00%
		新增省级、行业教学名师	2人	2人	100.00%
		省级以上教学成果奖	3项	3项	100.00%
		市厅级以上科技类成果	10项	11项	100.00%
		兼职教师中行业领军人才	4人	4人	100.00%
		省级技能大师	1人	1人	100.00%
		"双师型"教师占专业课教师总数比例	90.00%	92.86%	100.00%
		企业兼职教师承担专业课时比例	50.00%	51.00%	100.00%
		具有双语教学能力的专业教师比例	50.00%	51.02%	100.00%
		核心期刊论文、出版著作	40篇(本)	45篇(本)	100.00%

(5)实践教学基地

该项5项数量指标、8项质量指标全部达成(如表34所示)。

基地建设虚实结合,制定标准示范引领。建成"全真实体+虚拟仿真"实践教学基地,新建实训基地16个、开发仿真实训平台4个,获评国家生产性实训基地,入选全国工商联产教融合示范实训基地,承担教育部"省部共建国家职业教育虚拟仿真示范实训基地"专业课程与教学资源建设项目2项,建设模式被32所院校借鉴,为国内产教融合实训基地建设提供了范式。

表 34 城轨群"实践教学基地"产出指标达成情况统计表

一级指标	二级指标	三级指标	目标值	实现值	达成率
产出指标	数量指标	省级校外创新创业实践教育基地	1 个	1 个	100.00%
		校外实训基地（新增）	40 个	42 个	100.00%
		仿真教学实训平台	4 个	4 个	100.00%
		新建智慧建造综合实训基地	3 个	3 个	100.00%
		新建、改扩建产教融合实训工区、场（室）	13 个	13 个	100.00%
	质量指标	城轨工程智慧建造产教融合实训基地	国内引领	达成	100.00%
		城轨工程智慧建造虚拟教学工厂	国内引领	达成	100.00%
		生均设备值	1.8 万元	1.85 万元	100.00%
		校内实践教学工位数	6 000 个	6 345 个	100.00%
		校外实训基地（工地流动课堂）合作企业	世界 500 强企业	达成	100.00%
		省级创新创业实践教育基地	1 个	1 个	100.00%
		省级以上技能大赛获奖	15 项	17 项	100.00%
		省级以上创新创业大赛获奖	10 项	14 项	100.00%

（6）技术技能平台

该项 3 项数量指标、6 项质量指标全部达成（如表 35 所示）。

构筑协同创新中心，推动科教融汇发展。校企共建城轨工程智慧建造协同创新中心，成立由中国工程院院士王复明牵头的"坝道工程医院陕西城轨分院"，与中铁十四局联合成立铁建盾构学院，共建工程技术应用研究中心 4 个（其中 3 个获批市厅级）。组建以中国工程院院士、省级技能大师领衔的科研创新团队 13 个，开展研究 52 项，其中 4 项服务粤港澳大湾区等国家重点项目，获专利授权 42 项（发明 5 项）、市厅级以上科技类成果奖 11 项。

表 35 城轨群"技术技能平台"产出指标达成情况统计表

一级指标	二级指标	三级指标	目标值	实现值	达成率
产出指标	数量指标	产业学院	1 个	1 个	100.00%
		技术应用研究中心	4 个	4 个	100.00%
		城轨工程职业教育与产业发展研究中心	1 个	1 个	100.00%
	质量指标	协同创新中心	国内引领	达成	100.00%
		协同创新中心共建研究机构	国家重点实验室	达成	100.00%
		协同创新中心共建企业	世界 500 强	达成	100.00%
		地铁项目实时监控的盾构大数据应用平台	行业领先	达成	100.00%
		承担纵、横向课题（其中省级及以上课题）（科研）	40（7）项	52（8）项	100.00%
		专利授权	40 项	42 项	100.00%

（7）社会服务

该项 3 项数量指标、5 项质量指标全部达成（如表 36 所示）。

聚焦社会服务质量，盾构品牌效应彰显。聚焦城轨产业发展，开展技术服务 37 项，合同额 2 737 万元，经济效益 2.5 亿元。开展企业员工及社会公益培训 4.82 万人·日。与地方政府共建"乡村公路建设技术服务中心"，开展乡村路桥培训及解决现场技术难题 12 次、技术下乡14次。依托国家级"双师型"教师培养培训基地,承担国培项目5项,辐射带动省内外院校20所。

表36 城轨群"社会服务"产出指标达成情况统计表

一级指标	二级指标	三级指标	目标值	实现值	达成率
产出指标	数量指标	技术服务项目	20项	37项	100.00%
		企业培训项目	10项	11项	100.00%
		职业院校教师能力培训项目	2项	3项	100.00%
	质量指标	技术服务合同额	2 500万元	2 737万元	100.00%
		企业精品培训项目新技术、新材料、新工艺、新设备占比	90.00%	91.00%	100.00%
		社会培训	3万人·日	3.57万人·日	100.00%
		工艺工法改进、技术创新项目	10项	11项	100.00%
		公益性培训	1万人·日	1.25万人·日	100.00%

(8) 国际交流与合作

该项4项数量指标、8项质量指标全部达成(如表37所示)。

服务国际人才培养,标准资源输出海外。成立"卢旺达职业技术培训中心",完成教育部"中文+职业技能"教学资源建设项目,开发双语教材和培训包12个。研制城轨专业国际化教学标准,培养国际城轨人才120人。面向"一带一路"共建国家开展培训9 050人·日,解决了本土化人才匮乏问题。与中交集团、马来西亚彭亨大学联合开展的"中马铁路工程类专业人才联合培养项目"获评第五批"中国—东盟高职院校特色合作项目",国际化人才培养经验在"中非职业教育国际合作学术交流研讨会"等会议上多次交流推广。

表37 城轨群"国际交流与合作"产出指标达成情况统计表

一级指标	二级指标	三级指标	目标值	实现值	达成率
产出指标	数量指标	海外"鲁班工坊"	1个	1个	100.00%
		培养留学生、研修生	30人	37人	100.00%
		培养国际城轨人才	100人	120人	100.00%
		学生赴国(境)外研修交流	70人次	82人次	100.00%
	质量指标	海外"鲁班工坊"合作单位	世界500强企业或外方高校	达成	100.00%
		面向"一带一路"共建国家开展技术技能培训	8 000人·日	9 050人·日	100.00%
		国际工程技术服务	3项	4项	100.00%
		引进国际优质课程资源	8套	9套	100.00%
		输出国际化专业教学标准	1项	1项	100.00%
		输出双语教材、培训包	10个	12个	100.00%
		国内外教师互访、研修、交流等	55人次	65人次	100.00%
		国际城轨人才世界500强企业就业占比	100.00%	100.00%	100.00%

(9) 可持续发展保障机制

健全运行管理制度,专业建设协同发展。形成治理有制度、议事有平台、任务有分工、过程有监测、结果有考核的专业群建设保障机制；聘请 3 位院士指导专业群建设，发布年度《城轨专业群与对应产业发展态势白皮书》，完成省级课题 2 项，保证专业建设与产业需求相适应；面向行业企业和师生广泛调研，开展专业群诊改，保证培养目标与培养效果达成度，确保专业群高质量可持续发展。

（10）时效指标达成情况

城轨专业群 3 项时效指标达成，支出预算执行率为 99.73%（如表 38 所示）。

表 38 城轨群时效指标达成情况统计表

一级指标	二级指标	三级指标	目标值	实现值	达成率
产出指标	时效指标	任务终期完成度	100.00%	100.00%	100.00%
		收入预算执行率	100.00%	100.00%	100.00%
		支出预算执行率	100.00%	99.73%	99.73%
		年度任务完成度	100.00%	100.00%	100.00%

2. 效益指标达成情况

城轨专业群 3 项社会效益指标和 7 项可持续影响指标全部达成（如表 39 所示）。

表 39 城轨群效益指标达成情况统计表

一级指标	二级指标	三级指标	目标值	实现值	达成率
效益指标	社会效益指标	引领职业教育改革发展和人才培养的贡献度	显著增强	达成	100.00%
		支撑国家战略和区域经济社会发展的贡献度	显著增强	达成	100.00%
		推动形成一批国家层面有效支撑职业教育高质量发展的政策、制度、标准的贡献度	明显提升	达成	100.00%
	可持续影响指标	毕业生 3~5 年迅速成为企业技术骨干比例	70.00%	75.60%	100.00%
		人才培养质量	明显提高	达成	100.00%
		持续提高技术技能创新能力	明显提高	达成	100.00%
		专业群在行业企业社会影响力突出	显著增强	达成	100.00%
		专业群在同类院校社会影响力突出	不断提升	达成	100.00%
		持续提高专业办学水平、技术服务水平	显著增强	达成	100.00%
		专业群人才培养模式及专业相关标准推广院校	10 所	10 所	100.00%

（1）专业群建设成效行业公认，辐射带动全国同类院校发展

引领教学资源建设，主持建成国家地隧专业教学资源库，迭代升级专业群教学资源库，被全国 1 723 所院校和单位应用，覆盖全国 90% 同类专业院校；引领教学创新团队建设，形成"名师引领、名匠示范、双师四能"团队建设范式，入选教育部"双师型"教师队伍建设典型案例，《中国建设报》报道团队建设经验；引领职业技能及技术标准建设，制定人社部建筑信息模型技术员职业技能标准、住建部装配式建筑职业技能标准、陕西省市政工程信息模型应用标准，填补了 BIM 技术应用标准的空白。与盾构及掘进国家重点实验室等联合制定 2 项"1+X"标准，负责教材开发、师资培训及证书推广。

（2）专业群实训基地全国领先，为同类院校提供范式与标准

示范虚拟仿真实训基地建设，基于城轨工程"线—桥—隧—站"典型工作场，建成虚拟仿真教学工厂，参与全国首批部省共建虚拟仿真基地建设，贡献虚拟仿真实践教学标准2项，配套开发实训方案、场地建设方案和104个脚本，为同类院校提供范式；示范全真实体实训基地建设，建成1∶1隧道、桥梁、建筑和真实盾构机等17个实训基地，全国领先。

（3）树立盾构品牌，服务城市轨道交通发展战略

树立盾构人才培养品牌，盾构专业学生规模稳居全国第1，毕业生遍布90%城轨施工项目；树立技术攻关品牌，联合盾构与掘进技术等国家重点实验室，依托坝道工程医院陕西城轨分院，关键技术研究成果应用于川藏铁路等国家重点项目，获中铁一局创新科技一等奖、陕西高校科技研究成果三等奖；树立培训品牌，为中国铁建等企业开发盾构操作工培训包，成为中交天和、铁建重工、中铁装备国内盾构三大龙头企业人才培训的基地。

3. 满意度指标达成情况

据第三方机构评价，专业群教学水平、科研产出、声誉影响等评价指标显著提升，在校生、毕业生等五方满意度持续高位（如表40和图2所示）。

表40 城轨群满意度达成情况统计表

一级指标	二级指标	三级指标	目标值	实现值	达成率
满意度指标	服务对象满意度指标	在校生满意度	95.00%	98.60%	100.00%
		毕业生满意度	95.00%	97.20%	100.00%
		教职工满意度	98.00%	99.90%	100.00%
		用人单位满意度	97.00%	99.70%	100.00%
		家长满意度	95.00%	98.10%	100.00%

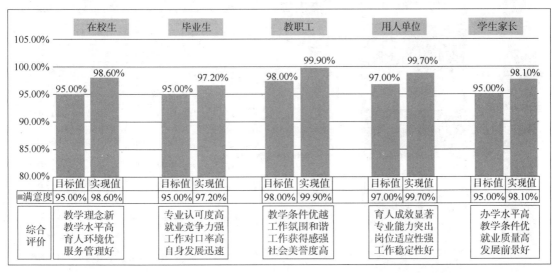

图2 城轨专业群建设满意度分析

三、建设任务完成情况

（一）学校层面建设任务完成情况

学校43项任务，246个任务点全部完成，实现了十大任务高标准产出（如表41所示）。

表 41　学校层面建设任务完成情况统计表

序号	建设任务名称	任务/项	任务点数/个	完成率/%
1	加强党的建设	5	42	100
2	打造技术技能人才培养高地	6	40	100
3	打造技术技能创新服务平台	4	23	100
4	打造高水平专业群	2	2	100
5	打造高水平双师队伍	4	29	100
6	提升校企合作水平	4	22	100
7	提升服务发展水平	5	14	100
8	提升学校治理水平	4	20	100
9	提升信息化水平	5	31	100
10	提升国际化水平	4	23	100
	合计	43	246	100

1. 加强党的建设和思想政治工作

推动党建与事业发展深度融合，聚焦开好党建"火车头"，形成了"134N"全方位党建工作模式（如图 3 所示），党的引领作用再上新台阶。

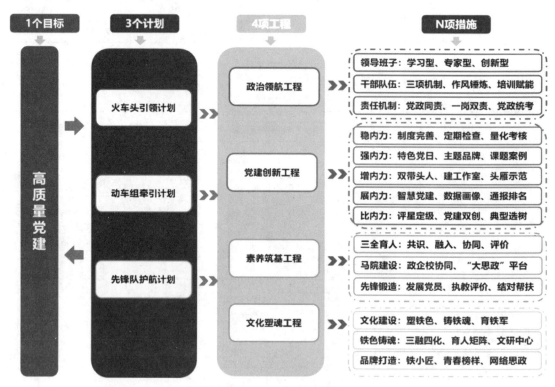

图 3　"134N"党建工作模式

2. 打造技术技能人才培养高地

构建了"1155"技术技能人才培养体系（如图 4 所示），通过实施"工匠精神引领、实践平台引路、技能竞赛引导、素质评价引航"4 项计划，培养质量踏上新高地。

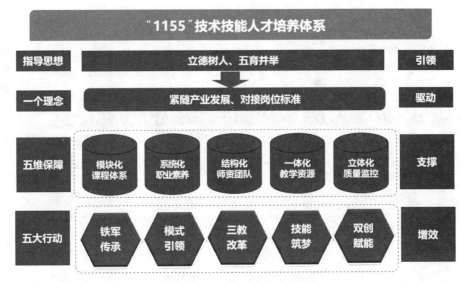

图 4 "1155" 技术技能人才培养体系

3. 打造技术技能创新服务平台

实施"产教四融、协同创新"技术服务模式（如图5所示），校企共建高铁智慧建造、城轨智慧建造、铁路智能运维3个协同创新中心和区域经济发展综合服务平台，有效服务了产业新升级。

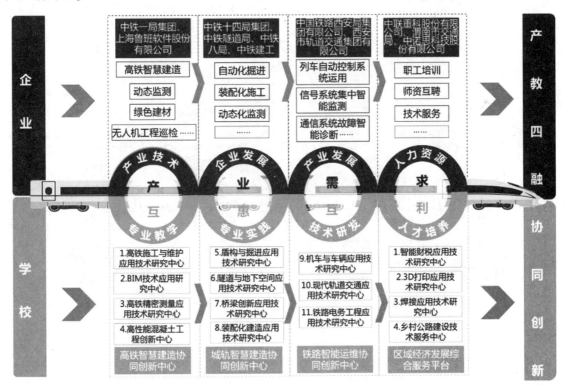

图 5 "产教四融、协同创新"技术服务模式

4. 打造高水平专业群

构建了五类三级专业群建设模式（如图6所示），形成了产教融合、集群统筹的专业群

运行新机制。

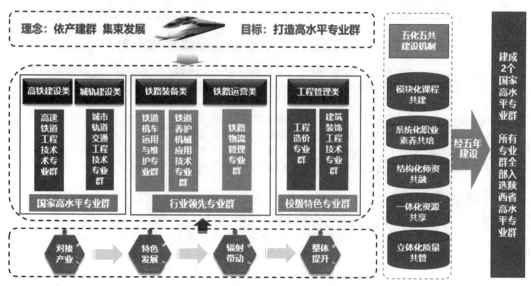

图 6 五类三级专业群建设模式

5. 打造高水平双师队伍

建立了"标准引领、机制保障、平台支撑、进阶提升"的"双师型"教师培养模式（如图 7 所示），教师发展注入新活力。

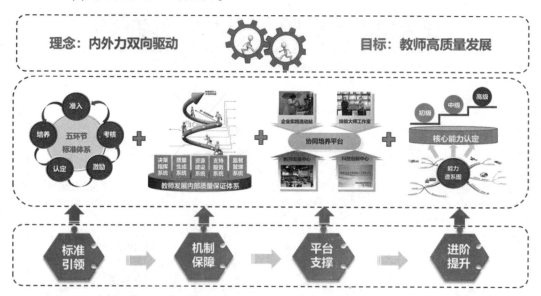

图 7 "标准引领、机制保障、平台支撑、进阶提升"的"双师型"教师培养模式

6. 提升校企合作水平

深化了校企"四级对接"运行机制（如图 8 所示），产教融合、科教融汇，校企深度合作呈高质量新态势。

7. 提升服务发展水平

5 项任务 14 个任务点全部完成。人才培养、社会培训、技术服务、对口帮扶齐头并进（如图 9 所示），在业内树立了新品牌。

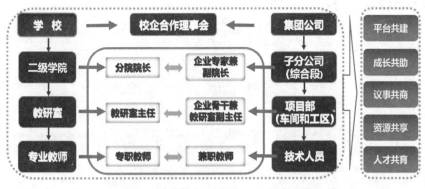

图 8 校企"四级对接"运行机制

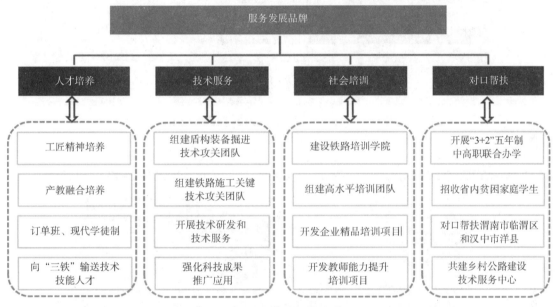

图 9 服务发展四大品牌

8. 提升学校治理水平

4 项任务 20 个任务点全部完成。制度体系得到优化（如图 10 所示），政行企校协同共治，内部质量保证体系常态化运行，激发了学校办学新活力。

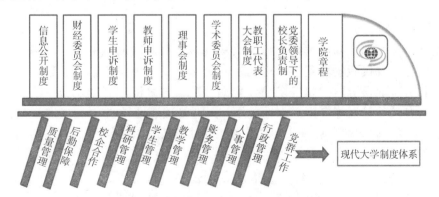

图 10 以"一章八制"为统领的制度体系

9. 提升信息化水平

打造了"123+N"混合云架构数字校园体系（如图11所示），实现学校教学、管理、服务数字化新生态。

图11 "123+N"混合云架构数字校园架构图

10. 提升国际化水平

"盟院坊圈"国际化办学格局基本形成（如图12所示），开放办学谱写了新篇章。

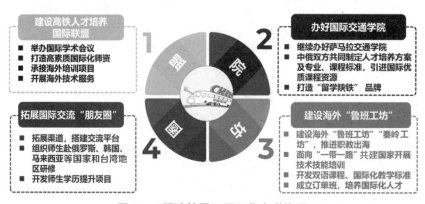

图12 "盟院坊圈"国际化办学格局

11. 新增的其他任务

学校落实了教育部《高等学校课程思政建设指导纲要》明确的工作任务，以及国家提质培优行动计划、现代职业教育体系建设改革意见、11项现代职教体系建设改革重点任务等重大改革任务，取得全国"鲁班工坊"运营项目、省级课程思政示范中心、一流核心课程、现场工程师培养计划等多项标志性成果。入选全国职业院校"战疫课堂"课程思政案例18个，获全国思政课教学展示活动二等奖，立项陕西省2023年现代职业教育体系建设改革重点任务培育项目16个。

（二）高铁专业群建设任务完成情况

高铁专业群32项任务、216个任务点全部完成（如表42所示）。

表42 高铁专业群建设任务完成情况统计表

序号	建设任务名称	任务/项	任务点/个	完成率/%
1	人才培养模式创新	5	44	100
2	课程教学资源建设	3	16	100
3	教材与教法改革	4	24	100
4	教师教学创新团队	4	37	100
5	实践教学基地	3	21	100
6	技术技能平台	3	24	100
7	社会服务	4	13	100
8	国际交流与合作	3	20	100
9	可持续发展保障机制	3	17	100
	合计	32	216	100

高铁专业群聚焦服务国家"交通强国、铁路先行"战略和高铁"走出去"，岗课赛证融通，创新"双主体、三融合、四对接"人才培养模式，构建了"大师引领、六化联动"职业素养和"岗位定向、能力分块、灵活组合"模块化课程体系。融入智慧建造技术，建成了集课程教学、继续教育与培训、科创成果应用等功能于一体的开放型教学资源平台。着力新形态教材开发和模块化教学改革，课程思政改革全覆盖。打造了"院士领衔、骨干支撑、校企协同"教学创新团队，为人才培养提供了支撑。建成产教融合实训基地和高铁工程虚拟仿真教学平台，打造高铁智慧建造协同创新中心，校企共建中铁高铁产业学院，成立技术应用研究中心，构建了"技术服务+社会培训+师资培训+科普教育"四维一体服务模式。中俄合作培养高铁人才，组建"双师+双语"团队，开发并输出了教学标准、双语教材、技能培训包等系列资源。组建高铁职业教育与产业发展研究中心，成立专业群建设指导委员会，构建六项机制，确保了专业群可持续发展。

（三）城轨专业群建设任务完成情况

城轨专业群35项任务、239个任务点全部完成（如表43所示）。

表43 城轨专业群建设任务完成情况统计表

序号	建设任务名称	任务/项	任务点/个	完成率/%
1	人才培养模式创新	4	26	100
2	课程教学资源建设	3	16	100
3	教材与教法改革	3	20	100
4	教师教学创新团队	4	36	100
5	实践教学基地	5	58	100
6	技术技能平台	6	44	100
7	社会服务	4	14	100
8	国际交流与合作	3	12	100
9	可持续发展保障机制	3	13	100
	合计	35	239	100

城轨专业群聚焦城轨产业高端，着力打造两大高地，创建了"项目载体+信息贯穿+能力递进"人才培养模式和"双主体、双身份、双导师、双管理、双考核、双激励"学徒制协同育人机制。升级完成专业群教学资源库，注册学习者覆盖全国90%同类专业院校。创新教学模式与方法，改进教学内容与教材，课程思政和混合式教学改革全覆盖。立项国家首批职业教育教师教学创新团队并通过验收。建成集"教、研、产、训、培、赛"于一体的实践教学基地、城轨工程智慧建造协同创新中心和铁建盾构产业学院，组建技术应用研究中心，瞄准智慧建造关键技术，开展技术服务和技能培训。搭建了以技术服务、国际人才培养、本土化人才培训为主的国际合作交流平台，输出了专业标准，培训了一批本土化城轨建设人才。建立了"决策指导、共建共享、协同发展"专业群管理机制，专业群建设平稳运行。

四、项目建设采取的措施

（一）项目推进机制建设与运行

1. 加强顶层谋划，组建"一策一组一制度"指挥体系

依托利好政策。地方政府建立了陕西省委常委、纪委书记王兴宁同志和渭南市副市长刘宝琳定点联系指导学校"双高计划"建设机制；在足额配套省级财政投入的基础上，出台《陕西省职业教育改革实施方案》等多项利好政策，在人才引进、政策支持等方面予以倾斜，支持学校发展建设。

组建决策小组。成立党委书记、校长任组长的"双高计划"建设项目工作领导小组，系统架构人才培养、产教融合等12个工作组、6个项目组，王景全、王复明等院士专家咨询指导、政行企校联合共建、校领导分工负责、部门无界化合作。

出台管理制度。制定25项相关管理制度，挂图作战、定时跟踪、阶段评价、销账管理，高质高效推进建设。

2. 强化统筹部署，构建"一图一表一清单"推进体系

明确作战图。对接交通强国战略、服务高铁"走出去"，融合提质培优、"十四五"事业发展规划，科学擘画"双高计划"建设"12358"作战图。

制定工期表。全面梳理总目标、中期目标和年度目标，制定倒排工期表，明确项目关键时间节点，确保项目按期推进。

建立任务清单。根据项目任务重要性和难易程度分A、B、C、J四类，明确责任人，精准靶向，高效建设。

3. 完善评价监督，建立"一册一尺一平台"保障体系

完善管理手册。制定"双高计划"建设管理办法、绩效考核评价、校领导联系专业群等文件，明确建设标准和规范。

健全评价标尺。健全绩效考核评价标准，奖励激励和问责追责结合，一月一总结、一季一考核、一年一总评，从任务完成度、目标达成度和成果贡献度全方位开展评价。

搭建监管平台。搭建"双高计划"建设网络监管平台，对照任务建立台帐，实时监控项目推进情况，一事一结，销账管理。

（二）项目资金管理与使用

1. 完善制度，确保资金足额投入和规范管理

学校成立"双高计划"建设经费管理与审计工作组，根据《财政部、教育部关于实施

中国特色高水平高职学校和专业建设计划的意见》和《财政部、教育部关于印发〈现代职业教育质量提升计划专项资金管理办法〉的通知》以及《中国特色高水平高职学校和专业建设计划绩效管理暂行办法》等文件，结合学校实际，制定了学校《"双高计划"专项资金管理办法》《"双高计划"建设项目绩效考核评价办法》《采购项目管理办法》，修订了《采购与招标管理办法》等文件，为项目顺利实施提供了制度保障。

2. 建设平台，确保资金高效使用和绩效达成

为加强绩效管理，学校建设了预算绩效一体化平台，对"双高计划"预算资金进行全生命周期闭环管理，实现了"精细化"管理，提高资金管理效能，规范资金使用行为，加快项目执行效率，严控项目执行质量，确保项目顺利实施和资金高效使用。

通过制度建设和信息化建设，实现了"双高计划"项目资金制度化管控和信息化流程全覆盖，达到了"专款专用、专项核算、注重绩效、问效问责"资金使用要求，确保了各项建设任务的高质量完成。

五、特色经验与做法

（一）雁群布阵，筑牢服务轨道交通产业发展新高地

学校深耕产业沃土，坚持传承创新，始终围绕轨道交通产业办学，着力强化办学特色，对接产业链构建专业集群，研制人才培养标准，为施工和运维企业提供了"一站式"人才培养和科研创新服务平台。

1. 对接产业布局，提供"一站式"专业集群建设模式

面向高铁高端产业和城轨产业高端，依产建群、集束聚力，组建高铁建设、城轨建设、铁路装备、铁路运维和工程管理等专业集群，全部与轨道交通相关，覆盖线上线下，涉及站前站后、服务施工和运营维护全产业链。建有2个国家级专业群、5个省级专业群，强化资源集成，突出共建共享，形成了"双头雁领航、五强雁跟飞"的"雁阵效应"，专业集群服务产业发展的能力和水平显著提升。建设模式获国家教学成果二等奖，研究成果在《中国职业技术教育》刊发，《中国教育报》等主流媒体以《集束办学、集群建设，打造铁路职教高地》为题报道学校专业集群建设特色做法。

2. 适应产业需求，研制国家层面轨道交通职业教育教学标准

作为全国铁道行指委副主任委员单位、铁道工程专指委主任委员单位，引领交通强国战略下技术技能人才培养标准制定。牵头组织研制《高速铁路施工与维护》等专业教学标准、实训条件标准31项，其中包括高铁工程职业教育本科专业教学标准、铁道工程施工与维护和铁道桥梁隧道施工与维护等中职专业教学标准，规范了铁道工程类中—高—本职业教育专业人才培养。主持完成城市轨道交通工程技术和道路与桥梁工程技术2个国家职业教育虚拟仿真示范基地专业课程教学资源建设项目，开发6项教学标准、实训方案，助力国家职业教育虚拟仿真实训基地标准体系建设。联合企业研制教育部《"1+X"建筑信息模型（BIM）》职业等级证书标准5项。

3. 面向产业未来，建设"国—省—市—校"四级科技创新服务平台

主动适应轨道交通产业技术升级，建成王景全院士工作室，成立由中国工程院院士王复明牵头的"坝道工程医院陕西城轨分院"。联合中铁二十局等5家企业建立轨道交通未来产业创新研究院，开展未来技术发展趋势、专业与产业融合发展等研究。聚焦高铁智慧建造、城轨智慧建造和铁路智能运维，校企共建17个技术应用研究中心，建成BIM技术应用、高

性能混凝土工程实验室等 2 个国家级协同创新中心、轨道交通新材料陕西省高校工程研究中心等 4 个省级科研平台、渭南市智慧建设等 9 个工程技术研究中心。发挥院士的头雁作用，组建"教授+技能大师+骨干教师+技术经理人"科研团队，培育省级青年科技创新团队 2 个，11 人入选省级中青年科技创新领军人才、科技新星、技术经理人和高校青年杰出人才。获陕西高校科技成果奖 10 项，获评陕西高校秦创原科技成果转移转化绩效评估 A 等。

（二）两翼齐飞，构建服务交通强国产教融合新生态

服务国家交通强国战略，深化产教融合，推进国家示范性职教集团实体化运作，首批入选全国轨道交通装备行业产教融合共同体单位，发起成立铁路建筑市域产教联合体并获批陕西省第一批市域产教联合体培育建设单位。学校入选西部地区 50 所产教融合卓越高职院校、中国高职院校产教融合竞争力榜单 50 强。

1. 坚持铁色铸魂，培养具有央企特质的交通强国开路先锋

坚持立德树人、五育并举，为党育人，为国育才，实施"铁军传承、模式引领、三教改革、技能筑梦、双创赋能"五大行动，学生职业素养培养体系获国家教学成果奖。培养了大批听从党的召唤、践行国家意志、服务国家战略、履行社会责任的新时代高素质技术技能人才，超 80%毕业生就职于中国铁建、国铁集团等世界 500 强央企，奉献在铁路和城轨工程施工和运维一线，居全国高职首位，超 60%的毕业生扎根西部建功立业。毕业生呈现出"一年站稳岗位、二年技术骨干、三年独当一面"的职业成长态势，塑造了"修高铁、建地铁、找陕铁"的培养品牌。

2. 致力材料研发，破解轨道交通施工应用技术难题

依托高性能混凝土国家协同创新中心，组建铁路绿色建筑材料等 4 个科技创新团队，聚焦轨道施工的高效修复、渣土处置等问题，研发泡沫剂成套技术，渣土功能外加剂和固化剂、裂缝注浆、结构加固灌浆、快速修复和防水堵漏等材料，在西安地铁 6 号线、重庆地铁 4 号线和南宁地铁 5 号线等地铁项目进行转化应用，改善混凝土结构裂缝和隧道渗漏水等问题，使用寿命延长约 1/3，成果获陕西高等学校科学技术奖。研发的二次衬砌充填材料成套技术、高性能喷射混凝土技术等在银西高铁贾塬隧道等工程施工现场转化应用，解决了隧道拱顶空洞、施工工期长等问题，降低了混凝土回弹率，作出了一系列原创性贡献，发表代表性论文 30 余篇。

3. 聚焦智慧建造，推动轨道交通传统技术数字化升级

围绕新一代信息技术等重点领域和重点产业，跨学科、跨领域组建创新团队，聚焦 BIM 建模软件的升级改造、BIM 专项施工管理平台二次开发、BIM+GIS+无人机倾斜摄影模型协同管理平台搭建等开展研究，承担 63 项 BIM 技术服务，为银西高铁教子川特大桥等 20 余个项目提供技术支持，实现隐蔽工程竣工状态可视化，有效应对了复杂局面下监控、管理和故障处理三大运维挑战。获人社部、工信部等科技竞赛奖 53 项（一等奖、金奖 7 项），授权专利 176 项，形成 BIM 技术相关高水平科技成果 10 项，有力推动了传统产业数字化升级。

4. 续航员工成长，为轨道交通施工企业培训持续提供"加油包"

服务轨道交通企业员工技能提升，针对施工员、测量员、试验员、安全员等核心岗位，定制开发入职培训"技能包"、技能提升"强化包"、终身教育"发展包"，组建结构化培训师资团队，形成企业员工入职准备—技能提升—终身学习的全过程培训体系，实现了"施工到哪里，培训就到哪里""资源开放共享，随时随地随学"，学校成为全国唯一开展盾构施工全流程培训的院校。

(三) 互惠共赢，创设服务区域经济发展新格局

学校充分发挥高水平专业群及人才资源优势，深化校地融合，倾力服务区域经济高质量发展，助力乡村振兴战略，聚力打造职业教育帮扶示范基地、再就业技能人才培训基地和职业院校教师能力提升培训品牌。

1. 服务乡村振兴，打造"双百工程"示范基地

聚焦区域经济发展需求和乡村资源特色，着力扶智、扶技、扶业等三大帮扶"立体推进"，成立"乡村公路建设技术服务中心"等3个省级示范性基地，组建专家帮扶团队，驻村驻地示范推广道路养护管理、工程测量、机器人焊接等先进技术，打造特色技能培训、直播电商、以购代扶、师生"一对一"结对等职教帮扶品牌，累计各类帮扶投入1800余万元，全力助推陕西乡村振兴。学校连续4年获陕西省百所高校结对帮扶百县助力全省脱贫攻坚工作（简称"双百工程"）先进单位。

2. 服务技能提升，打造再就业人才培训基地

服务西部经济发展技能人才提升需求，与渭南市人社局合作，面向再就业人员提供"菜单式"培训，精准开发钢筋工、混凝土工、测量员、试验员等技能培训包，实现群众愿意来、听得懂、学得会、能见效、长本领。5年累计开展公益性培训5.98万人·日，帮助2000余名返乡农民工实现家门口就业，有效助力技能型社会建设。学校入选全国职业教育社会培训联盟副理事长单位，立项教育部学习型社会建设创新项目。

3. 服务职业教育，打造教师能力提升培训品牌

依托学校国家级"双师型"教师培训基地和省级职业教育师资培训基地，构建校级培训育英、省级培训带动、国培示范引领的职教师资培训体系，形成了理实结合、点面结合、长短结合、线上线下结合的培训经验。入选首批"职教国培"示范项目，承担教师素质提高计划等国培20项、全国高职骨干教师培训项目6项，覆盖28个省（自治区、直辖市）550余名教师。定制昆明铁道职院、合肥铁路工程学校等教师和干部培训班。对口支援西藏职业技术学院、新疆铁道职业技术学院等院校。

(四) 育人为本，增强提升关键办学能力新动能

学校牢记职业教育初心使命，突破创新，重点推进，聚焦办学能力提升的关键内容，紧紧围绕思政育人，以课程建设为统领，以一流核心课程改革试点为突破口，将"三教"改革贯穿于教育教学全过程，赋能教师发展、升级教学资源、激活教法改革，获评陕西省一流核心课程3门、开放型区域产教融合实践中心5个、校企合作典型生产实践项目3项，获国家级职业教育教学改革核心成果和荣誉92项，领先全国同类高职院校。

1. 实施四色联调，构建"大思政课"育人格局

学校强化"红"的底色，创新体制机制；凸显"职"的本色，整合育人队伍；提升"铁"的特色，开发教学资源；夯实"活"的亮色，构建实践平台。创新形成了"四色"联调、协同融合的"大思政课"建设新格局，在思政教育的场域拓展、铸魂育人、示范引领等方面取得了显著成效，获陕西省校园文化成果一等奖，《光明日报》《中国教育报》等主流媒体报道学校"大思政课"建设成果20余次。

2. 承担改革试点，全力建设一流核心课程

参与教育部首批重点先进轨道交通装备领域职业教育专业课程改革试点工作，承担"高速动车组制动技术"一流核心课程、优质教材、优秀教师团队、实训室和实验班等建设工作，取得课程改革试点调研、实施方案、课程内容体系设计、听课评课组织等阶段性成

果,在教育部先进轨道交通装备领域职业教育专业课程改革试点项目论证会上,得到与会专家的充分肯定。

3. 赋能教师发展,全方位提升教师素质

聚力打造一支"心中有爱、手中有技、脚底有泥"的"双师型"教师队伍,以"标准引路、机制护路、平台铺路、发展拓路"为思路,政行企校联合培养,形成标准和制度体系引领,质量监控、综合评价、自我诊改三项机制保障,教师发展中心+企业实践流动站+科技创新中心+技能大师工作室支撑,教学教研、科研服务等核心能力进阶提升的"标准引领、机制保障、平台支撑、进阶提升""双师型"教师培养模式。入选教育部"双师型"教师队伍建设典型案例。立项国家级教师教学创新团队2个,建成国家级技能大师工作室、"双师型"教师培训基地。33人获陕西"三秦工匠"、五一劳动奖章、首席技师等荣誉。入选全国高职教师发展指数100所优秀院校。

4. 升级教学资源,全面提高教材质量

打破专业壁垒,统一规划设计资源建设,融入智慧建造新技术,构建一体化的资源共享体系,立项建设一批"国—省—校"三级专业教学资源库、精品在线开放课程、校本教材。教学平台教学资源贡献榜上传题目全国第1,上传资源全国第2,共享课程全国第3。依托"1+X"证书制度试点,校企合作共同开发活页式教材51本,3本教材获评首届全国教材奖,14本教材获评职业教育"十四五"国家规划教材,8本教材获评陕西省职业教育优秀教材,2本教材入选住建部"十四五"规划教材。

5. 激活教法改革,全员参与教学方法创新

以数字化赋能课堂教学,全面推进混合式教学模式,混合式教学课程比例达95%以上,持续举办"课堂革命·陕铁行动""课程思政·陕铁行动"系列活动,健全完善课堂教学8类标准,让学生"动"起来,教师"导"起来,全面提升课堂教学质量,筑牢课堂教学主阵地。教师在教学能力比赛中获国家一等奖2项、二等奖3项、三等奖4项,获奖数量"双高计划"学校第7,C档学校第1,铁路高职第1、陕西第1。在西部非中心城市,提供了教师教法改革新范式。

(五)智慧赋能,树立"数智陕铁"数字校园新标杆

学校抓住数智改革风口,重塑教育教学新形态,建成"大数据、微服务、慧治理"的数字校园,入选教育部第一批数字校园试点校,陕西省首批智慧校园示范校,连续4年获评省教育信息化先进集体,陕西高职唯一。

1. 赋能教学,全要素推进教学范式数字化转型

建成智慧校园指挥中心,拥有智慧教室340间,满足信息化教学需要。建成教学资源库、融媒体教材、在线开放课程、虚拟仿真资源等四位一体的校本数字化学习中心。引入智慧树、学银在线、学堂在线等课程平台,建设校级精品在线开放课程137门、尔雅通识课86门、省级职业教育在线精品课程40门、国家级职业教育在线精品课程5门,国家级专业教学资源库2个,促进学生自主、泛在、个性化学习。

2. 赋能服务,全流程推进服务模式数字化转型

升级完善业务系统建设,实现校园业务全覆盖,提升服务信息化能力。流程化梳理跨部门业务,打造一站式办事平台,让数据多跑路,师生少跑腿。依托公有云应用,打造一体化数据中台,利用易班和企业微信业务中台,以统一身份认证、一网通办平台、统一消息中心为支撑,打造"123+N"混合云架构数字校园体系,建成云网一体化业务系统65个,"微服

务"流程 156 个。

3. 赋能管理，全周期推进治理方式数字化转型

以信息技术融入部门业务，开展流程梳理和微应用开发，不断完善基础业务系统源头数据采集和治理，全面推进校园数据中台建设和规范化治理。建成大数据分析质量监控平台，发挥数字化在事前调研决策、事中督促指导、事后反馈优化的作用。通过信息技术赋能，依托数据共享中心，实现云上云下业务系统的数据交换，提升业务部门协同效能，大数据分析与质量监控平台在 8 大主题应用、19 项大类指标、61 项小类指标的数据画像，助力校园现代化治理能力提档升级。

（六）职教出海，打造"盟院坊圈"开放办学新样板

聚焦高水平国际化高职学校建设目标，按照"开拓视野、引领发展、合作共赢、提升能力"的总体思路，实施"北联、南输、西融、东拓"战略，逐步形成了"盟院坊圈"的国际化办学格局。获首批鲁班工坊运营项目等国家级项目 6 项，列为教育部鲁班工坊首期培训单位，深圳职业技术大学等 16 所院校学习借鉴。铁路线路工职业标准体系等 3 个项目分别获评陕西省具有国际影响力的职业教育标准、资源和装备。

1. 多方聚力，建立国际人才教育职教联盟

与中铁一局、欧亚协会、俄罗斯萨马拉国立交通大学联合发起，成立了高铁建设国际人才教育职教联盟，全国 21 所土建交通类高职院校、30 余家铁路施工与运营企业、18 所海外交通类院校加入。以教师研修、学生研学、联合培养、技术服务等为纽带，先后与 15 个国家（地区）的 20 多所高校建立了广泛深入的合作关系，定期开展国际合作交流，形成了资源互补、信息互通机制。

2. 内外兼修，建好国际交通学院

与俄罗斯萨马拉国立交通大学共建萨马拉国际交通学院，开办 4 个合作办学专业，投入 350 余万元进行硬件建设，长期聘请俄语外教 3 名，累计培养学生 1 179 人，19 人赴俄罗斯萨马拉国立交通大学继续学习深造。联合西安外国语大学、西南交通大学，组建教师双语能力提升强化班，培养高水平"双语+双师"型教师 60 余名，开设双语课程 37 门，开发"中文+高铁技能"等留学陕铁项目，实施留学中国技能人才培养，培养加纳、南非、印度尼西亚等 13 个国家的留学生。

3. 项目牵引，建设海外鲁班工坊

学校紧跟中国铁路"走出去"，在肯尼亚、卢旺达、孟加拉国成立 3 个海外鲁班工坊。聚焦资源定制、联合培养、技术培训和标准输出，制定专业技术标准 3 项、岗位标准 8 项、专业教学标准 7 项、课程标准及相关资源 22 个。为肯尼亚蒙内铁路、尼日利亚拉伊铁路等 7 个海外铁路项目开展员工培训，培养本土化人才 1 000 余名，开发的标准和资源在马来西亚等 10 个"一带一路"共建国家推广应用。2023 年 4 月，中国教育国际交流协会刘利民会长率团视察陕铁院肯尼亚鲁班工坊，给予高度评价，认为：陕铁院为肯尼亚培养了一批"带不走的铁路人才队伍"，鲁班工坊"实现了'授人以渔'的目标，树立了中肯职业教育合作的新典范"！

4. 互学互鉴，拓展国际交流朋友圈

坚持"请进来"与"走出去"，先后选派 400 余名师生赴海外研修，接收 100 余名海外师生来校交流学习，先后承接菲律宾国家铁路局工程项目管理培训班、孟加拉国家铁路局轨道工程培训班、马来西亚吉隆坡建设大学铁路技术研修班，建立了稳固的国际交流与合作朋友圈。

六、问题与改进措施

（一）经验推广还需进一步加强

学校"双高计划"建设中已经形成了一批典型改革经验和优质教学改革成果，但还需进一步加强经验成果辐射的深度和广度，推动成果惠及全国更多院校，努力为现代职业教育高质量发展作出更大贡献。

（二）成果转化还需进一步发力

学校通过创新机制、搭建平台，产出了一批应用技术创新成果，但与部分高水平 A 档学校相比，还需进一步加强创新能力提升和成果转化，推动更多教科研成果转化为教学资源，更多科技成果结出产业硕果。

七、其他需要特别说明的有关事宜

无。

西安航空职业技术学院"双高计划"总结报告

2019年学校入选国家"双高计划"建设单位(高水平学校C档)以来,坚持立德树人根本任务,全力打造杰出人才培养和技术技能创新服务新高地,牵头制订一批支撑国家战略、引领职业教育发展的标准、制度和政策,取得一批国家级标志性成果,建成航空特色、世界水平的职业教育"标杆校"。学校高质量完成了建设任务和预期绩效目标。根据《教育部办公厅 财政部办公厅关于开展中国特色高水平高职学校和专业建设计划(2019—2023年)绩效评价工作的通知》,对标对表建设方案和任务书,全面开展总结自评工作,形成如下报告。

一、总体情况

(一)项目绩效目标达成和建设任务完成总体情况概述

1. 绩效目标超额达成

学校层面绩效达成度110.74%;飞机机电设备维修专业群绩效达成度107.17%,无人机应用技术专业群绩效达成度110.63%(如表1所示)。

表1 "双高计划"建设绩效目标达成情况一览表

类型	任务名称	预设指标数/项	绩效达成度/%
学校层面	产出指标	89	110.70
	效益指标	56	110.16
	满意度指标	5	100.00
飞机机电设备维修专业群	产出指标	134	108.49
	效益指标	19	100.83
	满意度指标	5	100.00
无人机应用技术专业群	产出指标	105	112.73
	效益指标	23	105.18
	满意度指标	5	100.00

备注:绩效达成度由"双高计划监测平台"计算获得。

2. 建设任务高质量完成

学校层面任务布点488个,飞机机电设备维修专业群任务布点331个,无人机应用技术专业群任务布点268个,完成度均为100%(如表2所示)。

表2 "双高计划"建设任务完成情况一览表

序号	项目名称	预设任务数/项	完成任务数/项	完成度/%
学校层面	加强党的建设和思想政治工作	58	58	100.00
	打造技术技能人才培养高地	49	49	100.00
	打造技术技能创新服务平台	38	38	100.00
	打造高水平专业群	39	39	100.00
	打造高水平双师队伍	59	59	100.00
	提升校企合作水平	32	32	100.00
	提升服务发展水平	34	34	100.00
	提升学校治理水平	47	47	100.00
	提升信息化水平	33	33	100.00
	提升国际化水平	60	60	100.00
	打造军民融合"标杆校"	39	39	100.00
	合计	488	488	100.00
飞机机电设备维修专业群	人才培养模式	23	23	100.00
	课程教学资源	35	35	100.00
	教材与教法	32	32	100.00
	教师教学创新团队	45	45	100.00
	实践教学基地	65	65	100.00
	技术技能平台	35	35	100.00
	社会服务	37	37	100.00
	国际交流与合作	39	39	100.00
	可持续发展保障机制	20	20	100.00
	合计	331	331	100.00
无人机应用技术专业群	人才培养模式	37	37	100.00
	课程教学资源	17	17	100.00
	教材与教法	19	19	100.00
	教师教学创新团队	32	32	100.00
	实践教学基地	49	49	100.00
	技术技能平台	54	54	100.00
	社会服务	25	25	100.00
	国际交流与合作	17	17	100.00
	可持续发展保障机制	18	18	100.00
	合计	268	268	100.00

3. 双高建设成果领跑全国航空类院校

人才培养水平大幅度提升，技术服务能力显著增强，整体办学水平迈上了新台阶。取得标志性成果936项，其中国家级340项，省级596项，主要标志性成果如表3所示。

表3 "双高计划"建设主要标志性成果一览表

类别	成果名称	级别	预期值/项	完成值/项	授予部门
党建思政	全国党建工作示范高校、标杆院系、样板支部	国家级	—	4	教育部
	国家课程思政示范课程、教学名师和团队	国家级	—	1	教育部
	全国高校思想政治理论课教学展示活动	国家级	—	2	教育部
	教育部第八届高校廉洁教育系列活动案例展示优秀作品	国家级	—	1	教育部
	具有职业教育特点的课程思政典型案例	国家级	—	1	教育部教指委

续表

类别	成果名称	级别	预期值/项	完成值/项	授予部门
人才培养	国家级职业教育教学成果奖	国家级	1	5	教育部
	职业教育国家规划教材	国家级	10	13	教育部
	全国教材建设奖	国家级	—	1	国家教材委员会
	全国职业院校技能大赛	国家级	6（一等奖）	35（一等奖8项）	教育部
	全国职业院校技能大赛承办校	国家级	3	3	教育部
	世界职业院校技能大赛	国家级	—	1	人社部
	全国技能大赛	国家级	—	1	人社部
	中国国际"互联网+"大学生创新创业大赛	国家级	8	11	教育部
	"挑战杯"全国大学生课外学术科技作品竞赛	国家级	—	1	共青团中央
	"挑战杯"中国大学生创业计划竞赛	国家级	—	4	共青团中央
	全国大学生电子设计竞赛	国家级	—	2	教育部
	示范性职业教育集团（联盟）培育单位——陕西航空职业教育集团	国家级	1	1	教育部
	全国大学生网络文化节和全国高校网络教育优秀作品推选展示活动	国家级	—	1	教育部
	中华职业教育创新创业大赛	国家级	—	2	中华职教社
	全国工业和信息化技术技能大赛	国家级	—	5	全国工业和信息化技术技能大赛组委会
	中国人民解放军空军外场保障人员能力考核比赛	国家级	—	1	中国人民解放军空军装备部
	职业教育国家教学标准	国家级	5	57	教育部
	国家级骨干专业——电气自动化技术、软件技术、飞机机电设备维修、飞行器制造技术、机械设计与制造、空中乘务、机电一体化技术	国家级	—	7	教育部
	国家级生产性实训基地——航空制造工程中心、联想服务生产性实训基地、无人机应用技术实训基地、摄影测量与遥感生产性实训基地	国家级	—	4	教育部
	国家级协同创新中心——复合材料工程技术协同创新中心	国家级	—	1	教育部

续表

类别	成果名称	级别	预期值/项	完成值/项	授予部门
师资队伍	国家"万人计划"教学名师	国家级	—	1	中共中央组织部
	全国高校黄大年式教师团队	国家级	—	1	教育部
	国家级职业教育教师教学创新团队	国家级	1	1	教育部
	全国优秀教师	国家级	1	1	教育部
	全国黄炎培职业教育杰出校长奖	国家级	—	1	中华职教社
	新时代职业教育名师名匠名校长培养计划	国家级	—	1	教育部
	全国职业院校技能大赛教学能力比赛	国家级	4	6	教育部
	全国行业职业教育教学指导委员会、教育部职业院校教学（教育）指导委员会委员	国家级	—	10	教育部
	高等职业学校"双师型"教师队伍建设典型案例、首批高等职业学校"双师型"教师个人专业发展典型案例	国家级		2	教育部
	国家级职业教育"双师型"教师培训基地	国家级	3	3	教育部
	教育部直属机关建议提案办理工作优秀承办个人	国家级	—	1	教育部
	中国职业技术教育学会优秀教师	国家级	—	1	中国职业教育学会秘书处
	职业教育"课堂革命"典型案例	国家级	—	2	全国高职高专校长联席会
科学研究与社会服务	市域产教联合体培育单位——西安航空高端制造产教联合体	国家级	—	1	教育部
	职业教育教师教学创新团队课题	国家级		2	教育部
	全国教育科学规划项目	国家级		1	全国教育科学规划领导小组办公室
	教育部人文社会科学研究一般项目	国家级		4	教育部
	"虚拟仿真技术在职业教育教学中的创新应用"专项课题	国家级		2	教育部
	服务乡村振兴"笃行计划"全国示范性团队	国家级	—	1	共青团中央
	服务乡村振兴"笃行计划"优秀实践个人	国家级	—	1	共青团中央
	建党百年红色旅游百条精品线路	国家级	—	1	文化和旅游部
	中国民用航空局维修培训机构合格证	国家级	—	1	交通运输部
	国家自然科学基金依托单位	国家级	—	1	国家自然科学基金委员会

续表

类别	成果名称	级别	预期值/项	完成值/项	授予部门
学校治理	国家优质专科高等职业院校	国家级	—	1	教育部
	国防教育特色学校	国家级	—	1	教育部
	现代学徒制试点单位	国家级	—	1	教育部
	空军、陆军、海军、火箭军定向军士培养	国家级	2	4	教育部、中央军委政治工作部、中央军委国防动员部
	全国职业院校典型案例	国家级	—	9	中国教育报等
	全国职业院校校园文化建设"一校一品"学校	国家级	—	1	教育部文化素质教学指导委员会
信息化建设	全国职业教育信息化标杆校、全国职业院校数字校园建设样板校	国家级	—	2	中央电化教育馆
	国家精品在线开放课程	国家级	2	3	教育部
	国家级职业教育专业教学资源库	国家级	2	2	教育部
	职业教育示范性虚拟仿真实训基地培育项目	国家级	—	1	教育部
	职业教育虚拟仿真示范性实训基地专业课程与教学资源建设项目	国家级	—	4	教育部
	教育部校企合作专业共建项目首批共同体	国家级	—	1	中央电化教育馆
	职业教育示范性虚拟仿真实训基地典型案例	国家级	—	1	教育部
国际交流	一带一路暨金砖国家技能发展与技术创新大赛	国家级	—	14	教育部
	"嘉克杯"国际焊接大赛	国家级	—	5	教育部
	教育部"人文交流经世项目"首批"经世国际学院"	国家级	1	1	教育部
	"中文+职业技能"教学资源建设项目	国家级	—	3	教育部
	汉语桥"中文+职业技能"线上团组交流项目	国家级	—	3	教育部

备注：标志性成果主要参考"建设水平成果表"的76项及学校补充10项指标。

（二）项目预算执行情况概述

各级资金足额到位，执行科学规范。学校"双高计划"建设总预算43 000万元，到位资金44 898.39万元，到位资金使用额44 676.90万元。中央专项、省级财政投入、行业企业支持和学校自筹均足额到位。学校及专业群资金到位和执行情况如表4~表6所示。

表4 学校项目资金到位和执行情况一览表

序号	资金来源	学校层面				
		项目预算总额/万元	资金到位总额/万元	资金到位率/%	到位资金使用总额/万元	预算执行率/%
1	中央财政投入资金	5 000.00	5 000.00	100.00	5 000.00	100.00
2	地方各级财政投入资金	5 000.00	5 000.00	100.00	5 000.00	100.00

续表

序号	资金来源	学校层面				
		项目预算总额/万元	资金到位总额/万元	资金到位率/%	到位资金使用总额/万元	预算执行率/%
3	行业企业支持资金	1 620.00	1 664.00	102.72	1 664.00	102.72
4	学校自筹资金	31 380.00	33 234.36	105.91	33 012.90	105.21
5	合计	43 000.00	44 898.39	104.41	44 676.90	103.90

表5 飞机机电设备维修专业群资金到位和执行情况一览表

序号	资金来源	飞机机电设备维修专业群				
		项目预算总额/万元	资金到位总额/万元	资金到位率/%	到位资金使用总额/万元	预算执行率/%
1	中央财政投入资金	1 575.00	1 575.00	100.00	1 575.00	100.00
2	地方各级财政投入资金	2 000.00	2 000.00	100.00	2 000.00	100.00
3	行业企业支持资金	1 000.00	1 000.00	100.00	1 000.00	100.00
4	学校自筹资金	5 225.00	5 225.00	100.00	5 171.16	98.97
5	合计	9 800.00	9 800.00	100.00	9 746.16	99.45

表6 无人机应用技术专业群资金到位和执行情况一览表

序号	资金来源	无人机应用技术专业群				
		项目预算总额/万元	资金到位总额/万元	资金到位率/%	到位资金使用总额/万元	预算执行率/%
1	中央财政投入资金	1 910.00	1 910.00	100.00	1 910.00	100.00
2	地方各级财政投入资金	1 920.00	1 920.00	100.00	1 920.00	100.00
3	行业企业支持资金	240.00	240.00	100.00	240.00	100.00
4	学校自筹资金	3 900.00	3 900.00	100.00	3 858.59	98.94
5	合计	7 970.00	7 970.00	100.00	7 928.59	99.48

（三）项目建设自评分和自评结论

对照《"双高计划"建设绩效评价标准》逐项核对，学校层面自评得分99.90分，飞机机电设备维修专业群自评得分99.85分，无人机应用技术专业群自评得分99.80分，综合自评得分99.86分（如表7所示），自评结论为"优"。

表7 "双高计划"建设绩效评价自评一览表

一级指标	二级指标	学校层面/分	飞机机电设备维修专业群/分	无人机应用技术专业群/分
产出指标（40分）	数量指标（15分）	15	15	15
	质量指标（15分）	15	15	15
	水平（时效）指标（10分）	9.95	9.92	9.90

续表

一级指标	二级指标	学校层面/分	飞机机电设备维修专业群/分	无人机应用技术专业群/分
效益指标（20分）	社会效益指标（10分）	10	10	10
	可持续影响指标（10分）	9.95	9.93	9.90
满意度指标（10分）	服务对象满意度指标（10分）	10	10	10
管理与执行指标（30分）	资金到位率指标（8分）	8	8	8
	资金预算执行率指标（8分）	8	8	8
	资金使用合规性指标（10分）	10	10	10
	项目管理指标（4分）	4	4	4
合计		99.86	99.90	99.85	99.80

二、绩效目标达成情况

（一）学校层面绩效目标达成情况

学校层面设定产出指标89项，效益指标56项，满意度指标5项，合计150项绩效指标，达成度110.74%。

1. 产出指标

学校层面产出指标绩效目标超额达成，如表8所示。

表8　学校层面产出指标绩效达成情况一览表

序号	产出指标类别	预设任务数/个	完成任务数/项	绩效达成度/%
1	数量指标	770	1 009	117.28
2	质量指标	34	35	102.24
3	水平（时效）指标	3	3	102.77

备注：绩效达成度由"双高计划监测平台"计算获得。

（1）数量指标

数量指标超额达成。设定任务数770个，在人才培养、师资队伍、信息化建设、国际化交流等方面示范引领、成效显著，荣获国家级标志性成果340项，省级596项，引领航空职业教育改革发展。

（2）质量指标

质量指标超额达成。教学改革成果显著，国家级教学成果奖、技能大赛、教学能力比赛、"互联网+"大赛等获奖稳居全国第一方阵；服务能力陡式提升，横向课题到款增长33倍；向"一带一路"共建国家输出专业建设方案5个，填补老挝无人机专业建设空白；牵头制定国家教学标准57项，打造航空职业教育的"西航样板"。

（3）水平（时效）指标

水平（时效）指标如期达成。压实推进150项绩效指标，资金足额到位，实施月检查、季督促，定期研判项目推进情况，绩效目标超额达成，任务完成度100%。国家标志性成果76项中取得突破37项，累计340项，在国家级市域产教联合体（西北唯一）、国家级教学成果一等奖（航空类院校唯一）、全国高校黄大年式教师团队（航空类院校首家）等方面引领发展。

2. 效益指标

学校层面效益指标绩效目标超额达成，如表9所示。

表9 学校层面效益指标绩效达成情况一览表

序号	效益指标类别	预设任务数/项	完成任务数/项	绩效达成度/%
1	社会效益指标	174	183	112.37
2	可持续影响指标	10	10	100.00

备注：绩效达成度由"双高计划监测平台"计算获得。

（1）社会效益指标

一是引领职业教育改革发展和人才培养的贡献度。航空报国，专业集群发展模式示范引领。对接航空全产业链，构建了以飞机机电设备维修、无人机应用技术2个国家高水平专业群为引领的专业集群发展模式，促进人才培养供给侧与企业需求侧对接。指导72所兄弟院校航空类专业建设，向老挝等国家输出专业方案5个。军民两用，精准培养精准就业行业引领。首次将军航、民航职业标准一体化融入专业教学标准，实现"军民两用"人才精准培养、精准就业，成果获2022年国家教学成果一等奖。多元立体，数智化教学资源成为国内典范。主动对接智慧航空发展需求，建成资源库、精品在线课程、虚拟仿真实训基地等一批国家级教学资源，经验做法入选教育部示范性虚拟仿真实训基地典型案例。

二是支撑国家战略和区域经济社会发展的贡献度。军士培养品牌化，军民融合创新局。成立陕西首家军士学院，创新"德技融通、四阶递进、五方协同"的航空机务军士人才培养模式，获2022年国家教学成果二等奖；培养出刘海博（某战区8个月内荣立三等功两次）等一批思想素质过硬、专业技能扎实的军士人才，学校入选"国防教育特色学校"。技术服务精准化，乡村振兴立新功。推进"产业帮扶""消费帮扶"双循环，构建"智力+技能+科技+教育+产业+消费"的帮扶模式，为潼关、西乡等县5 000余人开展无人机植保等技能培训，获全国乡村振兴"笃行计划"团队、省"双百工程"先进单位。航空知识科普化，文化传承新作为。依托自建西部最大航空科技馆，打造集航空体验、模拟飞行、"i航空研学游"为一体的"中国航空城"全域旅游文化品牌，入选文化和旅游部"建党百年红色旅游百条精品线路"。

三是推动形成一批国家层面有效支撑职业教育高质量发展的政策、制度、标准的贡献度。头雁领航，主持研制系列国家教学标准。牵头制定《飞行器维修技术工程》等国家教学标准30项，开发《无人机应用技术》等"1+X"证书标准27项，成为全国航空类专业建设的基本规范。参与全球首个由中国制定的ISO/TS 44006《校企合作指南》国际标准，为中国职业教育迈向世界舞台贡献"西航智慧"。

（2）可持续影响指标

项目建设夯实育人根基，将思政教育贯穿人才培养全过程，全面实施素质教育证书制度，出版《课程思政案例集》《班主任工作案例集》等系列丛书。国家成果推动创新发展，依托全国首批市域产教联合体建设项目，实施课堂革命、团队建设等内涵建设的"高原"计划，形成一套国家级标志性成果培育体系，促进标志性成果"涌现"。制度优势提升治理效能，以群建院优化内部组织架构，构建"政军行企校"共建共治共享机制，形成"1156"[①] 内部质量保障体系，实现治理数据要素化、方式智能化、决策精准化、服务场景化。

---

① "1156"指坚持1个理念，实现1个目标，贯穿5个层面，抓好6个环节。

3. 满意度指标

学校层面满意度指标绩效目标超额达成，如表10所示。

表10　学校层面满意度指标绩效达成情况一览表

序号	满意度指标类别	指标预设值/%	绩效达成度/%
1	在校生满意度	≥90	98.20
2	毕业生满意度	≥90	96.60
3	教职工满意度	≥90	99.60
4	用人单位满意度	≥90	98.90
5	家长满意度	≥90	98.90

（1）提升教学服务水平，在校生满意度高

全面升级学生在校学习生活环境，根据"00后"学生知识获取方式变化，打造了多维、立体教学资源，满足学生泛在学习需求。

与学生就业对口企业合作新建校内外实训教学基地81个、大学生就业与实习基地64个，强化学生的岗位技能训练。在校生对人才培养、项目建设、管理服务满意度分别为98.80%、98.60%、98.50%，整体满意度达98.20%。

（2）促进岗位能力提升，毕业生满意度高

主动回访企业，动态跟踪学生职业发展现状，根据学生岗位需求及时调整人才培养规格，提升学生岗位适应性；连续5年毕业生月均收入高于期望薪资30%以上，毕业生对专业技能、管理服务、职业发展等满意度分别为96.30%、97.10%、96.20%，毕业生满意度达96.60%。

（3）深化人才强校战略，教职工满意度高

拓宽教师职业发展通道，全面提升教师的信息化素养和工程实践能力，建成国家级"双师型"教师培训基地，新建教师实践教学基地58个。制定《人才激励管理办法》等制度，推动形成一流人才、一流业绩、一流薪酬，教职工对学校满意度达99.60%。

（4）精准对接岗位需求，用人单位满意度高

主动对接岗位需求，全面推行企业订单班、现代学徒制，组建厚德业精技强的教师团队，定制开发课程体系，培养"毕业即上岗"的现场工程师，满足企业用人需求；发挥教师团队科研优势，校企攻坚技改难题，助力企业技术升级改造，用人单位满意度98.90%。

（5）家校携手共促成长，家长满意度高

拓宽家校互动渠道，及时反馈学生在校情况，提升家校沟通的有效性；搭建由政府、学校、行业企业、家长、学生等多元主体参与的第三方考核评价体系，持续提升人才培养质量，实现就业一人致富一家，家长满意度98.90%，家庭幸福指数显著提升。

（二）专业群层面绩效目标达成情况

1. 飞机机电设备维修专业群

设定产出指标115项，社会效益指标13项，可持续影响指标6项，满意度指标5项，超额达成绩效目标，达成度为107.17%，树立航空维修类专业建设典范。

（1）产出指标

飞机机电设备维修专业群产出指标绩效目标超额达成，如表11所示。

表 11　飞机机电设备维修专业群产出指标绩效达成情况一览表

序号	产出指标类别	预设任务数/项	完成任务数/项	绩效达成度/%
1	数量指标	427	645	108.02
2	质量指标	70	109	110.57
3	水平（时效）指标	3	3	100.00

备注：绩效达成度由"双高计划监测平台"计算获得。

一是数量指标超额达成。设定任务布点 427 个，获得标志性成果国家级 87 项、省级 148 项。获全国高校黄大年式教师团队 1 项、国家教学成果一等奖 1 项、全国职业院校技能大赛一等奖 3 项。

二是质量指标超额达成。实现课程思政无盲点，课程数字化改造全覆盖；获首届国家优秀教材建设二等奖，国家职业教育教师教学创新团队验收"优秀"，SCI 论文最高影响因子达 25.809，成立西北首家民航维修 CCAR-147 培训机构，在校生取得民航维修执照人数位居全国第 2，毕业生专业对口率 86.30%。

三是水平（时效）指标如期达成。坚持高起点规划、高标准建设、高质量完成，完善业财一体化决策、运行和管控机制，任务完成度 100%。实现全国高校黄大年式教师团队、职业教育教师教学创新团队、"万人计划"教学名师等师资建设大满贯，持续引领教师团队发展。

（2）效益指标

飞机机电设备维修专业群效益指标绩效目标超额达成，如表 12 所示。

表 12　飞机机电设备维修专业群效益指标绩效达成情况一览表

序号	效益指标类别	预设任务数/项	完成任务数/项	绩效达成度/%
1	社会效益指标	182	195	101.22
2	可持续影响指标	6	6	100.00

备注：绩效达成度由"双高计划监测平台"计算获得。

一是社会效益指标。引领职业教育改革发展和人才培养的贡献度。创新"标准融通、军民两用"人才培养体系，学徒制、订单班等企业定制培养学生比例达 33%，为空军、陆军输送机务人才 1 643 人。支撑国家战略和区域经济社会发展的贡献度。搭建航空高端制造工程技术研究中心等省级平台，为空军雷达厂等航空企业提供技术服务，产值 5 230 万元；为企业员工、军人、下岗农民工等开展技能培训每年 2 万人·日，社会培训到款额 1 660 万元。推动形成一批国家层面有效支撑职业教育高质量发展的政策、制度、标准的贡献度。主持航空维修类国家教学标准 9 项，开发岗位模块化职业技能培训标准 19 项，为南京工业职业技术大学、缅甸仰光职业学院等 50 余所国内外院校提供专业建设方案。

二是可持续影响指标。筑牢教学阵地，建成虚拟仿真等一批国家级、省级实训教学基地、数字化教学资源；夯实成果培育沃土，创新人才培养模式；获全国职业院校技能大赛一等奖等 87 项国家标志性成果，形成可复制、可推广的专业建设"航修方案"。

（3）满意度指标

飞机机电设备维修专业群满意度指标绩效目标超额达成，如表 13 所示。

表 13　飞机机电设备维修专业群满意度指标绩效达成情况一览表

序号	满意度指标类别	指标预设值/%	绩效达成度/%
1	在校生满意度	≥98	98.80
2	毕业生满意度	≥97	98.90
3	教职工满意度	≥99	99.60
4	用人单位满意度	≥97	99.40
5	家长满意度	≥98	99.20

一是在校生满意度高。优化人才培养体系、校内外实践教学条件，满足学生个性化需求，在校生满意度 98.80%。

二是毕业生满意度高。毕业生去向落实率 96.70%，专业对口度 86.30%，毕业生起薪达 5 361 元，毕业生满意度 98.90%。

三是教职工满意度高。搭建专业教师阶梯式成长路径，丰富教师职业能力提升形式，健全教师激励制度，教职工满意度达 99.60%。

四是用人单位满意度高。以航空维修专业技能提升为导向，48% 以上毕业生就职中航工业头部企业，用人单位满意度达 99.40%。

五是家长满意度高。报考人数连年增长，近 3 年报考率超过 200%，家长对教学质量和就业情况的满意度达 99.20%。

2. 无人机应用技术专业群

设定产出指标 85 项，社会效益指标 17 项，可持续影响指标 7 项，满意度指标 5 项，超额达成绩效目标，达成度为 110.63%，引领全国无人机应用技术专业发展。

（1）产出指标

无人机应用技术专业群产出指标绩效目标超额达成，如表 14 所示。

表 14　无人机应用技术专业群产出指标绩效达成情况一览表

序号	产出指标类别	预设任务数/项	完成任务数/项	绩效达成度/%
1	数量指标	511	767	114.22
2	质量指标	47	70	110.40
3	水平（时效）指标	3	3	100.00

备注：绩效达成度由"双高计划监测平台"计算获得。

一是数量指标超额达成。设定任务布点 511 个，获得标志性成果国家级 74 项、省级 103 项，其中全国职业院校技能大赛一等奖 4 项、国家教学成果奖 1 项、全国教师教学能力比赛一等奖 2 项。

二是质量指标超额达成。以建设全国党建样板支部为契机，将思政教育贯穿人才培养全过程，获全国课程思政示范课程、教学团队；全面开展线上线下混合式教学，8 门课程被认定为国家级、省级精品在线课程；援建老挝巴巴萨技术学院无人机专业建设，输出教学标准，开启留学生培养；培养定向军士，为无人机领域输出产业急需的高素质技术技能人才 2 000 余人。

三是水平（时效）指标如期达成。足额配套资金，强化业财融合，推行周汇报、月督促，全面保障建设任务如期完成，任务完成度 100%。获课程思政示范课程、新时代职业教育名师等国家级成果，总结形成可复制、推广的经验做法，面向校内外推广；联合西北工业大学等，牵头组建全国工业无人机行业产教融合共同体，为师生工程实践能力和技术服务水平提升搭建平台，持续推动专业发展。

（2）效益指标

无人机应用技术专业群效益指标绩效目标超额达成，如表 15 所示。

表 15　无人机应用技术专业群效益指标绩效达成情况一览表

序号	效益指标类别	预设任务数/项	完成任务数/项	绩效达成度/%
1	社会效益指标	162	175	107.18
2	可持续影响指标	7	7	100.00

备注：绩效达成度由"双高计划监测平台"计算获得。

一是社会效益指标。引领职业教育改革发展和人才培养的贡献度。形成了"集群发展、能力递进、多元协同"的人才培养模式，成效凸显，建设经验在全国性会议中交流分享 10 余次，百余所院校借鉴学习。支撑国家战略和区域经济社会发展的贡献度。服务国家强军战略，无人机定向军士培养扩至 3 个军种，为退役军人等群体开展培训；与航空产业基地 31 家企业深度合作，5 年累计培养高素质技术技能型人才 2 000 余人。推动形成一批国家层面有效支撑职业教育高质量发展的政策、制度、标准的贡献度。发挥全国首开专业优势，制定无人机领域国家教学标准 4 项、"1+X"证书标准 6 项，出版《人才培养模式探索与实践》《教学标准与规范》《课程思政案例集》等，树立全国无人机专业建设范式。

二是可持续影响指标。牵头组建了"全国工业无人机行业产教融合共同体"，成为人才培养模式创新、专业数字化转型等内涵建设的新载体；国家级教学成果、课程思政示范项目等形成的建设路径与模式，持续引领全国无人机专业建设发展。

（3）满意度指标

无人机应用技术专业群满意度指标绩效目标超额达成，如表 16 所示。

表 16　无人机应用技术专业群满意度指标绩效达成情况一览表

序号	满意度指标类别	指标预设值/%	绩效达成度/%
1	在校生满意度	≥92	98.50
2	毕业生满意度	≥93	96.90
3	教职工满意度	≥90	98.90
4	用人单位满意度	≥95	99.40
5	家长满意度	≥90	99.20

一是在校生满意度高。专业特色鲜明，学习氛围浓郁，在校生对学校和专业群人才培养与管理服务等方面总体满意度为 98.50%。

二是毕业生满意度高。专业对口度高，就业前景广阔，毕业生去向落实率连续 5 年超过 95%，毕业生的总体满意度为 96.90%。

三是教职工满意度高。建立健全教师发展保障和激励机制，教职工的幸福指数持续上升，总体满意度为 98.90%。

四是用人单位满意度高。强化服务，协同育人，用人单位对毕业生的专业能力和职业素养等方面的整体满意度为 99.40%。

五是家长满意度高。以生为本，德智体美劳全面发展，家长对子女在校所受教育和就业情况等方面的整体满意度为 99.20%。

三、建设任务完成情况

（一）学校层面建设任务完成情况

落实立德树人根本任务，"双高计划"建设与学校工作"一盘棋"推进，确保"双高计划"建设任务落细落实，任务完成度100%。

1. 思想引领强基铸魂，加强党的建设和思想政治工作

将党建引领贯穿"双高计划"全过程，形成的党建引领高质量发展工作经验被《陕西教育工作情况》（陕西省委内参）选载。班子"八大本领"不断增强。以党委领导下的校长负责制为根本，建立健全党政分工合作、协调配合工作运行机制，领导班子考核连续获优秀等次，党委书记抓党建述职连续7年评为"好"。思政教育工作成效凸显。坚持"三全育人""五育并举"，推行素质教育证书制，获评国家课程思政示范项目1个，全国高校思政课教学展示活动一、二等奖各1项。基层党建工作全国领先。建立"国—省—校"三级党建"双创"培育创建体系，获批4个全国样板支部，位居全国高职院校前列，荣获省级"先进基层党组织"（陕西高职院校唯一）。

2. 立德树人淬炼匠才，打造技术技能人才培养高地

实施航空杰出人才培养计划，完善德技并修的人才培养体系。坚持学生职业素养培育和专业技能培养并重，推行素质教育证书制度，"素质教育证书、职业技能证书、毕业证书"三证获取率超过90%，获职业院校技能大赛国奖35项（一等奖8项），双创大赛国奖16项（金奖2项）。开展"课堂革命·西航行动"，打造"一书一课一空间"，提升课堂教学质量。获国家教学成果奖5项（一等奖1项），全国教学能力比赛奖6项（一等奖3项）。

3. 产教融合提质转型，打造技术技能创新服务平台

推进技术创新成果对接产业、企业需求，携手政军行企多方资源共同打造技术技能创新服务平台。培育科技人才梯队，修订科研制度19项，建成陕西省高校青年创新团队3个，获国家自然科学基金依托单位。搭建成果转化平台，建设"一院一企两中心三团队"，完成横向课题400余项、到款达2500万元，陕西高校"秦创原"科技成果转化绩效评估获A+认证（高职院校仅2所）。促进科研反哺教学，鼓励学生参与教师技术服务项目，将科研成果转化为专业教学内容，师生教研水平整体提升。

4. 航空特色引领发展，打造高水平专业群

聚焦航空岗位群，构建"国—省—校"专业发展梯队。对接航空产业推动专业集群发展。坚持"专业跟着产业走，课程围着岗位转"，实施"诊、改、增、退"的专业动态调整机制，打造对接航空全产业链、优势突出的专业集群，专业设置与区域产业匹配度超92%。对接行业高端企业，校企协同育人。对接大疆无人机等企业，形成"协同共生"校企育人模式，校企共建专业比例达67%。紧跟航空产业数字转型，推动专业数字化改造。推动资源建设数字化，教师素养数智化，实现专业核心课程数字化改造全覆盖。

5. 高端集聚引智精育，打造高水平双师队伍

深入实施"人才强校"战略，打造航空职业教育工匠之师。形成"一理念、两融入、三保障、五举措"的师德师风建设体系，获批陕西省师德师风建设基地，新增国家级人才称号3项、省级人才称号42项。构建"引培用服"一体的"双师型"教师队伍建设长效机制，培养出全国航空类院校唯一集国家级"万人计划"名师、"高校黄大年式教师团队""教师教学创新团队"于一体的张超教授团队。构建"职称—荣誉—奖励"三重叠加人事激

励体系，在职称评审体系开辟国家级教学成果奖等绿色直评通道，在荣誉体系设置师德标兵等表彰项目，在奖励体系最高奖励标准提至 100 万元，激励导向效果明显。

6. 名企引领融合赋能，提升校企合作水平

紧跟航空产业转型升级，打造"政军行企校"协同育人命运共同体。构建产教融合新生态，制定《校企合作管理办法》等制度 19 项，形成了"四层次四融合"的校企合作工作体系。夯实校企合作新常态，以产助教、产学合作，与南方测绘等企业共建 9 个产业学院，形成订单班专业全覆盖、学徒班航空专业全覆盖。打造校企合作新业态，强化与中国航空发动机等头部企业合作，建设高水平专业化产教融合实训基地 5 个，协助 8 家企业入选省级产教融合型企业。

7. 拓宽面向优质供给，提升服务发展水平

主动融入"航空强国"战略和地方经济发展，开展多层次、全方位的技术技能培训与服务。服务军工企业培训，发挥航空工业/中国航发检测认证管理中心等资质优势，为西部战区等单位培训 3 000 余人。助力地方经济发展，新增 CCAR-147、陕西省高技能人才培训基地等资质 25 项，开展 810 项 15 余万人企业员工、退役军人等培训。赋能乡村振兴，依托陕西高校农民培训基地等平台作用，开展计算机应用、电商、焊接技术、农产品营销策划等新型职业农民培训，人数超过 1 600 人。

8. 五方共治创新机制，提升学校治理水平

内部治理体系更加完善，以"双高计划"绩效为导向，以高效内部治理为目标，修订 262 项制度，形成横向职能完善、纵向层级清晰的制度体系。外部治理机制更加优化，构建"政军行企校"共建共治共享机制，组建国家航空产业基地企业联合会等三个合作平台，学校入围全国首批市域产教联合体（西北唯一）。监督评价效能持续发挥，构建多元参与、多维观测的监督评价体系，形"1156"内部质量保障体系，充分发挥教代会、学术委员会等组织参政议政作用，突出民主管理，在全国总工会会议上经验交流（全国高职院校唯一）。

9. 三化融合泛在学习，提升信息化水平

坚持"应用为王、服务至上、示范引领、安全运行"的原则，构建"一体三维三化"的智慧校园建设模式。推动系统化平台建设，建成大数据中心、一网通办等 47 个特色业务系统，全方位服务师生教、研、学、管等业务。提升智能化治理水平，打通数据和信息孤岛，支撑决策科学化、服务"一站式"、在线事务智能化。加强信息化应用能力，开展教学能力比赛、一流核心课程建设等教学改革，师生信息化素养显著提升。

10. 融通中外开放办学，提升国际化水平

推进境外办学项目，服务中资企业"走出去"，积极推广"中文+职业技能"，提升学校国际影响力。引进航空优质资源，引进罗宾逊 R44、塞斯纳 172 等 51 套教学资源，提升航空类专业实力。输出航空特色资源，推进经世学堂和秦岭工坊建设，向老挝巴巴萨技术学院输出专业教学标准，举办空中乘务、民航运输等"中文+职业技能"汉语桥活动，受益学员 700 余人。扩大国际朋友圈，赴新加坡、澳大利亚等国家交流，实现专业群骨干教师全覆盖，百余名学生赴韩国庆云大学研学。

11. 军士培养擦亮品牌，打造军民融合"标杆校"

服务强军建设，对接军队现代化军士人才需求，创新"德技融通、四阶递进"人才培养模式，得到解放军某部高度评价，获空军外场保障人员能力考核全国第一名。推动校地协同，积极参与抗震赈灾等社会服务，承担 10 余所高中军训及国防教育，受训学生 5 000 余人，被《人民日报》等权威媒体报道。担当地方维稳工作，定期开展反恐维稳演练，与区

武装部组成基干民兵排,定期开展军事训练,提高师生国防意识,军士生王驰恒见义勇为获"陕西好人"。

(二)专业群层面建设任务完成情况

1. 飞机机电设备维修专业群

瞄准军航、民航新技术,建成航空维修人才培养和技术服务"新高地",成为全国航空维修类专业头雁。设定任务331项,高质量完成任务。

(1)校企协同,创新人才培养模式

夯实思政育人根基,将军航"三个负责"、民航"三个敬畏"融入课程教学,建成省级课程思政示范项目7项。推进校企协同育人,与5702工厂、东方航空等企业联合创新"标准融通、军民两用"人才培养模式,定制培养1 310人,获国家教学成果一等奖。提升岗位适应性,开展"航空发动机维修"等职业资格等级证书培训鉴定,完成1 000余人航线维护等X证书考评,学生就业竞争力显著提升。

(2)岗课对接,开发课程教学资源

优化专业群课程架构,面向飞机维修产业链核心岗位,构建"基础共享+核心融合+岗位方向+拓展创新"的四层课程架构。建成航修类在线课程,融入喷丸强化等前沿技术、飞机外场维护等14项岗位标准,获批国家级、省级在线课程9门。建设多维立体化资源,主动适应智慧航修需求,完成专业资源数字化改造,建成国家级《飞行器维修技术》专业教学资源库、职业教育虚拟仿真实训资源等3套,打造泛在学习空间。

(3)项目载体,深化教材与教法改革

校企双元开发新形态教材,联合东方航空等27家企业,开发《航空维修手册查询》等新型教材21本,获全国优秀教材、国家"十四五"规划教材5本。项目驱动改革教法,以生产项目为载体,创设"理—虚—实"一体学习情境,构建"析—导—强—达—拓"等线上线下混合教学模式,推动教学改革,获教师教学能力比赛国奖4项。对接生产过程优化评价体系,构建以职业素养和技能提升并重的过程性考核+企业真实产品质检为导向的结果性评价体系,实现学生"工作认知—岗位能力—职业发展"的三维进阶。

(4)互培共长,打造教师教学创新团队

实施师德师风与业务水平"双考核",提升教师政治素养和业务水平,入选全国高校黄大年式教师团队。实施"青年—骨干—名师—领军"人才培育计划,建成国家职业教育教师教学创新团队1个,培养国家"万人计划"教学名师1人、省级教学名师4人。建立校企教师互培共长机制,成立专业协作共同体,开展科学研究、技术攻关等项目92个,促进教师专业教学、技术服务能力双向提升。

(5)产学研训,建设实践教学基地

聚焦前沿,形成"虚实交融"实践教学体系。联合海航汉莎等12家企业,新建民航维修等16个实训中心,国家级虚拟仿真实训基地1个,学生获技能大赛国家一等奖3项。产学一体,与航空基地企业共建高水平产教融合实训基地3个,校厂一体开展生产性实训,产值达1 606万元。育训并举,对接民航培训体系,建成西北首家CCAR-147航空器维修培训机构,与海航技术等10余家企业开展"执照班"培养,为民航输送高素质技术技能人才2 000余人。

(6)创新驱动,搭建技术技能平台

助力技术革新,依托重点实验室等4个省级平台,围绕飞机零部件制造和结构深度修理两条主线,服务企业技术革新,获省级科学技术奖。支撑专精特新企业,持续推进科研成果汇聚"秦创原",培育孵化鼎飞翼等航空科技型企业,助力广泰空港等4家单位入选省级产教融合型企业。促进科研成果转化,打造由职业经理人、科研型教师组成的陕西省高校青年创新团队,攻关企业精益改进等技术项目,科技成果转化15项。

(7) 赋能区域,提升社会服务能力

服务国家强军目标,依托退役军人培训联盟,融合民航维修规范,为陆军航空兵某部、海军某部等开展航空器维修培训12次,累计受训23 000人·日。助力企业产品升级,为航空城中小微企业提供规划咨询,承接飞机维修数据采集等服务项目70项,转化发明专利39项。提升员工岗位能力,发挥航空类专业教学资源优势,精准制定模块化职业技能培训标准,为73家军工企业和院校开展培训8万人·日,到款额1 660万元。

(8) 多措并举,开展国际交流与合作

拓宽教师国际化视野,遴选56名教师前往澳大利亚等国家访学研修,参加"丝绸之路教育合作交流会"等国际会议15次。输出专业教学资源,服务"一带一路"共建国家,为马里共和国等开展技能培训1 000余人次,向缅甸仰光职业学院输出专业建设标准2项。提升国际影响力,承办中英"一带一路"创新创业大赛,在金砖国家技能大赛等国际赛项获奖2项。

(9) 蓄势赋能,创新可持续发展保障机制

建立管控机制,组建由行业专家和职教名师组成的专业建设指导委员会,构建"规划—运行—监督—考核"四级管理机制,高质量完成建设任务。坚持绩效导向,实行"校外专家+校内督导"的教师评价机制,制定《专业群教师目标管理办法》等15项制度,激发教师全员参与"双高计划"建设动力。优化评价体系,引入第三方评价机构,吸纳用人单位、毕业生、家长等多元主体参与考核评价,保障项目高质量实施,提升育人质量。

2. 无人机应用技术专业群

坚持立德树人根本任务,着力提升专业群人才培养质量与技术技能服务水平,打造无人机应用技术专业群建设新样本,设定任务268项,高质量完成任务。

(1) 践行"三融战略",创新人才培养模式

实施"三全育人",将思政教育贯穿人才培养全过程,持续开展"大国工匠进校园"等活动,培养学生崇尚劳动、敬业专业和追求卓越的品质。校企协同育人,建成"纵横无人机"等2个产业学院,开展"1+M+N"[①]岗位轮训,为中国人民解放军培养无人机军士,支撑国防军队建设和区域经济发展。创新培养模式,形成了"集群发展、能力递进、多元协同"的专业群人才培养模式,获国家教学成果二等奖。

(2) "岗课赛证"融通,开发课程教学资源

构建模块化课程体系,对接无人机产业岗位核心能力需求,形成"通用化+项目化+平台化"的模块课程体系,培养学生可持续发展和创新能力。制定专业教学标准,主持制定无人机领域国家教学标准4项、"无人机操作与维护"等"1+X"证书标准6项,示范引领效应凸显。开发多维立体教学资源,校企联合开发课程、案例库等数字化资源,获全国课程思政示范课程1门、国家级精品在线课程1门。

(3) 开展"课堂革命",深化教材与教法改革

校企双元建设新形态教材,融入无人机行业发展新技术和新场景,出版新形态教材12

---

① "1+M+N"指1(学生)+M(企业)+N(岗位)的岗位轮训制度。

本,入选国家"十四五"规划教材 6 本。数字赋能推进教法改革,采用项目任务驱动、情境等教学方法,推行"课前自主学习+课中项目实践+课后拓展提升"的教学改革,获全国教师教学能力比赛一等奖。优化多元考核评价方式,建立"线上+线下、过程+结果、自评+互评、能力+素质、校内+校外、定性+定量"的考核评价体系,学生学习效果全面提升。

(4) 坚持"内培外引",打造教师教学创新团队

名师引领促成长,以全国党建样板支部建设为抓手,打造"名师+大师"教学团队,培养全国航空职教名师 2 人、中国职业教育优秀教师 1 人,高级职称占比 52%。双师培养精技能,广泛开展教师技能培训、企业实践、职业技能资格认证,"双师型"教师比例达 95%。聚合资源强团队,发挥王巍院士工作室,何志堂、马卫涛大师工作室效能,提升教师团队教科研水平,选聘 180 余名行业企业专家授课,校企协同育人。

(5) 坚持"育训一体",建设实践教学基地

建设高水平产教融合实训基地,落实国家实训教学标准,建成无人机飞行试验等 19 个实训中心,开展基本技能训练、专业综合训练、职业培训和技能鉴定。拓展渠道建设校外实训基地,与中航通飞、科比特航空等 12 家企业联合建立校外实训基地,提升学生岗位实践能力。育训一体提升实训基地效能,承办"智能飞行器应用"等 8 项省级技能大赛,提升学生专业技能及创新创业能力,获全国职业院校技能大赛一等奖 4 项。

(6) 深化"产教融合",搭建技术技能平台

聚合资源搭建平台,牵头组建"全国工业无人机产教融合共同体",建设"无人机智能控制与应用"陕西省高校工程技术研究中心,构建产教融合、科教融汇新生态。科技攻关服务企业,助力天翼航空等企业技改,解决无人机飞控等技术难题 57 项,授权专利 29 项,横向课题到款额 471 万元,产值 3 316 万元。技教融合反哺教学,将横向课题研究成果转化为教学内容,提升学生工程应用和项目管理能力。

(7) 坚持"多元并进",提升社会服务能力

广泛开展技术培训,为退役军人、新型职业农民等开展无人机技术培训 18 735 人·日,深受学员好评。服务乡村振兴战略,与陕西潼关县共建无人机农业植保基地,开展农林植保、应急救援、遥感测绘等 25 项社会服务。开展航空科普活动,组织无人机科普、飞行表演等活动,激发青少年"航空强国"的爱国热情。

(8) 服务"一带一路",开展国际交流与合作

拓宽师生国际视野,引进塞斯纳 172R、罗宾逊 R44 等国际航空教学资源,组织 37 名教师赴德国、澳大利亚等国家学术交流。输出"西航方案",通过经世学堂和秦岭工坊等国际合作项目,援建老挝巴巴萨技术学院无人机应用技术专业,输出专业教学标准、实训室建设方案,填补老挝专业空白。提升国际影响力,联合大疆创新、纵横股份等头部企业,为老挝、泰国等"一带一路"共建国家开展培训 938 人·日,组织师生参加国际竞赛与交流,获首届世界院校技能大赛优胜奖。

(9) 强化"多重保障",创新可持续发展保障机制

构建质量保障体系,完善专业群组织架构,聘请爱生无人机集团等企业专家成立专业群建设指导委员会,形成专业动态调整机制,实施项目建设的动态监控,建立质量改进螺旋,提升项目建设成效。健全管理运行机制,制定《专业群绩效考核管理办法》等 20 余项制度,固化建设成果,出版《人才培养模式探索与实践》《教学标准与规范》等,推动专业群健康可持续发展。

四、项目建设采取的措施

（一）项目推进机制建设与运行

1. 项目推进的组织管理

（1）学校层面

成立专门管理机构，以群建院优化内部组织架构，成立项目建设管理办公室，专职人员7名，负责"双高计划"协调组织、任务推进、绩效评价等工作；强化过程组织管理，聘请航空领域权威专家27人，组建"双高计划"建设咨询委员会，健全"咨询委员会—领导小组—项目办公室—专项建设组—纪委检查组"五级双高建设组织机构，逐级压实任务。

（2）专业群层面

成立"双高计划"工作专班，根据高水平专业群建设9大任务，按照"领导挂帅、党员冲锋、名师攻坚、全员参与"原则，设立专项工作组，保障任务落实落细。建立任务推进机制，组建"二级学院—教研室—教师"层级任务推进机制，明确专业群任务分工，责任到人，激发内生动力。

2. 制度建设及运行情况

（1）学校层面

建立绩效导向制度体系，出台《"双高计划"项目实施管理办法》《"双高计划"建设"揭榜挂帅"工作方案》等专项制度25项，修订"双高计划"建设相关制度262项。建立问题台账销号制度，建立"双高计划"任务的问题发现、整改、销号制度，实行清单管理，精准发力，跟踪问效，提升推进效率。

（2）专业群层面

建立以人才培养质量提升为导向的制度体系，修订两级管理考核评价体系，制定《专业群绩效考核管理办法》等30余项制度，统筹推进专业群建设任务，形成《专业群建设教学标准与规范》等制度集。

（二）项目资金管理与使用

1. 项目资金投入机制

成立"双高计划"建设资金管理专项小组，严格按照任务书资金计划，坚持"中央引导、地方配套、学校主导、社会支持"，多元筹措资金，逐年落实资金来源，确保资金足额到位，未挤占生均财政拨款。

2. 资金管理制度

严格执行《中央财政支持陕西高校发展专项资金管理办法》《现代职业教育质量提升计划专项资金管理办法》以及国有资产采购等规定，构建完善的资金管理制度体系。

3. 预算编制与执行

预算编制以"双高计划"任务资金预算计划为基础，根据各项任务预计完成状况及资金到位情况编制项目预算并足额下达资金。预算执行中采用项目负责制，全面落实"谁使用，谁负责"，形成项目资金管理"一盘棋"。项目执行中成立了党委全面监督，纪委专责监督、审计专审监督和财会监督的立体监督体系与联动机制，形成监督合力，确保项目资金在"阳光下"运行，资金使用规范、安全、高效。

4. 资金使用情况

项目资金单独核算，坚持业财融合，资金投向及使用紧密围绕"双高计划"建设任务，明确资金开支范围和标准，规范资金支出审批流程，确保资金使用符合专项资金管理办法，不存在截留、挤占、挪用、虚列支出等情况。

五、特色经验与做法

聚焦人才培养和技术服务提升两条主线，服务国家战略、支撑航空产业迈向一流、助力陕西经济发展、助推区域产业转型升级，担当引领航空职教改革发展先行者。

（一）靶向发力打造三个样板，服务国家重大战略需求

发挥航空特色品牌优势，提升学校服务能力，精准施策、靶向发力，在服务军民融合、乡村振兴、"一带一路"倡议等国家重大战略中唱响"西航声音"。

1. 精准施策，打造服务军民融合战略的"职教样板"

传承隶属空军40年的军工基因，以军士人才培养和技术服务为核心，形成"人才培养—技术服务—社会培训—文化传播"的军民融合育人模式。成立军士学院，打造军士管理体制样板。与陕西省军区、空军工程大学等36家单位组建军士人才培养指导委员会，创建"部队+院校"的管理模式，构建军士学院、专业学院和职能部门齐抓共管、紧密协作的联动机制。融合军航民航，打造军士人才培养模式样板。推进军航、民航融合培养，形成"德技融通、四阶递进、五方协同"的航空机务军士人才培养模式，获得国家级教学成果，学生团队获得空军外场保障人员能力考核第一名。服务军工校企，打造技能提升培训样板。为空军雷达修理厂、陆军航空兵学院等开展技能培训，助力军工人才终身教育与再就业。传播军工文化，打造军事素养提升教育样板。承担志丹县高级中学等学校新生军训工作50余次，协助地方开展维稳防暴工作，开放学校功勋战斗机等军事资源，将学校打造成为区域军工文化"传播地"，学校获评国家"国防教育特色学校"。

2. 六措并举，打造服务乡村振兴战略的"职教样板"

发挥学校人才和技术优势，构建"智力+技能+科技+教育+产业+消费"的乡村振兴"组合拳"帮扶模式。智力帮扶，选派优秀处科级干部5人次，赴宜川县"组团式"常态化驻村，巩固拓展脱贫攻坚成果。技能帮扶，开展精准技术培训，为西乡县等开展电子商务、农业种植技术等14个专项培训，受益群众达1 482人次，获批省级"双百工程"先进单位。科技帮扶，与潼关县共建无人机农业植保基地，开展飞播造林、喷洒农药等无人机作业培训5 000余人次，利用无人机测绘技术，协助当地政府获取大量农田精准数据。教育帮扶，投入200余万元，援建西乡县职教中心。发挥学校专家优势，帮扶宜川县职教中心提升教学能力、治理水平。产业帮扶，组织农科专家开展科技攻关活动，援助潼关县老虎城村开发"亚热带水果种植试验区"，该村被列为"乡村振兴工作先进试点村"。消费帮扶，坚持采购潼关县农副产品，在校园超市设置农副产品消费展位，在食堂设立"潼关肉夹馍"扶贫档口，消费扶贫400余万元，帮助农民增收致富。

3. 三个"走出去"，打造服务"一带一路"倡议的"职教样板"

发挥学校航空特色资源优势，结合"一带一路"共建国家需求，协同推动"模式—资源—标准"走出去，在传播中国职教方案中唱响"西航声音"。办学模式走出去。援建老挝巴巴萨技术学院"无人机应用技术经世学堂"，为8所学校的60余名师生开展培训，入选教育部"人文交流经世项目"。优质资源走出去。一体化推进"语言+技能+文化"，将汉语语言教学、技术教育与国际化行业企业标准相融合，打造《焊接汉语综合教程》（法语注释版）等一批走出去教材。教学标准走出去。向老挝、缅甸等国家输出航空专业教学"西航

标准"5项,开发"中文+焊接""空中丝路"等国际课程标准、教学资源3套;参与研制首个由中国牵头的国际标准《校企合作指南》。

(二) 四维一体助力技术革新,加速航空产业迈向一流

围绕"秦创原"陕西省创新驱动发展总平台和创新驱动发展总源头,聚焦航空、民用无人机2条重点产业链,搭建"一院一企两中心三团队",构建"对接需求—发布榜单—组建团队—技术研发—成果转化"的全流程供需对接机制,一体化推进"产学研推用",贡献"西航力量"。

1. 成立工程技术研究院,校企技术对接精准化

组建"业务精、能力强、素质高"的专业化队伍,广泛收集企业技术需求,精准匹配校内资源。学校入选中国航发集团航空材料研究院、兵器工业近代化学研究院等单位合格供方目录,公开发布企业需求,组建团队完成了"7A85结构壁板退火拉伸、淬火拉伸与挤压工艺仿真计算"等一批技术研发项目,协同破解企业、产业发展难题。

2. 建成2个省高校工程技术研究中心,产学研用一体化

聚力技术提升,依托航空高端制造等2个省高校工程技术研究中心,对接航空产业发展需求,协同推进科技成果研发,培育孵化鼎飞翼等科技型企业,开展密闭空间无人机自主导航等关键技术研究,授权专利/知识产权553项。

3. 打造3个青年创新团队,"卡脖子"技术攻关协同化

投入500余万元,校企联建3个"教授+高工"的省级青年创新团队,攻关一批"卡脖子"技术,助力企业技术革新。豆卫涛教授领衔的"高端装备零部件再制造技术"团队,与西安建筑科技大学、宝钛集团、西部超导等公司联合组建技术攻关团队,形成"理论研究、技术研发、产业应用"机制,成功研制国内首台"无心车床",解决钛合金加工过程中单位切削力大、散热慢等"卡脖子"技术,提速航空航天紧固件大盘卷钛合金丝材整个工艺流程,引发国内外学术界的强烈关注。

4. 成立校办企业,成果转移转化市场化

成立西安航基职晟科技有限公司,加快推进科研成果孵化、转化。按照"市场化运行、企业化运作、教学化服务"的原则,推动智能飞行控制等一批学校孵化项目推广应用,完成横向课题400余项、到款额2 500万元,市场化转化专利41项,学校被认定为西安市技术转移示范机构,获评陕西高校"秦创原"建设工作及科技成果转化绩效评估"A+"等级单位(陕西高职院校共2所)。

(三) 产教融合筑牢人才基石,推动地方经济创新发展

发挥航空特色资源优势,深化产教融合,坚持以教促产、以产助教,提升学校办学水平和产业服务能力,为陕西经济社会发展提供"西航力量"。

1. 以教促产,打造区域产业发展的"新引擎"

优化专业群布局,构建了对接陕西省6大支柱产业、3大新兴未来产业的"3221"[①] 专业群架构,推动教育链与产业链、人才链、创新链的深度融合,提升人才培养精准度。推行"高原高峰"计划,实施"课堂革命·西航行动"的"高原"计划,打造"一书一课一空间",提升教育教学质量;涌现出一批国家级高质量标志性成果的"高峰",学校入选全国

---

① "3221"指服务创新驱动战略,布局无人机应用技术等3个专业群;服务军民融合战略,布局飞机机电设备维修等2个专业群;支撑"秦创原"发展,布局材料工程技术等2个专业群;服务"一带一路"倡议,布局软件技术专业群。

首批市域产教联合体建设单位，获得国家教学成果奖 5 项（一等奖 1 项），全国技能大赛获奖 35 项（一等奖 8 项）等。

2. 以产助教，点燃办学水平持续提升的"助推器"

深化校企协同育人，坚持市场导向，紧盯区域发展规划、行业人才需求，牵头成立陕西西安航空城职教联盟，探索实践"政军行企校"多元参与的协同发展机制，为地方经济发展奠定人才基石。提高人岗匹配度，推进形成"课程上在车间里、作业写在产品上、知识长在技能中"，引进企业教学资源，新建国家精品在线课程 3 门，校企开发教材 25 本，入选国家级"十四五"规划教材 13 本。推动科研与市场耦合度，强化资源应用绩效导向，发挥学校智力优势，与西安兴航等企业合作，联合打造飞行器数字化技术省级重点实验室等平台。

3. 产教共生，构建校企合作命运"共同体"

对接高端企业，共建产业学院，与成都纵横等企业共建 9 个产业学院，搭建"产学研推用"平台，将 50 余个生产项目转化为教学模块，精准培养员工 272 人。校企协同，开展现代学徒制培养，全面推行教育部现代学徒制试点项目，创新"协同共生 项目引领：测绘人才现代学徒制培养模式"，获 2022 年国家教学成果二等奖。对接生产，共建实训基地，建立校内外航空类实习实训基地 81 个，入选国家级示范性职业教育虚拟仿真实训基地、职业教育"双师型"教师培训基地 4 个。

（四）五方合力创产教联合体，助推区域产业转型升级

全面落实职业教育"一体两翼五重点"建设任务，汇聚"政军行企校"五方合力，推进学校牵头的全国首批市域产教联合体建设，提升学校办学能力和专业水平，彰显"西航担当"。

1. 运作实体化，构建五方协同治理体系

创建机制，成立政府、军队、行业、企业、学校等五方组建的理事会，建立"一方案、一专班、一理事会"工作架构，推行"规划决策—统筹协调—组织实施"三级运行模式，构建产权明晰、组织完备、机制健全、运行高效的实体化运作机制。政策赋能，发挥"区政合一"叠加优势和政策牵引作用，统筹园区、行业、企业、学校、院所，制定《西安航空高端制造产教联合体建设管理办法》等一系列组合政策，按照政府驱动、院校主动、行企带动、机构推动的角色定位，促进人才供给侧和产业需求侧结构要素全方位融合。

2. 服务区域化，着力破解企业生产难题

推动技术创新转化，贯通科研开发、技术创新、成果转移链条，为园区企业提供技术咨询与服务，促进技术创新、工艺改进、产品升级。攻关"卡脖子"技术，瞄准"航空装备深度修理""航空装备高端制造"2 条主线，聚合航空基地人才、技术、设备资源，校企组建航空关键结构件控形控性应用等 3 个省级团队，强化服务区域需求能力，为三角防务等企业解决环件轧制等关键技术 10 余项。

3. 培训高端化，推动员工技能再提升

依托国家级"双师型"教师培养培训基地，为基地 50 余家企业开展岗位技能提升培训、特种设备作业培训等 30 余项，社会服务到款额突破 1 000 万元。民航维修从业人员职业能力再提升。面向民航企业人员开展维修人员执照培训、发动机型号培训及认证，解决企业人员步入核心岗位的资质难题，每年培训 300 余人，到款经费 500 余万元。

（五）高位谋划标准制度典范，引领航空职教提质增效

制定一批高效率运行、高质量成果产出的制度体系，牵头制定一批国家级教育教学标

准，总结凝练一批航空特色的"西航经验"，引领全国航空类院校改革发展。

1. 揭榜挂帅，打造高效能产出的"政策典范"

制定"揭榜挂帅"制度，针对"双高计划"的"卡脖子"任务，制定《揭榜挂帅工作方案》，按照"发榜—揭榜—挂帅—评榜—奖榜"的程序，形成了27项榜单、286人主动攻坚难点的良好氛围，取得340项国家级标志性成果，被《中国教育报》等媒体报道。制定高质量推进的运行机制，修订《两级单位目标考核办法》等262项制度，将"双高计划"任务完成质量与部门及个人年度考核相结合。修订《质量工程奖励办法》等，将国家级奖项前三等次标准统一为1∶0.2∶0.1，最高奖励标准提至100万元，相关制度被30余所兄弟院校借鉴。

2. 质量为王，构筑高水平教育教学的"标准典范"

坚持标准引领，构建"纵向贯通、横向融通、内外联动"的教学标准机制，全面提升育人质量。建立"国家—省级—学校"纵向贯通的标准联动机制，落实教育部新修订的《职业教育教学标准》，走访航空企业300余家，将行业企业新技术、新工艺、新规范、新标准的"四新"要求融入教学内容，将《空军航空修理系统从业人员资格考核大纲》等行业标准融入专业教学标准，构建了适应航空维修产业发展的人才培养新体系。建成"教学—课程—实训—岗位"横向融通的标准耦合机制，对接企业生产流程重构课程内容，推动真实生产任务转化为教学模块，优化课程标准。牵头制定《航空智能制造》等国家教学标准57项，成为职业院校航空类专业建设的基本规范。

3. 航空特色，打造高特强新的项目建设"西航典范"

标杆先行，围绕"双高计划"11项建设任务，深挖理论内涵，强化成果总结，凝练推广价值，总结出一批具有航空特色的专项建设"西航经验"，学校品牌影响力显著提升。强化理论凝练，如"加强党的建设"专项，秉承"强组织、严落实、重绩效"的理念，构建了"11224"① 党建工作模式，先后在全国性会议交流5次，被《中国教育报》等权威媒体报道20余次。强化成果路径梳理，如"打造技术技能人才培养高地"专项，践行"军民融合、产教融合、校地融合"三融战略，建成了对接产业链的航空特色专业体系，形成了西航特色的"35231"② 教育教学管理体系，50余所院校来校交流经验。

（六）标准融通创专业群范式，打造军民两用蓝天工匠

飞机机电设备维修专业群紧跟航空维修行业发展，以服务军航和民航发展为宗旨，创新提出"融合共育"人才培养理念，构建实施"标准融通、军民两用"人才培养体系，培养一批支撑军民两用的蓝天工匠，形成航空维修人才培养的"西航方案"。

1. 创新了"两航共育、三段渐进"人才培养模式

传承学校"工学四合""三融战略"办学理念，首次将军航、民航维修人员准入资格标准化培训要求有机融合，形成专业教学标准。精准定位"军民两用"航修人才培养目标，贯穿"军航精技能、民航重规范"的核心素养，明确"强作风+遵规范+精技能+懂工艺"的人才培养规格，与军民航企业共育"学员—机械员—技术员"三段渐进人才，该模式先后被《人民日报》等权威媒体报道12次。

2. 构建了"岗位—任务—模块"模块化课程开发路径

面向航空维修5大核心岗位，以典型工作任务为载体，与军航、民航行业企业共同研

---

① "11224"指"1"种文化，"1"个体系，"2"支队伍，"2"融促进，"4"化支撑。
② "35231"指三融战略，五方共建，两条主线，三大任务，一个目标。

究，将军航两类、民航三类标准和职业准入资格证书要求的知识与技能补充融合到教学内容中，创建"航空基础+航修通用+机务核心+综合应用+岗位拓展"五层架构的职业能力模块化课程体系。

3. 建成了"名师+大师"的国家高水平教学团队

与 5702 工厂、东方航空技术有限公司合作，打造了国家"万人计划"教学名师张超领衔，汇集蓝天工匠叶牛牛、三秦工匠蔡帆等一批航空维修企业专家、技能大师的"名师+大师"教学团队，入选全国高校黄大年式教师团队，国家职业教育教师教学创新团队验收为"优秀"。

六、问题与改进措施

（一）国际化办学水平有待进一步提升

学校与老挝等国家启动"秦岭工坊"建设，但在航空技术、职教方案输出等方面有待提升。下一步，学校将在"职教出海"中进一步彰显航空特色，加大实施"西航行动"。

（二）建设成果示范引领效应有待进一步扩大

学校牵头获批市域产教联合体等一批国家级标志性成果，成果示范引领效应有待提升。下一步，学校将进一步落实职业教育新要求，在高质量推进"一体两翼五重点"中作出"西航贡献"。

七、其他需要说明的有关事宜

无。

陕西国防工业职业技术学院"双高计划"总结报告

按照《教育部办公厅 财政部办公厅关于开展中国特色高水平高职学校和专业建设计划验收工作的通知》（教职成厅函〔2024〕1号）和《陕西省教育厅 陕西省财政厅关于印发〈陕西省中国特色高水平高职学校和专业建设计划（2019—2023年）绩效评价工作方案〉的通知》（陕教〔2024〕5号）要求，对照学校"双高计划"建设方案和任务书，从建设绩效完成情况、资金保障和使用情况、项目建设水平等方面，总结如下：

一、总体情况

（一）项目绩效目标达成和建设任务完成总体情况概述

1. 绩效指标达成度100%，圆满完成建设任务

"双高计划"学校层面绩效指标255项，其中数量指标134项、质量指标87项、其他指标34项；一级任务10项，二级任务28项，任务点237个。专业群层面绩效指标161项，其中数量指标87项、质量指标51项、其他指标23项；一级任务9项，二级任务24项，任务点166个（如表1所示）。绩效指标和建设任务完成度均为100%。

2. 标志性成果突出，学校核心竞争力显著提升

通过5年建设，获国家级成果及荣誉118项，军工特色人才培养质量不断提高，专业群协同发展机制成效凸显，产教融合、校企合作更加深入，社会服务能力和国际影响力稳步提升。

表1 建设成果水平数据表

类别	序号	成果名称	成果等次及数量
党建思政	1	全国党建工作示范高校、标杆院系、样板支部培育创建单位	3个
党建思政	2	国家课程思政教学研究示范中心、示范课程、教学名师和团队	1个
人才培养	3	国家级教学成果奖	一等奖1项、二等奖1项
人才培养	4	职业教育国家规划教材书目	4本
人才培养	5	全国教材建设奖	1项
人才培养	6	全国职业院校技能大赛	一等奖1项、二等奖9项、三等奖18项
人才培养	7	全国技能大赛	优胜奖2项
人才培养	8	中国国际"互联网+"大学生创新创业大赛	金牌1项、银牌1项、铜牌9项
人才培养	9	"挑战杯"中国大学生创业计划竞赛	银牌1项、铜牌1项
人才培养	10	国防教育特色学校	1个
人才培养	11	示范性职业教育集团（联盟）培育单位	1个
人才培养	12	全国大学生网络文化节和全国高校网络教育优秀作品推选展示活动	1项

续表

类别	序号	成果名称	成果等次及数量
师资队伍	13	全国技术能手	3人
	14	国家级职业教育教师教学创新团队	1个
	15	全国职业院校技能大赛教学能力比赛（第一单位）	二等奖2项、三等奖1项
	16	全国行业职业教育教学指导委员会、教育部职业院校教学（教育）指导委员会委员	2人
	17	职业教育教师教学创新团队课题	1项
	18	全国高校毕业生基层就业卓越奖	1项
信息化建设	19	国家精品在线开放课程	1门
	20	国家级职业教育专业教学资源库	4个
	21	职业教育示范性虚拟仿真实训基地培育项目	1项
国际交流	22	一带一路暨金砖国家技能发展与技术创新大赛获奖	金牌5项、银牌2项、铜牌5项
	23	教育部"人文交流经世项目"首批"经世国际学院"	1个
	24	"中文+职业技能"教学资源建设项目	1项
	25	汉语桥"中文+职业技能"线上团组交流项目	1项
其他	26	共青团中央2022年"三下乡"社会实践优秀团队	1人
	27	新时代职业学校名师（名匠）名校长培养计划（2023—2025年）培养对象和培养基地——名师培养对象	1人
	28	2022年全国行业职业技能竞赛——全国服务型制造应用技术技能大赛国赛一等奖	1项
	29	第十届全国大学生机械创新设计大赛国赛	二等奖1项
	30	2022年金砖国家职业技能大赛（决赛）服务机器人	三等奖1项
	31	首批全国健康学校建设单位	1个
	32	教育部首批职业院校数字校园建设试点单位	1个
	33	工信部专精特新产业学院	1个
	34	法国施耐德电气绿色低碳产教融合项目建设单位	1个
	35	教育部全国高校供需对接就业育人项目	20项

（二）项目预算执行情况概述

1. 项目经费足额到位

（1）学校层面

预算资金31 500万元，资金到位31 538.29万元，到位率100.12%（如表2所示）。

表2 学校层面资金到位情况一览表

序号	资金来源	项目预算总额/万元	资金到位总额/万元	资金到位率/%
1	中央财政投入资金	3 500	3 500	100.00
2	地方各级财政投入资金	3 500	3 500	100.00

续表

序号	资金来源	项目预算总额/万元	资金到位总额/万元	资金到位率/%
3	行业企业支持资金	2 300	2 338.29	101.66
	其中：非现金	2 300	2 338.29	101.66
4	学校自筹资金	22 200	22 200	100.00
	其中：非现金	—	—	—
	合计	31 500	31 538.29	100.12

（2）专业群层面

预算资金12 000万元，资金到位12 000万元，到位率100%（如表3所示）。

表3 专业群层面资金到位情况一览表

序号	资金来源	项目预算总额/万元	资金到位总额/万元	资金到位率/%
1	中央财政投入资金	3 500	3 500	100.00
2	地方各级财政投入资金	3 500	3 500	100.00
3	行业企业支持资金	1 500	1 500	100.00
	其中：非现金	1 500	1 500	100.00
4	学校自筹资金	3 500	3 500	100.00
	其中：非现金			
	合计	12 000	12 000	100.00

2. 项目经费执行率高

（1）学校层面

资金支出31 431.14万元，执行率99.78%（如表4所示）。

表4 学校层面资金支出情况一览表

项目	预算总额/万元	支出总额/万元	执行率/%
打造技术技能人才培养高地	2 200	2 165.31	98.42
打造技术技能创新服务平台	6 800	6 799.40	99.99
打造高水平专业群	12 000	11 976.67	99.81
打造高水平双师队伍	2 050	2 024.25	98.74
提升校企合作水平	3 350	3 358.95	100.27
提升服务发展水平	1 500	1 495.13	99.68
提升学校治理水平	100	99.94	99.94
提升信息化水平	2 980	2 992.15	100.41
提升国际化水平	520	519.34	99.87
合计	31 500	31 431.14	99.78

（2）专业群层面

资金支出 11 976.67 万元，执行率 99.81%（如表 5 所示）。

表 5　专业群层面资金支出情况一览表

项目	预算总额/万元	支出总额/万元	执行率/%
人才培养模式	100	99.64	99.64
课程教学资源建设	1 465	1 463.34	99.89
教材与教法改革	145	144.91	99.94
教师教学创新团队	980	979.28	99.93
实践教学基地	5 550	5 547.82	99.96
技术技能平台	1 650	1 630.56	98.82
社会服务	120	119.67	99.72
国际交流与合作	1 840	1 841.62	100.09
可持续发展保障机制	150	149.83	99.89
合计	12 000	11 976.67	99.81

（三）项目建设自评分和自评结论

"双高计划"建设任务全部完成，绩效目标全部达成。资金到位率和执行率高，使用合规。经和兄弟院校对比，与高水平学校尚存在一定差距，在水平指标中学校层面扣 0.8 分、专业群层面扣 0.5 分。学校层面自评得分 99.2 分，专业群层面自评得分 99.5 分，总体自评分为 99.41 分，自评结果为"优秀"等次（如表 6 和表 7 所示）。

表 6　学校层面自评得分一览表

绩效评价指标得分标准		自评得分/分		说明
一级指标	二级指标	一级指标得分	二级指标得分	
产出指标（40 分）	数量指标（15 分）	39.2	15	数量指标全部完成
	质量指标（15 分）		15	质量指标全部完成
	水平时效指标（10 分）		9.2	获国家级成果及荣誉 35 类 118 项
效益指标（20 分）	社会效益指标（10 分）	20	10	社会效益好
	可持续影响指标（10 分）		10	影响力强
满意度指标（10 分）	服务对象满意度指标（10 分）	10	10	满意度指标达成度高
管理与执行指标（30 分）	资金到位率指标（8 分）	30	8	资金全部到位
	资金预算执行率指标（8 分）		8	资金执行率 99.78%
	资金使用合规性指标（10 分）		10	资金单独核算、使用合规
	项目管理指标（4 分）		4	制度健全、管理规范
合计		99.2	99.2	

表7 专业群层面自评得分一览表

绩效评价指标得分标准		自评得分/分		说明
一级指标	二级指标	一级指标得分	二级指标得分	
产出指标（40分）	数量指标（15分）	39.5	15	数量指标全部完成
	质量指标（15分）		15	质量指标全部完成
	水平指标（10分）		9.5	获国家级教学成果奖等荣誉
效益指标（20分）	社会效益指标（10分）	20	10	社会效益好
	可持续影响指标（10分）		10	影响力强
满意度指标（10分）	服务对象满意度指标（10分）	10	10	满意度指标达成度高
管理与执行指标（30分）	资金到位率指标（8分）	30	8	资金全部到位
	资金预算执行率指标（8分）		8	资金执行率99.81%
	资金使用合规性指标（10分）		10	资金单独核算、使用合规
	项目管理指标（4分）		4	制度健全、管理规范
合计		99.5	99.5	

二、绩效目标达成情况

（一）学校层面绩效目标达成情况

绩效指标255项，其中产出指标225项、效益指标25项、满意度指标5项，目标达成度均为100%。

1. 产出指标达成情况

产出指标225项，其中数量指标134项、质量指标87项、时效指标4项，目标达成度均为100%。

（1）数量及质量指标

数量及质量指标221项，其中数量指标134项、质量指标87项，目标达成度均为100%。

一是党的建设和思想政治工作。任务点数为19个，完成度均为100%。通过实施"三大工程"，形成党对学校工作领导纵到底、横到边、全覆盖工作格局。创建"五抓五建"工作机制，打造"党建+"新模式，实施党建"双创"计划，推进省级党建示范高校建设，党建领航学校高质量发展作用进一步增强，获批国家级样板支部3个。创新科学选人用人机制和考评体系，锻造军工特质干部人才队伍。传承红色基因，将人民兵工精神融入"五育并举"育人体系，涵育"忠博武毅"国防职教精神，实施"大思政"聚力和"大先生"培育行动，获评机械行业思政工作守正创新单位。学生家国情怀厚植于心，参军人数居全省高职院校第1，获全国高校基层就业卓越奖等荣誉。

二是技能人才培养高地。数量及质量指标16项，其中数量指标9项、质量指标7项，目标达成度均为 100%。构建了以"人民兵工精神+'忠博武毅'国防职教精神"为特色的思政育人模式，形成"四位一体"军工特色大思政育人格局，被《中国教育报》等媒体深度报道。服务制造强国战略和陕西省战略性新兴产业，对接军工行业人才需求，多元共建产业学院，创新专业群人才培养模式，以工匠之师培养未来工匠，学生双证书获取率、省级以上大赛获奖率明显提高，500强单位就业比例居全国高职院校前20，获全国"就业竞争力星级示范校"，涌现出赵彦邦等一批兵器、航天集团"技能带头人""三秦工匠"等；教师获国家级教学成果奖一等奖等省级以上奖项139项。

三是技术技能创新服务平台。数量及质量指标24项，其中数量指标10项、质量指标14项，目标达成度均为100%。依托陕西国防工业职教集团，校企合作构建合作研发激励、资源共享、风险共担和成果转化推广四项机制，形成"人才、专业、科研、创新"四位一体校企协同创新生态系统。创新创业教育成效显著，在"互联网+"大赛国赛获奖11项。实施"十室（技能大师工作室）十站（校企合作工作站）三中心（军民融合应用技术创新中心）"工程，成立技术研究所和技术转移中心，建成技术技能创新创业孵化转化体系，服务军民融合发展能力显著提升。荣获陕西高校科技成果奖8项，获批2个陕西高校工程研究中心，学校技术转移中心被认定为西安市技术转移示范机构，连续2次荣获陕西高校秦创原建设工作及科技成果转移转化绩效评估A等。

四是高水平专业群。数量及质量指标57项，其中数量指标33项、质量指标24项，目标达成度均为100%。集聚优质资源双向融通，形成"平台赋能、迭代调优"的专业群建设机制。面向军工智能制造领域，对接关键岗位技术，行企校所共建FANUC产业学院；创新形成"专产耦合、两境共育"的军工特质专业群人才培养模式；构建"创新贯通、基础共享、核心分立、拓展互选"课程体系和"六平台、四层级"实践教学体系；开展联办本科班试点、英才班、企业新型学徒制订单班、现场工程师等拔尖人才培养。建成国家级实训培训基地3个，教学团队3个，获国家教学成果一等奖1项、二等奖1项，开发国家及行业标准14项，学生技能大赛获省级以上奖励53项，带动建成5个省级高水平专业群。

五是高水平双师队伍。数量及质量指标15项，其中数量指标12项、质量指标3项，目标达成度均为100%。通过实施师德师风提升工程，建成了党建引领、制度统领、模范带领的师德师风建设长效机制，涌现出一批省级师德标兵和示范团队。实施"四引六培"建设计划，建成国省教师团队4个，引进张新停、杨峰等大国工匠及行业企业领军人才30余人，梯队培育国家级课程思政教学名师、全国技术能手、三秦工匠等各层次优秀人才，建成千人兼职教师库，打造了一支高水平工匠之师。完善职称评审、绩效考核、奖励激励等制度，省内7所国家"双高计划"学校来校调研，示范引领效果凸显。牵头陕西省职业教育评价改革试点项目，以"优秀"等次通过验收，为全省高职院校双师队伍建设贡献"国防职院智慧"。

六是校企合作水平。数量及质量指标18项，其中数量指标13项、质量指标5项，目标达成度均为100%。构建"陕西国防职教集团、产教融合共同体、产业学院"三大军民融合平台，"政行军企校"五方共建协同创新联盟、军工品质智能制造中心、高水平生产型实训基地等，形成"共建平台、共组师资、共育人才、共同管理、共享利益"的协同发展机制。获全国首批示范性职教集团培育单位、工信部首批"专精特新产业学院"；与兵器昆仑工业集团等实施现场工程师人才培养，承办陕西国防系统职工技能大赛、军工企业员工培训，获省级军民融合示范高校，服务军工企业特色鲜明；获全国集团化办学典型案例、机械行业产教融合十佳案例，为高职院校校企合作提供"国防职院样板"。

七是服务发展水平。数量及质量指标33项，其中数量指标17项、质量指标16项，目标达成度均为100%。通过实施三大帮扶工程，构建了教育帮扶、振兴农业、助力企业的服务体系。承担中组部、教育部教育帮扶项目，帮扶海南软件职业技术学院和山阳县职教中心以及王益区、略阳县、鄠邑区，建立肉兔养殖、电商直播基地和社区干部学院，开展养殖技术、农产品销售、社区干部等培训；技术帮扶国防企业和驻地单位，选派科技骨干组建技术团队，开展技术研发和技能培训；企业生产效率、乡村治理水平、农民收入和帮扶学校教学质量显著提升，在《2023中国职业教育质量年度报告》中学校成功入选"服务贡献卓越50所"。

八是治理水平。数量及质量指标15项，其中数量指标8项、质量指标7项，目标达成度均为100%。构建了"三治三化"融合的治理体系。推进"法治"，建立了以"一章八制"为核心的"章程—基础—基本—具体"四级治理制度体系，实现治理制度化；推动多方"共治"，构建了职教集团、产教融合共同体等校企命运共同体，形成了政行企校协同的协调治理模式，实现治理多元化；创新"智治"决策模式，建立了CIO智慧决策体系，形成以数据为基础的学校数字化治理格局，实现治理数字化。获国家优质高职院校，2023年中国高等职业学校竞争力白皮书"A++"院校、全国智慧高校综合实力卓越奖、中青报就业竞争力星级示范校。

九是信息化水平。数量及质量指标19项，其中数量指标12项、质量指标7项，目标达成度均为100%。通过打造"四网融合"高性能校园网，建立"云计算+数据存储"双核心，为同类院校建立范例。创新构建"四层五链"智慧教学生态，开发国家级专业资源库和在线开放课程等优质资源，建成一体化智慧教学综合服务平台，线上平台年均开课超1 000门，教学数字化转型卓有成效。打造"两大一微"数字化服务平台，办理业务120余万条，师生满意度超95%，智慧管理服务效能凸显。开发各类大数据驾驶舱30余个，数据分析在教育教学、招生就业、学生管理等多方面深度应用。入选教育部首批职业院校数字校园试点单位，获陕西省高等学校智慧校园示范校等荣誉。

十是国际化水平。数量及质量指标24项，其中数量指标20项、质量指标4项，目标达成度均为100%。通过实施"人文交流经世国际学院"和海外"经世学堂"项目建设，构建了"校—校—企"共商共建机制，打造了"秦岭工坊"陕西海外办学自主品牌，产出多项教学标准和双语资源，为比亚迪等企业开展海外员工培训，做法获中华职教社"一带一路"优秀案例；为坦桑尼亚、埃塞俄比亚开发行业标准获认证，在2023中非职业标准开发学术研讨会上代表陕西分享经验；打造双语教学团队，搭建"中文+职业教育"平台，实施"中文+工业机器人""汉语桥"等项目，为泰国、柬埔寨培训学生140余名，形成"项目支撑、标准引领、平台赋能"职教合作模式，助力中国职业教育走出去。

（2）时效指标

该指标包括4项，其中任务终期完成度为100%、收入预算执行率为100%、支出预算执行率为99.78%、采购项目完成度为100%。项目经费足额到位，预算执行率高。

2. 效益指标达成情况

该指标包括两个维度，总计25项，其中社会效益指标21项、可持续影响指标4项，目标达成度均为100%。

（1）社会效益指标

该指标包括三个维度，总计21项，目标达成度均为100%。

一是引领职业教育改革发展和人才培养的贡献度。该指标有12项，目标达成度均为100%。创新党建领航育人新模式，引领职业教育高质量发展。坚持立德树人，传承红色基因，将"把一切献给党""忠博武毅"国防职教精神与军工特质校园文化深度融合，建成国家级"样板支部"3个、国家课程思政示范项目1项,为职业教育高质量发展提供了"国防职院"方案。加快推进供给侧结构性改革,增强职业教育适应性。联合西北工业大学等牵头组建产教融合共同体2个,打造军工装备智能制造协同创新联盟等,共建施耐德等特色产业学院6个,建成国家示范性职教集团1个,服务现代国防装备制造业技术升级和产业需求。探索现代职教体系建设新路径,推进中高本贯通培养。实施"3+3"合作办学、联办本科专业学历教育,打通"中高本衔接"职业教育人才培养立交桥。

二是支撑国家战略和区域经济社会发展的贡献度。该指标有5项,目标达成度均为100%。创新人才培养模式,服务军民融合战略。联合中国航天科技国际交流中心等10余家单位,共建新时代航天人才培养基地,开设航天工匠班和兵器工匠班等,培养军工特质人才。5年累计培养毕业生24 944人,其中30.27%在航天、兵器企业就业,就业率达96.05%,为国防科技工业发展提供了有力的人才支撑。实施"科技赋能"计划,服务乡村振兴战略。联合属地共建省级科技示范镇和西北地区首家社区干部学院,建成以博士团队为代表的技术服务团队30支,服务企业科技成果转移转化73项。开展村(社区)干部学历提升228人、履职能力等培训16 000人·日,为区域乡村振兴提供了强大动力。搭建"培训+鉴定"平台,助推技能型社会建设。获批西安市"社会评价组织"类职业技能等级认定机构、就业培训机构和退役军人职业技能承训机构等优势平台,累计开展培训36 100人·日,其中,国防工业企业高端人才培训15 346人·日,为"技能中国"建设贡献了"国防职院智慧"。

三是推动形成一批国家层面有效支撑职业教育高质量发展的政策、制度、标准的贡献度。该指标有4项,目标达成度均为100%。共享职业标准,实现校级标准成为国际标准新突破。为坦桑尼亚主持制定的信息技术员4级、电力设备装配与维修技术员4级等5项职业标准,已通过该国职业教育委员会审核并推广使用。机电一体化技术人才培养方案、国际中文课程规范和资源等获泰国和巴基斯坦借鉴和认可。共建职业标准,成为领航专业发展新标杆。对标行业要求,参与审定机械行指委专业教学标准19个,参与制定机电一体化技术、数控技术等6个专业教学标准,牵头制定陕西机械行业标准10项。按照军工行业要求,校企共同研制《弹箭总装工》等3个国家级职业技能标准。与中国兵器工业集团共同开发与《多工种数控机床操作"1+X"证书标准》匹配的教材和题库,为企业专业性人才培养提供了系统化解决方案。

(2)可持续影响指标

该指标有4项,目标达成度均为100%。一是专业随动产业调整机制效力强。以国家高水平专业群为领航,实施以群建院,建成"国—省—校"三级专业群体系,专业认可度达97.97%。二是军工特色人才培养模式示范广。军工精神贯穿人才培养全过程,实现国家级标志性成果及荣誉118项,其中国家级教学成果奖一等奖1项、全国技术能手3人、国家级教学团队2个。获全国智慧高校综合实力卓越奖、就业竞争力星级示范校等荣誉,中央电视台、中国教育电视台、《光明日报》《中国教育报》等报道500余次。三是国际合作办学范式影响远。创新"校—校—企"三方共商共建机制,国际合作"朋友圈"覆盖21个国家,师生405人赴海外交流实践,招收来华留学生12人,5项职业标准成为坦桑尼亚国家标准,获教育部首批"经世国际学院"建设单位、国际职业教育大会"2023职业教育对外交流与合作"典型院校等荣誉,国际影响力不断增强。

3. 满意度指标达成情况

该指标共5项,目标达成度为100%,其中在校生满意度为98.70%、毕业生满意度为

96.99%、教职工满意度为99.90%、用人单位满意度为96.80%、家长满意度为98.90%。

(二) 专业群层面绩效目标达成情况

绩效指标161项,其中产出指标141项、效益指标15项、满意度指标5项,目标达成度均为100%。

1. 产出指标达成情况

产出指标141项,其中数量指标87项、质量指标51项、时效指标3项,目标达成度均为100%。

(1) 数量及质量指标

数量及质量指标总计138项,其中数量指标87项、质量指标51项,目标达成度均为100%。

一是人才培养模式。数量及质量指标12项,其中数量指标8项、质量指标4项,目标达成度均为100%。对接智能制造产业链,实施军工文化铸魂,建设两学院、两工坊、一学堂,推进"1+X"证书培训标准化改革,构建"平台赋能、迭代调优"的专业群建设机制,实现育人要素和产业发展要素耦合,在学习和工作情境中交替培养,形成"专产耦合、两境共育"专业群人才培养模式,培养了6 000余名懂工艺、会调试、精加工、能创新,具备"忠博武毅"特质的红色军工传人。学生在技能大赛中获国家级奖项9项,32.1%的毕业生服务于十大军工集团,助推国防工业高质量发展。人才培养范式获国家教学成果一等奖,被400余所高职院校学习借鉴,成为引领职业教育人才培养模式创新的标杆。

二是课程教学资源。数量及质量指标23项,其中数量指标15项、质量指标8项,目标达成度均为100%。对接智能制造产业岗位标准和国际职业标准,遵循"创新贯通、基础共享、核心分立、拓展互选"的课程体系建设准则,开展课程体系重构、课程资源建设、学习平台搭建等改革,形成军工特色、能力本位、动态调整的专业群课程体系组织架构。联合海克斯康等头部企业将军工企业典型岗位工作任务融入课程建设,开发军工特质课程教学资源,形成随动产业发展的动态资源更新机制。建成国家级专业教学资源库、在线精品课程、职业技能标准等标志性成果,开发标准输出到坦桑尼亚等"一带一路"共建国家。建成专业群教学资源库,全面支撑学生、教师、企业人员和社会学习者泛在学习。

三是教材与教法。数量及质量指标11项,其中数量指标7项、质量指标4项,目标达成度均为100%。开展新形态教材开发和混合式教学改革,将企业优质资源融入教材,序化课程内容,融入军工精神、工匠精神,优化考核指标,增加德育评价,校企联合开发军工特色、新形态教材18本,建成国家"十四五"规划教材2本,《UG软件应用》教材被87所高职院校采用并获国家级课程思政示范项目,专业群思政育人特色日益凸显。实施"实境实岗+虚实结合+任务驱动"教学策略,开展探究式、翻转课堂等教学改革,名师与工匠协力打造军工特色课堂,学生学习主动性和兴趣大幅提高,形成"高效课堂革命·国防职院行动"生动样板。

四是教师教学创新团队。数量及质量指标23项,其中数量指标16项、质量指标7项,目标达成度均为100%。通过红色文化铸师魂、大国工匠领团队、军工精神淬匠心等措施,筑牢师德师风;成立智能制造人才培养联盟,引进军工行业领军人才,建成科技创新团队,服务地方智能制造产业升级;按照"引培共济,混编互聘"原则,推行"教学名师+技能大师"双带头人制,实施"梯队培养、提质强能、双师锻造、惠师激励"四大工程,构建校企双栖高水平教师教学创新团队建设模式,建成国家级样板支部1个、国家级教学团队3

个，教师获国家 A 类大赛一等奖 3 项、入选国家新时代名师培养计划 1 人、全国技术能手 3 人。教学团队成为军工特质未来工匠人才培养领航者。

五是实践教学基地。数量及质量指标 12 项，其中数量指标 6 项、质量指标 6 项，目标达成度均为 100%。构建"六平台、四层级"实践教学体系，实现教学、培训、生产、服务和创新全覆盖。基于"校企共建、资源共享、互惠互利"建设思路，创新形成"1 校+1 龙头企业+N 个细分领域企业或区域紧密合作企业"模式。建成西部领先的 FANUC 产业学院和培养智控人才的"西门子工坊"；建成集课堂教学、模拟实训、情景体验为一体的国家级虚拟仿真实训基地；引入企业真实项目，建成"教学基地生产化、生产企业基地化、学习过程实境化"的国家级数控生产性实训基地，成为实践教学基地建设的新标杆。

六是技术技能平台。数量及质量指标 19 项，其中数量指标 14 项、质量指标 5 项，目标达成度均为 100%。通过政军行企校多方联动的协同创新平台建设，形成"产学研训赛创服"协同发展机制，实现企业技术攻关和创新创业教育双提升。以企业需求为导向，面向国防科技工业"高、精、尖"岗位，服务装备制造产业数字化、高端化升级和陕西秦创原创新驱动平台建设，入选全国首批科教融汇创新中心，建成航天高端制造、工业智联网应用 2 个陕西省高校工程研究中心，获中国机械工业科技进步二等奖 1 项、陕西高校科技成果奖 3 项，学生"双创"大赛省级以上获奖 36 项。在人才培养、技术服务、成果转化等方面的水平和能力显著提升。

七是社会服务。数量及质量指标 13 项，其中数量指标 7 项、质量指标 6 项，目标达成度均为 100%。依托建成的全国首家兵器工匠学院，组建"名师+大师"领衔的军工特色高端装备制造社会服务团队。面向职业院校教师、军工企业员工、退役军人、中小微企业员工和农民工，构建多元化培训体系，开发以军工典型智能制造产品为载体的模块化培训课程，开展数字化技能提升、智能制造工艺优化升级、智慧农机使用与维修等工作。建成国家级实训培训基地 3 个，开发的军工特有工种标准在兵器集团子公司实施，完成各类培训 28 407 人·日，开展技能鉴定 2 591 人次。社会服务产生了"培训一批、带动一片"的效果。

八是国际交流与合作。数量及质量指标 12 项，其中数量指标 7 项、质量指标 5 项，目标达成度均为 100%。实施"校—校—企"联合招生、国内外分段培养、技术技能综合考评，培养智能制造领域国际化高素质技术技能人才，获批教育部首批"人文交流经世项目"，建立经世国际学院，在泰国建立经世学堂，运营秦岭工坊自主品牌，输出人才培养方案 1 个、专业教学等标准 6 项，出版双语教材 10 本。为"一带一路"共建国家开展师资培训和留学生培养，为"走出去"企业员工提供一站式培训方案，与海外院校累计互派留学生 109 人，为丝路沿线国家培训师生 130 人、涉外员工 277 人。通过职教出海新举措，海外职教"朋友圈"进一步扩大，成为职教国际合作新标杆。

九是可持续发展保障机制。数量及质量指标 13 项，其中数量指标 7 项、质量指标 6 项，目标达成度均为 100%。实施"协作联盟、产业学院、工匠学院"三大平台建设工程，优化重组智能制造学院，组建全国机械行业智能制造人才培养联盟和军工装备智能制造产教协同创新联盟，联合共建兵器工匠学院、航天工匠学院，动态调整专业群和专业方向，形成"平台赋能、迭代调优"专业群建设机制，示范带动校内 5 个专业群获批省级高水平专业群，建设经验在 2022 年职业教育国家级获奖教学成果交流会上做典型交流。数控教师党支部获全国党建样板支部，产业学院运行模式入选全国机械行业职业教育产教融合"十佳案例"。

（2）时效指标

该指标包括 3 项指标，其中任务终期完成度为 100%、收入预算执行率为 100%、支出预算执行率为 99.81%。专业群建设经费足额到位，执行率高。

2. 效益指标达成情况

该指标包括两个维度，总计 15 项，其中社会效益指标 13 项、可持续影响指标 2 项，目标达成度均为 100%。

（1）社会效益指标

该指标包括三个维度，总计 13 项，目标达成度均为 100%。

一是引领职业教育改革发展和人才培养的贡献度。该指标共 7 项，目标达成度均为 100%。成果带动，教学改革创新发展模式可借鉴。获国家级教学成果一等奖 1 项、二等奖 1 项，省级特等奖 2 项，专业群相关标准在 9 所院校进行推广，引领装备制造类专业群建设与发展。校企联动，高水平实训基地建设模式可示范。联合智能制造领域领军企业和细分领域头部企业 10 余家共建全国领先的智能制造实训基地，获批国家级虚拟仿真实训基地、全国党建样板支部等，人才培养和社会服务高地作用凸显。案例示范，产学研用深度融合路径可推广。与省内外百余家军工企事业开展全方位、深层次合作，实施军工企业学徒制人才培养，探索出在全国具有广泛影响的人才培养新模式，典型经验入选全国机械行指委产教融合"十佳案例"，辐射带动同类院校专业群产教深度融合发展。

二是支撑国家战略和区域经济社会发展的贡献度。该指标共 3 项，目标达成度均为 100%。聚焦技术技能，为军工企业发展提供"人才支撑"。主动适应区域军工装备制造产业提质升级人才需求，实施"校企七联动，工学七耦合"培养军工特质人才"未来工匠"，获批航天高端制造陕西省高校工程研究中心等，毕业生服务兵器、航天企业就业占比 32.1%，成为服务区域军工装备制造产业转型升级的强力贡献者。聚焦智能制造，为装备智造产业发展提供"智力支撑"。建成西北领先的 FANUC 智能制造中国区培训中心，面向军工企业员工开展技能提升、大赛集训、技能比武等，累计开展国培项目 7 项、社会培训 30 批次，社会服务水平持续提升，累计为企业创收 2 000 余万元，低碳节能铝箔涂层装备技术处于国内领先水平。

三是推动形成一批国家层面有效支撑职业教育高质量发展的政策、制度、标准的贡献度。该指标共 3 项，目标达成度均为 100%。标准编制贡献专业智慧。主持开发《弹箭总装工》《多工序数控机床操作》《可编程控制系统集成及应用》等 3 项国家职业技能等级标准。主要参与机电一体化技术、机械制造及自动化、数控技术等 3 个国家专业教学标准研制，10 项专业教学标准被机械行业高等院校教育联盟认定，并在兄弟院校推广。特色规范服务"职教出海"。充分发挥教育部授牌人文交流经世国际学院平台优势，实现《工业机器人技术基础及应用》双语教材输出至巴基斯坦、机电一体化技术专业群人才培养标准输出至泰国和埃塞俄比亚、人才培养方案在泰国坦亚武里皇家理工大学获认定与应用。

（2）可持续影响指标

该指标共 2 项，目标达成度均为 100%。一是专业群建设模式影响广。专业群建设模式获教学成果国家级一等奖 1 项、二等奖 1 项，省级特等奖 2 项，推广至全国 400 余所职业院校；累计获省级以上荣誉 40 余项，获批国家技术能手 3 人，辐射带动建成 5 个省级高水平专业群，专业群综合竞争力显著提升。二是校企协同育人机制效能高。联合头部企业建成西部领先的 FANUC 产业学院，吸引 80 余所国内外院校学习交流；学生参加技能大赛获省级以上奖励 53 项，涌现出以陕西省五一劳动奖章赵彦邦、西安市首席技师冯锟为代表的优秀校友，获机械行业产教融合"十佳案例"，第三方机构评价显示专业群人才培养质量持续提升。

3. 满意度指标达成情况

该指标共5项，目标达成度均为100%，其中在校生满意度为98.89%、毕业生满意度为98.13%、教职工满意度为99.90%、用人单位满意度为97.66%、家长满意度为98.97%。

三、建设任务完成情况

两部备案的建设方案和任务书中，学校层面和专业群层面所有建设任务全部完成，完成度均为100%。此外，根据职业教育发展的最新政策要求，高质量完成课程思政项目280余项，牵头组建全国软件信息行业产教融合共同体和兵器工业产教融合共同体（火工品火炸药）2个，参与建设行业产教融合共同体15个，牵头陕西省职业教育评价改革试点项目1项，立项建设省级现场工程师项目2项等。

（一）学校层面建设任务完成情况

学校层面建设任务完成情况如表8所示。

表8 学校层面建设任务完成情况表

序号		建设任务	5年建设期预设任务及任务点总数/个	完成任务点数/个	完成度/%
1	加强党的建设	1-1 实施"头雁引领工程"，发挥党委领导核心作用	6	6	100
		1-2 实施"精忠铸魂工程"，筑牢意识形态领域阵地	4	4	100
		1-3 实施"强基固本工程"，提升基层党组织战斗力	9	9	100
2	打造技术技能人才培养高地	2-1 构建"大思政"格局，全面落实立德树人根本任务	9	9	100
		2-2 践行"忠博武毅"精神，培养"红色军工传人"	14	14	100
		2-3 聚焦军工行业关键岗位，打造"工匠"培养基地	7	7	100
		2-4 建立"1+X"证书制度，畅通技术技能人才成长通道	7	7	100
3	打造技术技能创新服务平台	3-1 聚焦智能制造产业发展前沿，打造校企协同创新生态系统	3	3	100
		3-2 军民共建"十室十站三中心"，提升服务军民融合发展水平	8	8	100
		3-3 建立创新创业孵化转化平台，服务区域传统产业转型升级	5	5	100
4	打造高水平专业群	4-1. 机电一体化技术	30	30	100
5	打造高水平双师队伍	5-1 弘扬军工精神，构建特色鲜明的教师发展服务体系	6	6	100
		5-2 实施"四引六培"计划，优化师资队伍结构	11	11	100
		5-3 实施"双师素质"提升计划，铸造卓越师资团队	4	4	100
6	提升校企合作水平	6-1 争创示范性全国职教集团，搭建校企命运共同体平台	9	9	100
		6-2 成立军民协同发展联盟，实践军民融合发展新模式	7	7	100
		6-3 打造智能制造产业学院，探索混合所有制办学机制	12	12	100

续表

序号		建设任务	5年建设期预设任务及任务点总数/个	完成任务点数/个	完成度/%
7	提升服务发展水平	7-1 打造产学研用合作高地，服务区域经济社会发展	8	8	100
		7-2 建立"两中心、一学院"，提高社会培训服务能力	4	4	100
		7-3 多措并举，助力国家乡村振兴战略	3	3	100
8	提升学校治理水平	8-1 巩固"一章八制"基础，完善学校治理制度体系	11	11	100
		8-2 营造"开放共治"环境，构建多元合作办学生态	7	7	100
		8-3 探索"智慧决策"模式，提升信息化治理水平	6	6	100
9	提升信息化水平	9-1 5G通信技术引领，升级智慧校园基础环境	10	10	100
		9-2 建立智慧教学体系，探索教育信息化新范式	7	7	100
		9-3 丰富智慧管理应用，推动大数据治校新变革	8	8	100
10	提升国际化水平	10-1 成立"国际学院"，搭建国际化合作办学平台	11	11	100
		10-2 共建"经世学堂"，打造职业教育国际化的示范引领项目	11	11	100

（二）专业群层面建设任务完成情况

专业群层面建设任务完成情况如表9所示。

表9 专业群层面建设任务完成情况表

序号		建设任务	5年建设期预设任务及任务点总数/个	完成任务点数/个	完成度/%
1	人才培养模式创新	1-1 融入军工精神和工匠精神，创新军工特质人才培养模式	7	7	100
		1-2 依托"两学院+两工坊+一学堂"，构筑产业高端人才培养平台	4	4	100
		1-3 推进"1+X"证书制度改革，培养军地两用复合型人才	7	7	100
2	课程教学资源建设	2-1 对标智能生产核心技术，构建专业群模块化课程体系	7	7	100
		2-2 军民共建优质教学资源，全面支撑"智造"人才泛在学习	9	9	100
		2-3 建设"5C"智慧学习环境，打造"智造"人才终身学习平台	6	6	100
3	教材与教法改革	3-1 因材施教、分类培养，开发军工特色新型教材	5	5	100
		3-2 持续推进教法改革，打造职业教育"金课程"	7	7	100
4	教师教学创新团队	4-1 引培行业领军人物，打造科技创新团队	8	8	100
		4-2 校企行所混编互聘，打造教学创新团队	10	10	100
5	实践教学基地	5-1 建"六平台、四层级"实践教学体系，服务复合型人才培养	6	6	100
		5-2 设高水平生产性实训基地，打造智能制造技能培训平台	9	9	100

续表

序号	建设任务		5年建设期预设任务及任务点总数/个	完成任务点数/个	完成度/%
6	技术技能平台	6-1 大师领衔创建"智造工坊",构筑技术技能人才培养高地	11	11	100
		6-2 "三创"融合引领众创空间建设,培优做强双创人才新动能	8	8	100
		6-3 多方共建"工匠学院",助力国防科技工业拔尖人才培养	7	7	100
		6-4 校企共建"西门子工坊",促进智控人才前端转移	8	8	100
7	社会服务	7-1 建设全国职教师资培训基地,打造"智造"教师培养高地	5	5	100
		7-2 建设军地技能人才培训基地,探索"智造"培训"国防模式"	4	4	100
		7-3 建设小微企业技术培训平台,服务区域"智造"产业创新	5	5	100
8	国际交流与合作	8-1 探索"校企校"办学新模式,树立职业教育国际化新标杆	4	4	100
		8-2 打造智造职教"五个第一",提供职业教育"中国方案"	12	12	100
9	可持续发展保障机制	9-1 成立智能制造学院,形成产业要素禀赋与专业集群协同发展	4	4	100
		9-2 行企校共建智能制造产业学院,创新虚实结合理事会管理模式	4	4	100
		9-3 构建政军行企校命运共同体,促进专业群健康可持续发展	9	9	100

四、项目建设采取的措施

(一)项目推进机制建设与运行

1. 学校层面

一是完善机构,统筹规划。成立党委书记、院长为组长"双高计划"建设工作领导小组,设立经费保障、绩效考核、工作监督三个专项组,建立责任体系。二是完善制度,高效推进。制定"双高计划"建设《项目管理办法》《经费支出管理办法》等制度8项,建立保障体系。三是强化绩效,激发动力。推行年初发布任务、过程强化督查、年末实施考核与奖励"三步走"机制,建立过程化绩效管理体系。四是专家把关,确保质量。坚持问题导向,定期实施评价,聘请专家把关,精准反馈,建立质量保障体系。

2. 专业群层面

一是以群建院,集中管理。按照"以群建院"思路,集聚优势,整合资源,成立智能制造学院,开展高水平专业群建设。二是强化指导,把控方向。成立专业建设指导委员会,制定配套制度及政策，确保双高建设方向。三是责任到人，有序推进。实施建设任务责任到人，制定"双高计划"建设"作战图"，确保有效推进。四是落实考核，激发动力。建立周例会、月总结和季汇报制度，配套实施"双高计划"建设成效与职称评定、评优评先、年终奖励等一体化考评，激发教师内生动力，实现高质量推进。

（二）项目资金管理与使用

一是优化项目资金投入机制。学校制定了《"双高计划"建设项目专项资金管理办法》，在"双高计划"建设工作领导小组下设经费保障组，负责落实"双高计划"建设专项资金。二是完善资金管理制度。各项目负责人是项目资金使用、管理的第一责任人，对项目资金实行全程负责，定期向学校"双高计划"建设工作领导小组汇报项目实施进展和资金使用情况。资金专款专用，杜绝挤占、挪用、截留、虚列支出等现象。三是强化预算编制与执行。学校"双高计划"建设工作领导小组及审计处对"双高计划"建设各项目资金使用的合法性、合理性和有效性全面监督，并接受上级有关部门的检查和监督。四是资金合理规范使用，单独核算。项目资金支持方向充分聚焦建设重点，单独核算，严格按照专项资金管理办法支出，资金使用合理规范。

五、特色经验与做法

（一）对接区域产业布局，建设高水平专业群，服务区域产业转型升级

1. 精准对接产业链，优化重组专业群

积极对接国家和陕西布局的高端装备、电子信息、新能源汽车、现代化工等重点发展产业集群，按照"岗位集群相近、技术领域相通、服务领域相同、教学资源共享"的原则，面向智能制造产业和高端装备制造业，对接机械产品设计、制造、检测、物流等关键产业链，组建机电一体化技术专业群；对接高端装备制造产业中智能控制领域关键产业链，组建电气自动化技术专业群；对接乘用车（新能源）产业链的上游核心零部件生产测试、中游整车装配制造、下游智能网联终端调试及后市场维修销售环节，组建新能源汽车技术专业群；面向陕西软件与信息服务产业，对接软件与信息服务产业链的网络层、平台层和应用层，组建软件技术专业群。围绕产业提质升级新需求，将全校57个专业优化调整，动态增设和撤销专业25个，着力推动专业向数字化、智能化、集群化发展，建成1个国家级高水平专业群、5个省级高水平专业群、5个校级高水平特色专业群，形成国省校三级专业集群协同发展的良好态势。

2. 校企合作以群建院，构建"1+1+1"专业群发展新模式

以深化产教融合为主线，丰富完善"以群建院、以群强院"的管理体制。基于机电一体化专业群，成立智能制造学院；基于电气自动化专业群，成立人工智能学院；基于集成电路专业群，成立电子信息学院；基于新能源汽车专业群，成立汽车工程学院；依次形成了以专业群为基础的10个二级分院新格局，建立了以二级学院为主体的管理模式，创建了政行企校紧密合作、优势互补、共同发展的产教融合良好生态。与行业头部企业、领军企业等合作共建，推进专业群所在学院建设集"人才培养、科学研究、技术创新、企业服务、学生创业和继续教育"等功能于一体的现代产业学院。先后建成"FANUC产业学院""人工智能产业学院"等6个产业学院，形成了"1个分院+1个特色专业群+1个现代产业学院"的发展新模式。

3. 强化内涵创新发展，服务产业转型升级

以实现人才供需匹配为导向，聚焦国家级职业教师教学创新团队培育，分层分级、多样化开展教师培训，师德师风根基不断夯实，教师教学能力不断提升，团队逐步建强升级。聚焦课程教材校企共创，增强课程教材育人功能，持续推进教材建设改革，建立国省校三级递进、"军工特色、校企共建、国际化、数字化"四创精品的"三级四创"优质教材建设体系。坚持"工学结合、课证融通、信教融合、教法多样、精准评价"，创新校内课堂、网上课堂和企业课堂"三个课堂"教学模式，推动课堂革命。获得国家级教学成果一等奖1项、二等奖1项，国家规划教材4本，"双创"大赛国赛金奖1项、省赛金奖34项，教学能力比赛国奖3项，学生技能大赛国奖50项；建成全国党建样板支部3个、国家级教学资源库4个、国家级创新教学团队1个、国家级课程思政示范团队1个、国家级课程思政示范课程1门、国家级在线精品课程1门；荣获全国技术能手3人、"三秦工匠"1人、陕西省五一劳动奖章1人。5年来，累计培养军工特质高素质技术技能人才24 944人，培育国防科技工业工匠接班人6 954人，组建技术服务团队30支，开展技术研发141项，服务企业241家，科技成果转移转化73项，成为服务区域产业转型升级的强力贡献者。

（二）以专业群为引领，实施创新驱动五大举措，服务国家重大战略需求

1. 开展军工特质人才培养，服务军民融合战略

以培育红色军工传人为使命，建立"忠博武毅"文化育人目标体系，通过"课程+实景+活动"形式浸润学生"军工情、报国志"。专业群联合兵器202所、兵器248厂、航天771所等企业成立兵器工匠学院，联合中国航天科技国际交流中心、中国航天六院共建新时代航天人才培养基地，共同实施"航天产教融合应用型创新人才培养工程"，开设航天工匠班、航天电子工匠班、兵器工匠班等，协同培养航天、军工未来工匠，毕业生面向兵器航天科技企业就业人数达到30%以上，助力国防科技工业和武器装备发展。

2. 专业随动产业调整，服务制造强国战略

围绕国家制造业所需的新兴专业、民生工程所需的紧缺专业、经济转型升级所需的传统专业，按照高水平专业群组建逻辑，及时调整专业结构。5年来，增设工业互联网技术、数字化设计与制造技术等15个专业，撤销电厂热能动力装备、连锁经营与管理等10个专业，专业结构持续优化，与市场需求的匹配度持续增强，服务制造强国的能力稳步提升。

3. 实施"智力帮扶"计划，服务乡村振兴战略

联合鄠邑区建成省级科技示范镇、"农民画学院"等多元化平台，在专业群博士、技术能手等优质师资带动下，组建科技创新团队5支、技术服务团队30支，为企业提供技术服务，签订"四技合同"305项，转让许可专利20项，"四技合同"到款2 525万元，为地方创造直接经济效益200余万元。完善"职业教育+培训"体系，校地企共建社区干部学院，培养了228名高职学历村干部，开展村党组织书记培训、农业实用技术培训、农民画骨干作者培训等各类短期培训12 000余人次，培养了一大批有文化、懂技术、会经营的新型职业农民和农村实用人才，为乡村振兴建设提供了智力支撑和技能支持。

4. 共建大学科技园，助力创新驱动发展战略

在专业群FANUC产业学院建设模式示范带动下，学校联合鄠邑区、中国仪器仪表学会、兵器204所等共建秦创原鄠邑·大学科技园平台，服务陕西23条重点产业链发展。对接生物医药产业链，建成中国科学仪器应用示范中心，成为生物医药分析仪器标准的制定者；对接乘用车（新能源）产业链，与比亚迪汽车有限公司共建比亚迪汽车产业学院，建

成高素质、应用型、创新型汽车领域技术技能人才培养基地；对接集成电路产业链，校企合作开设"航天电子工匠班"，培养航天电子领域高素质技术技能人才，服务国家创新驱动发展战略不断走向深入。

5. 创办海外"经世学堂"，服务"一带一路"倡议

实施教育部中外人文中心"人文交流经世"项目，依托机电一体化技术专业群，在泰国坦亚武里皇家理工大学创办"经世学堂"，实施"中文+工业机器人""汉语桥"等项目。50 余名教师在国际组织兼职、出国访学、学术交流，84 名师生出国开展交流访学，14 名泰方学生来校进行中华文化和专业学习，为老挝"走出去"企业员工培训 520 人·日。开发双语教学资源 10 套，为坦桑尼亚、埃塞俄比亚开发 6 项行业岗位标准，其中 5 项获坦桑尼亚国家职教委认证并推广应用，获语合中心数字化教育金牌机构，连续两年获国际职教大会"职教对外交流与合作"典型院校，服务"一带一路"共建国家效果进一步彰显。

（三）集聚专业群优势资源，开展五类技能提升行动，服务区域经济社会发展

1. 开展企业员工培训，提升员工技能水平

依托产业学院和校内优质实践实训场所，与比亚迪汽车有限公司、兴化集团、北方光电、汉德车桥、陕西有色天宏瑞科硅材料有限公司等合作企业开展员工培训，选派 270 名技术人员赴企业挂职，针对企业遇到的问题开展送技术上门服务，为企业解决技术难题 142 项，培训企业职工 62 815 人·日，其中国防工业企业高端人才培训 15 346 人·日。企业职工技术技能、生产效率和产品质量显著提升，经济效益明显提高。

2. 开展退役军人转岗培训，赋能高质量就业

依托学校获批的西安市首批退役军人技能培训基地，按照政府推动、市场导向、需求牵引、自愿选择的原则，开发培训职业（工种）10 余个，通过搭建多层次、多样化的培训体系，配备骨干师资力量，采取灵活的教学方式，创新开展"定向式""定岗式"培训，累计培训退役军人 10 287 人·日。为退役军人就业创业提供更多平台、更好资源，用实际行动践行新时代高校军民融合发展战略的新使命。

3. 开展区域干部能力提升培训，提高干部履职能力

学校积极对接鄠邑区党委和政府，选派优秀干部和专家，调研当地社区治理情况，校地共建陕西首家社区干部学院，开展社区干部学历提升、基层党组织书记培训等工作，共计培训社区干部 16 763 人·日。社区干部文化素养和管理能力显著提升，乡村治理水平明显提高。

4. 开展农民工培训，助力乡村振兴

选派 2 批 16 名骨干教师团队扎根山阳县职教中心，开展中组部、教育部等八部委教育人才"组团式"帮扶工作，按照陕西省委省政府统一部署，与铜川市王益区、汉中市略阳县开展"双百工程"结对帮扶，以"职业技能+培训"形式开展新型职业农民等培训 9 597 人次，连续 5 年获评陕西省委教育工委、省教育厅"双百工程"先进单位，入选《2023 中国职业教育质量年度报告》"服务贡献卓越 50 所"。

5. 开展职教师资培训，提升教育教学能力

依托获批的陕西省级政府补贴培训机构、陕西省职业院校教师培训基地，开展"教师素质课程实施能力提升"等国省级各类师资培训 21 次，累计培训 10 516 人·日，培训学员满意度高，教育教学水平显著提升，服务学生和职业教育发展的能力明显增强。

（四）致力创新发展，落实一体两翼五重点战略部署，服务现代职教体系建设

1. 共建产教融合共同体，共绘协同发展同心圆

学校立足陕西，根植国防，主动融入国家战略，推进校企命运共同体迭代升级。联合西

北工业大学，牵头与中国兵器工业集团共建"兵器工业行业产教融合共同体"、与西安软件园组建"全国软件信息行业产教融合共同体"，作为副理事长单位参建行业产教融合共同体15个，获批陕西省第一批现场工程师专项培养计划项目2项、省军民融合示范高校、工信部"专精特新产业学院"、教育部"中法施耐德电气绿色低碳产教融合项目"。"政行军企校"聚力促进"四链"有机融合、协同发展。

2. 深化教育教学改革，提升学校关键办学能力

紧密对接陕西产业谱系结构，深化政行校企研协同育人，在全面推进现代职业教育体系建设改革中展现"国防职院担当"。培育校级一流核心课程100门，入选省级2门；培育校级优质教材20本，入选省级优质教材2本；鸿蒙系统应用开发与数据处理、比亚迪新能源汽车智能装配2个项目入选省级职业教育校企合作典型生产实践项目；联合主持国家级专业教学资源库4个，参建12个；立项建设国家级虚拟仿真实训基地1个；积极对接国家智慧教育平台，上线专业资源库3个，课程46门，实现优质资源共享，服务全民终身学习和技能型社会建设。

3. 牵头省级"双师型"教师评价试点，为全省职教师资队伍建设贡献"国防职院智慧"

会同汉中市教育局、陕西工业职业技术学院等7家单位，牵头完成陕西教育评价改革"'双师型'教师认定、聘用、考核机制"专项试点，并在评估验收中获"优秀"等次。依托教育部认定的制造类"双师型"教师培养培训基地和入选的陕西省职业院校教师培训省级基地，与比亚迪汽车有限公司深度合作，联合开展全国首个新能源汽车全产业链"双师型"教师培训教材开发、师资培训、培训基地建设。获批国家"双师型"教学创新团队课题1项、陕西省师德建设示范团队2个，实施全国职业院校教师素质提升计划项目13项，入选教育部新时代职业学校名师（名匠）名校长培育计划1人，探索出教师企业实践路径、评价指标和成果转化机制。

4. 组建区域产教融合实践中心，实现优质资源共享

与中软国际、施耐德电气等行业头部企业共建软件与大数据技术、绿色电气产教融合实践中心等8个集实践教学、社会培训、真实生产和技术服务功能为一体的开放型区域产教融合实践中心，并获批陕西省立项。联合比亚迪汽车有限公司开展汽车制造类现场工程师培养，联合西安昆仑工业集团开展机电一体化技术专业群现场工程师培养，在服务学生实习实训、企业员工培训、工艺改进、技术研发等方面有力发挥了高职院校示范引领作用。

5. 深入开展中高本贯通，拓展学生成长成才通道

在中高贯通方面，专业群实施"一体化"贯通培养，通过一体化制定人才培养方案、构建课程体系、统筹实践教学，注重承接与延续的关系，提升技术技能水平；积极探索"3+3"培养方式，与中职学校签订"3+3"中高职贯通培养合作协议；加强就业指导，提前为学生做职业生涯规划报告，做实做细指导服务，强化就业育人实效，保障学生高质量充分就业。在高本贯通方面，联合陕西理工大学在专业群开展本科层次人才培养，5年来开展本科培养累计4届206人，学生成长成才通道不断拓宽。

6. 聚焦优质资源双向融通，创新国际交流与合作机制

以"校—校—企"模式实施"经世国际学院""经世学堂"项目，利用专业群优势资源，在数字化双语资源开发、海外授课、师生互访互鉴、"走出去"企业员工培训等方面成效显著，项目获评陕西省"秦岭工坊"品牌项目，做法获评中华职教社"一带一路"国际合作优秀案例；搭建"中文+职业教育"网络课程平台，为泰国学生培训HSK4国际中文课程，开发的工业机器人课程海外访问量达14万人次，主持开发国际标准6项，2项标准和1

项资源获评陕西省具有国际影响力培育项目。

六、问题与改进措施

（一）在高水平赛项和名师培养方面有待进一步加强

主要在承办国家技能大赛及获奖、世界技能大赛获奖、国家"万人计划"教学名师等方面仍与预期存在差距。今后将聚焦国赛承办、国赛获奖、顶尖名师培育等方面，强化绩效导向，力争实现新跨越。

（二）在国家级高水平科研项目方面有待进一步突破

主要在国家自然科学基金项目、科学研究优秀成果奖等国家级科研项目仍需进一步提升。今后将进一步加强高端人才引进和科研激励制度建设，力争实现新突破。

七、其他需要说明的有关事宜（可选项）

无。

陕西职业技术学院"双高计划"总结报告

学校为国家"双高计划"高水平专业群建设单位（B档：旅游管理专业群），中期评价等级为"优"。经过建设，绩效目标全部达成，建设任务全面完成。根据上级文件要求，学校认真开展验收自评工作，总结报告如下：

一、总体情况

（一）项目绩效目标达成和建设任务完成总体情况概述

1. 绩效目标达成总体情况

学校层面绩效指标总数123项，其中产出指标110项、效益指标8项、满意度指标5项，完成率均为100%。全部指标的累计实现值达到或超过累计目标值，其中累计目标完成度超过100%的指标有63项。

旅游管理专业群绩效指标总数204项，其中产出指标191项、效益指标8项、满意度指标5项，完成率均为100%。全部指标的累计实现值达到或超过累计目标值，其中累计目标完成度超过100%的指标有82项。

2. 建设任务完成总体情况

学校层面10项建设任务包含42个二级子任务、323个任务点，完成率均为100%。

旅游管理专业群9项建设任务包含27个二级子任务、454个任务点，完成率均为100%。

3. 取得的标志性成果情况

学校"双高计划"建设成效显著，建成人才培养特色鲜明、服务文旅产业发展能力突出的高水平旅游管理专业群，并取得系列标志性成果，如表1所示。

表1 主要标志性成果一览表

序号	成果类别	成果名称	组织部门	建设增量/项
1	党建思政	全国党建样板支部	教育部	2
		国家课程思政示范课程	教育部	1
		国家课程思政示范课程教学团队	教育部	1
		国家课程思政示范课程教学名师	教育部	8
		全国优秀共青团干部	共青团中央	1
		全省先进基层党组织	陕西省委教育工委	1
		全省党建样板支部	陕西省委教育工委	1
		全省高校优秀共产党员	陕西省委教育工委	2
		全省高校优秀党务工作者	陕西省委教育工委	1

续表

序号	成果类别	成果名称	组织部门	建设增量/项
1	党建思政	微党课评审比赛获奖	陕西省委组织部	1
		陕西高校思政课教师"大练兵"省级展示教学标兵	陕西省委教育工委、陕西省教育厅	8
		陕西高校思政课教师"大练兵"省级展示教学能手	陕西省委教育工委、陕西省教育厅	7
		陕西高校课程思政教师"大练兵"省级展示教学标兵	陕西省委教育工委、陕西省教育厅	1
		陕西高校课程思政教师"大练兵"省级展示教学能手	陕西省委教育工委、陕西省教育厅	1
		全省高校团建示范院校	共青团陕西省委	1
		陕西省课程思政示范课程	陕西省教育厅	1
		陕西省课程思政示范课程教学团队	陕西省教育厅	1
		学校军事课微课教学展示优秀作品一等奖	陕西省教育厅	1
		普通高等学校国防教育优秀科研论文三等奖	陕西省教育厅	1
2	人才培养	"十三五"职业教育国家规划教材	教育部	1
		首批"十四五"职业教育国家规划教材	教育部	2
		全国职业院校技能大赛承办	教育部	1
		全国职业院校技能大赛	教育部	12
		中国国际"互联网+"大学生创新创业大赛学生获奖	教育部	1
		全国大学生电子设计竞赛二等奖	教育部	1
		全国大学生数学建模竞赛二等奖	教育部	3
		教育部供需对接就业育人项目	教育部	9
		"一带一路"暨金砖国家技能发展与技术创新大赛获奖	教育部	19
		"挑战杯"中国大学生创业计划竞赛获奖	共青团中央	1
		"挑战杯"全国大学生课外学术科技作品竞赛获奖	共青团中央	2
		文化艺术职业教育和旅游职业教育提质培优行动计划项目	文化与旅游部	1
		全国行业职业技能竞赛二、三等奖	人社部	4
		中国技能大赛二等奖	交通运输部、人社部	1
		陕西省高等职业教育教学成果奖	陕西省政府	6
		陕西省"十四五"首批职业教育规划教材	陕西省教育厅	12
		陕西省高等职业教育教学改革研究项目	陕西省教育厅	10
		陕西省职业教育优秀教材	陕西省教育厅	4
		承办陕西省高等职业院校技能大赛	陕西省教育厅	8

续表

序号	成果类别	成果名称	组织部门	建设增量/项
2	人才培养	陕西省高等职业院校技能大赛获奖	陕西省教育厅	213
		中国国际"互联网+"大学生创新创业大赛陕西赛区获奖	陕西省教育厅	60
		全国大学生电子设计竞赛陕西赛区获奖	陕西省教育厅	30
		全国大学生数学建模竞赛陕西赛区一等奖	陕西省教育厅	6
		"挑战杯"中国大学生创业计划竞赛获奖	共青团陕西省委	9
		"挑战杯"陕西省大学生课外学术科技作品竞赛获奖	共青团陕西省委	11
		陕西省红色旅游导游讲解大赛获奖	陕西省教科文卫体工会委员会	4
		全国旅游院校服务技能（导游服务）大赛获奖	中国旅游协会旅游教育分会	4
		承办陕西省红色旅游导游讲解大赛	陕西省教科文卫体工会委员会	2
		金砖国家职业技能大赛陕西省选拔赛	金砖国家职业技能大赛陕西省选拔赛组委会	4
3	师资队伍	第二届中华经典诵写讲大赛二等奖	教育部	1
		国家级职业教育"双师型"教师培训基地	教育部	2
		全国行业职业教育教学指导委员会、教育部职业院校教学（教育）指导委员会委员	教育部	6
		全国技术能手	人社部	1
		全国文保行业技能大赛考古探掘工赛项三等奖	国家文物局、人社部	1
		全国五一劳动奖章	中华全国总工会	1
		陕西省文物保护职业教育与培训基地	陕西省政府	1
		陕西高校"青年杰出人才特支计划"	陕西省委教育工委	1
		陕西省教学名师	陕西省教育厅	4
		陕西省优秀教师	陕西省教育厅	1
		陕西省师德标兵	陕西省教育厅、陕西省教科文卫体工会委员会	2
		陕西省教书育人楷模	陕西省教育厅、陕西省教科文卫体工会委员会	1
		陕西省职业院校教师教学能力比赛获奖	陕西省教育厅	26
		陕西省高等职业院校课堂教学创新大赛获奖	陕西省教育厅	10
		陕西省职业院校产业导师特聘岗	陕西省教育厅	2
		陕西省技术能手	陕西省人社厅	5
		陕西省文保行业技能大赛考古探掘赛项二等奖	陕西省文物局	1
		"教学之星"大赛获奖	中国外语与教育研究中心	5

续表

序号	成果类别	成果名称	组织部门	建设增量/项
4	科研与社会服务	示范性职业教育集团（联盟）培育单位	教育部	1
		第三批现代学徒制试点专业	教育部	3
		供需对接就业育人项目	教育部	9
		全国急救教育试点学校	教育部	1
		中国高校产学研创新基金课题	教育部	2
		国家社会科学基金项目	全国哲学社会科学工作办公室	1
		教育部人文社会科学研究一般项目	教育部	2
		全国教育科研"十四五"规划重点课题	教育部	1
		全国学校共青团研究课题	共青团中央	1
		全国工业大数据行业产教融合共同体	陕西省教育厅	1
		陕西省大中小学劳动教育实践基地	陕西省教育厅	1
		陕西省第一批现场工程师专项培养计划项目	陕西省教育厅	1
		"双百工程"产学研一体化示范基地	陕西省委教育工委	1
		现代服务业规范化标准	陕西省市场监管局等	7
5	学校治理	"中国特色高水平高职学校和专业建设计划"高水平专业群建设单位	教育部、财政部	1
		教育部高等职业教育创新发展行动计划认定项目	教育部	11
		全国职业院校内部诊断与改进试点	教育部	1
		全国职业院校教学工作诊断与改进制度建设优秀案例	全国职业院校教学工作诊断与改进专家委员会	1
		"陕西省高水平高职学校和专业建设计划"高水平高职学校	陕西省教育厅、陕西省财政厅	5
		陕西省深化新时代教育评价改革综合试点单位	陕西省委教育工委、陕西省教育厅	1
		陕西省深化新时代教育评价改革优秀案例	陕西省委教育工委、陕西省教育厅	2
		教育系统稳定安全工作先进集体	陕西省委教育工委	1
		全省教育系统文明校园	陕西省委教育工委、陕西省教育厅	1
		陕西省"平安校园"	陕西省委教育工委、陕西省教育厅	1
6	信息化建设	第一批全国职业院校数字校园建设试点院校	教育部	1
		职业教育国家在线精品课程	教育部	2
		国家级职业教育专业教学资源库	教育部	6
		陕西省高等职业教育专业教学资源库	陕西省教育厅	2
		陕西省职业教育在线精品课程	陕西省教育厅	38
		陕西高校创新创业教育在线开放课程	陕西省教育厅	2
		陕西省网络安全和信息化先进集体	陕西省教育厅	1

续表

序号	成果类别	成果名称	组织部门	建设增量/项
7	国际交流	中国—中亚峰会涉陕成果对接清单及重点任务	中国—中亚峰会	1
		中外人文交流全媒体产教融合项目	教育部	1
		汉语桥"中文+职业技能"线上团组交流项目	教育部	4
		"一带一路"职教联盟被列入《陕西省"一带一路"建设 2019 年、2023 年行动计划》	陕西省政府	2
		"一带一路"职教联盟被列入《中国（陕西）自由贸易试验区进一步深化改革开放方案》	陕西省政府	1
		陕西省教育系统外事（港澳台）工作先进单位/先进集体	陕西省委教育工委、陕西省教育厅	3
		丝路职业教育国际标准认证课程	丝路职业教育国际标准执委会	4
		国际交流课程	老挝万象省技术学院、刚果金萨沙高等管理学校	5
		鲁班工坊建设联盟成员单位	鲁班工坊建设联盟、中国教育国际交流协会	1
		老挝旅游文化培训基地	老挝教育与体育部、老挝新闻文化与旅游部	1
		中文+职业教育"语言桥"特色实践基地	中文联盟	1
		中文联盟数字化教育金牌合作机构	中文联盟	1

（二）项目预算执行情况概述

1. 资金到位情况

总预算 31 000 万元，实际到位 31 759.56 万元，到位率为 102.45%；旅游管理专业群总预算为 9 000 万元，实际到位 9 087 万元，到位率为 100.97%（如表 2 和表 3 所示）。

2. 预算执行情况

到位资金使用总额 30 412.38 万元，预算执行率为 98.10%；旅游管理专业群到位资金使用总额 8 911.05 万元，预算执行率为 99.01%。

表 2 "双高计划"项目建设收支总体情况表

序号	资金来源	项目预算总额/万元	资金到位总额/万元	资金到位率/%	到位资金使用总额/万元	预算执行率/%
1	中央财政投入资金	3 500.00	3 500.00	100	3 500.00	100
2	地方各级财政投入资金	3 500.00	3 500.00	100	3 428.99	97.97
3	行业企业支持资金	5 111.00	5 118.56	100.15	5 118.56	100.15
4	学校自筹资金	18 889.00	19 641.00	103.98	18 364.83	97.22
	合计	31 000.00	31 759.56	102.45	30 412.38	98.10

表 3 旅游管理专业群 "双高计划" 建设收支总体情况表

序号	资金来源	项目预算总额/万元	资金到位总额/万元	资金到位率/%	到位资金使用总额/万元	预算执行率/%
1	中央财政投入资金	3 500.00	3 500.00	100	3 500.00	100
2	地方各级财政投入资金	3 500.00	3 500.00	100	3 428.99	97.97
3	行业企业支持资金	500.00	500.00	100	500.00	100
4	学校自筹资金	1 500.00	1 587.00	105.80	1 482.06	98.80
	合计	9 000.00	9 087.00	100.97	8 911.05	99.01

(三) 项目建设自评分和自评结论

学校按照建设绩效评价标准,结合任务完成、绩效目标达成、标志性成果取得、预算执行等情况,分别从学校、专业群层面对产出、效益、满意度、管理与执行等指标的达成情况进行了自评,自评得分99.67分,自评结论为"优"(如表4所示)。

表 4 项目建设自评得分表

评价指标		分值	学校层面自评分	专业群自评分
一级指标	二级指标			
产出指标	数量指标	15 分	15 分	15 分
	质量指标	15 分	15 分	15 分
	水平指标	10 分	9.6 分	9.7 分
效益指标	社会效益指标	10 分	10 分	10 分
	可持续影响指标	10 分	10 分	10 分
满意度指标	服务对象满意度指标	10 分	10 分	10 分
管理与执行指标	资金到位率指标	8 分	8 分	8 分
	资金预算执行率指标	8 分	8 分	8 分
	资金使用合规性指标	10 分	10 分	10 分
	项目管理指标	4 分	4 分	4 分
合计			99.60 分	99.70 分
占比			30%	70%
总计			99.67 分	

二、绩效目标达成情况

(一) 学校层面绩效目标达成情况

1. 产出指标达成情况

产出指标包含数量指标67项、质量指标37项、时效指标3项、成本指标3项,各项目标均达成(如表5所示)。

表 5　学校层面产出指标达成情况统计表

一级指标	二级指标	三级指标	累计目标值	累计实现值	累计目标完成度/%
1. 产出指标	1.1 数量指标	1.1.1 打造技术技能人才培养高地			
		1.1.1.1	1	1	100.00
		1.1.1.2	100	111	111.00
		1.1.1.3	1	1	100.00
		1.1.1.4	1	1	100.00
		1.1.1.5	1	1	100.00
		1.1.1.6	1	1	100.00
		1.1.1.7	1	1	100.00
		1.1.1.8	2	3	150.00
		1.1.1.9	1 800	3 546	197.00
		1.1.1.10	1	1	100.00
		1.1.1.11	100	184	184.00
		1.1.2 打造技术技能创新服务平台			
		1.1.2.1	1	1	100.00
		1.1.2.2	60	61	101.67
		1.1.2.3	14	24	171.43
		1.1.2.4	100	166.25	166.25
		1.1.2.5	6	6	100.00
		1.1.2.6	80	90	112.50
		1.1.3 打造高水平专业群			
		1.1.3.1	1	1	100.00
		1.1.3.2	1	1	100.00
		1.1.3.3	1	1	100.00
		1.1.3.4	1	1	100.00
		1.1.3.5	8	12	150.00
		1.1.4 打造高水平双师队伍			
		1.1.4.1	4	5	125.00
		1.1.4.2	2	3	150.00
		1.1.4.3	30	67	223.33
		1.1.4.4	30	36	120.00
		1.1.4.5	40	42	105.00
		1.1.4.6	12	17	141.67
		1.1.4.7	1 000	1 251	125.10
		1.1.4.8	12	13	108.33
		1.1.4.9	3	3	100.00
		1.1.4.10	200	314	157.00
		1.1.4.11	1 500	1 797	119.80
		1.1.5 提升校企合作水平			
		1.1.5.1	1	1	100.00
		1.1.5.2	5	6	120.00
		1.1.5.3	2	6	300.00

续表

一级指标	二级指标	三级指标	累计目标值	累计实现值	累计目标完成度/%
1. 产出指标	1.1 数量指标	1.1.6 提升服务发展水平			
		1.1.6.1	2	2	100.00
		1.1.6.2	20 000	41 889	209.45
		1.1.6.3	30 000	70 645	235.48
		1.1.6.4	3	3	100.00
		1.1.6.5	1	1	100.00
		1.1.6.6	4	5	125.00
		1.1.6.7	2	2	100.00
		1.1.6.8	1	1	100.00
		1.1.6.9	100	143	143.00
		1.1.6.10	4	4	100.00
		1.1.7 提升学校治理水平			
		1.1.7.1	1	1	100.00
		1.1.7.2	1	1	100.00
		1.1.7.3	1	1	100.00
		1.1.7.4	1	1	100.00
		1.1.8 提升信息化水平			
		1.1.8.1	1	1	100.00
		1.1.8.2	1	1	100.00
		1.1.8.3	1	1	100.00
		1.1.8.4	1	1	100.00
		1.1.9 提升国际化水平			
		1.1.9.1	60	106	176.67
		1.1.9.2	400	695	173.75
		1.1.9.3	50	149	298.00
		1.1.9.4	1	2	200.00
		1.1.9.5	3	3	100.00
		1.1.9.6	1	1	100.00
		1.1.9.7	6	7	116.67
		1.1.9.8	3	4	133.33
		1.1.9.9	1	2	200.00
		1.1.9.10	3	4	133.33
		1.1.9.11	80	259	323.75
		1.1.9.12	1	1	100.00
		1.1.9.13	50	70	140.00

续表

一级指标	二级指标	三级指标	累计目标值	累计实现值	累计目标完成度/%
1. 产出指标	1.2 质量指标	1.2.1 打造技术技能人才培养高地			
		1.2.1.1	100	100	100.00
		1.2.1.2	1	1	100.00
		1.2.1.3	75	77.08	102.77
		1.2.1.4	50	89.58	179.16
		1.2.1.5	60	80.07	133.45
		1.2.2 打造技术技能创新服务平台			
		1.2.2.1	80	83.96	104.95
		1.2.2.2	30	30	100.00
		1.2.2.3	70	74.55	106.50
		1.2.3 打造高水平专业群			
		1.2.3.1	100	100	100.00
		1.2.3.2	100	100	100.00
		1.2.3.3	100	100	100.00
		1.2.3.4	100	100	100.00
		1.2.4 打造高水平双师队伍			
		1.2.4.1	50	75.1	150.20
		1.2.4.2	100	100	100.00
		1.2.4.3	20	23.22	116.10
		1.2.4.4	1∶1	1∶1	100.00
		1.2.4.5	1	1	100.00
		1.2.4.6	100	104.1	104.10
		1.2.5 提升校企合作水平			
		1.2.5.1	80	85	106.25
		1.2.5.2	30	66.7	222.33
		1.2.5.3	50	60.4	120.80
		1.2.5.4	100	100	100.00
		1.2.6 提升服务发展水平			
		1.2.6.1	≥3	7.06	235.33
		1.2.6.2	≥2	4.19	209.50
		1.2.6.3	≥1.4	1.4	105.71
		1.2.6.4	80	80	100.00
		1.2.6.5	≥5 000	47 065	188.26
		1.2.6.6	≥2 000	22 699	227.00
		1.2.7 提升学校治理水平			
		1.2.7.1	85	100	117.64
		1.2.7.2	每年发布	每年发布	100.00
		1.2.7.3	每年发布	每年发布	100.00
		1.2.8 提升信息化水平			
		1.2.8.1	100	100	100.00
		1.2.8.2	不断完善	不断提升（见佐证材料）	100.00
		1.2.8.3	90	90	100.00
		1.2.9 提升国际化水平			
		1.2.9.1	5	10	200.00
		1.2.9.2	90	91.48	101.64
		1.2.9.3	不断提升	不断提升（见佐证材料）	100.00

续表

一级指标	二级指标	三级指标	累计目标值	累计实现值	累计目标完成度/%
1. 产出指标	1.3 时效指标	1.3.1	100	131.06	131.06
		1.3.2	100	102.45	102.45
		1.3.3	100	98.10	98.10
	1.4 成本指标	1.4.1	31 000	31 759.56	102.45
		1.4.2	5	5	100.00
		1.4.3	全体教职工	全体教职工	100.00

2. 效益指标达成情况

效益指标 8 项，其中社会效益指标 4 项、可持续影响指标 4 项。

（1）社会效益指标

一是引领职业教育改革发展和人才培养。4 项社会效益指标全部达成，如表 6 所示。

表 6　学校层面社会效益指标达成情况表

一级指标	二级指标	三级指标	累计目标值/%	累计实现值/%	累计目标/%完成度
2. 效益指标	2.1 社会效益指标	2.1.1 招生计划完成率	100	100.00	100.00
		2.1.2 新生报到率	91	92.79	101.97
		2.1.3 毕业生就业率	95	95.30	100.32
		2.1.4 本省就业比例	85	86.79	102.11

建成了基于工业互联网标识解析的智慧校园应用平台——"千天向上"师生共同成长记录平台；构建学生综合能力评价体系，完善"体美劳"教育规章制度，推动了通用能力和素质教育教学改革；率先适用"职教师资 12 条"，引进具有企业工作经历教师 100 余人，新入职教师完成课题 139 项，获国家级奖项 16 项、省级奖项 55 项；实施全员师德师风、党务工作者、急救等培训以及思政课教师社会实践研修等形式多样的培训，实现了师资培训全覆盖；通过分岗位分层级、集中学分散学、线上学线下学、校内校外培训、国内国外培训等多种举措，构建了双师队伍培训培养新格局；实施书证融通工程，获批 X 证书考点 51 个，累计考核 3 546 人次，开展 X 证书师资培训，参与制定会展管理等 2 项职业技能等级标准；持续完善学分转换办法，国家学分银行内现有学生成果 4 188 项，入选陕西省"1+X"证书制度试点工作优秀典型案例 4 个。

二是支撑国家战略和区域经济社会发展。2017 年，学校牵头成立"一带一路"职教联盟。建设期内，持续推进"一带一路"职教联盟建设，实施中外合作项目 20 余项；推出"SRVE—国际标准认证—秦岭工坊中文课堂"品牌，境内外 28 所高校参与建设，输出《服务质量管理》等 4 门课程标准。成立了联盟西部数字国际经贸研究院等 6 个部门。联盟落实中国—中亚峰会成果，牵头建设"秦岭工坊"境外办学品牌。

助力西安国际会展名城建设。落实陕西省会展标准化技术委员会秘书处职责，与陕西省会展中心合作建立陕西会展研究院、陕西省会展服务标准化技术委员会教育分会，建设会展产业发展智库；召开会展业发展论坛，主持《数字会展服务规范》，获"一带一路"职业技术教育国际标准认证，组织会展服务业技术标准国际化交流 2 次。

组建陕西职业技术学院华侨学院。制作4门侨裔实景课程,输出50余个国家,访问量达20余万人次;依托"汉语桥"等项目输出优质课程21门,其中5门课程被老挝、刚果(金)等国选用,4门课程获得SRVE 5级专业课程标准和评估标准认证。

三是推动形成一批国家层面有效支撑职业教育高质量发展的政策、制度、标准。

教师担任教育部职业院校艺术设计类专业研制组核心成员,制定高职本科《游戏创意设计》等专业简介及教学标准。教师受聘全国市场监管教指委标准化专业委员会副主任委员、陕西省会展服务标准化技术委员会委员,制定《会展项目管理职业技能等级标准》《直播培训指南》《线上展会服务规范》等国家会展业团体标准、《数字会展服务规范》《展览展示工程服务规范》等陕西省地方标准、温泉旅游《服务质量规范数字营销体系建设标准》等陕西省温泉旅游协会团体标准。《会展项目管理职业技能等级标准》已被全国会展职业经理人认证工作采纳,在会展行业推广应用。

(2) 可持续影响指标

4项可持续影响指标全部达成,如表7所示。

表7 学校层面可持续影响指标达成情况表

一级指标	二级指标	三级指标	累计目标值	累计实现值	累计目标完成度
2. 效益指标	2.2 可持续影响指标	2.2.1 常态化诊改覆盖率	100%	100%	100.00%
		2.2.2 "一章八制"制度体系建设	不断完善	落实"党委领导、校长负责、教授治学、民主管理"的治理体系和管理机制;强化理事会、学术委员会等机构职能,优化内设机构;科学核定岗位和职责,完善产教融合校企合作工作机制;成立了两级专业建设委员会和教材选用委员会;完善各类代表大会会议制度,充分发挥"双代会"民主管理职能。推进了学校治理体系和治理能力现代化	100.00%
		2.2.3 年度目标完成率	100%	100%	100.00%
		2.2.4 信息化管理与服务	不断提升	优化智慧校园基础设施,构建智能化服务体系,建设数字资源制作中心;两校区采用裸光直连、IPran链路、5G-SDWAN隧道,实现双活互联互通,搭建网络化、智能化、安全开放的智慧校园基础环境;构建了以"e云陕职"融合门户App+"一站式网上服务"为统一平台,"大数据+微应用"全业务的管理服务体系;以学习者为中心的共享优质教学资源更加丰富,资源共享服务辐射行业区域更加广泛,实现了优质资源数字化、教学方式多样化、管理服务科学化、评价反馈精准化	100.00%

一是推进现代治理,培养高技能人才。健全产教融合校企合作机制,充分发挥"双代会""家委会"等参与办学治校作用,推进治理数字化转型,实现治理体系和治理能力现代

化,促进学校综合竞争力显著提升,培养了大批高素质技术技能人才,取得了 138 项国家级标志性成果。

二是塑造特色品牌,提升持续影响力。打造"一带一路"职教联盟平台,建设"秦岭工坊"品牌,助力职教出海,国际影响力不断增强。

3. 满意度指标达成情况

(1) 在校生满意度

面向在校生开展调研 30 787 人次,在校生满意度累计实现值为 94.11%。

(2) 毕业生满意度

根据第三方北京睿新中科教育科技有限公司开展的毕业生就业情况调查,毕业生满意度累计实现值为 95.42%。

(3) 教职工满意度

面向全校教职工开展调研,教职工普遍认为通过"双高计划"建设,学校服务发展水平、治理水平、信息化水平和国际化水平均稳步提升,教职工满意度累计实现值为 96.74%。

(4) 用人单位满意度

根据第三方北京睿新中科教育科技有限公司开展的用人单位对毕业生工作满意度调查,用人单位满意度累计实现值为 97.96%。

(5) 家长满意度

面向学生家长开展调研 21 074 人次,家长满意度累计实现值为 91.08%。

(二) 旅游管理专业群绩效目标达成情况

1. 产出指标达成情况

产出指标包含数量指标 130 项、质量指标 55 项、时效指标 3 项、成本指标 3 项,各项目标均达成,如表 8 所示。

表 8 旅游管理专业群层面绩效完成情况统计表

一级指标	二级指标	三级指标	累计目标值	累计实现值	累计目标完成度/%
1. 产出指标	1.1 数量指标	1.1.1 人才培养模式创新			
		1.1.1.1	1	1	100.00
		1.1.1.2	4~8	14	175.00
		1.1.1.3	1	3	300.00
		1.1.1.4	2	7	350.00
		1.1.1.5	2~6	33	550.00
		1.1.1.6	1~3	5	166.67
		1.1.1.7	1	1	100.00
		1.1.1.8	3~4	5	125.00
		1.1.1.9	6	6	100.00
		1.1.1.10	9~13	10	100.00
		1.1.1.11	1	1	100.00
		1.1.1.12	2~4	8	200.00
		1.1.1.13	1	1	100.00
		1.1.1.14	1	1	100.00
		1.1.1.15	2	2	100.00
		1.1.1.16	4~7	10	142.86
		1.1.1.17	1	1	100.00
		1.1.1.18	2	2	100.00

续表

一级指标	二级指标	三级指标	累计目标值	累计实现值	累计目标完成度/%
1. 产出指标	1.1 数量指标	1.1.2 课程教学资源建设			
		1.1.2.1	1~2	6	300.00
		1.1.2.2	1~3	4	133.33
		1.1.2.3	3~5	13	260.00
		1.1.2.4	2~3	11	366.67
		1.1.2.5	1~2	2	100.00
		1.1.2.6	1~2	3	150.00
		1.1.2.7	2~5	10	200.00
		1.1.2.8	10~14	31	221.43
		1.1.2.9	1	1	100.00
		1.1.2.10	1	1	100.00
		1.1.2.11	1	1	100.00
		1.1.2.12	1~3	3	100.00
		1.1.3 教材与教法改革			
		1.1.3.1	9~11	12	109.09
		1.1.3.2	1	1	100.00
		1.1.3.3	1~2	1	100.00
		1.1.3.4	1	1	100.00
		1.1.3.5	2~5	8	160.00
		1.1.3.6	1~2	4	200.00
		1.1.3.7	1~2	4	200.00
		1.1.3.8	1	3	300.00
		1.1.3.9	1	1	100.00
		1.1.3.10	1	1	100.00
		1.1.3.11	1	1	100.00
		1.1.4 教师教学创新团队			
		1.1.4.1	1	2	200.00
		1.1.4.2	1~4	4	100.00
		1.1.4.3	1	1	100.00
		1.1.4.4	1	1	100.00
		1.1.4.5	1	1	100.00
		1.1.4.6	1~2	1	100.00
		1.1.4.7	2~4	4	100.00
		1.1.4.8	1	1	100.00
		1.1.4.9	不少于5年6个月	6	100.00
		1.1.4.10	每年一个月	5	100.00
		1.1.4.11	4~6	6	100.00
		1.1.4.12	1~2	1	100.00
		1.1.4.13	2~4	5	125.00
		1.1.4.14	20	24	120.00
		1.1.4.15	3~5	6	120.00
		1.1.4.16	2~3	2	100.00

续表

一级指标	二级指标	三级指标	累计目标值	累计实现值	累计目标完成度/%
1. 产出指标	1.1 数量指标	1.1.5 实践教学基地			
		1.1.5.1	1	1	100.00
		1.1.5.2	1	1	100.00
		1.1.5.3	1	1	100.00
		1.1.5.4	1	1	100.00
		1.1.5.5	1	1	100.00
		1.1.5.6	1	1	100.00
		1.1.5.7	1~2	2	100.00
		1.1.5.8	不少于6项	23	100.00
		1.1.5.9	3~5	7	140.00
		1.1.5.10	不少于1 000人次/年	1 940	100.00
		1.1.5.11	2~4	6	150.00
		1.1.5.12	40	45	112.50
		1.1.5.13	大于1 000平方米	3 000	100.00
		1.1.6 技术技能平台			
		1.1.6.1	1	1	100.00
		1.1.6.2	1	1	100.00
		1.1.6.3	1	1	100.00
		1.1.6.4	2~4	5	125.00
		1.1.6.5	10 000人·日	17 500人·日	175.00
		1.1.6.6	1~3	4	133.33
		1.1.6.7	3~5	5	100.00
		1.1.6.8	1~3	3	100.00
		1.1.6.9	3~5	8	160.00
		1.1.6.10	2~4	4	100.00
		1.1.6.11	2~4	8	200.00
		1.1.6.12	1	1	100.00
		1.1.6.13	2~5	3	100.00
		1.1.6.14	1~3	1	100.00
		1.1.7 社会服务			
		1.1.7.1	1	1	100.00
		1.1.7.2	2	2	100.00
		1.1.7.3	每两年1个	4	160.00
		1.1.7.4	每年1个	5	100.00
		1.1.7.5	6	6	100.00
		1.1.7.6	10	18	180.00
		1.1.7.7	3 500人·日	6 250人·日	178.57
		1.1.7.8	2	2	100.00
		1.1.7.9	1	1	100.00
		1.1.7.10	1~2	2	100.00
		1.1.7.11	1	1	100.00
		1.1.7.12	1	1	100.00

续表

一级指标	二级指标	三级指标	累计目标值	累计实现值	累计目标完成度/%
1. 产出指标	1.1 数量指标	1.1.7.13	1	1	100.00
		1.1.7.14	1 500	2 150	143.33
		1.1.7.15	1 400	2 150	153.57
		1.1.7.16	2 600	2 820	108.46
		1.1.7.17	30	156	520.00
		1.1.7.18	3	3	100.00
		1.1.7.19	7~11	8	100.00
		1.1.7.20	6~9	7	100.00
		1.1.7.21	5~8	6	100.00
		1.1.7.22	2~4	6	150.00
		1.1.7.23	5~10	7	100.00
		1.1.7.24	20~40	40	100.00
		1.1.8 国际交流与合作			
		1.1.8.1	3~5	5	100.00
		1.1.8.2	5~10	5	100.00
		1.1.8.3	40~50	50	100.00
		1.1.8.4	1	1	100.00
		1.1.8.5	1~2	2	100.00
		1.1.8.6	1~2	2	100.00
		1.1.8.7	1~3	4	133.33
		1.1.8.8	40	48	120.00
		1.1.8.9	1~2	4	200.00
		1.1.9 可持续保障机制			
		1.1.9.1	1	1	100.00
		1.1.9.2	8~10	14	140.00
		1.1.9.3	1	1	100.00
		1.1.9.4	10~20	17	100.00
		1.1.9.5	1	1	100.00
		1.1.9.6	9	9	100.00
		1.1.9.7	1	1	100.00
		1.1.9.8	1	1	100.00
		1.1.9.9	1~2	3	150.00
		1.1.9.10	3	3	100.00
		1.1.9.11	1~2	2	100.00
		1.1.9.12	1	1	100.00
		1.1.9.13	3	4	133.33

续表

一级指标	二级指标	三级指标	累计目标值	累计实现值	累计目标完成度/%
1. 产出指标	1.2 质量指标	1.2.1 人才培养模式创新			
		1.2.1.1	1	1	100.00
		1.2.1.2	1	1	100.00
		1.2.1.3	1~2	3	150.00
		1.2.1.4	2	4	200.00
		1.2.1.5	1	1	100.00
		1.2.1.6	2~4	8	200.00
		1.2.1.7	1~3	5	166.67
		1.2.1.8	100	100	100.00
		1.2.1.9	1	1	100.00
		1.2.1.10	2	2	100.00
		1.2.1.11	1	1	100.00
		1.2.1.12	95	98.17	103.34
		1.2.1.13	60	61	101.67
		1.2.1.14	80	82.60	103.25
		1.2.1.15	60	66.72	111.20
		1.2.1.16	50	53.00	106.00
		1.2.2 课程教学资源建设			
		1.2.2.1	12 000	17 989	149.91
		1.2.2.2	40	47.11	117.78
		1.2.2.3	50	58.00	116.00
		1.2.2.4	50	50.00	100.00
		1.2.2.5	50	54.05	108.10
		1.2.2.6	80	80.70	100.88
		1.2.3 教材与教法改革			
		1.2.3.1	90	90	100.00
		1.2.3.2	90	90	100.00
		1.2.4 教师教学创新团队			
		1.2.4.1	100	100.00	100.00
		1.2.4.2	50	50.00	100.00
		1.2.4.3	85	85.75	100.88
		1.2.4.4	1∶18	1∶16	112.50
		1.2.4.5	1∶20	1∶17	117.65
		1.2.4.6	30	30	100.00
		1.2.5 实践教学基地			
		1.2.5.1	1	1	100.00
		1.2.5.2	1	1	100.00
		1.2.5.3	1	1	100.00
		1.2.5.4	3	4	133.33
		1.2.5.5	100	100.00	100.00
		1.2.5.6	2	2	100.00
		1.2.5.7	1∶0.6	1∶0.99	165.00
		1.2.5.8	1	1	100.00

续表

一级指标	二级指标	三级指标	累计目标值	累计实现值	累计目标完成度/%
1. 产出指标	1.2 质量指标	1.2.6 技术技能平台			
		1.2.6.1	3~5	5	100.00
		1.2.6.2	3	4	133.33
		1.2.6.3	大于1个	2	100.00
		1.2.6.4	1	1	100.00
		1.2.6.5	1	1	100.00
		1.2.7 社会服务			
		1.2.7.1	2	2	100.00
		1.2.7.2	3	3	100.00
		1.2.7.3	1	1	100.00
		1.2.7.4	1	1	100.00
		1.2.7.5	1	1	100.00
		1.2.7.6	1	1	100.00
		1.2.7.7	文物修复专业教学标准和课程标准，国内外建设"文物修复工坊"	1	100.00
		1.2.7.8	1~3	4	133.33
		1.2.8 国际交流与合作			
		1.2.8.1	5~10	5	100.00
		1.2.8.2	不低于1∶18	1∶16	100.00
		1.2.8.3	不低于40	90	100.00
		1.2.8.4	100	100	100.00
	1.3 时效指标	1.3.1	100	126.34	126.34
		1.3.2	100	100.97	100.97
		1.3.3	100	99.01	99.01
	1.4 成本指标	1.4.1	40	42	105.00
		1.4.2	7 000	7 000	100.00
		1.4.3	9 000	9 087	100.97%

2. 效益指标达成情况

效益指标8项，其中社会效益指标6项、可持续影响指标2项。

（1）社会效益指标

一是引领职业教育改革发展和人才培养。6项社会效益指标全部达成，如表9所示。

校企构建技术技能平台，创新人才培养模式。建立智慧文旅专家工作室、技术技能创新服务团队，校企共建白鹿原智慧文旅协同创新中心，建设全国文博人才培训示范基地、陕西文物保护职业教育与培训基地、文物修复在线学习中心、优秀传统文化传承基地，打造技术技能平台。

表 9　旅游管理专业群社会效益指标达成情况表

一级指标	二级指标	三级指标	累计目标值	累计实现值	累计目标完成度/%
2. 效益指标	2.1 社会效益指标	2.1.1 社区文化服务/(人·日)	1 000	1 480	148.00
		2.1.2 旅游、文博企业员工职业技能、资格证书课程培训/(人·日)	1 400	2 150	153.57
		2.1.3 对农民工、职业农民、退伍军人、失业人员再培训/(人·日)	1 000	2 510	251.00
		2.1.4 中小学研学旅行服务、爱国主义教育/(人·日)	3 500	7 600	217.14
		2.1.5 高职旅游类专业教师"双师型"培训提升/(人·日)	150	170	113.33
		2.1.6 开展红十字会急救员公益培训/(人·年$^{-1}$)	30	156	520.00

实施"五方共育、三职贯通、四阶递进、双轨运行"人才培养模式、中国特色学徒制，建设白鹿仓文旅产业学院，创新育人模式，人才培养质量大幅提升。

服务地方文旅产业，助力乡村振兴。搭建"政行产企校"五位一体服务平台，开展技能培训、技术攻关，服务文旅产业；面向退伍军人、下岗职工等人员开展培训，承办全国文博人才技能培训班；开发"智慧+"浸入式文旅项目和"文化+"旅游产品；师生团队多次服务国家及陕西大型活动。

通过"双百工程"产学研一体化示范基地、文旅科技服务站建设，实施"美丽庭院"规划项目等形式服务乡村，助力乡村振兴。

二是支撑国家战略和区域经济社会发展。紧扣国家文旅融合产业布局和陕西文旅产业发展规划，融合数字化技术，重点布局特色产品规划设计、大数据旅游营销主要领域，培养景区规划设计师、导游、酒店数字化管理师、研学导师等人才，服务陕西省万亿级文化旅游产业集群高质量发展。

三是推动国家职业教育高质量发展的制度标准建设。教师担任全国旅游教指委专业标准研制组专家，参加教育部组织的"智慧旅游技术应用"专业简介和专业标准研制。

（2）可持续影响指标

2 项可持续影响指标全部达成，如表 10 所示。

表 10　旅游管理专业群可持续影响指标达成情况表

一级指标	二级指标	三级指标	累计目标值/个	累计实现值/个	累计目标完成度/%
2. 效益指标	2.2 可持续影响指标	2.2.1 带动引领学院其他专业群建设	7	7	100.00
		2.2.2 对其他高职院校旅游类专业示范引领	8	10	125.00

一是共建产业学院，提供文旅产业人才支撑。学校健全白鹿仓文旅产业学院运行机制，调动校企双方优势资源，合力提升人才培养质量，联合创建全域旅游发展示范，促进专业群

核心竞争力显著提升，取得了 38 项国家级标志性成果。

二是塑造专业品牌，持续发挥示范引领作用。打造高水平旅游管理专业群，成为智慧文旅特色鲜明的技术技能人才培养高地，示范引领作用持续发挥。

3. 满意度指标达成情况

（1）在校生满意度

面向专业群在校生开展调研 5 465 人次，在校生满意度累计实现值为 97.61%。

（2）毕业生满意度

面向专业群毕业生开展调研 1 745 人次，毕业生满意度累计实现值为 98.33%。

（3）教职工满意度

面向旅游与文化学院全体教职工开展调研，教职工普遍认为通过高水平专业群建设，人才培养质量显著提高，技术创新服务、社会服务、国际化交流合作能力均稳步提升，教职工满意度累计实现值为 97.77%。

（4）用人单位满意度

面向专业群毕业生就业单位开展调研 1 830 人次，用人单位满意度累计实现值为 98.33%。

（5）家长满意度

面向学生家长开展调研 2 804 人次，家长满意度累计实现值为 97.23%。

三、建设任务完成情况

（一）学校层面建设任务完成情况

1. 党建引领，筑牢立德树人根基

实施基层党建示范工程，确立"一引领、两贯通、四维度、四融合"党建工作机制；建设智慧党建云平台；实施"千天向上"师生共同成长工程；牵头组建"三全育人"联盟；入选教育部"双创"样板支部 2 个、省"双创"标杆院系创建单位 2 个、样板支部创建单位 4 个；教师党支部"双带头人"全覆盖，获省级"两优一先"4 项，入选教育部课程思政示范课程教学团队、教学名师；新增省级思政课教学标兵、教学能手 15 人，获得称号人数连续 5 年在全省高职院校中名列前茅。

2. 多向聚力，构筑人才培养高地

实施学生全面发展能力提升工程，深化通用能力和素质教育教学改革，健全劳育美育及创新创业教育体系；实施工匠精神培育工程，学生国赛获奖 12 项，优化三级职业技能竞赛机制，承办国赛"短视频创作与运营"赛项；实施书证融通工程，开展 X 证书培训及考核 3 500 余人次；实施"三教"改革质量工程，获评国家在线精品课程 2 门、省级 38 门，入选国家规划教材 3 本，主持申报国家级专业教学资源库 3 个、参建 3 个，建成旅游管理等 2 个省级专业教学资源库，获省级教学成果奖 6 项；探索大类招生，实施分类、分层人才培养工程。

3. 协同共创，打造技术创新平台

完善运行机制，吸纳企业参与，特聘研究员 61 人，加快发展陕西职业教育（应用技术）研究院，完成省级以上纵向课题 140 余项；打造智慧文旅实践、物联网技术应用研究平台，攻克企业技术难题 80 余项，开展技术服务和成果转化 114 项，参与 6 省区文旅产业项目规划和文创产品设计 80 余项，项目收益近 900 万元；成立陕西会展研究院，制定行业标准 6 项。

4. 对接产业，建设高水平专业群

健全专业群建设和管理制度，完善"紧跟产业、分层分类、梯级建设"的专业群发展机制；构建专业群评估指标体系，委托中国西部高等教育评估中心开展专业群建设方案、人才培养方案评估4次，形成评价反馈机制；课程体系改革全覆盖；打造教学创新团队12个；获批工信部产教融合专业合作建设试点专业2个、省级高水平专业群5个。

5. 引育并举，提升师资队伍水平

完善师德师风考核机制，新增省级教书育人楷模、师德标兵2人；制定引聘制度，设立专项基金，引进高层次、高技能人才36人，聘请大师名匠17人；联合建设国家级职业教育"双师型"教师培训基地2个，建立国内外教师培训基地5个、大师名师工作室13个、非遗工坊3个；组建"1+3"师徒创新团队；打造X证书考评员团队；构建双向流动常态机制，教师全员入企轮训；校、企、行三方参与双师教师评价考核。新增全国技术能手1人，全国五一劳动奖章获得者1人，省级技术能手、教学名师、优秀教师10人，1人入选陕西高校第五批"青年杰出人才支持计划"。

6. 集团统领，助推校企深度合作

打造陕西城镇建设职教集团升级版，构建"1+9+N"校企合作体制机制、"政事分开、管办分离"运行模式，健全职教集团理事会议事决策机构，搭建信息交流平台，获评国家示范性职教集团培育单位；建成鼎利产业学院等6个产业学院，完善产业学院运行机制，85%的合作企业参与了课程建设，60%以上的专业承担了企业横向课题；3个现代学徒制试点专业通过教育部验收，获批陕西省第一批现场工程师专项培养计划项目。

7. 整合资源，增强服务发展能力

校地融合建立"长安区乡村振兴人才培训基地""灞桥区全域研学基地"，开展职业教育与培训5万人·日；建立文物保护技能人才省级培训基地1个、商务贸易行业人员培训基地5个，年均文保、外贸企业人才培训逾7 000人·日；建立旅游、文保、物联网行业创业孵化中心，开展技术培训和孵化服务；开展技能鉴定服务逾2万人次；建成继续教育课程培训包4个，"魔力墩墩少儿编程"等2个项目获批省教育厅终身学习品牌项目。

8. 深化改革，优化内部治理体系

落实"党委领导、校长负责、教授治学、民主管理"的治理体系和管理机制，完善"一章八制"；建立学校、产业学院两级理事会运行机制；充分发挥学术委员会职能；优化议事决策民主管理机制及内部巡察制度；编印《内部质量管理手册》，发布年度《人才培养质量报告》《就业质量报告》；编制"三张清单"，强化财务内控管理，落实"两个责任"；三级家委会参与育人工作；信息化服务覆盖率100%；学校获批陕西省深化新时代教育评价改革综合试点单位并通过验收。

9. 应用为王，推进智慧校园建设

建立"事前防护、事中响应、事后审计"的网络安全防护体系，完成5G+智慧校园建设；建成"e云陕职"融合门户App及"一站式服务大厅"，完善管理服务体系；搭建校情分析平台，建设教学质量评价系统，实施常态化监控；校企共建数字化资源制作中心"树下白鹿课栈"，建成个性化学习和资源共享平台。入选首批全国职业院校数字校园建设试点学校，获评陕西省网络安全和信息化先进集体。

10. 互通互补，深化国际交流合作

牵头建设的"秦岭工坊"项目被列入《中国—中亚峰会涉陕成果对接清单及重点任务》，国际合作交流合作协议落地数完成率200%；研制"SRVE国际认证标准"，输出优质课程资源 21 门。施行出访交流项目制，建立境外研修培训基地 2 个，境外合作交流 106 人次，境内外研修 844 人次；引进外教 7 人、境外课程 3 门；参与制定国际课程标准 4 项、专业教学标准 2 项；建立境外"一带一路"应用型技能人才培养基地 4 个，培训 259 人；入选教育部中外人文交流全媒体产教融合项目首批合作院校。

（二）旅游管理专业群建设任务完成情况

1. 产教融合，建设人才培养高地

校企共建白鹿仓文旅产业学院，开设特色学徒制班 10 个；构建"五方共育、三职贯通、四阶递进、双轨运行"人才培养模式；课程思政全覆盖，完成省级以上课程思政研究课题 33 项；制定学分认定转换办法，开展 X 证书培训和认证；构建五方联动协同育人机制；组织 31 所院校开展专业技能联考；举办旅游类省级职业技能大赛 7 次；依托 2 项省级教改重点攻关项目研究推进专业群建设，实践成果获省级教学成果奖一等奖。

2. 校企共建，完善课程教学资源

政行企校多方绘制核心能力图谱，重构专业群课程体系，建设课程包群；校企共建混合式课程 31 门，搭建教学资源云，主持建成旅游管理省级专业教学资源库，联合主持国家级专业教学资源库 1 个，参建 3 个；建设在线精品课程 16 门，获批国家级 2 门、省级 11 门；2 门双语课程上线国家智慧教育平台，选课学校近 500 所、人数逾 15 万人，上线中文联盟及"汉语桥"西班牙、老挝大学生线上研习营。

3. 协作创新，深化教材教法改革

对接旅游新业态，校企合作开发出版活页式、工作手册式教材，智慧教材及 X 证书培训教材 13 本，入选首批"十四五"国家规划教材 1 本，形成特色教材资源库；推行"岗课赛证创"融合；依托省级教改重点攻关项目等 10 项课题研究推进教材与教法改革，构建多元化教学质量评价体系；省级教学能力比赛获一等奖 2 项、二等奖 1 项。

4. 师德引领，共建校企双师团队

加强师德师风建设，教师获评省级师德标兵、教书育人楷模 3 人；加强团队建设，健全师资队伍建设管理、培训、评价体系，形成长效机制；联合建设旅游类国家级职业教育"双师型"教师培训基地；新增全国技术能手 1 人、全国五一劳动奖章获得者 1 人、省级教学名师 4 人，建成名师工作室 2 人，引进非遗传承人 2 人、行业领军人物 1 名；教师每年入企锻炼 1 个月以上，双师比例达到 96%。建成了一支名师引领、双师守航的高水平教学创新团队。

5. 多措并举，提升实践教学条件

对接智慧文旅产业链，与陕旅集团等企业共建智慧文旅实训中心、秦风雅苑餐饮服务中心等 4 个实训综合体，打造"学训赛创研用"六位一体生产性实践平台；成立众创空间 1 个，孵化文旅运营实体 2 个；共建白鹿原非物质文化遗产、"秦人"文化遗产与保护 2 个数字化博物馆；校企合作开展文创产品研发、文物修复技术革新、研学方案设计，开发智慧文旅创新创业项目 6 项、实践教学标准 5 项；在企业设立学生文创产品创意中心 2 个；学生获技能大赛国奖 7 项、省奖 16 项。

6. 产业领航，构建协同创新平台

聚焦文化旅游业，共建白鹿原文旅协同创新中心、文博人才技能培训中心，建立智慧文旅专家工作室，组建技术技能创新服务团队，完善智慧文旅研创项目孵化运行机制，开发"智慧+"文旅项目和"文化+"旅游产品；获批陕西省文物保护职业教育与培训基地；实施华夏文旅、白鹿仓等景区智能化提升项目 5 项；获批专利 2 项；试点 X 证书 8 个；建成文物修复在线学习中心 1 个；设立乡村文创旅游科技服务站 3 个；主持白鹿原·白鹿仓旅游度假区等文旅产业项目规划设计 80 余项。

7. 共建共享，提升社会服务水平

开展退伍军人、下岗职工等学历提升及技术技能培训，以及旅游、文博企业员工职业技能、资格证书和标准推广培训，累计 7 550 人；承办国家级文博人才技能培训班；开发研学课程 6 门，为 18 所学校 6 250 人提供研学服务；获批陕西省大中小学劳动教育实践基地、"双百工程"产学研一体化示范基地，服务中国—中亚峰会、丝博会、全运会、陕西"两会"等，提升社会影响力。

8. 开放包容，助推国际交流合作

打造"双语双师"队伍；学生参加"一带一路"暨金砖国家技能发展与技术创新大赛获奖 4 项；开展"汉语桥"研修教育；开展中外合作办学项目 2 项，培养全日制留学生 48 人；与西班牙、老挝等国高校联合研制 SRVE 国际认证标准；编写"寻访丝路"培训教材 5 本，10 集《丝路访谈》专题节目上线"学习强国"；输出文物修复专业教学标准以及《文物修复》《田野考古》课程标准，引进《动画剧本与分镜设计》课程标准；组建境外讲学团，合作开展"一带一路"文旅培训 6 次；设计开发"一带一路"旅游线路产品，服务丝路沿线国家的影响力进一步彰显。

9. 多方联动，完善发展保障机制

构建"党建引领、行业引导、企业协同、诊断改进"的专业群可持续发展保障机制；完善"政行企校研"五方联动理事会运行机制；发挥专业群教育教学指导委员会作用，动态调整课程体系；搭建专业群诊断改进平台，持续开展专业群诊断与改进；制定专业群建设运行管理办法 17 项、九大核心指标运行建设管理细则 9 项，形成制度汇编 4 册；获评全国职业院校教学工作诊断与改进制度建设优秀案例 1 个、陕西省深化新时代教育评价改革优秀案例 2 个。

四、项目建设采取的措施

（一）项目推进机制建设与运行

1. 学校层面

一是制度建设完善。制定了《"双高"建设项目实施管理办法》《"双高"项目绩效考核办法》《"双高"项目经费管理办法》等制度，严控项目运行，建立"落实具体化、管控可视化、纠偏及时化"工作机制，保障项目建设顺利进行。二是组织机构健全。学校成立党委书记、校长任组长的"双高计划"项目建设领导小组，全面负责建设决策与推进。下设 10 个专项工作组，分工负责、逐项落实。三是建立专家智库。成立"双高计划"项目建设专家咨询委员会，对项目建设中存在的问题客观分析并提出解决方案。四是突出绩效考核。将项目纳入预算绩效管理体系，强化预算绩效的责任约束。将建设项目评价结果作为部门年度考核重要指标，确保各项任务高效高质量完成。

2. 旅游管理专业群

一是加强党建引领。发挥专业群党总支引领作用，落实"五个到位"，推进高水平专业群建设。二是推进机制建设。制定专业群建设运行管理办法及 9 项核心指标建设管理细则，成立 9 个子任务建设团队，构建督查体系，保证项目建设有效进行。三是强化绩效管理。将建设任务完成情况纳入教职工绩效考核、职称评审、评优评先等指标体系，激发团队内生动力。

（二）项目资金管理与使用

1. 学校层面

一是资金投入机制完善。合作企业联系紧密，投入渠道畅通，中央、省级、社会、自筹四方资金按年度足额落实到位。二是资金管理制度健全。成立"双高计划"项目建设监督小组，强化《"双高"项目经费管理办法》等制度保障，建立项目资金"专项管理、动态调整"管理机制，项目资金单独核算，可控性强。三是预算编制与执行规范。将专项资金预算纳入学校年度总体预算，项目预算安排结构合理、资金指向明确、预算按计划执行。四是资金使用合规。资金开支范围和标准明确，资金审批流程科学，使用合规、合理、高效，未出现截留、挤占、挪用、虚列支出等情况，资金使用方向及合规性符合专项资金管理办法。委托第三方审计，结论见专项审计报告。

2. 旅游管理专业群

一是资金投入机制完善。学校依据专业群建设项目预算，及时足额拨付建设资金。专业群通过与行业企业合作共建、研发项目、解决技术难题，争取行业企业社会支持资金（源）达500万元。二是落实资金管理制度。按照《"双高"项目经费管理办法》等制度要求，资金单独核算，明确资金开支范围和标准，优化审批流程，健全资金使用全过程管理机制。三是预算执行规范有效。将专业群项目建设专项资金纳入学校整体预算管理，建立专业群建设二级项目库，实现"先有项目储备、再有资金安排"的管理目标，对入库项目采取滚动管理，让项目建设实施更加通畅。四是资金使用合规透明。按照"无预算不支出"的原则，建立学校审计与第三方审计的联动机制，强化实时监督，资金使用无截留、挤占、挪用、虚列支出等情况。

五、特色经验与做法

（一）促进文旅融合，助力打造万亿级文旅产业新高地

1. 育训并举，为陕西文旅产业发展提供人才支撑

一是加强专业群建设，培养技术技能人才。重点打造旅游管理高水平专业群，师资队伍、教学资源、校企合作、技术技能服务、国际化水平等核心竞争力处于国内领先地位。培养了2 000余名优秀人才，就职于景区规划、品牌营销策划、大数据分析、酒店数字化运营、导游等重要岗位，涌现出全国五一劳动奖章获得者袁维妮、陕西省技术能手赵梦、金牌导游龙羽等行业领军人才，为陕西万亿级文旅产业高地建设作出了不可或缺的贡献。

二是依托培训基地，建设文保人才队伍。依托国家文博人才培训示范基地、陕西省文物保护职业教育与培训基地，多期次承办国家文物局考古绘图、古建筑油饰彩画传统工艺及修复保护、数字化考古绘图等培训班，培训逾1 000人·日。

三是塑造培训品牌，开展行业企业培训。依托教育部、文化和旅游部全国旅游类示范专业点，文化和旅游部旅游职业教育校企合作示范基地，教育部旅游类专业"双师型"教师培训基地，围绕企业发展、景区规划、管理服务，为黄帝陵景区、黑河国家森林公园、渭南市文旅局、西安开元名都大酒店等单位进行岗前培训和继续教育2万余人次，塑造了良好的行业品牌形象。

2. 产学合作，助力西安打造世界旅游目的地

一是主持景区规划设计，创建白鹿原全域旅游发展示范单位。教师王金涛担任白鹿原·白鹿仓景区首席规划师和总设计师，组建文旅规划设计团队，将关中文化元素融入景区规划设计，建设"一仓两园三营地"，创建功能齐全、跨界经营的综合智慧景区，建设模式成功向甘肃、河南、海南等省推广，复制建成了嘉峪关白鹿仓、焦作白鹿仓黄河歌谣文化旅游度假区等景区。

二是服务西安文旅旗舰项目，打造沉浸式唐文化主题旅游示范景区。与曲江文旅合作，聚焦大唐不夜城，结合项目主题，董洁团队完成了"西安年最中国""中国年看西安"的"智慧+"浸入式文旅体验项目的物料设计，并进行营销策划，助力打造国家级沉浸式文旅新业态示范案例，是西安春节旅游的靓丽名片。与陕文投集团合作，深入研究唐都城长安生活场景和市井文化，张艳团队参与设计长安十二时辰唐文化IP和唐风沉浸式主题乐园，建设中国首个沉浸式唐风市井生活街区。

三是依托教育实践基地，培树区域精品研学旅游品牌。整合学校首批陕西省大中小学劳动教育实践基地、白鹿原·白鹿仓景区西安中小学生研学教育基地优势资源，依托半坡博物馆、麦草人农业公园、秦灞庄园等农业园区和白鹿仓、鲸鱼沟等景区，联合半坡研学基地、杠杠文创等企业构建"农业园区+精品景区+精品线路"发展模式，打造各类研学旅行项目200余项，服务人数逾万人。

3. 多元融合，推动非物质文化遗产保护传承

一是"非遗+课程"，丰富传承载体。建设"非物质文化遗产导学"等在线课程，将非遗文化教育、传承与创新转化融入"茶艺与茶文化"等专业课程，累计选课近3万人。与白鹿原·白鹿仓景区、半坡研学基地等联合开发中国古建筑文化、彩陶文化、茶文化、文物修复与保护等非遗研学课程，累计服务逾3 000人·日。

二是"非遗+大师"，搭建传承平台。引进"书画传统手工装裱与修复""彩陶（唐三彩）烧制技艺""耀州窑陶瓷烧制技艺"等省市级非遗项目传承人，成立非遗文化保护研究中心、刘文西艺术研究院、布堆画工作室，建立校内非遗大师工作室2个、校外非遗实践基地6个，组织"非遗进校园"活动40余次。获批陕西省布堆画非物质文化遗产传承教育实践基地。

三是"非遗+研学"，创新传承路径。联合陕西锋双实业公司、陕西省非遗产业促进会建设"白鹿仓·滋水非遗大集"，集合陕北剪纸、西安唐三彩、华县皮影等30余项三秦标志性非遗项目，打造全国首个"活态"非遗主题研学街区。

（二）服务"一带一路"，打造陕西"职教出海"新品牌

1. 建设联盟平台，提升国际合作效度

一是以联盟为平台引领中外职教交流发展。服务国家"一带一路"倡议，持续打造"一带一路"职教联盟平台，吸纳20个国家或地区的百余家教育机构和行业企业，举办4届国际论坛，与11所学校签订《姊妹校议定书》。联盟列入《开展"一带一路"教育行动国际合作备忘录》，数次纳入省级规划与行动计划，被省领导多次赴外推介。

二是以项目为抓手完善中外职教合作机制。通过师生交流、人才培养、科研合作等，"走出去""请进来"，开发专业、课程标准，研制SRVE认证标准，实现"中文+职业教育"对接欧洲职业教育体系，与法国职教职业资格证书互通，吸引亚欧非160余所院校参与。

三是以专业为依托开展中外合作办学。联合日本大阪综合设计专门学校成立动漫教育研

究院，打造动漫制作技术和人工智能应用技术专业精品课程。联合新加坡工艺教育学院开展会展业人才培训。联合中国华文教育基金会建立实景课程实训基地，开设公共美术课程，44个国家的青少年完成在线学习。

2. 提升办学能力，增进国际交流深度

一是创新体制机制，激发国际交流合作活力。成立归国华侨联合会，搭建"凝聚侨心、汇集侨智、发挥侨力、维护侨眷"的合作平台。联合跨境企业成立鼎利产业学院、博世汽车学院、怡亚通全球供应链培训中心，联合陕文投集团共建国际交流合作学院，推进留学生培养、国别与区域研究。制定《二级学院国际化工作实施意见》，推进专业群国际合作。

二是开展项目合作，提升国际交流合作能力。联盟承担"秦岭工坊"项目的申报、评审、立项及验收工作，申报在建16项。承担"一带一路"应用型人才培养项目，落实《中国·印尼国家骨干技能人才联合培养协议》，开展师资培训及留学生培养。实施"汉语桥"项目，组织"中文+职业技能"线上研习营。

三是加强交流研讨，培养教师"双语"能力。制定《"双语"教师资格认定及管理办法》《"双语"课程教学实施办法》，推进"双语"教学。组织"双语"教师认定、留学归国教师说课比赛、国际汉语教师培训，提升教师"双语"授课能力。

3. 开展教育援外，拓展职业教育广度

一是选派优秀师资赴外任教。推进职业教育"走出去"，落实"秦岭工坊"项目，与吉尔吉斯斯坦、乌兹别克斯坦共建无人机应用技术专业，外派骨干教师开展教学，培养当地人才。

二是建设文旅特色国际化课程资源。依托"侨裔实景课堂"项目，制作《古都万象》《影迹中国》《陶瓷艺术》《茯满天下》等课程，入选2023年中国职教学会《中国职业院校国际交流合作优秀案例选集》。

三是推广教学资源国际认证。5门课程被老挝和刚果（金）等国院校引进，4门获SRVE 5级专业课程标准和评估标准认证。向西班牙、科特迪瓦等近50个国家或地区输出课程21门，累计选课逾30万人。

(三) 强化技术服务，注入新质生产力发展新动能

1. 多元主体协同，助力"中国之芯"跳动

一是校企共建，打造国家级培训基地。与杭州加速科技有限公司共建全国集成电路工程师培训基地，获批工信部集成电路测试工程师培训中心；完成教育部"芯星计划"集成电路测试工程师培训项目；以真实企业项目为载体，开发课程《集成电路测试指南》，在全国高职院校推广。

二是校校联合，共建职教创新基地。依托西安电子科技大学国家集成电路产教融合创新平台，建成集成电路职教创新基地。先后面向西安交通大学等院校开展芯片测试技能培训，承接深圳航顺芯片技术研发有限公司等企业芯片测试项目，完成测试15万余颗。

三是校会合作，开展岗前技术培训。联合中国半导体行业协会、陕西省半导体行业协会打造集成电路职业教育课程体系和实践项目体系，开展协会会员单位岗前技术培训、组织人才培养交流座谈，推动集成电路产业与集成电路技术专业教育深度融合、协同创新。

2. 师生共同成长，助推"低空经济"腾飞

一是开展技术服务，激发行业发展新活力。学校无人机应用技术专业师生团队连续3年为咸阳市长武县农业局、秦瑞农业合作社开展农作物病害群防群治技术服务，累计农药喷洒

近 5 万亩、智慧化植保 28 万余亩；为西安城市发展集团、中煤航测集团等企事业单位完成航空摄影测量服务累计 2 000 余平方千米、建模测量 100 余幅。为引汉济渭工程公司等单位提供施工、安防巡检 3 000 余千米；为第 31 届世界大运会、江海国际文旅节等进行编队飞行表演，程控飞行起落 5 000 余架次。

二是组织技能培训，打造人才建设新引擎。联合中国地理信息协会、大疆创新等行业协会、企业，设置全国首个高职院校民航局 CAAC 无人机驾照考点，培训无人机驾驶员、多旋翼机长 270 人，服务无人机驾考 500 余人次。

三是攻关科研课题，助力无人机技术新发展。承担教育部新一代信息技术创新基金"基于无人机的边缘计算机的研究"课题、陕西省教育厅"基于深度学习的水体多光谱指标回归分析的研究"课题，与西安交大合作开展"精密传感器大规模组网技术"、与北京中科浩电科技有限公司合作开展"无人机航空摄影测量"等横向课题研究，探索无人机智能控制前沿技术与应用。

3. 产教深度融合，推进"军民产品"迭代

一是产业嵌入专业，共建高水平产教融合实训基地。基于国家级生产性实训基地——SMT（表面贴装技术）实训基地，引企驻校，共建高水平产教融合实训基地。按照国际产线和军工要求配置生产线，由 8 名企业高级工程师与 11 名教师组建矩阵式教学团队开展项目制分段式教学。面向社会开展电子产品研发、设计、加工和组装等业务，年均产值约 500 万元。

二是聚焦军品生产，创建区域型 SMT 智能制造生态圈。基地通过 GJB 9001C—2017 武器装备质量体系认证，联合西安微电子技术研究所等单位，开展磁航姿、操雷检查台、测发控主机、TTE 综合测试系统等产品的生产、组装和功能测试。

三是着力技术改造，助力民营企业提质增效。面向西安高压电器研究院股份有限公司等企业，在产品中试、工艺改进、技术研发等方面完成铁路隧道智能灯具生产测试、智能同步触发仪研制、高压监测系统嵌入式开发等技术服务。

（四）实施精准帮扶，构建服务乡村振兴新路径

1. 挖掘特色文化，打造乡村产业品牌

一是对接特色茶产业，开展文创设计。与"朴道茶业"等企业开展茯茶新产品研发设计、文化挖掘体验、品牌数字化运营，师生设计作品被"墨君茯茶""泾壶道茶业"等企业广泛应用。

二是传播地方茶文化，创新景观设计。服务国家 AAAA 级旅游景区"茯茶镇"建设，师生团队为茯茶镇·金茯城 7 号院完成景观设计 13 处。

三是建设创业茶空间，孵化茯茶品牌。与秦创原茯茶文化创新中心共建大学生创业茶空间，孵化茯茶新品牌 5 个，参加中国——中亚峰会、欧亚经济论坛等大型会议，承接各级接待工作 130 余场次。

2. 聚焦文化创意，助力美丽乡村建设

一是挖掘民俗特色，创新乡村文化标识。开展实景考察、数据采集、总体规划，确定"大美秦岭、宜居生态、特色农旅、花果田园"主题，80 余名师生完成秦岭栗峪口村 14 面大型墙画绘制。

二是实施改造项目，美化乡村宜居环境。师生团队完成"鄠邑区栗园坡社区变形记"美丽乡村提升改造项目。与西安市鄠邑区潭峪口村"结对子"，完成美丽庭院设计规划方案 7 个，带动了栗园坡社区的旅游发展，为乡村经济注入新活力。

三是开展包装设计，推广乡村农特产品。联合鄠邑区电子商务协会、鄠邑区农业局开展农产品包装设计比赛，创新设计包装作品110余件，被企业广泛应用。"曲墨空间"师生团队为鄠邑区设计"九华琼珠"葡萄包装，为兴平市设计"贵妃"葡萄包装、"富平"柿饼包装，为陕西厚土农业综合发展有限公司设计猕猴桃包装，助力特色农产品牌推广。

3. 精准结对帮扶，推进乡村教育振兴

一是强化教育培训，提升乡村内生动力。学校"双百工程"结对帮扶榆林市子洲县、定边县，联合建设"金钥匙人才工程"产学研一体化示范基地，举办村级财务管理、幼教技能、少儿编程、应急救护等培训95期，累计培训7 500余人次。

二是集聚优质资源，助力乡村教育振兴。选派优秀教师赴紫阳县开展教育"组团式"帮扶，助力紫阳县职教中心在专业建设、课题研究和教师发展等方面实现了历史突破。

三是塑造帮扶品牌，扩大社会影响力。塑造出"救在身边"联百县进千村、青蓝工程、破晓青年计划、魔力墩墩少儿编程、爱益工坊—爱尚乡村、绘美乡村等系列乡村振兴品牌项目，受到社会好评。

（五）深化产教融合，共建现代职业教育新体系

1. 服务区域发展，共建陕西欧亚秦岭工坊创意产教联合体

一是精选园区载体，统筹谋划联合体建设。联合上海视代商舟科技有限公司，携手欧亚创意设计产业园建立"陕西欧亚'秦岭工坊'创意产教联合体"，获批陕西省首批培育项目。以园区为中心，进行SRVE国际标准认证，带动周边区域协调发展。

二是聚焦核心产业，提升市域发展竞争力。围绕创意设计、数字商务等领域主导产业，通过产行企校四方合作，开展人才培养、技术研发、社会服务，持续探索联合体发展新模式。

三是落实实体化运作，服务技能人才成长。制定联合体章程，成立工作机构，打通各主体之间数据壁垒，提供数智决策支持。组建产业园区公共实训中心，持续推进学徒制、订单班、现场工程师等人才培养实践，为多元主体办学探索经验。

2. 支撑行业发展，构建全国工业大数据行业产教融合共同体

一是多方联动，成立产教融合共同体。学校与美林数据、西北大学牵头，联合行业组织、科研机构、150余家上下游企业以及30余所本科院校和30余所高职学校共同成立"全国工业大数据行业产教融合共同体"，获批陕西省首批培育项目。

二是健全机构，建立实体化运行机制。成立共同体理事会、专业委员会、项目管理中心、市场拓展中心、人才培养中心等组织机构，明晰"政校会企"多元主体职责，建立实体化运行机制。

三是发挥优势，提升实体运行效能。编制发布行业分析报告和人才需求预测报告，开发工业大数据教学资源、实践平台、技术创新中心，协同技术攻关，驱动产业升级；联合开展人才培养和继续教育。

3. 对标产业前沿，打造陕西SMT生态联盟产教融合实践中心

一是依托国家级基地，校企联合建设实践中心。依托校内SMT国家级生产性实训基地，联合航天亮丽电气有限责任公司、西安立方精诚电子科技有限公司以及其他优势院校、院所、企业，建立陕西SMT生态联盟产教融合实践中心，获批陕西省首批培育项目。

二是对标产业发展，产学研训服一体化运营。陕西SMT生态联盟产教融合实践中心聚焦区域高端装备、电子信息两大支柱产业发展，成立理事会，构建共建共享运行机制，多方

参与共建指导委员会，建立动态调整机制，完善质量标准和制度体系。

三是开展技能培训，助力企业提质升级。陕西 SMT 生态联盟产教融合实践中心现已面向校内外学生开展手工焊接、SMT 设备操作与维护、印刷电路板设计与制作等技能培训 2 080 人次；面向省内 10 余所机构、学校开展机器人、无人机等科普培训 2 200 余人次；面向 11 家企业开展智能制造、电子设计自动化、物联网技术等岗位培训。聚焦产品中试、工艺改进和技术研发，助力企业收益增值 800 余万元。

六、问题与改进措施

（一）存在问题

一是现代职教体系建设改革还不够深入、内涵建设需要持续加强。
二是师资队伍建设存在高层次领军人才不足、教师实践能力不强等问题。
三是旅游管理专业群建设和区域文旅产业集群发展的融合度不深。

（二）改进措施

一是承担推进现代职教体系建设改革 11 项重点任务，加快市域产教联合体、行业产教融合共同体建设，推进职业教育与区域支柱产业的匹配与融合。积极推进中高本一体化人才培养，服务区域经济社会发展。集中建设一流课程、优质教材、实践项目建设等，提升关键办学能力。

二是坚持"靶向引才，自主培养，以用代培"，完善高层次人才引进和使用机制，改进领军人才培养和支持方式，实施专项人才培养工程，严格落实"双师型"教师认定准入标准，加快师资队伍建设步伐。

三是进一步深化产教融合，挖掘专业群建设优势，提升人才培养质量，推进文旅产业特色化、数字化发展，为文旅产业高质量发展提供专业人才支撑和技术支持，持续推动陕西旅游强省、文化强省建设。

七、其他需要说明的有关事宜

根据教育部《"双高"中期评价问题解答》，学校在中期绩效评价中结合学校发展情况，调高了 17 个绩效指标的目标值，调整后各指标累计目标值均已达成，特此说明。

陕西能源职业技术学院"双高计划"总结报告

2019年12月，学校入选国家"双高计划"高水平专业群建设单位（C档），是全国唯一的"煤矿智能开采技术"专业群建设单位。项目建设以来，学校按照"党建引领，双高强基，产教融合，强化特色"总体思路，聚焦能源化工、医护康养产业，服务能源强国、健康中国战略，圆满完成各项任务，获"双高计划"中期评价"优"等次，实现了建设能源化工、医护康养类高素质技术技能人才培养培训高地、技术技能积累重要资源集聚地、校企合作体制机制创新试验地、校企合作发展与合作育人示范地的既定目标，有力支撑了陕西乃至西部地区能源化工和医护康养产业高质量发展。

根据教育部、财政部和陕西省教育厅、财政厅关于开展"双高计划"绩效评价工作要求，学校对照建设方案和任务书，现总结如下：

一、总体情况

（一）项目绩效目标达成和建设任务完成总体情况概述

建设期内，学校层面和煤矿智能开采技术专业群建设任务点共计608个。其中，学校层面470个，煤矿智能开采技术专业群138个，建设任务完成度均为100%。

建设期内，学校"双高计划"绩效指标共265项。其中，学校层面165项，煤矿智能开采技术专业群100项，学校及专业群层面目标完成度均为100%。

"双高计划"建设5年来，学校紧扣区域发展，创新了能源化工、医护康养职业教育与区域产业共荣共生产教融合生态，建成了高素质技术技能人才培养培训基地；紧贴行业企业，主动融入"秦创原"，助推技术成果转化应用，建成了技术技能创新服务平台；紧跟"一带一路"建设，"随企出海"，输出职教标准和资源。学校综合竞争力和人才培养质量显著提升，煤矿智能开采技术专业群竞争力居于国内领先地位。在部分关键技术领域、重大改革和立德树人等方面作出了"能院贡献"。

（二）项目资金保障和使用情况概述

经第三方审计认定，学校"双高计划"资金筹措得力，到位足额，不存在生均财政拨款"挤出效应"；预算执行率大于95%；资金管理规范，成效显著，无违反项目管理禁止性限制性规定、虚列项目支出、不履约等现象。

学校2019—2023年度"双高计划"项目预算27 500万元；资金到位总额28 888.61万元；到位资金使用总额27 174.69万元，其中，中央财政拨款1 989.55万元，地方各级财政投入2 685.85万元，行业企业支持4 169.61万元，学校自筹18 329.68万元；预算执行率98.82%（如表1所示）。

表1 "双高计划"建设收支总体情况表

序号	资金来源	项目预算总额/万元	资金到位总额/万元	资金到位率/%	到位资金使用		预算执行率/%
					总额/万元	其中，实际支付的货币资金/万元	
1	"双高计划"建设资金总额	27 500	28 888.61	105.05	27 174.69	23 005.08	98.82
	其中：非现金	—	4 169.61	—	—	—	—
2	中央财政投入资金	2 000	2 000	100.00	1 989.55	1 989.55	99.48
3	地方各级财政投入资金	2 000	2 719	135.95	2 685.85	2 685.85	134.29
4	行业企业支持资金	3 500	4 169.61	119.13	4 169.61	0	119.13
5	学校自筹资金	20 000	20 000	100	18 329.68	18 329.68	91.65

（三）项目建设自评分和自评结论

学校对照《"双高计划"建设绩效评价标准》开展了项目建设自评，自评得分99.68分，自评结论为"优"（如表2所示）。

表2 自评得分表

一级指标	二级指标	学校层面得分/分	专业群层面得分/分
产出指标（40分）	数量指标（15分）	15	15
	质量指标（15分）	15	15
	水平指标（10分）	9.4	9.8
效益指标（20分）	社会效益指标（10分）	10	10
	可持续影响指标（10分）	10	10
满意度指标（10分）	服务对象满意度指标（10分）	10	10
管理与执行指标（30分）	资金到位率指标（8分）	8	8
	资金预算执行率指标（8分）	8	8
	资金使用合规性指标（10分）	10	10
	项目管理指标（4分）	4	4
合计		99.4	99.8
自评总分		99.68	

二、绩效目标达成情况

（一）学校层面绩效目标达成情况

1. 产出指标达成情况

设置数量指标92项、质量指标30项，总体达成度100%。

(1) 加强党的建设

一是强化政治引领,完善党建责任体系。推行党建责任、年度任务、问题督办三张责任清单,建立健全党委、总支、支部三层级和党组织、书记、班子成员、组织员四主体党建责任体系。荣获党建工作"示范高校"、陕西省高校先进基层党组织1个。二是强化价值引领,夯实立德树人精神根基。丰富"三进"教育有效载体,建成"数字马院",建成校级课程思政示范课55门,打造省级精品思政课程1门、课程思政示范课8门,获批陕西省职业教育课程思政教学研究中心1个、教学团队8个,获评陕西省思政课"教学标兵""教学能手"9人、陕西省师德标兵1人、陕西省教育系统"我身边的好典型"1人。三是强化组织引领,筑牢基层战斗堡垒。建设省级党建示范校,获评标杆院系2个、省级样板支部4个、国家级样板支部2个,形成了"国—省—校"三级接续党建示范"双创"工作创建和培育体系。建成省级、全国"模范职工之家"。四是强化文化引领,夯实思政育人阵地。建成全国煤炭类院校思政课与课程思政教师研修基地,打造思政教育网络实践平台,创立"五个五十工程"革命文化教育实践特色品牌,积极发挥校园文化育人作用,推行"一院一品"全覆盖,获得陕西省高校校园文化建设优秀成果奖3项。五是强化人才引领,铸造事业传承"生力军"。实施党员先锋工程和党员名师工程,创设党员教育管理服务示范岗,发挥"头雁"效应,建设"双带头人"党支部书记工作室8个。完成处科级干部聘任,培优建强干部队伍。党建带团建,带活"新力量"。荣获2021年团中央全国暑期"三下乡"社会实践活动"优秀单位"。5名学生荣获"中国大学生自强之星",荣获全国煤炭行业"优秀共青团干部"3人、"优秀共青团员"8人,全国"优秀共青团员"1人。建成咸阳市"五四"红旗团委1个、全国煤炭行业"五四红旗团支部"3个。

(2) 打造技术技能人才培养高地

一是培养模式改革成效显著。实施"双主体—四对接—六共同"等多样化育人模式改革,获2022年国家教学成果奖二等奖1项,2021年陕西省教学成果奖4项,其中,特等奖和一等奖各1项,获奖等级和数量居全省高职院校前列。二是"三教"改革效果凸显。立项完成省级职业教育教改项目61项,立项省"十四五"职业教育规划教材7本,主编国家规划教材4本,主持并持续建设省级教学资源库3个;获省级教学能力大赛奖31项,获全国教学能力大赛奖5项,其中二等奖2项、三等奖3项,数量位列全省第一方阵。三是人才培养质量显著提升。承办省级职业院校技能大赛17项,获省级技能大赛奖409项;获全国职业院校技能大赛奖18项,其中一等奖6项;获"互联网+"大赛国赛银、铜奖各1项,获"互联网+"大赛省赛奖56项,其中2023年获陕西省职教赛道总冠军。1人荣获全国技术能手,9人荣获陕西省技术能手。

(3) 打造技术技能创新服务平台

一是技术创新平台建设能级提升。对接陕西"6+5+N"现代工业产业体系建立创新平台,建成国家煤矿应用技术协同创新中心、陕西省高校工程研究中心、咸阳市工程技术研究中心等科技创新和技术服务平台5个、市重点实验室1个、市科普基地2个、煤炭行业科普教育创建基地1个。二是技术服务和成果转化成效显著。建成省级、行业、市级大师工作室12个、博士工作室9个,培育科研创新团队9个,获批省级科研创新团队1个;立项完成省市科研项目43项;主编、参编《工业燃料加热装置基本技术条件》等标准9项,其中国家标准3项、地方标准2项、行业标准1项、团体标准2项、企业标准1项;授权专利349项;为企业提供技术服务255项,合同额3 107万元,科技成果转化20项,获评陕西高校秦创原建设及科技成果转移转化绩效评估A等次;获市级以上科研成果奖励11项,其中获陕西省哲学社会科学优秀成果一等奖 2 项（陕西高职院校并列第一），陕西高等学校科学技术研究优秀成果三等奖 2 项。

（4）打造高水平专业群

立足于国家级能源基地，支撑区域产业升级和企业技转数改，重点建设煤矿智能开采技术国家级"双高计划"专业群，在能源类教育的绿色化、低碳化方向采取了系列改革创新活动，成功实现了传统专业的数字化变革。创新"分类培养、分层教学、复合成才"专业群人才培养培训模式，累计输送 5 322 名复合型技术技能人才；组建了技术型企业+职业院校+生产型的"三位一体"技术联盟，完成煤矿智能化建设顶层设计、煤矿智能开采与信息化系统建设、煤矿安全生产专项设计等技术服务 70 项；开展职工岗前培训、继续教育培训、特种作业培训、煤矿安全培训等 20 万人·日。建成人才培育质量高、产教融合密切、服务能力突出的高水平专业群，引领国内同类专业群发展。

（5）打造高水平双师队伍

一是师资队伍量质提升。引进博士 18 人；特聘教授、客座教授、技术专家 17 人；新增二级教授 2 人、三级教授 7 人，晋升教授 22 人，获批国家职业教育教师教学创新团队 1 个，行业优秀教学团队 2 个；培育省级及行业教学名师 20 人；新增教育部行指委副主任委员 1 人，教育部行指委委员 2 人；获评陕西省教学领军人才 1 人、陕西省"五一巾帼标兵"2 人、杰出青年人才 1 人、技术能手 9 人。二是双师建设深入推进。制定实施"双师型"教师队伍建设标准和管理办法，推行教师入企顶岗实践制度，建成教师企业实践流动站 18 个，认定"双师型"教师 474 人；入选全国煤炭行业技能大师 10 人，建成市级技能大师工作室 2 个、煤炭行业技能大师工作室 3 个、省级技能大师工作室 2 个。三是教师发展机制更加完善。实施教师个人发展规划和师德师风负面清单两大制度，完善教师积分考核、成果分类奖励、职称晋升激励三大机制。

（6）提升校企合作水平

一是产教融合项目多点发力。实施校企共建专业、实训基地、工作室、订单班等，建成国家级生产性实训基地 1 个，开展特色订单班、学徒制班 60 个；实体化运行陕西能源化工、康养职教集团，新增合作企业 56 家，为彬长矿业、山东能源集团西北矿业公司、青海省能源发展（集团）有限公司等 37 家成员单位开展培训、咨询等服务；政行企校共建国内首个煤矿智能开采实训公共基地，建成咸阳市产教融合实训基地。二是产业学院建设成效显现。服务陕西能源化工、医护康养产业发展，成立煤炭与化工产业学院、ICT 产业学院、碳中和研究中心、智慧矿山研究院等，建成咸阳市煤化工清洁生产与设备防护重点实验室；牵头组建煤炭行业产教融合共同体、康养行业产教融合共同体，组建渭南经开化工产教联合体、咸阳绿能产教联合体、秦创原高端装备（矿山）人才产教联合体，赋能区域经济发展，被咸阳市授予产教融合示范高校。

（7）提升服务发展水平

一是技能培训和社会服务提质增量。推进陕西省安全生产培训中心、省级技能鉴定中心、全国煤炭清洁高效利用技术培训中心、现代康养社会服务中心等 5 大中心建设。挂牌煤炭行业职业能力评价中心、陕西省高技能人才培训基地、咸阳市高技能人才培训基地、咸阳顺安煤矿技术服务有限责任公司，开展 50 余个工种技能鉴定 2.2 万人次，累计完成技术服务项目 255 项，累计开设各类培训班 400 多个，培训 44.1 万人·日，培训到账 6 000 余万元，有力地支撑了能源化工、医护康养产业高端。二是智技双扶，"脑袋""口袋"双富，助力乡村振兴。送教上门培训农民工、乡村医生 1 493 人次，累计完成成人学历教育 6 882 人；

服务"三农"发展,开展电商直播及短视频等培训 2 000 余人次,获评省级"双百工程"先进单位、产学研一体化示范基地。先后组织派出 1 384 支暑期社会实践"三下乡""万名学子扶千村""返家乡"队伍,共发动 4 160 多名青年学生参与乡村振兴社会实践,荣获陕西省暑期"三下乡"社会实践活动先进单位、优秀组织单位、省级示范校、全国优秀团队。

(8)提升学校治理水平

一是形成制度生产力。以"章程"为统领,开展"废改立"工作,全面梳理规章制度,修订完善标准化管理制度 200 余项,健全以"一章八制"为核心的制度体系,促进依法治校和科学管理。发挥教职工代表大会作用,贯彻学校教职工代表大会规定,并及时推动教代会工作向二级单位延伸,实现了教代会在二级学院的全覆盖,民主管理与监督能力不断提升。二是两级管理运行更加顺畅。推进二级管理,服务地方能源化工、医疗康养等产业行业发展,以群建院,形成"1+5+N"专业群和"8+2"二级学院新格局,办学活力充分释放,形成了"党委领导、校长负责、教授治学、民主管理、依法治校、社会参与"的现代大学治理体系。三是发展动力机制更加健全。成立了政府、行业、企业、学校广泛参与的校企合作办学理事会。将学校发展目标融入个人发展,形成教师个人发展手册,规划引领力更加强大;实施积分评价,重大成果标准化奖励、职务职称双向晋升等激励机制不断完善,教职工自我发展主动性、自觉性不断增强。开展新时代教育评价改革试点工作,获陕西省高等学校教学管理先进集体。

(9)提升信息化水平

一是数字化管理与服务提档升级。新建及升级改造学管、人事、教务、科研、财务等业务系统 22 个,实施无线覆盖、电子班牌、数据对接、统一认证、服务集成等项目,建成一站式网络服务大厅,实现数据互通共享。建成省级智慧校园示范校。二是数字化治理与保障高效有力。在省内高职院校中率先实施数据治理,建成全景业务大数据分析应用平台与大数据中心、服务器安防、数据保护等系统,形成数据业务双中台建设模式。获教育部职业院校数字校园建设试点学校。三是数字化教学与资源建设全面推进。新建及改造智慧教室 350 间、云桌面机房 12 个;数字化升级改造传统专业 12 个,建设智能开采、煤化工、口腔等虚仿实训场景 10 个,建设在线开放课程 117 门、仿真实训基地 12 个;建成省级教学资源库 3 个、省级精品在线开放课程 22 门。

(10)提升国际化水平

一是多渠道开展国际交流合作。与韩国大邱大学、新加坡南洋理工大学、泰国曼谷职业教育中心等 20 余所学校或机构签订合作协议,加入中德职教联盟等 7 个国际化平台,开设中德国际班、中韩合作班等项目,创新多元化人才培养模式,培养国际技能人才。学生参加金砖大赛等国际各类技能赛事,获奖 15 项。二是培养师资队伍,赋能境外"走出去"企业高质量发展。选派 52 名教师赴新加坡、马来西亚、德国等开展国际化师资培训和学历提升;教师开展线上指导医诊、境外学员线上培训 100 人次,为中企印尼培训本地职工 384 人、开发员工培训课程 13 门,提升职业教育国际服务能力。与中农国际钾盐开发有限公司共建"一带一路"钾盐矿山海外培训中心(老挝)。三是输出优质资源,服务国际职教。牵头为坦桑尼亚、埃塞俄比亚制定采矿技术员、药学技术员等 2 项职业标准,已通过其国家职业教育委员会审核并推广;对接中泰职教联盟,开发"技文融合、跨境共用"的中英泰三语课程 3 门。

学校层面标志性成果/产出如表 3 所示。

表3 学校层面标志性成果/产出一览表

类别	序号	奖项名称	数量	获奖等级	授奖部门
加强党的建设	1	全国党建工作样板支部	2个	国家级	教育部
	2	全国大中专学生志愿者暑期"三下乡"社会实践活动优秀单位	1个	国家级	共青团中央
	3	模范职工之家	1个	国家级	中国教科文卫体工会全国委员会
	4	陕西高校党建工作示范高校	1个	省级	陕西省委教育工委
	5	陕西省"大思政课"建设试点项目	1项	省级	陕西省教育厅
	6	陕西省高校党建工作样板支部	4个	省级	陕西省委教育工委
	7	陕西省高校党建工作标杆院系	2个	省级	陕西省委教育工委
	8	全国煤炭行业"五四红旗团委"	2个	行业级	全国煤炭行业共青团工作指导和推进委员会
	9	全国煤炭行业"优秀共青团干部"	3人	行业级	全国煤炭行业共青团工作指导和推进委员会
	10	全国煤炭行业"优秀共青团员"	8人	行业级	全国煤炭行业共青团工作指导和推进委员会
	11	陕西高校优秀共产党员	2人	省级	陕西省委教育工委
	12	陕西高校优秀党务工作者	1人	省级	陕西省委教育工委
	13	陕西高校先进基层党组织	1个	省级	陕西省委教育工委
	14	陕西省高校校园文化建设优秀成果	3项	省级	陕西省委教育工委
	15	陕西高校共青团工作优秀单位	1个	省级	共青团陕西省委等
	16	陕西高校共青团工作校园文化建设先进单位	1个	省级	共青团陕西省委等
	17	陕西省高校团建示范院校	1个	省级	共青团陕西省委办公室等
	18	陕西省高校团建标杆院系	2个	省级	共青团陕西省委办公室等
	19	陕西省高校团建样板支部	3个	省级	共青团陕西省委办公室等
	20	暑期文化科技卫生"三下乡"社会实践活动省级示范学校、优秀团队、优秀个人、优秀组织单位	21项	省级	陕西省委宣传部等
	21	陕西省教育系统文明校园	—	省级	陕西省委教育工委
	22	模范职工之家	1个	省级	陕西省教科文卫体工会委员会
	23	陕西高校"三秦青年说"演讲比赛优秀指导教师	3人	省级	陕西省委教育工委
	24	陕西省教科文卫体系统四星级校（院）务公开教（职）代会单位	1项	省级	陕西省教科文卫体工会委员会
	25	陕西省教育系统"我身边的好典型"年度人物	1人	省级	陕西省教育厅

续表

类别	序号	奖项名称	数量	获奖等级	授奖部门
打造技术技能人才培养高地	26	国家级教学成果奖	1项	国家级	教育部
	27	牵头或参与职业教育国家专业目录、专业简介、教学标准修订研制	25项	国家级	教育部
	28	参与"1+X"职业技能等级标准研制	3项	国家级	教育部
	29	职业教育国家规划教材	4本	国家级	教育部
	30	全国教学能力大赛	5项（二等奖2项）	国家级	全国职业院校技能大赛执行委员会
	31	中国国际"互联网+"大学生创新创业大赛	银奖1项、铜奖1项	国家级	教育部
	32	陕西省教学成果奖	6项（特等奖1项）	省级	陕西省政府
	33	全国石油和化工行业教学成果奖	1项	行业级	中国化工教育协会
	34	全国煤炭行业教学成果奖	3项	行业级	中国煤炭教育协会
	35	中国康复医学会教学成果奖	1项	行业级	中国康复医学会
	36	全国职业院校大学生技能大赛	18项（一等奖6项）	国家级	全国职业院校技能大赛组织委员会
	37	陕西省职业院校技能大赛	409项	省级	陕西省教育厅
	38	陕西省职业教育规划教材	7本	省级	陕西省教育厅
	39	陕西省精品在线课程	22门	省级	陕西省教育厅
	40	陕西省教学资源库	3个	省级	陕西省教育厅
	41	陕西省教改项目	61项	省级	陕西省教育科学规划领导小组
	42	陕西省教学能力大赛	31项	省级	陕西省教育厅
	43	陕西省职业教育课程思政教学研究示范中心	1个	省级	陕西省教育厅
	44	陕西省课程思政示范课	8门	省级	陕西省教育厅
	45	全国技术能手	1人	国家级	中华人民共和国第一届职业技能大赛组委会
	46	中国大学生自强之星	5人	国家级	共青团中央等
	46	第一届职业技能大赛突出贡献个人	选手1人，教师2人	省级	陕西省人社厅
	48	第一届职业技能大赛突出贡献单位	1个	省级	陕西省人社厅
	49	陕西省课堂创新大赛获奖	8项	省级	陕西省教育厅
	50	中国国际"互联网+"大学生创新创业大赛陕西赛区	48项（总冠军1项）	省级	陕西省教育厅
	51	"挑战杯"陕西省大学生课外学术科技作品竞赛	9项	省级	陕西省教育厅
	52	承办陕西省职业院校技能大赛	17项	省级	陕西省教育厅
	53	陕西省高等学校创新创业学院	1个	省级	陕西省教育厅

续表

类别	序号	奖项名称	数量	获奖等级	授奖部门
打造技术技能创新服务平台	54	煤矿应用技术协同创新中心	1个	国家级	教育部
	55	教育部人文社会科学研究项目	1项	国家级	教育部
	56	国家专利	349项	国家级	国家知识产权局
	57	牵头制定国家技术标准	1项	国家级	国家市场监督管理总局、国家标准化管理委员会
	58	主要参与制定国家技术标准	2项	国家级	国家市场监督管理总局、国家标准化管理委员会
	59	主要参与制定全国团体标准	2项	国家级	中国机械工业联合会
	60	陕西省第十六次哲学社会科学优秀成果一等奖	2项	省级	陕西省政府
	61	牵头制定行业标准	1项	行业级	中国煤炭教育协会
	62	主要参与制定陕西省地方标准	2项	省级	陕西标准化研究院、陕西省市场监督管理局
	63	主要参与制定企业标准	1项	—	咸阳犀利橡胶制品有限公司
	64	陕西高等学校科学技术研究优秀成果奖三等奖	2项	省级	陕西省教育厅
	65	陕西省高校工程研究中心	2个	省级	陕西省教育厅
	66	陕西高校秦创原建设工作及科技成果转移转化绩效评估A等学校	1项	省级	陕西省教育厅
	67	陕西省青年科技创新团队	1项	省级	陕西省教育厅
	68	煤炭行业科普教育基地	1项	国家级	中国煤炭学会
	69	科技之春宣传月先进单位	—	省级	陕西省科学技术协会
	70	咸阳市科技创新团队	1个	市级	咸阳市科技局
	71	咸阳市重点实验室	1个	市级	咸阳市科技局
	72	咸阳市科普教育基地	2个	市级	咸阳市科技局、咸阳市科学技术协会
	73	咸阳青年科技奖	3项	市级	中共咸阳市委组织部、咸阳人社局等
	74	咸阳市最美科技工作者	1人	市级	中共咸阳市委组织部、咸阳市委宣传部、咸阳市科技局等
打造高水平专业群（国家高水平专业群详见表4）	75	国家骨干专业	4个	国家级	教育部
	76	生产性实训基地	1个	国家级	教育部
	77	职业教育提质培优增值赋能典型案例	1项	国家级	中国教育网络电视台
	78	陕西省高水平专业群	5个	省级	陕西省教育厅

续表

类别	序号	奖项名称	数量	获奖等级	授奖部门
打造高水平双师队伍	79	国家级职业教育教师教学创新团队重点课题研究项目	1项	国家级	教育部
	80	康复治疗技术国家级职业教育教学创新团队	1个	国家级	教育部
	81	康复治疗技术国家级职业教育教学创新团队培训基地	1个	国家级	教育部
	82	煤炭类"双师型"教师培养培训基地	1个	国家级	教育部
	83	教育部行指委副主任委员	1人	国家级	教育部
	84	教育部行指委委员	2人	国家级	教育部
	85	全国煤炭行业技能大师	10人	行业级	中国煤炭工业协会
	86	产教融合产业实践教授	1人	国家级	工信部
	87	陕西省教学领军人才	1人	省级	陕西省教育厅
	88	陕西省职业教育课程思政教学团队	8个	省级	陕西省教育厅
	89	陕西省教学名师	5人	省级	陕西省教育厅
	90	陕西省优秀教师	1人	省级	陕西省教育厅、陕西省人社厅
	91	陕西省技术能手	9人	省级	陕西省人社厅、陕西省总工会等
	92	全国煤炭行业优秀教学团队	1个	行业级	中国煤炭教育协会
	93	全国石油和化工教育优秀教学团队	1个	行业级	中国化工教育协会
	94	陕西省"青年杰出人才支持计划"	1人	省级	陕西省教育厅
	95	陕西省"师德标兵"	1人	省级	陕西省教育厅
	96	陕西思政课教师"教学标兵""教学能手"	9人	省级	陕西省教育厅
	97	陕西省技能大师工作室	2个	省级	陕西省人社厅
	98	陕西省教育系统"五一巾帼标兵"	2人	省级	陕西省教科文卫体工会
	99	西安市技术能手	1人	市级	西安市人社局
提升校企合作水平	100	供需对接就业育人项目	10项	国家级	教育部
	101	产教融合校企合作典型案例	1个	国家级	教育部
	102	陕西省职业教育集团	2个	省级	陕西省教育厅
	103	陕西省现场工程师专项培养计划项目	2项	省级	陕西省教育厅
	104	煤炭行业产教融合共同体	1个	省级	陕西省教育厅
	105	康养行业产教融合共同体	1个	省级	陕西省教育厅
	106	咸阳绿能产教联合体	1个	市级	咸阳市政府
	107	产教融合示范高校	—	市级	咸阳市政府
	108	产教融合实训基地	1个	市级	咸阳市国家产教融合试点城市建设领导小组办公室

续表

类别	序号	奖项名称	数量	获奖等级	授奖部门
提升服务发展水平	109	全国煤炭清洁高效利用技术培训中心	1个	国家级	中国煤炭教育协会
	110	《2023 中国职业教育质量年度报告》服务贡献卓越高等职业学校西部地区 50 强	—	国家级	中国教育科学研究院
	111	陕西省煤矿安全技术培训中心	1个	省级	国家矿山安全监察局陕西局
	112	"双百工程"产学研一体化实训基地	1个	省级	陕西省教育厅
	113	陕西省高技能人才培训基地	1个	省级	陕西省人社厅、陕西省财政厅
	114	陕西省养老护理员培训基地	1个	省级	陕西省民政厅、陕西省教育厅
	115	陕西省"双百工程"先进单位	—	省级	陕西省教育厅
	116	各类社会培训数量	44.1 万人·日	—	—
	117	社会培训到账额	6 135.78 万元	—	—
提升信息化水平	118	全国第一批职业院校数字校园建设试点院校	1个	国家级	教育部
	119	信息化支撑职业院校校企合作专业共建项目校	1个	国家级	教育部教育技术与资源发展中心
	120	陕西省高等学校智慧校园示范校	1个	省级	陕西省教育厅
	121	全国高职院校信息素养大赛获奖	3 项	国家级	教育部高等学校图书情报工作指导委员会
	122	陕西省高职高专院校信息素养大赛获奖	25 项	省级	陕西省职业教育高等学校图书情报工作委员会
提升国际化水平	123	坦桑尼亚煤矿开采技术员 NTA4 级国家职业标准	1 项	国家级	坦桑尼亚国家职业教育委员会
	124	埃塞俄比亚药学技术员/工程师Ⅲ级国家职业标准	1 项	国家级	埃塞俄比亚劳动与技能部
	125	中农国际钾盐开发有限公司共建"一带一路"钾盐矿山海外培训中心(老挝)	1个	—	—
	126	"一带一路职业教育走出去"旭阳集团海外员工培训项目	384 人次	—	—
	127	一带一路暨金砖国家技能发展与技术创新大赛	15 项	—	一带一路暨金砖国家技能发展国际联盟、中国发明协会、教育部中外人文交流中心、金砖国家技能发展与技术创新大赛组委会
	128	2019 韩国彩妆国际时尚美妆大赛	5 项(特等奖 2 项、金奖 1 项、银奖 2 项)	—	韩国美容协会

2. 效益指标达成情况

设置效益指标 34 项，其中社会效益指标 31 项、可持续影响指标 3 项，总体达成度 100%。

（1）深化教改，提升学校人才培养质量

落实立德树人根本任务，坚持"五育并举"，充分发挥各类课程的思政育人作用，培养能够担当民族复兴大任的时代新人；以"课堂革命"为抓手，全面推进"三教"改革，持续深化"岗课赛证"融合育人模式，构建能源、健康高素质技术技能人才培养高地。

按照"对接高端、多元协同、标准引领、团队支撑"原则，开发了专业群建设指导标准 1 项；形成了"标准指导、平台服务、积分评价"的团队建设模式；建成了由人才培养方案、教材、教学资源库、实践教学基地和创新创业教育组成的五维度立体化教学资源；构建了服务政府+企业+矿区+终身学习的"四位一体"社会服务体系；打造了政行企校"共定标准、共建平台、共研项目、共育人才"的"四共"政行企校协同体系；形成了服务矿企的"五对接、三评价、双主体"人才培训模式。

（2）科研创新，助力区域经济社会发展

学校主动对标咸阳"544"产业体系，深化校企产学研合作，融入秦创原创新驱动战略，实施科技成果转化"三项改革"试点，推进技术技能创新服务平台建设，打造了一批高水平的技术服务机构。先后成立了煤矿应用技术协同创新中心、"双碳"研究所、新型能源技术研究所、煤化工技术服务中心等机构，累计横向项目合同额 3 107 万元。获评陕西高校秦创原建设工作及科技成果转移转化绩效评估 A 等学校。

（3）标准先行，推动专业群高质量发展

作为核心成员完成原煤炭类采矿技术等 5 个中职专业，煤矿智能开采技术等 6 个高职专业，智能采矿技术、煤炭清洁利用工程 2 个职教本科专业的中高本一体化目录修订。

主持煤炭综合利用技术、煤炭清洁利用技术、煤化工技术、煤田地质勘查、矿山机电与智能装备专业等 8 个专业简介、专业标准的研制工作，参与煤矿智能开采技术、煤化工技术等 9 个专业简介、专业标准的研制工作。

与中国煤炭教育协会、中国平煤神马集团共同开发煤矿智能化开采、矿山应急救援、煤炭清洁高效利用 3 个职业技能等级证书标准。标准开发案例入选教育部"职业教育提质培优、增值赋能"典型案例。

3. 满意度指标达成情况

委托新锦成、麦可思等第三方机构，围绕人才培养、师资队伍、校企合作、学生就业创业情况等方面开展问卷调查，对在校生满意度、毕业生满意度、教职工满意度、用人单位满意度、家长满意度进行调研。学校层面五方满意度均超过 95%。

（1）在校生满意度

学校层面在校生总体满意度 96.34%。"双高计划"实施进一步推动了学校对人才的培养内涵深化和质量提升，丰富了学生的核心素养和职业素养，提升学生融入社会的适应能力，促进了学生的全面发展。

（2）毕业生满意度

学校层面毕业生总体满意度 98.19%。高质量的人才培养，为区域社会经济发展提供了人才红利。

(3) 教职工满意度

学校层面教职工总体满意度98.14%。在"双高计划"建设中教职工逐渐成长为学校的"第一资源",进一步提升了教职工的归属感和获得感。

(4) 用人单位满意度

用人单位对学校毕业生的总体满意度为97.17%。用人单位对毕业生的个人品德、工作能力、专业知识能力等均表示认可。特别是对毕业生的工作态度、工作纪律、学习意愿等满意度较高。

(5) 家长满意度

学校层面家长满意度为96.35%。家长对学校认可度进一步提升,成为家长择校的主动选择。

(二) 专业群层面绩效目标达成情况

1. 产出指标达成情况

预设数量指标53项、质量指标27项,指标终期达成100%。5年建设期产出标志性成果276项,包括国家级成果63项、省级成果117项、行业级成果82项、市级成果14项。

(1) 人才培养模式创新

形成了专业群"分类培养、分层教学、复合成才"的人才培养培训模式。形成岗位能力调研报告4份,开发课程体系1个,制定人才培养培训方案1个,陕西煤业化工集团蒲洁学徒制班、陕西延长石油集团巴拉素委培班等23个(全日制在校生、百万扩招生、非学历提升在校生)教学班施行人才分层分类培养。

参与开发煤矿智能开采技术等3个职业技能等级证书标准,群内4个专业开展X证书取证,实现全覆盖。

采用学徒制形式与陕煤集团、陕西延长石油集团等企业开展企业员工非学历提升教育,与蒲白矿业公司等4家煤炭企业联合实施现代学徒制/企业新型学徒制人才培养。

(2) 课程教学资源建设

实施学生线上自主学习与面授有机结合,开展翻转课堂、混合式教学,上线运行在线开放课26门,打造混合式"金课"27门,获评全国煤炭职业教育、省级在线开放课、创新创业课14门。

以智慧职教为载体,建成省级教学资源库3个,达到国家水平教学资源库1个,新增动画、微课3 962个,新增注册人数30 242人,年均资源更新率≥10%。

(3) 教材与教法改革

校企联合开发活页式、工作手册式、立体化教材50本,出版22本,获批国家"十三五""十四五"规划教材3本,获省级奖1项。群内专业实施课程思政教学比例达100%,获省级"课程思政"示范课3门。群内专业课推行基于智慧课堂的线上线下混合式教学、虚拟仿真教学占比100%。

(4) 教师教学创新团队

一是引智聚贤建团队。培养(引进)产业导师、技能大师、三秦工匠、企业专家、职教专家等各类人才185人,建设企业教师库1个,获评省级科研团队1个、课程思政示范课教学团队3个,行业优秀教学团队2个,教师竞赛获国奖2项、省奖12项。二是三项计划强德能。实施"筑垒计划""强能计划""研创计划",开展"双带头人"培育工程;制定《煤矿智能开采技术专业群团队教师分级培训方案》,实施团队教师分级培训,开展师德师风培训 6 期，教师累计参加各类培训 568 人次。三是团队改革提质量。构建"岗课赛证"融通专业课程体系，"能源开发与利用"等专业核心课程实施模块化教学改革，形成团队建设与管理制度 1 项，召开团队建设经验交流会议 6 次，公开发表团队建设相关成果论文 12 篇。

（5）实践教学基地

一是建成"产教融合+虚拟仿真"综合实训基地。基于"全局优化、专业分级、多点协同"建设模式，构建了"1+3+5"实训基地总体架构，新增/升级煤炭清洁利用、化工 HSE、煤矿智能开采等实训室 45 个，开发生产性实训项目 55 项。形成"基础技能+专业特色技能+综合技能+创新能力"实践教学体系。二是强化"教—培—创—赛—服"一体化应用。承接实习实训、员工培训、技能鉴定等服务 7 711 人次，承办全国煤炭职业院校技能大赛、陕西省职业技能大赛 10 项，学生大赛获国奖 5 项、省奖 51 项。建设模式获评全国煤炭行业 2020 年教学成果一等奖。

（6）技术技能平台

一是建成"国—省—市—校"四级技术创新平台。建成教育部煤矿应用技术协同创新中心，全国煤炭清洁高效利用技术培训中心，陕西省高校工程研究中心、高技能人才培训基地、能源类创新创业基地，咸阳市煤炭工程技术中心、煤矿地质灾害防治研究中心，校企合建罗克韦尔智能控制协同创新中心、碳中和研究中心等技术服务平台 10 个。二是建设"名师—名匠—高层次人才"工作室。组建博士工作室 6 个、名师工作室 6 个，获批省级、行业级、市级技能大师工作室 5 个。立项省市级科研课题 12 项、横向科研课题 102 项，到款额 1 129.1 万元，发表核心期刊论文 70 篇。

（7）社会服务

一是人才供给有保障。累计输送 5 322 名复合型技术技能人才，支撑煤矿产业智能化建设与发展。二是技术服务有质量。完成煤矿智能化建设顶层设计、煤矿智能开采与信息化系统建设、煤矿安全生产专项设计等技术服务 70 项。开展职工岗前培训、继续教育培训、特种作业培训、煤矿安全培训等 19.4 万人·日，从业人员技能鉴定 1.3 万人次。三是对口帮扶有成效。对建档立卡、低保学生开展就业帮扶，学生就业率 100%。四是科普教育有特色。建设煤炭职业教育博物馆，辅以巷道虚拟漫游 MR 体验，接待职业体验和参观 1.1 万人次。五是助力企业有成效。与延长石油巴拉素矿业集团等企业合作，采用企业新型学徒制培养 758 余人，校企联合开发教材 46 本，协助企业申报专利 4 项，支持 4 家企业申报产教融合型企业。

（8）国际交流与合作

一是坚持国际教育资源引进来。获得美国罗克韦尔驻中国教育集成商捐赠 2 522 万元教学资源，本土化开发实训项目、实训教材等教学资源 1 套。聘任 2 名双语教师充实教学团队，邀请外方专家开展专题讲座 8 场，培训教师 58 人。二是坚持"走出去"提升服务能力。教师先后为塔吉克斯坦企业人员开展煤炭开采技术咨询服务；为孟加拉国巴瑞萨及土耳其胡努特鲁驻外项目开展技术人员安全培训；为旭阳集团印尼海外园区开展煤炭清洁利用培训；为坦桑尼亚、埃塞俄比亚职业院校开展国际标准研制经验分享。

（9）可持续发展保障机制

成立由中国煤炭教育协会、陕西煤业化工集团、神木职业技术学院等合作院企共同组建的专业群指导委员会，召开研讨会议 4 次。校企联合制定《专业群创新团队建设计划》《专业群教学、科研团队管理办法》《专业群分类分层培养管理办法》《专业群现代学徒制（新型学徒制）班管理办法》等系列管理制度。按照专业群5年发展规划，确立专业群教学诊改目标链和标准链，周期性实施自我诊改，充分发挥预警和实时改进的作用，建立专业群自主质量保证体系。

煤矿智能开采技术专业群产出标志性成果如表4所示。

表4 煤矿智能开采技术专业群产出标志性成果一览表

序号	奖项名称	数量	获奖等级	授奖部门
1	国家骨干专业：机电一体化、煤田地质与勘查技术、煤化工技术	3个	国家级	教育部
2	煤炭类"双师型"教师培养培训基地	1个	国家级	教育部
3	煤矿应用技术创新协同中心	1个	国家级	教育部
4	"全国党建工作样板支部"培育创建单位	1个	国家级	教育部
5	教学成果奖《校企"双主体、六对接"培养现代煤矿土建类技术技能人才的创新与实践》	1个	国家级	教育部
6	典型案例——打造煤矿智能开采与清洁利用类职业技能标准体系	1个	国家级	教育部职成司、中国教育网络电视台
7	典型案例——煤矿智能开采虚拟仿真基地一体化建设与应用	1个	国家级	工信部、教育部、文化和旅游部、国家广播电视总局、国家体育总局
8	职业教育"十三五""十四五"规划教材	3本	国家级	教育部
9	全国职业院校技能大赛教学能力比赛	二等奖1项、三等奖1项	国家级	教育部
10	"1+X"职业技能等级标准、专业简介、专业教学标准	28项	国家级	教育部
11	资源环境与安全大类教师企业实践项目标准	1项	国家级	教育部
12	坦桑尼亚国家职业标准——煤矿开采技术员（NTA4）	1项	国际级	坦桑尼亚职业教育教学委员会
13	全国职业院校技能大赛"矿井灾害应急救援"	一等奖3项、二等奖1项	国家级	全国职业院校技能大赛组织委员会
14	"唯实杯"第十届全国大学生机械创新设计大赛——沙漠草方格铺设装置	二等奖1项	国家级	全国大学生机械创新设计大赛组委会
15	教育部行指委委员	3人	国家级	教育部
16	产教融合产业实践教授	1人	国家级	工信部
17	全国职业院校技能大赛优秀指导教师	6人次	国家级	大赛组委会
18	全国优秀共青团员	1人	国家级	共青团中央
19	煤炭职业教育在线精品课程	3门	国家级	全国煤炭职业教育教学指导委员会
20	"对接产业高端、政行校企协同"建设煤炭智能化开采与清洁利用专业群	教学成果一等奖1项	省级	陕西省政府
21	高职煤炭类专业学历教育与职业培训"双核驱动、协同发展"的研究与实践	教学成果二等奖1项	省级	陕西省政府

续表

序号	奖项名称	数量	获奖等级	授奖部门
22	标准引领 信息化赋能 产学研用融合——高职院校校内实训基地建设的创新与实践	教学成果二等奖1项	省级	陕西省政府
23	厚松散含水砂层下浅埋煤层安全开采理论与技术研究	科技成果三等奖1项	省级	陕西省教育厅
24	特厚煤层分层放顶煤开采覆岩"冒裂带"观测研究	科学技术进步三等奖1项	省级	中国华能集团
25	陕西省教学名师奖	2人	省级	陕西省教育厅
26	陕西省杰出青年	1人	省级	陕西省科学技术厅
27	陕西省深化新时代教育评价改革专家	1人	省级	陕西省教育厅
28	陕西省新时代"百姓学习之星"	1人	省级	陕西省教育厅
29	陕西省应急管理专家	1人	省级	陕西省应急厅
30	陕西省综合评标评审专家	1人	省级	陕西省发展和改革委员会
31	陕西省专利导航服务基地专家	1人	省级	陕西省知识产权保护中心
32	陕西省高职院校技能大赛教学能力比赛	一等奖4项、二等奖1项、三等奖6项	省级	陕西省教育厅
33	第五届陕西高校青年教师竞赛	三等奖1项	省级	陕西省教育厅
34	陕西省高校十佳辅导员入围	1人	省级	陕西省教育厅
35	陕西省普通高校毕业生就业工作优秀工作者	1人	省级	陕西省高等学校毕业生就业服务中心
36	陕西省2022年优秀科普创作作品	三等奖1项、优秀奖1项	省级	陕西省科学技术协会
37	陕西省优秀教材奖	1项	省级	陕西省教育厅
38	矿山机电省级教学资源库	1个	省级	陕西省教育厅
39	煤矿开采技术省级教学资源库	1个	省级	陕西省教育厅
40	煤化工技术省级教学资源库	1个	省级	陕西省教育厅
41	陕西省职业教育在线精品课程、创新创业课	8门	省级	陕西省教育厅
42	陕西省"课程思政"示范课	3门	省级	陕西省教育厅
43	陕西省"课程思政"示范课教学团队	3个	省级	陕西省教育厅
44	陕西省"十四五"首批职业教育规划教材	2本	省级	陕西省教育厅
45	省级高技能人才培训基地	1个	省级	陕西省人社厅、财政厅
46	职业院校国培项目：产业学院建设与运行专题培训、应用化工教师企业实践专题培训	2项	省级	陕西省教育厅
47	职业院校国培项目：煤矿智能开采技术、煤化工技术专业产业导师特聘岗	3个	省级	陕西省教育厅
48	省级高水平专业群建设项目	2项	省级	陕西省教育厅

续表

序号	奖项名称	数量	获奖等级	授奖部门
49	煤炭智能与绿色开采陕西省高校工程研究中心	1个	省级	陕西省教育厅
50	陕西能源化工职教集团	1个	省级	陕西省教育厅
51	陕西省科研创新团队	1个	省级	陕西省教育厅
52	省级技能大师工作室	2个	省级	陕西省教育厅
53	陕西省现场工程师培养试点项目	1项	省级	陕西省教育厅
54	具有国际影响力的职业教育标准：煤矿智能开采专业群职业教育标准	1项	省级	陕西省教育厅
55	具有国际影响力的职业教育资源：煤矿智能开采专业群教学资源	1套	省级	陕西省教育厅
56	具有国际影响力的职业教育装备：煤炭智能开采虚拟仿真实训基地	1个	省级	陕西省教育厅
57	陕西省职业院校技能大赛	一等奖3项、二等奖2项、三等奖4项	省级	陕西省教育厅
58	中国国际"互联网+"大学生创新创业大赛陕西赛区	金奖7项、银奖7项、铜奖10项	省级	陕西省教育厅
59	全国大学生机械创新设计大赛陕西赛区比赛	一等奖1项、二等奖2项	省级	陕西省教育厅
60	陕西省"挑战杯"大赛	二等奖4项、三等奖9项	省级	陕西省教育厅
61	陕西省大学生课外学术科技作品竞赛	三等奖2项	省级	大赛组委会
62	煤化工技术专业群教师队伍的建设与实践	行业特等奖1项	行业级	中国石油和化工协会
63	"标准指导，平台服务，积分评价"煤炭类"双师型"教师队伍建设与实践	行业特等奖1项	行业级	中国煤炭教育协会
64	煤矿企业员工"253"培训模式的研究与实践	行业一等奖1项	行业级	中国煤炭教育协会
65	"产教融合、五位一体"建设高水平高职教育校内生产性实训基地的研究与实践	行业一等奖1项	行业级	中国煤炭教育协会
66	高职能源类课程"双融合、递进式"教学模式的创新研究与探索	行业二等奖1项	行业级	中国化工教育协会
67	全国煤炭行业优秀教学团队——矿山机电与智能装备教学团队	1个	行业级	中国煤炭教育协会
68	全国石化行业"优秀教学团队"——化工专业教学团队	1个	行业级	中国石油化工教育协会
69	石油化工行业教学名师	2人	行业级	中国石油化工教育协会
70	全国煤炭行业技能大师	10人	行业级	中国煤炭工业协会
71	煤炭行业教学名师	3人	行业级	中国煤炭教育协会
72	全国煤炭行业教育工作先进个人	7人	行业级	中国煤炭教育协会

续表

序号	奖项名称	数量	获奖等级	授奖部门
73	全国煤炭行业教育培训资源编审专家委员	24人	行业级	中国煤炭工业协会培训中心
74	第八批煤炭行业（教科研人员）技能大师工作室	3个	行业级	中国煤炭工业协会
75	第四届安全科技进步奖	二等奖1项	行业级	中国安全生产协会
76	全国煤炭清洁高效利用技术培训中心	1个	行业级	中国煤炭教育协会
77	全国煤炭类院校思政课及课程思政教师研修基地	1个	行业级	中国煤炭教育协会
78	全国煤矿智能化开采职业技能等级证书管理办公室	1个	行业级	中国煤炭教育协会
79	第二届全国职业院校化工类专业教师课程思政能力竞赛	一等奖1项、二等奖1项	行业级	全国石油化工协会
80	中国腐蚀与防护学会第十届缓蚀剂与水处理专业委员会副秘书长	1人	行业级	中国腐蚀与防护学会缓蚀剂与水处理专业委员会
81	全国煤炭行业优秀共青团干部	1人	行业级	全国煤炭行业共青团工作指导和推进委员会
82	全国煤炭行业优秀共青团员	1人	行业级	全国煤炭行业共青团工作指导和推进委员会
83	全国煤炭职业院校技能大赛	一等奖9项、二等奖3项、三等奖5项	行业级	中国煤炭教育协会、自动化类专业教学指导委员会、一带一路暨金砖国家技能发展国际联盟、全国轻工职业教育教学指导委员会
84	咸阳市煤炭工程技术研究中心	1个	市级	咸阳市煤炭工业局
85	咸阳市矿山灾害防治工程技术研究中心	1个	市级	咸阳市科学技术局
86	咸阳市技能大师工作室	1个	市级	咸阳市人社局、财政局
87	咸阳市第十一批"教育教学类"有突出贡献专家	2人	市级	中共咸阳市委办公室、咸阳市政府办公室
88	第二届秦创原高价值专利大赛奖	三等奖1项	市级	大赛组委会
89	咸阳市科技创新团队	1个	市级	咸阳市科学技术局
90	咸阳市重点实验室	1个	市级	咸阳市科学技术局
91	第八届咸阳青年科技奖	2人	市级	咸阳市科学技术局
92	咸阳市第一届职业技能大赛"化学实验室技术"赛项	一等奖1项、二等奖1项、三等奖1项	市级	咸阳市人社局
93	咸阳市应急管理专家	1人	市级	咸阳市科学技术局

2. 效益指标达成情况

效益指标达成情况如表 5 所示。

表 5 效益指标达成情况

一级指标	二级指标	预设值	完成数量	完成率
社会效益指标	助推企业入选全国产教融合型企业	4 家	4 家	100%
	持续提升企业技术员工工作技能	≥5 年	5 年	100%
可持续影响指标	提升群专业社会影响力	长效	长效	100

（1）深化产教融合、社会效益显著

第一，适应国家战略新需求，持续提升企业员工工作技能，服务能源化工产业转型升级。推动专业教学改革向纵深发展，促进职业教育与继续教育有机融合，积极响应百万扩招政策，面向能源化工行业扩招 2 268 人，以全日制形式分类开展普通班、学徒制班、企业委培班等多样化教学。以短期培训形式，面向陕西煤业化工集团、陕西延长石油集团等企业单位，开展煤矿企业安全管理人员、安全培训师、特种作业人员、技术能手集训、职业技能培训 193 858 人·日，完成煤炭工种职业技能鉴定 12 952 人，为企业输送高素质技术技能人才 5 322 人。开展普法宣传进企业，先后深入陕西省何家塔煤矿、延安能源化工集团等 10 余家企业，筑牢安全"防护墙"。

第二，推深做实校企全要素多维合作，助力陕西建设世界一流高端能源化工基地目标实现。牵头组建陕西能源化工职教集团、渭南经开区市域产教联合体、煤炭智能开采行业产教融合共同体，助推彬长矿业集团等 4 家单位入选产教融合型企业。联合蒲城清洁能化公司组建"陕煤蒲洁现代学徒制班"，开展"三同步"联合育人工程，搭建校企合作的"连通桥"。实施企业员工"学历+技能"双提升培育工程，与陕西煤业化工集团合作开发培训项目，有效实现"育人时间并行、育人空间并用、育人主体并力"立体化互融，推进校企合作系统化育人。

（2）专业群品牌彰显，社会影响力提升

第一，建设服务智能采煤、清洁低碳专业体系。坚持服务能源化工产业不动摇，以煤田地质勘查、煤矿开采技术、机电一体化技术（煤矿机电方向）、应用化工技术（煤炭清洁利用方向）专业集群建设为载体，争当职业院校中服务陕西能源多元安全供给、高碳资源低碳发展、做优高端能源化工产业目标的排头兵、顶梁柱。专业普招人数由 2018 年 453 人增至 2023 年 1 377 人，增长 204%；煤矿企业 2 268 名员工通过百万扩招报考煤炭智能化开采技术群内专业。连续 4 年煤炭类专业位居金平果高职院校分专业类竞争力排行榜第 1，学校关注度稳步提升。

第二，专业建设经验校内外广泛辐射。中国教育网络电视台、新闻头条等多家媒体聚焦报道了煤矿智能开采技术专业群建设、煤矿智能开采与清洁利用类职业技能标准体系的研制历程及典型经验。广西能源行业教学指导委员会、云南能源职业技术学院等 30 余所院校来校交流。学校先后在 2023 中坦（中埃）职业标准修订 & 开发学术交流研讨会暨职业教育展会、首届全国煤炭教学名师论坛等大型会议中做专业群建设主旨报告。

第三，研制一批有效支撑职业教育高质量发展的国际、国家标准。主持研制坦桑尼亚煤矿开采技术人员职业技能等级标准和配套教学标准，通过坦桑尼亚职业教育委员会认证，在坦推广使用。主持研制煤炭清洁利用技术、煤田地质勘查、矿山机电与智能装备等专业简介、教学标准 11 项。参与全国资源环境与安全领域煤炭类专业职业教育专业目录修（制）订；研制煤矿开采技术、应用化工技术等专业简介、教学标准 14 项；煤矿智能化开采、矿山应急救援、煤炭清洁高效利用"1+X"职业技能等级证书标准 3 项。

3. 满意度指标达成情况

委托麦可思数据（北京）有限公司、北京新锦成教育技术有限公司，围绕专业群建设9个方面对在校生满意度、毕业生满意度、教职工满意度、用人单位满意度、家长满意度进行调研。结果表明，专业群层面五方满意度均超过95%（如表6所示）。

表6 满意度指标达成情况

指标类型	对象	满意度目标值/%	满意度实现值/%
满意度	在校生满意度	≥95	97.07
	毕业生满意度	≥95	97.52
	教职工满意度	≥95	98.61
	用人单位满意度	≥95	98.11
	家长满意度	≥95	96.87

三、建设任务完成情况

（一）学校层面建设任务完成情况

校级层面共有470个任务点。5年来，学校强化组织、健全机构、完善制度、协调推进，如期完成全部任务，任务完成度均为100%（如表7所示）。

表7 学校层面建设任务完成情况表

序号	建设任务		5年建设期预设任务及任务点总数/个	完成任务点数/个	完成度/%
1	加强党的建设	1-1 强化政治引领，加强党对学校工作的全面领导，提升领导力	19	19	100.00
		1-2 强化价值引领，用习近平新时代中国特色社会主义思想铸魂育人，提升思想力	12	12	100.00
		1-3 强化组织引领，加强基层党组织建设，提升执行力	18	18	100.00
		1-4 强化文化引领，打造德技并修的人才培养素质品牌，提升影响力	19	19	100.00
		1-5 强化人才引领，铸造事业传承"生力军"，提升发展力	11	11	100.00
2	打造技术技能人才培养高地	2-1 构建课程思政育人体系，落实立德树人根本任务	11	11	100.00
		2-2 加强学生职业能力开发，促进学生全方位成长	10	10	100.00
		2-3 加强劳动教育，促进学生德智体美劳全面发展	10	10	100.00
		2-4 创新人才培养模式，深入推进校企"双元"育人	20	20	100.00
		2-5 深化教法和教材改革，提升技术技能人才培养质量	12	12	100.00
		2-6 建设优质教学资源，推进标准化建设	16	16	100.00

续表

序号	建设任务		5年建设期预设任务及任务点总数/个	完成任务点数/个	完成度/%
3	打造技术技能创新服务平台	3-1 建设应用技术协同创新中心，搭建人才培养和技术创新平台	18	18	100.00
		3-2 建设产教融合创新实践基地，搭建产教融合平台	17	17	100.00
		3-3 组建技能大师工作室，搭建技术技能平台	5	5	100.00
		3-4 建立健全平台管理体制、运行机制，营造良好的创新环境	7	7	100.00
		3-5 建设"互联网+"科研与技术技能服务综合管理系统	3	3	100.00
4	打造高水平专业群	4-1 煤矿开采技术	12	12	100.00
5	打造高水平双师队伍	5-1 推行以德为先，建设师德高尚、结构合理的师资队伍	10	10	100.00
		5-2 推进领军人才队伍建设，提升专兼职师资队伍建设质量	10	10	100.00
		5-3 建立健全教师职前、职中可持续培养体系，提升教师教学服务创新能力	7	7	100.00
		5-4 促进教师职业发展，实施教师培养"1中心+2基地"平台工程	4	4	100.00
		5-5 推行教师管理机制创新，实施人才"引进+管理+评价"制度改革工程	3	3	100.00
6	提升校企合作水平	6-1 完善适应校企命运共同体的体制机制	13	13	100.00
		6-2 打造实体化运作的国家示范性职业教育集团	22	22	100.00
		6-3 创建高水平专业化产教融合实训基地	10	10	100.00
		6-4 助推企业认定为国家产教融合企业	10	10	100.00
7	提升服务发展水平	7-1 加强高素质人才培养，服务区域产业中高端建设	2	2	100.00
		7-2 加强技术研发及推广，服务区域产业发展建设	5	5	100.00
		7-3 依托学校教育资源优势，服务国家脱贫攻坚及乡村振兴战略	6	6	100.00
		7-4 开展多种类型教育，服务学习型社会建设	8	8	100.00

续表

序号	建设任务		5年建设期预设任务及任务点总数/个	完成任务点数/个	完成度/%
8	提升学校治理水平	8-1 健全内部治理体系，提升现代大学治理能力	9	9	100.00
		8-2 健全学校理事会制度，提升科学决策能力	5	5	100.00
		8-3 健全校院两级学术委员会制度，提升学术治理能力	5	5	100.00
		8-4 健全校院两级专业（群）建设委员会和教材选用委员会制度，提升专业课程建设能力	4	4	100.00
		8-5 发挥教职工代表大会作用，提升民主管理与监督能力	5	5	100.00
		8-6 优化内部治理结构，提升改革创新能力	5	5	100.00
		8-7 优化教育质量保证体系，提升核心竞争力	8	8	100.00
		8-8 坚持激发内生动力，形成学校特色治理文化	4	4	100.00
9	提升信息化水平	9-1 不断优化信息化公共基础环境建设，融合服务教育教学管理全过程	16	16	100.00
		9-2 深入开展信息应用融合，提高管理效能和师生满意度	15	15	100.00
		9-3 推进信息技术与专业教学的融合创新，助推专业深度改革发展	9	9	100.00
		9-4 强化数字资源建设与应用，助力教育服务供给模式升级	12	12	100.00
		9-5 提升师生信息素养，促进自主、泛在、个性化学习	8	8	100.00
10	提升国际化水平	10-1 引进优质职业教育资源，为学校国际化建设奠定基础	11	11	100.00
		10-2 依据国际范式开展专业建设，提升专业建设水平	4	4	100.00
		10-3 参与"一带一路"建设，为煤炭产业国际化建设提供人力支撑	9	9	100.00
		10-4 依托学校特色专业群资源，探索援助发展中国家职业教育新模式	7	7	100.00
		10-5 开展多种形式的国际职业教育服务，推动技术技能人才本土化	4	4	100.00

（二）专业群层面建设任务完成情况

对照煤矿智能开采技术专业群9项建设任务，预设子任务138项，完成138项，终期任务完成度为100%（如表8所示）。

表8 专业群建设任务完成情况表

序号	建设任务		5年建设期预设任务及任务点总数/个	完成任务点数/个	完成度/%
1	人才培养模式创新	1-1 创新"分类培养、分层教学、复合成才"人才培养培训模式	5	5	100.00
		1-2 开展"学历证书+若干职业技能等级证书"取证工作	4	4	100.00
		1-3 推广现代学徒制、企业新型学徒制做法	2	2	100.00
2	课程教学资源建设	2-1 标准体系建设	5	5	100.00
		2-2 校级、省级、国家级"三级"在线开放课程和"金课"建设	9	9	100.00
		2-3 专业教学资源库建设	11	11	100.00
3	教材与教法改革	3-1 活页式、工作手册式教材编制	2	2	100.00
		3-2 立体化教材开发	1	1	100.00
		3-3 教材出版	1	1	100.00
		3-4 教材获奖	1	1	100.00
		3-5 课程思政实施	5	5	100.00
		3-6 模块化分层教学	4	4	100.00
		3-7 智慧课堂教学	4	4	100.00
		3-8 任务式、虚拟仿真式教学	4	4	100.00
4	教师教学创新团队	4-1 建设双师结构教学团队	4	4	100.00
		4-2 团队教师能力建设	5	5	100.00
		4-3 构建对接职业标准、岗位标准的课程体系	2	2	100.00
		4-4 推行创新团队模块化教学	6	6	100.00
		4-5 形成高质量、有特色经验成果	3	3	100.00
5	实践教学基地	5-1 国家水平"煤炭智能开采与清洁利用"产教融合实训基地建设	3	3	100.00
		5-2 虚拟仿真实训基地建设	5	5	100.00
		5-3 实践教学体系构建	1	1	100.00
		5-4 实训基地实体运行	3	3	100.00
6	技术技能平台	6-1 省级水平技术创新基地	5	5	100.00
		6-2 技能大师工作室建设	3	3	100.00
7	社会服务	7-1 技术技能人才培养	2	2	100.00
		7-2 地方煤矿与煤化工企业技术服务	1	1	100.00
		7-3 开展企业员工各类培训和技能等级鉴定	3	3	100.00
		7-4 精准扶贫	1	1	100.00
		7-5 职业教育与科普教育融合	4	4	100.00
		7-6 支持企业入选全国产教融合型企业	4	4	100.00

续表

序号	建设任务		5年建设期预设任务及任务点总数/个	完成任务点数/个	完成度/%
8	国际交流与合作	8-1 国际教育资源引进	4	4	100.00
		8-2 师资队伍国际化培养	2	2	100.00
		8-3 国际化人才输出	2	2	100.00
9	可持续发展保障机制	9-1 专业群专业动态调整机制	3	3	100.00
		9-2 专业群教学组织管理机制	3	3	100.00
		9-3 专业群资源共建共享机制	5	5	100.00
		9-4 专业群质量保障机制	6	6	100.00

四、项目建设采取的措施

(一) 项目推进机制建设与运行

1. 学校层面

（1）创新管理模式，健全项目推进机制形成合力

成立由党委书记、校长担任组长，相关校领导担任副组长的"双高计划"项目建设领导小组，组建项目组、专家咨询委员会。实施"目标导向、分级管理、责任到人、过程监控"纵横双向管理模式。项目实施工作领导小组、项目组和建设任务点三级纵向责任管理；项目组进行横向合作管理，"双高计划"建设办公室对项目建设任务的进度、质量给予支持指导和监督考核。

（2）创新工作方法，实施"一页纸"任务管理制

实施以目标为导向的过程化绩效管理，编制任务"一页纸"，明确目标、时间节点、责任人等，确保建设任务落地落实。"双高计划"建设办公室牵头分年度细化建设任务，列出项目清单，明确每项任务的完成人和完成时间，并统筹进度安排，及时跟踪进展、监控、反馈。

（3）设立"双高计划"专账，加强"双高计划"资金保障

强化制度约束，加强预算控制，规范会计核算与监督管理行为。由"双高计划"建设办公式统筹管理与审批全校"双高计划"建设资金，并结合任务书和绩效目标编制了"双高计划"年度资金使用计划，确保各项任务按计划实施。同时，学校升级内控管理，在财务系统中为"双高计划"设置专门的事项、科目、流程、权限等，将项目运行与学校的信息化基础建设、业务系统和数据中心打通，优化管理流程。

（4）完善激励考核机制，促进"双高计划"落实落地

优化分配机制，实施项目积分制管理。将"双高计划"作为学校重大任务积分的重要内容，以任务完成度、成果贡献度为考核重点，修订相关奖励办法等制度，激发部门和广大教职工内生动力。

2. 专业群层面

组建领导小组和任务实施工作小组；分年度制定建设任务"一页纸"，将建设任务点与日常工作融合，按月推进。成立督导评价小组，将任务完成情况纳入二级学院教师个人年度绩效考核，评定绩效等次，与职称晋升、评先评优挂钩；实行专班攻关专项突破，确保建设

任务和质量指标有序推进。

(二) 项目资金管理与使用

1. 学校层面

(1) 专项预算

学校出台了"双高计划"专项资金管理办法,实行项目资金专款专用。同时,建立"双高计划"项目储备库,单列预算科目,强化项目资金管理和监督。

(2) 专家审定

学校邀请校内外财务方面的专家,根据"双高计划"任务书,分年度任务,合理论证成本、预算资金、项目绩效等,规范资金使用程序,加强预算执行管理,确保资金成本效益。

(3) 专门管理

借助信息化手段对专项资金入库项目实施网上申报、审核、实时处理等信息化管理,提高效率、增加透明度,严格监管项目资金,充分发挥资金效益。

2. 专业群层面

(1) 严格执行学校制度及统一管理

专业群层面全面严格执行学校相关资金管理与使用制度,认真落实和全面推进资金到位、支出合规,积极争取行业企业支持。专业群获得企业捐赠教学资源折算资金2 750.35万元。

(2) 落实项目资金使用主体责任

专业群将预算项目分解到各任务、具体负责人,保证各项任务预算执行到位,使用合情、合规、合理。

五、特色经验与做法

(一) 服务能源强国战略,打造煤炭职教"领头羊"

围绕国家能源安全保障、能源绿色低碳转型等重大需求,学校超前布局谋划,加强有组织科研,组建多学科融合团队,提升人才培育质量,实施政校企协同攻坚,实现了自身发展的"小逻辑"服务于能源战略建设的"大逻辑"。

1. 构建特色专业群体系,服务区域经济发展

聚焦能源化工、聚力医护康养产业,整合优势资源,建设煤矿智能开采技术、煤化工技术专业群、康复治疗技术、护理、通风技术与安全管理5个省级高水平专业群,专业围着需求转,新增工业机器人、智能控制技术、大数据技术、新能源汽车、智慧健康养老服务等专业,并在"十四五"时期重点打造氢能、光伏、风能等绿色能源类专业群,全面建立国家级引领、省级显特色、校级强基础的"1+5+N"专业群协同发展体系,分层分类推进高水平专业群建设。形成了紧密对接产业链、创新链的专业体系,煤化工技术、康复治疗技术、通风技术与安全管理、护理4个省级高水平专业群综合实力居全省前列,电子商务、工程测量技术、医学影像技术3个专业群建设取得明显成效。群内专业建成国家骨干专业4个,生产性实训基地1个,专业群建设水平稳步提升,人才培养适应性不断增强。

2. 推动人才团队、平台设备、创新能力一体化建设

建成国家级协同创新中心、工程研究中心和重点实验室等平台22个,形成了有机衔接、相互支撑的平台体系,强化技术技能传承与培养。

3. 教育供给端口"精耕细作",推动学校人才培养质量不断凸显

围绕"特别能吃苦、特别能战斗、特别能奉献"精神主线,铸"乌金"魂,育"乌金"人,先后开发"乌金大讲堂""煤炭产业发展论坛""煤炭工人运动史"等特色项目与课程,邀请大国工匠、劳动模范授课,着力培养"爱党报国、敬业奉献、技艺精湛、素质优良"的煤炭产业工匠人才。近5年,培养万余名煤炭类高素质技术技能人才,牢牢占据着陕西乃至西北煤炭企业技术和管理队伍的"半壁江山",毕业生成为煤炭类用人单位首选。

4. 实施党组织共建推动、示范标杆两大工程,为立德树人引航

建成煤炭博物馆、科普基地等思政教育实践基地,共享文化育人资源。建设"全国高校党建样板支部""省级标杆院系""课程思政示范课程"3个示范标杆,带动20个省校两级党建双创项目和79项课程思政示范项目,以点带面地推进协同育人,获批陕西省"大思政课"建设均衡发展示范高校项目、全国煤炭课程思政与思政课程研修基地。

5. 以标准开发为先导,引领全国煤炭类专业群建设

紧密对接国家能源安全新战略,聚焦煤矿智能化升级改造与煤炭清洁利用,主动与中国煤炭工业协会、中国煤炭教育协会合作,完成教育部专业目录、教学标准修订,坦桑尼亚国家职业能力标准开发等36项,有效推动了煤炭产业智能化、绿色化发展。

(二)聚焦产业发展,优化实施产业技术协同创新服务新路径

1. 创新体制机制,规范化管理

学校积极出台《科技成果转化管理办法》《横向项目经费管理办法》《专利管理办法》等8个文件,在人才、项目、经费、科技成果转化等方面主动创新、优化、规范工作机制和流程,为科研人员"松绑解困",简化运行手续,释放政策红利,激励教职工的内驱力。

2. 有效有力促进校企协同发展

学校成立科技成果转移转化中心,指定专人负责技术服务和科技成果转化工作,实现技术服务项目和科技成果转化项目从咨询、洽谈、合同起草、合同审定、签约、合同备案、合同减免税、项目实施、过程服务到合同完成的全周期服务和"一对一管家式"服务;每年安排30余名科技骨干,吸纳青年教师和200名优秀在校大学生组成项目组,到省内龙头企业、产业园区、贫困地区挖掘企业与当地技术难题,一企一模式、一企一方案,解决"卡脖子"技术难题,集聚科技成果近120项;实施"全链条设计、一体化实施、问题导向"的科技成果转化举措,推进成果转化政策宣传与落实,向省高校成果空间、省科技资源统筹中心咸阳中心推介100余项科技成果,参加市级以上成果对接路演活动6次。

聚焦能源化工、医护康养产业发展,实施"研究院+合作院校+实体企业"运行模式,组建"两院三所三中心"协同创新平台,构建协同创新体系。"两院"即煤化产业学院、健康产业学院;"三所"即"碳中和"研究所、新型能源技术研究所、现代医药技术研究所;"三中心"即煤矿应用技术协同创新中心、煤炭清洁利用技术研究中心、现代康养社会服务中心。

分别联合陕西煤业化工集团有限公司和西安科技大学、陕西健康医疗集团和陕西中医药大学,组建煤炭行业产教融合共同体、康养行业产教融合共同体,行业共同体项目获陕西省教育厅立项。联合东岭集团股份有限公司和安世亚太科技股份有限公司开展职业教育现场工程师培养计划联合培养项目2项,并获陕西省教育厅立项。

依托渭北煤化工业园区、咸阳装备制造产业园、中国西安人力资源产业园(秦创原人才服务中心)组建了渭南经开化工产教联合体、咸阳绿能产教联合体、秦创原高端装备(矿山)人才产教联合体,围绕产业发展、企业市场和学生就业,创新人才培养模式,建立政行企校高效合作机制,实现资源共建共享,建设技术共性平台、人才供给信息平台等优质

服务平台，赋能区域经济发展，为全省现代职业教育体系建设提供新的样板和经验。

实施科研队伍培养计划，充分发挥老、中、青三代技术人才优势，传帮带新，打造8支特色鲜明的科研创新团队和10支技术服务队伍。围绕先进采矿技术、工程测量、化工新材料等产业技术需求，与企业开展产学研合作项目。碳中和研究团队相关研究成果得到陕西省委主要领导肯定性批示并批转省发改委、省能源局等政府部门，入选陕西省哲学社会科学成果要报。获批陕西省高校工程研究中心2个，煤化工清洁生产及设备防护创新团队入选陕西高校青年创新团队，获得陕西哲学社会科学优秀成果一等奖2项、市级以上科技成果39项。学校能源化工和医护康养专业的行业特色愈加鲜明，成为政府的帮手、企业的助手、行业的推手、服务的能手。

（三）政行企校协同，形成平台系列化、模式多元化、服务标准化的职业培训服务"金字招牌"

基于"互联网+教育"理念，以"顾客满意理论"为指导，把企业和学员满意放在第一位，对培训组织形式与服务模式进行改革，形成了以"互联网+项目超市"为载体，以"定制式"培训方案为核心，以"管家式"服务为支撑的职业培训范式，得到了学员的认可和企业的高度评价。

1. 系列化搭建"两院六中心"社会服务平台

设立继续教育学院、煤矿设计院等面向行业服务的内设机构，以及煤矿安全培训中心、化工安全培训中心、技能评价指导中心、技能水平评价中心、煤炭企业教师培训中心、应用技术协同创新中心等政府部门授权的服务中心。

2. 整合校企优质资源，吸收企业高管、专家、技术骨干参与，个性化研制培训项目和模块化培训课程

对接需求，实施"互联网+项目超市"的职业培训。针对煤炭企业培训受时间、场所限制，培训课程、项目难以多次反复学习、训练等问题，创新实施"互联网+项目超市"培训模式。依托中国煤炭教育赋能云平台等线上教学平台和智慧教室、虚拟仿真教学软件、校企共建的校内外实训基地，形成了线上教学、智慧教室远程教学、实训基地理实一体化教学、车间班组现场教学等融合的"互联网+"培训模式。开发各类培训项目27项，开发职业技能鉴定类项目65项，开发职业工种模块化资源培训包40个。

3. 围绕核心岗位与工种开展职业培训，一企一策、一班一课，11种培训服务模式高质量、规模化运行

精准培训，形成"定制式"的职业培训方案。针对不同企业、不同学员的不同培训需求，校企合作"量身定制"培训方案，实现"一企一策""一班一课"。针对煤矿企业智能化转型升级的人才需求，开发学历提升和能力提升"双提升"培训项目，与陕西煤业化工集团有限责任公司合作开展1.5年制、2.5年制"双提升"培训。

精细管理，实施"管家式"的培训服务。建立企业需求预期台账，把握培训对象的共性需求和个性需求，实施精准化服务；建立电子化档案管理系统，为每一名学员建立成长档案，实施个性化服务；建立培训效果反馈机制，定期向企业反馈学员培训情况，确保补齐"短板"，筑牢煤矿安全闸堤，形成培训需求分析、方案定制、持续跟踪、实时反馈的"管家式"培训服务范式。完成培训矿长5 689人，管理人员8 914人，特殊工种16 960人，其他从业人员8 999人，职业技能培训评价双结合48 491人，岗位学历提升4 743人，双提升工程1 535人，招生招工相结合6 148人。获全国煤炭企业技能大赛集训技术能手4个赛项的25个奖项。

(四)夯实职教根基,赋能教师能力提升,培塑职教"金师"

聚焦打造"双师型、双带头人"教学团队目标,依托产业学院、大师工作室以及国培基地三大平台,协同开展教师能力提升体系建设。一是结合职业教育特征,构建高职院校教师"基本+基础+核心+拓展"四维能力架构体系。二是分段施策,建立健全教师发展机制。以教师专业发展阶段论和团队化管理理论为指导,针对教师职业生涯的三个阶段(合格、骨干、卓越),实施管理信息化、发展团队化、培训定制化、考评系统化的发展策略,构建了"三段四化"教师专业化发展培养机制。三是建立校企教学岗和技术岗之间岗位互聘、职务互兼、教学互助、技术互动、薪酬互济"五互"常态运行机制。创建固流互补、双师结构与双师素质兼备的教学团队,打造"领军人物+教学名师+技能大师+专业带头人+青年骨干教师"高层次人才队伍。四是凝聚多元主体,打造混编团队。与陕西煤业化工集团有限公司、陕西健康医疗集团等结成人员双向交流协作共同体,搭建产教协同技术服务平台,建立教师实践流动站。聘请企业技能大师 21 人、产业导师 30 人,20 名教师被聘为企业兼职技术人员。获批国家级教学创新团队 1 个、省级教学团队 4 个、全国行业教学团队 2 个、教学名师 20 人、技能大师 10 人,具有注册安全工程师、医师、护师等国家职业资格 235 人,入选全国煤炭行业教育培训资源编审专家委员会 23 人。

(五)"1+1+2"模式助力专业数字化改造升级

学校积极落实教育数字化战略行动部署,立足培养适应产业数字化转型的生产服务一线高素质技术技能人才要求,以人才培养方案修订为抓手,明确传统专业数字化改造目标,构建数字化课程体系,完善数字化课程标准,改革考核评价方式,全方位推动传统专业数字化转型。利用物联网、大数据、云服务和虚拟现实等新技术手段,创设基础共享产教融合信息化环境实践教学平台,量身定做配套数字化虚拟仿真实训教学资源,实施职业教育与企业培训相结合的虚拟仿真实训一体化解决方案,充分挖掘校企"双主体"实践教学优势资源,培养复合型高素质技术技能人才。

1. 构建1个数字化仿真实训平台,创新实践教学模式改革

加大虚拟实践实训中心建设力度,推动校内实训基地基础设施优化、管理精细化、功能服务专业化,通过自主投入、企业捐赠和共同开发相结合,打造了煤矿智能开采、煤炭清洁利用、虚拟医院、智能建筑 BIM 等高水平专业虚拟仿真实训中心,每个专业虚拟仿真实训中心下设若干虚拟仿真实训室,覆盖行业企业前沿技术和新业态。构建虚拟实训场景,模拟专业群相关实训内容,以新一代信息技术赋能实习实训。建成地质博物馆和模拟矿井、矿井通风安全监测中心、综采实训中心、煤矿从业人员与特种作业人员培训考核系统。依托煤炭类专业实训资源平台,校企合作开发工业化场景培训考核资源包,在专业教学资源库中设立煤矿生产、安全保障数字化培训模块。

2. 建设1个数字化课程资源中心,推进课程信息化教学方法改革

按照"课程带动、分类开发"建设思路,以数字技术推动课堂教学生态改革,全面开展专业教学资源库、在线开放课等数字化学习中心建设和应用。建成省级精品在线课程 22 门;建设活页式、数字化、融媒体、立体化的新形态教材 116 本;建成面向混合学习、移动学习、终身学习的省级高水平专业教学资源库 3 个;开发与各专业标准化课程相匹配的仿动画 1 000 余个。

推进"翻转课堂""微课程""移动学习""虚拟仿真实验教学"等在线交互式网络教学模式的应用,建成在线学习与课堂教学有机衔接的新型网络学习体系。通过教学竞赛与课

程建设，推广信息化课程教学改革成果。

3. 实施2个保障，为专业数字化升级改造保驾护航

按照"名师引领、分类培育"的思路，采用精准培训、校企共培、外引内培等方式，转变教师信息化教学理念。邀请校内外专家进行定期的专题培训，常态化开展信息交流互动、触媒体、教学仿真、微课、微视频等教学平台信息技术应用能力、教学资源建设培训，提升教师信息技术创新应用能力，提高学校教育信息化水平。

分步推进智慧校园建设，为学校教学、科研、管理和服务应用提供支撑基础，获评陕西省智慧校园示范校。学校拥有近3 200个网络接入点，实现两校园全区域基础网络的有线无线一体化覆盖，校园网带宽达到1G到桌面、10G楼宇到数据中心。利用"虚拟化"技术整合服务器资源建成数据中心，实现网络可视化运维、流量可视化监控、网络安全可视化预警、用户数据可视化跟踪、业务数据可视化分析。

六、问题与改进措施

（一）存在问题

1. 成果引领示范作用有进一步提升空间

项目建设过程中，形成了一批典型经验和实践成果，但对于提炼总结经验做法，充分发挥示范引领作用和辐射带动效应，推动煤炭职业教育提质增效，还需进一步强化。

2. 产教融合活力有进一步增强空间

学校聚焦能源化工、医护康养行业，构建了政行企业协同育人机制，协同育人方面进行了探索实践，协同育人效能和活力仍需继续增强。

（二）改进措施

1. 强化推广，发挥示范引领作用

强化政策支持，加强经验成果的辐射深度及广度研究，进一步推动典型经验和重大成果的示范引领作用。

2. 校企共育，提升产教融合运行效能

发挥能源化工、医护康养行业优势，强化校企利益关联，进一步增强产教融合活力，增强协同育人效能。

七、其他需要说明的有关事宜（可选项）

无。

咸阳职业技术学院"双高计划"总结报告

咸阳职业技术学院(以下简称"学院")是咸阳市政府举办的全日制综合性高等职业院校。2019年12月,学院入选国家"双高计划"高水平专业群建设单位C档,学前教育专业群为立项建设的高水平专业群。根据教育部、财政部和陕西省教育厅、财政厅关于开展"双高计划"绩效评价工作的要求,学院对照"双高计划"建设方案和任务书,扎实开展自我评价,形成"双高计划"总结报告。

一、总体情况

(一)项目绩效目标达成和建设任务完成总体情况概述

学院始终坚持以习近平新时代中国特色社会主义思想为指导,全面贯彻党的教育方针,落实立德树人根本任务,对标对表职教新法新政,聚力聚焦关键领域改革,深入推进"双高计划"建设。2019—2023年,学校层面251项建设任务和学前教育专业群121项建设任务均全部完成,任务完成率100%;学校层面281项绩效指标和学前教育专业群112项绩效指标均全部达成,目标达成率100%。建设期内,承担完成任务书外各类建设任务49项。

通过5年建设,学院紧跟我国职业教育改革发展趋势,与国家级新区西咸新区、国家产教融合试点城市咸阳市协同深化产教融合、校企合作,获评"双高计划"中期评价"优"等次,学院办学综合实力、核心竞争力和社会影响力显著提升,累计获得"双高计划"建设水平成果19类71项、其他国家级成果10类19项,合计29类90项,实现了"建成西部地市高职院校改革创新的标杆、陕西经济社会发展所需的高素质技术技能人才培养的摇篮、西咸新区中小微企业技术创新的智库、西部地区学前教育专业的旗帜"的既定目标,形成了西部地区职业教育高质量发展的"咸职经验"(如表1所示)。

表1 2019—2023年主要标志性成果一览表

序号	类别	成果名称	级别	建设增量
1	党建思政	新时代高校党建"双创"工作	国家级	样板支部1个
2		全国高校思政课教学展示活动	国家级	一等奖1项
3		全国文明单位	国家级	通过复检
4		全国高职高专官微10强	国家级	排名第6
5		全国大中专学生志愿者"三下乡"社会实践	国家级	2项
6		"推普助力乡村振兴"全国大学生暑期社会实践	国家级	1项
7		全国高校大学生讲思政课公开课展示活动	国家级	三等奖1项
8		陕西高校思政课教师"大练兵"展示活动	省级	14项
9		陕西省"大思政课"建设试点项目	省级	2项

续表

序号	类别	成果名称	级别	建设增量
10	人才培养	国家教学成果奖	国家级	二等奖 1 项
11		职业教育国家规划教材	国家级	3 本
12		首届全国教材建设奖优秀教材	国家级	二等奖 1 项
13		职业教育国家在线精品课程	国家级	3 门
14		全国职业院校技能大赛	国家级	37 项（一等奖 3 项）
15		全国技能大赛	国家级	1 项
16		中国国际"互联网+"大学生创新创业大赛	国家级	5 项（银奖 2 项）
17		"挑战杯"中国大学生创业计划竞赛	国家级	银奖 1 项
18		全国大学生数学建模竞赛	国家级	5 项（一等奖 1 项）
19		"振兴杯"全国青年职业技能大赛	国家级	2 项
20		主持、参与国家教学标准	国家级	30 项（主持 2 项）
21		陕西省大中小学劳动教育实践基地	省级	1 个
22		陕西省高等教育教学成果奖	省级	6 项（特等奖 1 项）
23		职业技能等级标准	行业	6 项
24	产教融合	国家示范性职业教育集团	国家级	1 个
25		第二批现代学徒制试点验收	国家级	1 项
26		第二期供需对接就业育人项目	国家级	5 项
27		陕西省行业性职业教育集团	省级	2 个
28		行业共同体中担任理事长、副理事长单位	行业	12 个
29	双师队伍	国家职业教育教师创新团队	国家级	1 个
30		新时代职业学校名师培养计划	国家级	1 个
31		全国职业院校教师教学能力比赛	国家级	4 项（一等 3 项）
32		教指委、行指委委员	国家级	5 人
33		陕西省教学名师、"特支计划"区域发展人才等	省级	6 人
34	社会服务	承办全国职业院校技能大赛等国赛	国家级	4 项
35		国家发明专利	国家级	25 项
36		国家级技工教育和职业培训教材	国家级	1 项
37		省级科学技术奖、高校科学技术奖	省级	7 项
38		"双百工程"先进单位	省级	5 次
39		陕西高校秦创原建设及科技成果转化绩效评估 A 档	省级	1 项
40		开发地方标准	行业	1 项
41	学校治理	国家节约型公共机构示范单位	国家级	1 项
42		全国急救教育试点学校	国家级	1 项
43		全国绿化模范单位	国家级	1 项
44		陕西省深化新时代教育评价改革试点单位	省级	1 项
45	信息化	职业院校数字校园建设试点学校	国家级	1 项
46		陕西省高等学校智慧校园示范校	省级	1 项
47		全省教育网络安全和信息化工作先进集体	省级	2 次

续表

序号	类别	成果名称	级别	建设增量
48	国际化	"一带一路"金砖国家技能发展与技术创新大赛等	国家级	7项（金牌1项）
49		中德先进职业教育合作项目试点院校	国家级	1项
50		智能制造领域中外人文交流人才培养基地	国家级	1项

（二）项目预算执行情况概述

2019—2023年，学院"双高计划"建设经费总预算24 880万元，实际到位25 751.32万元，到位资金使用25 163.33万元，资金到位率103.50%，预算执行率101.14 %；学前教育专业群建设经费总预算10 200万元，实际到位10 373.65万元，到位资金使用10 239.87万元，资金到位率101.70%，预算执行率100.39 %（如表2所示）。

表2　2019—2023年资金到位情况、执行情况统计表

资金来源		预算金额/万元	到位金额/万元	到位率/%	支出金额/万元	执行率/%
学校层面	中央财政	2 000.00	2 000.00	100.00	2 000.00	100.00
	地方财政	5 060.00	5 060.00	100.00	5 060.00	100.00
	行业企业投入	1 450.00	1 465.04	101.04	1 465.04	101.04
	学校自筹	16 370.00	17 226.28	105.23	16 638.29	101.64
	合　计	24 880.00	25 751.32	103.50	25 163.33	101.14
专业群层面	中央财政	2 000.00	2 000.00	100.00	2 000.00	100.00
	地方财政	2 000.00	2 000.00	100.00	2 000.00	100.00
	行业企业投入	200.00	221.34	110.67	221.34	110.67
	学校自筹	6 000.00	6 152.31	102.54	6 018.53	100.31
	合　计	10 200.00	10 373.65	101.70	10 239.87	100.39

（三）项目建设自评分和自评结论

按照国家"双高计划"绩效评价工作要求，对照"双高计划"建设绩效评价标准进行自评打分，结果如下：学校得分99.7分，专业群得分99.6分，加权计算总得分99.63分，自评结论为"优"（如表3所示）。

表3　学校自评情况得分明细表

一级指标	二级指标	学校层面/分	专业群层面/分	合计/分
产出指标（40分）	数量指标（15分）	15	15	15
	质量指标（15分）	15	15	15
	水平指标（10分）	9.7	9.6	9.63
效益指标（20分）	社会效益指标（10分）	10	10	10
	可持续影响指标（10分）	10	10	10
满意度指标（10分）	服务对象满意度指标（10分）	10	10	10

续表

一级指标	二级指标	学校层面/分	专业群层面/分	合计/分
管理与执行指标（30分）	资金到位率指标（8分）	8	8	8
	资金预算执行率指标（8分）	8	8	8
	资金使用合规性指标（10分）	10	10	10
	项目管理指标（4分）	4	4	4
合 计		99.7	99.6	99.63

二、绩效目标达成情况

（一）学校层面绩效目标达成情况

1. 产出指标达成情况

227项产出指标（126项数量指标、98项质量指标、3项时效指标）均达成。

（1）党的建设和思想政治工作

30个任务点均完成。一是党建引领聚合力。学院通过"全国文明单位"复检，入选中国高职高专官微10强。获全国大中专学生暑期"三下乡"社会实践优秀单位、首批"全省高校团建示范院校"等荣誉。二是支部筑垒夯根基。入选国家级、省级样板支部3个，省级标杆院系2个。教师支部"双带头人"全覆盖。三是思政铸魂育新人。学院入选陕西省中华优秀传统文化传承基地，连续5年获校园文化成果奖。承接陕西省"大思政课"试点项目2项，荣获全国高校思政课教学展示一等奖1项，省级思政课"大练兵"、课程思政示范项目等奖项20项。

（2）打造技术技能人才培养高地

24项数量指标、17项质量指标均达成。一是构建专业群梯级发展格局。入选省级"双高计划"高水平学校，立项5个省级高水平专业群，形成"1+5+N"专业群梯级发展格局，研制高水平专业群建设标准与规范9项。二是教学改革赋能"课堂革命"。荣获教学成果奖国家级1项、省级6项（含省级特等奖1项）。入选在线精品课程国家级3门、省级33门，职业教育国家规划教材3本。获评省级劳动教育实践基地1个。三是人才培养再树"新标杆"。获批28个专业31个证书试点，学生X证书获取率85.98%。毕业生"专升本"平均上线率73.3%。学生荣获"双创"、技能大赛等国奖63项，获奖总数位居全省前列。

（3）打造技术技能创新服务平台

28项数量指标、12项质量指标均达成。一是平台建设提质升级。建成国家级协同创新中心1个，市重点实验室等市级平台3个。二是成果供给质效增强。获全国高职院校技术研发与应用成果展优秀成果奖1项、省级科技类成果奖7项。立项科研项目58项，开展横向研究45项，获得发明专利25项。三是服务支撑能效提升。承接咸阳市"揭榜挂帅"项目2项，成果转让6项，开发地方标准1项，教师注册科技型企业1家。学院获陕西高校秦创原建设工作及科技成果转化绩效评估A等学校。

（4）打造高水平专业群

1项数量指标、8项质量指标均达成。一是推进课程资源建设。入选国家在线精品课程2门、国家规划教材2本。打造标志性成果国家级37项、省级128项、行业52项。二是推进教学改革创新。举办卓越幼师创新实验班10个，学生教师资格证通过率85%以上。联办本科专业，招收学生 198 名。获技能大赛等竞赛国奖 9 项、省奖 49 项，国家级、省级艺术展演类奖项 14 项。三是推进社会服务提质。4 名教师入选教指委等名单。支教帮扶园所 20 个。向国（境）外输出专业教学标准 1 项、双语教材 1 本。

（5）打造高水平双师队伍

12 项数量指标、10 项质量指标均达成。一是卓越人才引领有力。引进专业领军人才 10 名，引培博士 67 名，新增二、三级教授 4 名，获评省级教学名师、"特支计划"区域发展人才等 6 名，1 名教师入选教育部新时代职业学校名师培养计划，5 名教师在教指委、行指委任职。二是双师赋能夯基助力。立项国家级教师创新团队 1 个。获国家级、省级教师教学比赛奖 61 项，其中，国家级一等奖 4 项、二等奖 1 项，连续 3 年获国赛一等奖。三是制度导向激发动力。创新实施低职高聘等制度，编制《职业院校教师岗前培训手册》1 本，教师内生动力得到激发。

（6）提升校企合作水平

10 项数量指标、12 项质量指标均达成。一是共建平台能级提升。入选国家级示范职教集团 1 个，建成省级行业性职教集团 2 个，立项市级产教联合体 1 个。二是共育人才成效彰显。教育部现代学徒制试点验收通过，校企共建学徒制专业 5 个，培养学生 504 人。建成产业学院 3 个，新增订单班 27 个，获批教育部供需对接就业育人项目 5 项。三是共享资源深入拓展。入选市级产教融合实训基地 4 个。在 12 个全国性行业产教共同体中担任理事长、副理事长单位，被咸阳市授予"产教融合示范高校"。

（7）提升服务发展水平

12 项数量指标、10 项质量指标均达成。一是实施优质就业工程。5 年来，培养毕业生 31 086 人，毕业生就业率 96.26%，省内就业率 89%，高端岗位就业率 37.05%，荣获陕西高校就业工作先进集体。二是推进社会服务提质。获批职业院校教师"国培计划"联合培训项目承办单位，新增培训基地国家级 3 个、省市级 11 个，入选国家级技工教育和职业培训教材 1 本。对口帮扶西部高职院校 4 所。承办全国"十四运"等赛事赛项 11 次。职业培训年均收入 713.63 万元。三是推动技术服务落地。动物疫病诊断技术服务团队服务畜禽养殖场 179 家，完成检测 13 380 份。

（8）提升学校治理水平

11 项数量指标、7 项质量指标均达成。一是健全治理体系。编发《内控制度汇编》1 套 288 项，获评国家节约型公共机构示范单位、全国绿化模范单位，入选第二批全国急救教育试点学校、全国高等职业院校治理体系建设典型院校。二是理顺两级管理。修订完善《校院两级改革实施办法》，调整合并议事协调机构，以群建院、二级治理稳步推进。三是优化质保体系。建立人才培养质量、毕业生就业质量年度报告发布制度，引入第三方机构开展质量评价，荣获陕西省深化新时代教育评价改革试点院校。

（9）提升信息化水平

14 项数量指标、10 项质量指标均达成。一是优化智慧基础环境。建成智慧教室 380 间、虚拟仿真实训基地 8 个、VR 体验馆 5 个。二是推进管理应用建设。建成咸职校情大数据中心、"e 咸职"等业务平台，获全省网信工作先进集体，入选教育部第一批数字校园建设试点院校、陕西省高等学校智慧校园示范校和咸阳市产教融合信息化副秘书长单位。三是深化数智赋能教学。建成专业教学资源库 9 个、在线开放课程 107 门，混合式教学课程覆盖率 60%。

（10）提升国际化水平

12 项数量指标、10 项质量指标均达成。一是深化中外合作办学。引进教学资源包 2 个。

牵头成立国际化联盟2个，开发国际岗位标准4项、双语教材3本、教学资源3套，被坦桑尼亚等4个国家5所高校采用。二是支撑重大倡议实施。建立中坦秦岭工坊、乌干达海外分院，开展援外培训605人·日。聘请外教4名，招培来华留学生72名，入选《2021中国职业教育质量年度报告》典型案例。三是深入开展文化交流。入选教育部"智能制造领域中外人文交流人才培养基地"，荣获金砖国家技能大赛奖7项，2名教师被海外大学聘为"特聘教授"。

学校层面产出指标中，3项时效指标均达成。所预设251个任务点全部完成，终期完成度100%。

2. 效益指标达成情况

49项效益指标（40项社会效益指标、9项可持续影响指标）均达成。

（1）引领职教改革和人才培养方面

17项社会效益指标均达成。一是赛教融合助力人才培养。深化赛教融合，探索形成"三课堂联动、学赛创赋能"的技术技能人才培养模式，该成果获省级教学成果特等奖，被省内外23所高职院校应用借鉴。二是"三教"改革助推成果打造。以"强外引、优内培、创机制"赋能师资建设，"高站位、高标准、高质量"引领教材建设，"数字化、赛教式、混合式"激活教法改革，在团队建设、教学比赛等方面打造国家级成果13项，在线开放课程校外用户987所，优秀教材选用院校40所。三是"大思政课"改革引领思政课建设。获批陕西省"大思政课"试点项目2项，创新实践"三级递进、六维贯通"大思政课教育教学业绩评价体系，荣获全国思政课教学展示一等奖1项，陕西省思政课"大练兵"教学标兵、能手、团队等奖项14项。

（2）支撑国家战略和区域发展方面

14项社会效益指标均达成。一是校地融合，育训结合，赋能技能型社会建设。探索实践"校地融合、育训结合"的社会服务模式，打造特色培训品牌11个，年均培训30 521人次，为区域中小企业开展职工培训11 935人·日。老年大学招生9个专业1 258人次，获省市级奖项4项。二是对接需求，个性定制，助力社区服务。秉承"早教进社区、家园共提高"的社会服务提质理念，举办社区"早教之家"6家，服务家庭1 420户。创新实践定制化、菜单式社区服务模式，建成咸阳"互联网+"养老服务示范社区1个，开发社区健康教育课程12门，服务社区累计80次，服务5 492人次。三是开辟"五色共绘"路径，助力乡村振兴。创新实践"一体两翼"乡村人才育训体系，开展农业技术培训年均3 522人次，在农村开展"科技下乡"等1 202次。建成大榛子引种示范等产业基地4个，连续6年被评为全省"双百工程"先进单位。

（3）推动形成政策制度和标准方面

9项社会效益指标均达成。一是支撑国标建设。主持、参与完成了教指委等组织的7个专业大类、22个专业的专业简介及教学标准30项。二是助力行标建设。联合湖南金职伟业等企业共同研制了职业技能等级标准6项，推广应用院校1 194所。三是推进地标建设。依托陕西省科技厅区域创新引导计划项目"大榛子引种示范推广"，制定《平欧大果榛子栽培技术规程》，被批准为咸阳市地方标准。四是推动校标输出。获批"坦桑尼亚国家职业标准开发项目"立项建设单位，开发汽车工程技术员等国际岗位标准4项并获坦方教育部官方认证。

学校层面效益指标中，9项可持续影响指标均达成。一是高水平成果赋能人才培养。依托赛教融合系列成果，形成了"精工深作聚合力、以赛提质致匠心"的教学能力比赛"咸职经验"。开发"赛教融合"标准体系 1 套,教师获评国赛优秀指导教师 6 人次,受邀担任国省赛裁判 68 人次。20 多所高职院校来校交流学习,赛教融合人才培养成效被《中国教育报》等主流媒体报道 31 次。二是治理体系激发办学活力。"五会共治"治理结构、校院两级管理机制、产教融合平台建设机制以及质量绩效考核等制度,进一步激发了学院办学活力和教师内生动力。三是品牌辐射助力学校发展。先后有近 70 所国内外高校来院考察交流,学院品牌影响力和辐射力日益增强。

3. 满意度指标达成情况

5 项满意度指标均达成,利益相关方满意度逐年提高。连续 9 年网上申报考生人数位居全省高职第 1,高考文理科录取分数线稳居全省前列。毕业生就业率 96.26%,专业对口率 97.55%,毕业生扎根一线广受认可。根据星空书院出具的第三方评价报告,学院在校生满意度 97.16%、毕业生满意度 97.77%、教职工满意度 97.68%、用人单位满意度 99.52%、家长满意度 96.98%。

(二) 专业群层面绩效目标达成情况

1. 产出指标达成情况

88 项产出指标(34 项数量指标、51 项质量指标、3 项时效指标)均达成。

(1) 人才培养模式创新

4 项数量指标、8 项质量指标均达成。创新实践德能、园校、赛教"三融合"专业群人才培养模式,获评陕西省高等教育教学成果奖特等奖 1 项、二等奖 1 项。与陕西学前师范学院等本科院校联办学前教育本科专业,招收学生四届 198 名。3 086 名学生专升本进入本科院校继续学习。承办全国职业院校技能大赛 1 次、行业赛 1 次、省赛 5 次,获全国职业院校技能大赛、"互联网+"大赛、全国大学生数学建模竞赛等赛项国家级奖项 9 项。

(2) 课程教学资源建设

2 项数量指标、5 项质量指标均达成。基于学前儿童学习与发展核心经验培养,重构课程体系,修订核心课程标准 34 项。入选在线精品课程国家级 2 门、省级 18 门,继续教育精品课程 1 门,在线学习突破 34 万人次。建成虚拟仿真实践中心,开发三维场景 11 个、教学视频 300 个、交互场景 20 个。联建早期教育专业教学资源库,在国家智慧教育公共服务平台运行,活跃用户 2.1 万人。参建学前教育、小学教育国家级专业教学资源库。

(3) 教材与教法改革

5 项数量指标、6 项质量指标均达成。适应新形态教材发展趋势,出版活页式、工作手册式等教材 10 本,获评规划教材国家级 2 本、省级 7 本。课程思政专业群全覆盖,出版《学前教育专业群课程思政教学设计汇编》,获评课程思政示范项目 2 项,陕西省高校思政课"大练兵"教学标兵、能手 3 名。

(4) 教师教学创新团队

12 项数量指标、10 项质量指标均达成。获省级师德建设示范团队 1 个、师德标兵 1 人。引进博士、高级职称教师 12 人,20 名教师攻读博士学位。获评省级教学名师、"特支计划"区域发展人才等 3 人;1 人当选教指委副主任委员,3 人当选教指委委员,1 人获评中国工艺美术大师、教育部民族传统文化传承与创新示范专业评审组专家,6 人入选中小学幼儿园教师培训专家库。教师获省级教学能力比赛奖 4 项。成立名园长工作室 3 个,园校双向互聘教师 40 人。

（5）实践教学基地

4 项数量指标、5 项质量指标均达成。建成集"产、教、学、研、培、服"于一体的实践教学综合体。联合交大阳光幼儿园开办试点园。总投资 6 500 万元，建成建筑面积 12 000 平方米、占地 13 亩的咸职附属幼儿园，形成"幼儿园里办大学、大学里建幼儿园"的人才培养新生态。建成师范教育综合实训中心、医教协同实训中心。新建实验实训室 36 个。与小天鹅教育集团、哈比树等企业共建校外基地，新增校外见习实习和就业基地 41 个。

（6）技术技能平台

4 项数量指标、5 项质量指标均达成。与幼乐美等企业合作共建卓越幼师学院，开设创新实验班 10 个。成立西部幼儿教育发展研究中心，与陕西师范大学 CEEE 教育实验经济研究所合作，共同开发新时代儿童早期发展专业教学资源，构建形成了"教、医、养、托"协同发展的课程体系。牵头组建陕西学前教育职教集团，成员单位 145 家，联合制定专业人才培养方案 3 个，共建"幼儿游戏与指导"等课程 8 门。

（7）社会服务

4 项数量指标、5 项质量指标均达成。联合陕西师大、金华职院设立国培基地，承担培训 515 人。成立西部幼儿教师培训中心，支教帮扶园所 20 个。对口帮扶西部地区中、高职院校 10 所，"三二连读"联合培养招生 1 991 人。面向中小学教师开展继续教育 1.5 万人次。开展技能鉴定 8 633 人次。主办"全国托育城市论坛（西安站）"活动。三秦儿童"阳光计划"项目获"互联网+"大赛红旅赛道铜奖。

（8）国际交流与合作

2 项数量指标、6 项质量指标均达成。牵头成立"一带一路"幼儿教育联盟，成员单位 51 家。主持开发婴幼儿托育师 6 级职业标准及其配套专业教学标准，并纳入坦桑尼亚国家职业标准体系。主编双语教材 3 本，被泰国、菲律宾等国院校选用。开展"中文+职业技能"定制培训 124 人。缔结国（境）外友好合作院校 10 家。选送 15 名学生赴新加坡幼儿园就业，成立了新加坡校友会。

（9）可持续发展保障机制

2 项数量指标、2 项质量指标均达成。建立专业群科学决策机制、动态调整机制、质量保证机制。组织开展专业群人才需求调研，形成人才需求调研报告。编制专业群"十四五"发展规划，发布毕业生就业质量年度报告。开展新时代教育评价改革试点，创新开展第三方机构跟踪评价。获陕西省高等学校教学管理先进集体。

（10）专业群文化建设

2 项数量指标、4 项质量指标均达成。获全国党建工作样板支部 1 个、陕西高校党建工作标杆院系 1 个。建设劳动教育基地 10 个，开展红烛志愿者服务活动 49 次。入选陕西省普通高校中华优秀传统文化传承基地，获省级校园文化建设优秀成果一等奖 1 项。编排原创话剧《我是谁》，在第 21 届金刺猬大学生戏剧节获优秀剧目奖、最佳表演奖。

专业群层面产出指标中，3 项时效指标均达成。所预设 121 个任务点全部完成，终期完成度 100%。

2. 效益指标达成情况

19 项效益指标（17 项社会效益指标、2 项可持续影响指标）均达成。

（1）引领职教改革和人才培养方面

5 项社会效益指标均达成。一是产教融合彰显"机制引领"。依托卓越幼师学院，探索专业共建、人才共育、资源共享、投入共担、发展共赢"五共"机制，开设创新实验班 10 个，培养学生 441 人，人才培养方案在全国学前教育产教合作联盟 150 家成员院校中推广应用。二是园校融合彰显"模式引领"。园校共建教改实验基地 5 个，探索形成了"全实践融通"人才培养理念、"三段五步"课堂教学模式等，该成果获省级教学成果奖，被省内外 35 所院校借鉴应用。三是赛教融合彰显"路径引领"。创新实践"岗课赛证"综合育人机制，将竞赛资源融入 14 门课程中实施，获技能大赛等赛项国奖 9 项，该成果获省级教学成果特等奖，在全国 23 所院校推广应用。

（2）支撑国家战略和区域发展方面

6 项社会效益指标均达成。一是"三化并举"服务区域早幼教事业发展。发挥系统化培训、特色化活动、专业化平台作用，承担幼儿园教师国培计划，累计服务 1 574 人次，在 6 家社区挂牌成立"早教之家"。二是教育振兴助力西部乡村振兴。推进三秦儿童"阳光计划"项目，开展各类公益活动 110 多次，服务儿童 1 000 多人。选派 154 名师生赴西部偏远地区支教帮扶，遴选推荐 689 名毕业生到西部地区就业。

（3）推动形成政策制度和标准方面

6 项社会效益指标均达成。参与制定教指委学前教育职业本科标准 1 项，并纳入国家职业教育标准体系。会同金职伟业等企业，研制职业技能等级标准 3 项。参与北京市"婴幼儿照护服务从业人员规范化培训建设"标准研制。主持开发婴幼儿托育师 6 级职业标准及其配套专业教学标准，并纳入坦桑尼亚国家职业标准体系。

专业群层面效益指标中，2 项可持续影响指标均达成。教师兼任区域行业组织及社会组织职务人数 100 人次，先后为区域行、企、园、校提供专业服务 110 项。专业群建设经验被国内外 35 所院校学习借鉴。

3. 满意度指标达成情况

5 项满意度指标均达成。专业群招生分数线位居陕西省前列，报到率长期稳定在 98%，毕业生就业率 96.66%。根据星空书院出具的第三方评价报告，专业群在校生满意度 97.18%、毕业生满意度 97.74%、教职工满意度 97.65%、用人单位满意度 99.42%、家长满意度 97.72%。

三、建设任务完成情况

（一）学校层面建设任务完成情况

1. 党的建设和思想政治工作

30 个任务点均完成。建牢阵地、建强核心、建厚基石、建优体系"四维联动"赋能，党建引领事业争先。坚持党委领导，推进功能型党支部建设，探索实践"12365"党建工作机制、"134"基层组织建设模式，形成了三级星级党组织建设体系，建成党性体检中心，打造特色思政教育基地 6 个，擦亮了"行走的思政课堂"咸职名片。

2. 打造技术技能人才培养高地

30 个任务点均完成。人才培养模式、赛教融合、专创融合、书证融通、课程教材教法、劳动教育"六项改革"支撑，高地示范树立标杆。以赛教融合深化教学改革创新，承办技能大赛赛项国家级 4 次、省级 16 次，培育职业生涯教育金牌导师 52 人。

3. 打造技术技能创新服务平台

18 个任务点均完成。西部幼儿教育发展研究中心和健康养老、人工智能、现代农业 3

个产业研究院"四大平台"助力,创新驱动赋能发展。探索实践"五维并举、多方联动"的平台建设机制,建成现代农业科技推广基地 5 个,培养农业科技特派员 18 名。与礼泉县政府共建秦创原示范基地,校企联合研发艾草产业技术,合同金额 1 500 万元。

4. 打造高水平专业群

10 个任务点均完成。幼儿教师培养、幼儿教师培训、幼儿保育教育"三大高地"引领,专业旗帜更加鲜明。探索实践德能融合、赛教融合、园校融合"三融合"人才培养理念,5 年为西部地区培养婴幼儿托育专业毕业生 4 165 人,承办国家级、省级技能大赛 7 次,研制《学前教育高水平专业群建设标准与规范》1 项。

5. 打造高水平双师队伍

24 个任务点均完成。卓越人才领航、卓越团队培植、"百师入企"、校企人员"互兼互聘"、"双师型"教师培养、进阶式培养"六项计划"联动,师资建设塑造样板。实施人才强院战略,建立国、省、校三级教学比赛制度,探索实践岗前培训、青椒成长、骨干进阶、名师匠心四大培养计划,新增二、三级教授 4 人。

6. 提升校企合作水平

45 个任务点均完成。1 个国家级示范职教集团、2 个省级行业性职教集团、1 个市级联合体"三级载体"驱动,产教融合走向纵深。探索实践"一四四"互融互通、"五双五共"等校企协同育人模式,建成产教融合实训基地 6 个,深度合作企业 75 家,8 家企业获批国家级、省级产教融合型试点企业。

7. 提升服务发展水平

30 个任务点均完成。一项工程、六项计划"七大抓手"布局,服务支撑彰显作为。构建国、省、市三级培训基地建设格局,职业培训总规模 30 521 人次·年,培训收入逐年递增 12.91%。组建咸阳市农林生物质高值化工程技术研究中心,成立乡村振兴学院,开发职业培训资源包 6 个,新型职业农民培训 10 071 人次·年。

8. 提升学校治理水平

18 个任务点均完成。党建统领、章程核心、五会共治、院校两级改革、质量保证"11511"模式驱动,治理体系持续完善。探索实践"章程核心、八制支撑、九域并进、高效运行"的制度建设机制,构建"五会共治"治理结构,引入北京国展教育研究院、星空书院开展第三方评价,着力推进办学条件达标工程,持续提升学院治理效能。

9. 提升信息化水平

24 个任务点均完成。优化基础环境、建优业务平台、深化智慧教学改革、开发数字经济新兴专业、提升信息素养"五项举措"助力,智慧生态持续优化。探索实践"一盘棋"信息化格局、"一体化"云端设施、"一网通"办事平台、"一站式"智慧服务、"一张网"数据防线"五个一"建设体系,"智慧咸职"理念深入人心,信息化水平在同类院校位居第一梯队。

10. 提升国际化水平

22 个任务点均完成。"借船造船出海"策略引领,开放办学深入拓展。创新实践"四共四合四融"国际交流合作模式,建立合作办学、境外办学、来华留学、交流基地"四驱并进"的国际化办学机制,融入和服务教育对外开放。

(二)专业群层面建设任务完成情况

1. 人才培养模式创新

14 个任务点均完成。实施人才培养模式创新行动,形成和实践德能融合、赛教融合、园校融合"三融合"专业群人才培养理念,人才培养模式推广至 35 所院校,为新时代幼儿教师培养提供了新路径。

2. 课程教学资源建设

7个任务点均完成。实施课程资源富集行动,形成了"三经三纬""五模块五领域"课程体系,资源库信息化素材达到7 194个,专业教学资源库使用院校304所,贡献了学前教育专业群数字化转型的新资源。

3. 教材与教法改革

5个任务点均完成。实施教学改革创新行动,形成了"三段五步"课堂教学模式、"三习贯通"实践教学体系等,新形态教材采用院校30所,"1+X"证书培训教材使用学员130 000人,提供了学前教育专业教学改革的新范例。

4. 教师教学创新团队

9个任务点均完成。实施人才高地建设行动,培养教坛新秀9人,骨干教师20人,培育教学名师2人,专任教师双师比90.71%,提供了早幼教专业师资建设的新经验。

5. 实践教学基地

11个任务点均完成。实施实践条件提升行动,建成"一主体双中心一名片"实践教学综合体,研制《学前教育专业群实践教学基地建设方案》1个,建成实验实训室36个,提供了早幼教专业实践育人的新模式。

6. 技术技能平台

20个任务点均完成。实施平台载体构筑行动,形成"一四四"互融互通人才培养模式,发起成立全国学前教育与托育服务等3个产教融合共同体,分别当选轮值理事长单位,提供了学前教育专业群平台建设的新经验。

7. 社会服务

9个任务点均完成。实施社会服务提质行动,持续擦亮立足西部、服务西部、融入西部的办学底色,提供了早幼教专业融入和支撑区域发展的新样本。

8. 国际交流与合作

23个任务点均完成。实施国际合作交流行动,实现了"扎根中国西部、花开一带一路"的国际交流新局面,贡献了职业教育"国际可交流"的新力量。

9. 可持续发展保障机制

11个任务点均完成。实施内部质量保证行动,形成了专业群质量保证机制,提供了学前教育专业群可持续发展的新智慧。

10. 专业群文化建设

12个任务点均完成。实施文化继承创新行动,营造卓越幼师育人氛围,编排经典儿童剧10部,师生获省级以上艺术教育成果奖励32项,提供了学前教育专业群文化建设的新示范。

四、项目建设采取的措施

(一)项目推进机制建设与运行

1. 学院层面

(1)争取地方政府支持

陕西省教育厅、咸阳市政府共同签订支持学院建设高水平学校的框架协议,先后出台多项政策文件,全力支持和保障学院"双高计划"建设。咸阳市政府争取国家产教融合资金4 000万元,助力学院建成电子信息产教融合综合实训中心,协调域内企业以学院为龙头组建市域产教联合体。建立"一把手亲自抓、分管领导具体抓"的固定工作体制,在高层次人才引进、教师招录、职称评审等方面给予大力支持。

(2) 构建联动管理体系

成立以党委书记和校长为双组长的"双高计划"建设项目领导小组，建立"咨询委员会宏观指导、领导小组统筹规划、双高办协调落实、任务组牵头负责、各部门具体实施"的组织管理体系，实行"双高计划"例会制和一级任务分管校领导负责制。以理事会制度为统领，建立实施校、政、行、企协同共推"双高计划"建设机制。

(3) 实施绩效管理机制

制定"双高计划"建设与管理办法、专项资金管理办法、绩效考核奖励办法、专项设备购置及管理办法等制度，保障"双高计划"建设规范、高效运行。建立实施"全链条"任务分解部署机制，搭建学院、牵头部门、责任部门、责任人"四级"联动目标链，将任务落实到"最后一公里"。实施"月清、季报、年结"全程全要素项目管理运行机制，确保建设任务高质量落地。制定"双高计划"项目绩效考核奖励办法，单设"双高计划"项目质量绩效年度考核奖，专门用于"双高计划"奖励。

2. 专业群层面

一是建立健全专业群层面的项目建设专家咨询委员会、项目建设领导小组、子项目专项工作组、监督工作组等决策与管理机构，多级联动汇聚工作合力，推动学院优质资源向高水平专业群集聚，优先保障高水平专业群建设与发展。二是建立专业群动态调整机制，对接行业产业发展要求，定期开展专业群人才需求调研、毕业生就业调研，动态调整专业构成，动态升级专业内涵，动态优化评价机制，推动专业群自我完善和发展。三是建立专业群内部质量保证体系，助力专业群治理体系建设。

(二) 项目资金管理与使用

1. 学院层面

(1) 健全管理制度，提高资金使用效益

成立"双高计划"财务资产审计工作组，制定实施"双高计划"专项资金管理办法、专项设备购置及管理办法等制度，建立资金管理责任制，实行专款专用、专账管理。

(2) 优化内控机制，规范资金使用过程

严格实行全过程预算管理，推行项目库管理机制，分解项目任务，精确测量成本，预算资金细分到项目部门，责任到人，强化预算执行，有效提高资金配置效益和使用效率。

(3) 加强绩效评价，确保绩效目标实现

建立常态化绩效评价体系，定期开展"双高计划"建设专项资金支出绩效评价，切实将"花钱必问效，无效必问责"的原则落到实处。

2. 专业群层面

妥善用好各级财政投入资金，确保行业企业资金投入，保障学院自筹资金投入。严格落实学院"双高计划"建设专项资金管理办法等制度，做到分年度预算专款专用。全员参与预算编制，定期对资金使用效益和业财匹配度进行自评，进一步促进业财匹配，提高资金使用效益。

五、特色经验与做法

(一) 立足西咸，扎根西部，形成学前教育专业"新旗帜"

学院坚持以服务教育强国建设、支撑学前教育事业高质量发展为己任，秉承87年师范教育传统，以"培育小幼师、奠基大先生"为育人追求，聚合优质资源全力建设高水平学前教育专业群,形成了区域幼师职前培养、幼师职后培训、幼儿托育保育"三大高地",树起了西部地区学前教育专业的"新旗帜"。

1. 聚力人才培养改革,打造幼儿教师培养高地

专业群创新实践德能融合、赛教融合、园校融合"三融合"人才培养理念,深度实施岗课赛证"四元融通"的综合育人机制,卓越幼师培养成效显著。认定在线精品课程国家级2门、省级18门。承办国家级、省级赛事7次,获技能大赛、双创大赛等竞赛国奖9项、省奖49项,相关成果获省级教学成果特等奖。专业群与幼乐美等企业、园所合作建成卓越幼师学院,举办创新实验班10个,共建实践基地20个,开发基于工作过程的典型实践任务60项,形成了"一四四"互融互通人才培养模式、"四一制"实践教学组织形式,人才培养经验被广西幼专、济南幼专等40所高职院校复制借鉴。

2. 聚焦西部办学底色,打造幼儿教师培训高地

专业群彰显立足西部、服务西部、融入西部的办学底色,打造形成了教育类专业融入和支撑区域民生事业发展的"咸职样本"。联合金华职业技术学院、陕西师范大学等院校,建立国家级职业教育"双师型"教师培训基地、省级国培基地,培养师资515人。设立西部幼儿教师培训中心,支教帮扶园所20个,培训幼儿园园长、骨干教师1 574人次,面向中小学教师开展继续教育1.5万人次。成立社区"早教之家"6所,云端搭建"启萌智教"咨询平台,开展早教咨询、家长课堂等社会公益活动,服务家庭1 420户。专业群助力对口帮扶计划,对口帮扶西部地区中高职院校10所。三秦儿童"阳光计划"项目,获"互联网+"大赛红旅赛道铜奖。

3. 聚能园所功能拓展,打造幼儿保育教育高地

专业群融合蒙氏、瑞吉欧、华德福、高瞻课程、活教育等中西教育精粹,建成了咸职附属幼儿园,并与教医协同实训中心、师范教育综合实训中心、景谷艺术馆构成了集产、教、研、学、培、服于一体的"一主体双中心一名片"实践教学综合体,推行实施理论与实地教育观摩相融合的全沉浸、全实践教学模式,形成了"幼儿园里办大学、大学里建幼儿园"的人才培养新生态,"在育儿中育才,在育才中育儿"成为全国首创的幼儿教育新范式。陕西师范大学教育实验经济研究所教授、博士团队联合学院开展"养育未来"项目研究与实践,研发形成的儿童早期发展理念、模式、课程,推广至广东、云南、广西、宁夏等地区。

(二)对接产业,集群发展,形成校企协同育人"新模式"

学院贯彻落实两办《关于深化现代职业教育体系建设改革的意见》精神,依托咸阳市国家产教融合试点城市建设,对接区域现代产业布局,推进专业集群发展,搭建产教融合平台,培养产业所需技能人才,探索形成了校企协同育人"新模式"。

1. 对接产业,构建专业集群发展格局

学院主动对接学前教育、健康医疗、数字技术、智能制造、智慧农业等区域重点产业链,按照"对接产业、集群发展、动态优化、分级建设"的思路,构建专业群协同发展机制,形成了由学前教育、护理、计算机应用技术、机电一体化技术、畜牧兽医、汽车检测与维修技术、物流管理、建筑工程技术、石油化工技术等九大专业群构成的专业集群发展格局。以国家级高水平学前教育专业群为引领,学院获批省级高水平专业群5个,形成了"1+5+N"国、省、校三级专业群梯次发展布局。

2. 引产入教,搭建产教融合平台体系

学前教育专业群牵头组建了陕西学前教育职教集团,与幼乐美、卓越云师等企业合作建

成了卓越幼师学院，走出了教育类专业产教融合的新路子。计算机应用技术专业群依托咸阳高新技术产业开发区管理委员会，与彩虹显示器件股份有限公司联合牵头成立了咸阳市新一代信息技术产教联合体；与神州数码、南京第五十五所等企业合作建成了人工智能、信息安全产业学院，服务区域信息技术产业发展。机电一体化技术专业群与大连锂工科技有限公司合作共建罗克韦尔智能制造协同创新中心，成立咸阳市专家工作站，承担咸阳市"揭榜挂帅"项目，助力区域装备制造产业发展。护理专业群牵头组建了陕西医养健康职教集团，创建了西北首家"智慧养老院"，助力提升区域智慧养老水平。学院构建形成了包括国家级示范性职教集团咸阳职业教育集团、陕西学前教育和医养健康等2个省级行业职教集团，以及咸阳市新一代信息技术产教联合体的国、省、市三级平台体系。

3. 以教促产，培养产业所需技能人才

学院坚持以产教融合为主线，深入落实"一体两翼五重点"的现代职业教育体系改革任务，对接产业需求，着力培养产业需要的高技能人才，提升为产业和企业服务的精准度。学前教育专业群与幼乐美、咸阳师范学院联合牵头成立陕西学前教育与托育服务产教融合共同体，着力培养适应区域幼教事业发展的高技能人才；发起成立全国学前教育与托育服务等3个产教融合共同体，分别当选轮值理事长单位；与西咸新区沣西新城第三幼儿园联合建设"幼儿园教育环境创设"课程，深度推进园校融合。计算机应用技术专业群与百科荣创（北京）科技发展有限公司、国基北盛（南京）科技发展有限公司合作共建人工智能技术产教融合实践中心，服务区域新一代信息技术产业创新发展。

4. 以产助教，形成校企协同育人模式

学前教育专业群针对人口结构调整的新变化，与小天鹅教育集团下辖的37所园所，合作共推"四一制"幼师培养新模式，从服务"幼有所育"迈入"幼有优育，幼有善育"的新赛道。护理专业群与咸阳市中心医院等5所三级以上综合性医院开展"学院建病房、医院设课堂"的深度校企合作，创新实践一年校内基础课学习、一年教学医院专业课学习、一年实习医院临床实习的"三一制"人才培养模式，相关成果获国家级、省级教学成果奖。学生获技能大赛国家级、省级奖项25项，连续2年获全国教师教学能力比赛一等奖，入选国家级职业教育教师创新团队1个。机电一体化技术专业群与宁波亚德客自动化工业有限公司等企业合作创建现代学徒制班9个、学生人数292人，践行"五双五共"校企协同育人模式改革，相关成果获省级教学成果一等奖。计算机应用技术专业群依托人工智能产业学院，融通大数据工程技术人员等10类职业标准，创新实践"三段提升、六阶递进"的人才培养模式，共育智慧农业等领域数智化建设急需技术技能人才。学生获技能大赛国奖31项、双创大赛国奖2项。

（三）五色赋能，六链协同，形成服务乡村振兴"新路径"

学院立足西部地区特色农业发展实际，依托"五大振兴"理念，聚力"红、金、绿、蓝、橙"5种颜色，以"五色赋能"绘就了乡村振兴的时代画卷。

1. 筑牢红色堡垒，党建领航促振兴

学院党委把乡村振兴作为重要政治任务，成立乡村振兴领导小组和乡村振兴学院，探索"党建+平台"服务乡村振兴新模式，选派"懂农业、爱农村、爱农民"教师，配齐配强帮扶村第一书记。5个党支部与永寿县小石村等开展校地共建，将基层党建优势转化为服务乡村振兴强大力量。学院先后投入500多万元助力乡村振兴，结对帮扶61户贫困户全部实现成功脱贫，连续6年被评为全省"双百工程"先进单位。

2. 发掘金色资源，沃土生金旺产业

靶向资源供给，以专业链助推产业链。依托畜牧兽医专业群，主动联合政府、行业企业，深挖帮扶地区产业资源，以"专业群+企业+基地+农户"产业发展模式，发展特色优势产业。引导扶风县农林村发展大红袍花椒种植园项目，建成省级"双百工程"产学研一体化帮扶基地，栽植花椒基地近2 600亩，年均增收1 000多万元。与扶风等县签订优质农产品采购协议，在永寿县小石村创办肉牛养殖产学研基地、"秦脆"苹果示范园等，做优做强乡村农业绿色化、优质化、品牌化。

3. 打造绿色样板，科技支撑优生态

靶向技术供给，以科技链催化服务链。依托省区域创新能力引导计划项目"大榛子引种示范推广"，帮扶农民栽培新品种大榛子800多亩，实现亩产值8 000余元。与礼泉县开展秦创原战略合作，共建"石榴新优品种示范基地"等。逐年开展"科技之春"活动，为帮扶县村送知识、送科技、送成果，提供服务10 000多人次。5年来，立项农业类市级以上科研项目25个，授权国家发明专利6项，教师获市级以上科学技术奖、推广奖8个，1个项目获省科学技术奖三等奖。

4. 培育蓝色智群，仪祉精神育英才

靶向智力供给，以教育链赋能人才链。传承"仪祉精神"，建立以涉农专业学生培养为主体，以职业农民培训和村干部学历教育为两翼的"蓝领"农业人才"一体两翼"育训体系。基于服务导向，创新实践涉农专业"项目贯穿、平台支撑、四化合一、学训交融"的人才培养培训模式，5年培养涉农专业学生1 005人，遍布关中平原城市群；建成省级新型职业农民等培训基地7个，年均开展培训10 071人次。该成果获省级教学成果奖，被省内外18所涉农院校学习借鉴。

5. 弘扬橙色乡风，文化耕心惠民生

学院大力推广志愿服务助力乡村振兴，组建大学生"三下乡"助力乡村振兴等专项队伍，开展文化下乡等志愿服务。为帮扶村制定《村规民约》，建立图书室，捐赠图书，开展"脱贫光荣户"等评选表彰活动，推动形成文明乡风、良好家风和淳朴民风。学院被评为全国大学生"三下乡"先进单位。

（四）四方协同，四链融合，形成科技成果转化"新机制"

学院深入贯彻陕西省秦创原创新驱动平台建设和科技成果转化"三项改革"的战略部署，围绕服务区域经济高质量发展，贯通校、地、行、企"四方"资源，建立全链条科技成果转化工作体系，积极促进创新链、产业链、人才链、资金链"四链融合"，不断释放创新平台能级，跑出了科技成果转化"加速度"。

1. 以应用导向推进评价改革，做强"创新链"，做优"供应链"

学院坚持应用导向，先后制（修）订《科研项目积分管理办法》《科研基金管理办法》等制度，将技术研发、科技服务、标准制定及其产生的社会效益、经济效益等评价要素纳入科研绩效考核和教师职称评定，构建形成以业绩和贡献为导向的多元化科研评价考核体系，有力激发了教师科技创新和成果转化的内生动力。2022—2023年，学院连续两年高层次项目立项、发明专利授权、横向项目签约、到账经费总额等均超过"十三五"时期5年的总和。5年来，先后荣获全国高职院校技术研发与应用优秀成果奖、陕西省科学技术三等奖等国、省两级科技类奖项8项，承接咸阳市"揭榜挂帅"项目2项，10多项成果入选"陕西高校最具转化潜力科技成果"。学院科研评价改革案例获评陕西省深化新时代教育评价改革优秀案例。

2. 以校地协同推进资源联动，对接"产业链"，联通"供需链"

学院与礼泉县政府签订秦创原战略合作协议，建立科技信息供需交流共享、成果路演和转移转化协作等八大机制，开创了省内高职院校与地方政府联手推动科技成果转化的首例。在有关政府部门的大力支持下，学院组织科研人员定期走进行业企业深入调研产业发展现状和企业技术需求，引导科研人员面向生产搞研发、对接产业转成果。双方联合举办科技成果路演，吸引30余家企事业单位到场参加，集中发布最新科技成果16项，现场签约1项、合同金额1 500万元。陕西省农业科技创新驱动项目"石榴新优品种轻简高效栽培技术"率先在礼泉等地建成集成示范基地600余亩，成为首个落地项目。学院现代农业科技创新团队与礼泉匠心艾生物科技有限公司联合申报咸阳市重大科技创新专项，获政府资助20万元。依托校内优质平台，广泛开展技术诊断服务，累计为企业提供技术服务240次，帮助当地企业解决技术难题26项，使平台真正成为服务地方经济发展的"加速器"、产学研深度融合的"促进器"。

3. 以多元合作推进成果落地，盘活"人才链"，打通"市场链"

为解决"转有人才""化有资源"的问题，推动成果转化中创新要素的集聚与连通、创新成果的流通与"变现"，学院与西安交通大学国家技术转移中心、陕西省创业投资协会、黄陵县秦创原轩辕科技创新中心等技术转移和创投机构开展秦创原项目合作，根据不同成果个案、不同市场需求，量身定制成果转化方式和转化策略，6项科技成果成功实现技术转让；教师注册成立科技型企业1家，登记技术合同56份，技术合同金额315.02万元。

（五）开放办学，交流共鉴，形成国际合作办学"新经验"

学院秉承开放办学、交流共鉴的国际化办学宗旨，积极响应国家"一带一路"倡议，服务"走出去"国家战略，实施"借船造船出海"策略，构建"四共四合四融"国际交流合作模式，全面拓宽了国际合作办学格局。

1. "四共"模式助推"引进来"，构建"交流互鉴"桥梁

构建实施资源共聚、专家共创、平台共享、基地共建"四共"模式，搭建语言、文化、技能、友谊之桥。学院牵头成立"一带一路"幼儿教育联盟、中德合作高素质汽车技能人才培养联盟，以主任委员、副主任委员单位身份加入"21世纪海上丝绸之路职教研究会"等12个国际化组织。引进德国汽车、日本护理教学资源包2个，并进行了本土化开发，支撑护理、汽车等专业群建设。学院入选教育部"智能制造领域中外人文交流人才培养基地"、中非教育合作与人文交流优秀单位。荣获金砖国家技能大赛奖7项。

2. "四合"模式赋能"走出去"，擦亮"秦岭工坊"品牌

构建实施校校合作、校政合作、校企合作、校行合作"四合"模式，打造境外办学品牌。《职业汉语——学前教育日常用语》被菲律宾等4个国家的高校应用。汽车工程技术员等4项岗位标准取得坦桑尼亚官方认证并纳入其国家职教体系，6名教师获标准开发"突出贡献奖"。政、校、行、企合作共建"中文+职业技能"海外培训等基地6个，开发"互联网+中文+技能+文化"课程教学体系1套，向印度尼西亚、塞舌尔等"一带一路"共建国家开展海外培训605人·日，2名教师被海外大学聘为"特聘教授"。与达累斯萨拉姆理工学院合作在坦桑尼亚成立咸阳职院"中坦云智学院"和"中坦秦岭工坊"，获政府支持，赋能"走出去"中资企业。

3. "四融"模式协同"促融合"，打造"来华留学"高地

构建实施语言共融、文化共融、技能共融、师生共融"四融"模式，打造留学生教育名片。5年来，招培34个国家72名来华留学生。开设"'秦'说汉语""'唐'颂文化""'咸'知技能"系列特色课堂，留学生先后获中华经典诵读大赛国家级奖项2项、"丝路华

语"国际汉语大赛奖 1 项。教师荣获丝绸之路教育合作交流会优秀个人 3 人、塞舌尔优秀导师 17 人。相关案例入选《2021 中国职业教育质量年度报告》。

六、问题与改进措施

（一）存在问题

1. 建设绩效有待进一步提升

学院"双高计划"建设预设绩效目标全部实现，但对标职业教育发展新要求、新部署、新举措、新项目，高绩效产出仍有不足。

2. 经验推广有待进一步加强

学院在"双高计划"建设中形成了一批具有学院特色的经验和举措，但辐射和推广的范围还不够大，影响还不够深远。

（二）改进措施

1. 高标站位，推动项目绩效提档进位

进一步对接新要求、落实新部署、实施新举措、推进新项目，重点面向产教联合体建设、职教本科办学、数字化转型升级等，开展新一轮立标、树标、达标工程，确保项目建设取得高绩效。

2. 打造特色，发挥经验辐射带动效应

进一步凝练"咸职经验""咸职模式"等，使之在凸显学院特色的基础上具有较好的可复制性、可推广性，不断提升学院的辐射力、影响力。

七、其他需要特别说明的有关事宜（可选项）

无。

第三部分

陕西国家"双高计划"典型案例

陕西8所国家"双高计划"项目建设学校,按照"引领改革、支撑发展、中国特色、世界水平"的总要求,全面贯彻党的教育方针,将立德树人根本任务落实到人才培养的各个环节,积极探索、努力实践,不断强化组织管理,深化标准、制度建设,明确绩效考核,健全推进机制,夯实主体责任,凝心聚力扎实推进,取得显著建设成效和丰硕成果。引领了职业教育改革发展和人才培养,支撑了国家战略和地方经济社会发展,形成了一批国家层面有效支撑职业教育高质量发展的政策、制度、标准,同时也形成了各校国家"双高计划"建设的特色经验与典型做法。本部分内容为陕西8所国家"双高计划"项目建设学校从学校层面优选的16个典型案例、从高水平专业群层面优选的12个典型案例,共计28个典型案例。

国家"双高计划"学校典型案例

以"1—3—6—0"生态圈创新"三全育人"实践
——陕西工业职业技术学院

针对目前高职学校美育工作中存在的工作机制创新不足、课堂育人链条不全、实践育人过程碎片化、环境育人要素不全等问题,学校紧扣立德树人根本任务,构建"1—3—6—0"大美育"生态圈",通过课堂育人全链条推进、实践育人全过程体验、环境育人全方位浸润等举措,推动学校美育在课程育人、实践育人、环境育人等方面的创新,促进美育工作提档升级、提质增效。

一、实施背景

随着我国进入新的发展阶段,各行各业对高素质技术技能人才的需求愈加紧迫,职业教育的重要地位和作用愈加凸显。在高等职业教育人才培养中,美育发挥着不可或缺的重要作用,而美育课程作为学校审美教育的基本途径和主渠道,应当不断深入创新实践改革,以适应高职人才培养新时代需求。近年来,陕西工业职业技术学院围绕"培养什么人、怎样培养人、为谁培养人"的根本问题,化美育德、艺技融合,构建"1—3—6—0"大美育"生态圈",创新"三全育人"实践,着力培养德智体美劳全面发展,堪当"造得出"重任的时代工匠。

二、实施机制

陕西工业职业技术学院锚定立德树人根本任务,在"智育与美育相融并进、技术与艺术完美结合"实践的基础上,重新设计"三全育人"体系,持续将立德树人作为"1"个核心,聚焦"人才培养全周期设计、课堂教学全过程体验、美育实践全方位沁润"的"3"全理念,将"理想信念强基+审美素养培元+塑造人格固本+职业素养提升+创新能力激发+个性发展赋能"等"6"维贯通,涵育学生的理想美、品德美、传统美、心灵美、形象美、职业美、礼仪美、技术美、劳动美、创造美等"10"美,构建了"1—3—6—0"大美育"生态圈",360度一体化育人,引导学生将国家战略、社会需求和个人愿望有机结合,德技并重、知行合一,培养具有世界眼光、中国情怀、陕工品质,堪当"造得出"重任的时代工匠。

三、主要做法

(一)化美育德,扭牢"立德树人"核心

围绕"大工业"的办学背景、"工厂工程"的服务面向、"堪当'造得出'重任时代工匠"的培养目标,一是明确"化美育德、艺技融合,服务学生可持续发展"的思路,坚持立德树人根本任务的核心,出台《"三全育人"综合改革建设实施方案》《关于加强和改进新时代美育工作的实施方案》,将美育融入"三全育人"全过程。二是建设横向到边、纵向到底的工作机制。横向由美育部、宣传部、学工部、教务处等协同参与、分工负责,纵向从学校到二级学院再到专业,辐射至学生班级、社团四个层级设计实施、确保落地,并将美育工作绩效纳入"双高计划"建设指标体系,强化考核督查。三是建立由美育专家、思政名师、非遗传人、文艺名家组成的美育人才库,通过大练兵、大展演等强师能、提素质,让师资队伍"动起来、活起来、强起来",涌现出全国教书育人楷模、全国模范教师、全国高校黄大年式教师团队等一批既做"经师"又为"人师"的育人典型。

(二)三全并行,突出美育"理实创"生态

1. 以美启智,课堂育人全链条推进

根据学生成长成才规律,按照贯穿学生成长全过程、覆盖教育教学全环节、融入学习生活全层面的原则,依托"三课三堂三基地"全链条,发挥课堂育人主渠道作用(如图1所示)。一是依托省级精品课程、教指委精品课程群,构建了"美育与大学生艺术素养"必修课+"大学生礼仪美"必选课+"音乐鉴赏"等23门选修课的"三课",将思政教育、品德教育融入教学内容,着力提升学生对职业美、技术美、劳动美的认识;二是设置美育讲堂、校友讲堂、陕工艺堂等"三堂",定期举办专题讲座,邀请知名专家学者走进校园,讲座内容涉及美学、舞蹈、音乐、戏剧等多个领域,着重强化学生"为服务祖国和人民走出去"的技能报国情怀,年均参与1.2万人;三是整合工业旧址、合作企业的先进文化,利用兵马俑博物馆、长乐源抗战工业遗址等文旅资源,借助马栏、照金等红色资源,共建企业文化学习基地、传统文化教育基地和红色文化教学基地等"三基地",注重引导学生在实地感悟,在系统认知中知美、懂美。

图1 "以美启智"美育课堂

2. 向美而行,实践育人全过程体验

按照"社团引领、实践拓展、完全对接、整体推进"的原则,根据学生不同审美水平及审美情趣,设计"三节三赛三工坊"实践载体,将课堂育人和实践育人有机结合(如图2所示)。一是对美育实践活动进行系统性设计,以"全国百强学生社团"大学生艺术团为引领,形成以校园文化艺术节、社团文化艺术节、宿舍文化艺术节为代表的"三节",将有声有色的群众性审美艺术实践打造成师生自我教育、陶冶情操的平台;二是定期举办原创戏剧小品大赛、诗文朗诵比赛、手机摄影大赛、书画艺术展等,对接省级、国家级艺术竞赛,选取优秀作品进行培育,形成以校级竞赛选点、省级竞赛培优、国家竞赛突破的三级艺术竞赛体系;三是共建以书法为代表的传统文化工坊、以彩贴剪纸为特色的秦文化工坊、以葫芦丝等器乐推广为拓展的音乐文化工坊,学生通过工坊强化创练、培养艺术特长。

3. 寓教于美,环境育人全方位浸润

一是通过实施形象识别系统工程,将文创产品、艺术作品等打上具有独立知识产权的文化

图 2 "向美而行"实践育人活动

标识,多层次、立体化传播学校形象,渐进强化学生对学校的认同感和归属感;二是发掘行业文化,结合学校特点,建成红色文化广场、校史馆、机床文化园、企业文化长廊等"六个一"校园文化景观群;三是形成纪实报告剧《心路》、高职文化育人丛书、《工院景影》画册、企业文化读本等"六个一"美育文化精品,将中华优秀传统文化、秦地优秀文化、红色经典艺术、工匠精神等融入美育的环境和氛围建设,浸润学生情操(如图3所示)。

图 3 "寓教于美"环境育人

四、建设成效

(一)六维融合,拓展了"一体育人"新载体

在大美育生态圈的促动下,推动了理想信念强基、审美素养培元、塑造人格固本、职业素养提升、创新能力激发、个性发展赋能等6个育人维度融合,依托红色匠心工程、国旗下的成长、大国工匠进校园、校园文化艺术节等56项品牌活动,以思想成长、课堂考核等6项学分兑现,涵育了学生理想美、品德美、传统美、心灵美、形象美、职业美、礼仪美、技术美、劳动美、创造美,参与学生达100%,打造了大学生艺术团等国家级学生教育管理成果3项、思政教育温馨港等省级实践活动平台10个,培育出"三走进"调研等省级精品项目12个。

(二)三全育人,催生了"文化育人"新品牌

在大美育生态圈的有效沁润下,学生学习的积极性和主动性明显高涨,欣赏美、创造美的能力愈来愈强。育美与育德有机融合,为学生全面发展、终身发展搭建起聚集后劲的"开放式窗口"。同时,依托校企协同育人联盟、行业职教集团、校社厂馆园"五区一体"育人平台等,通过校企共育人才、共建基地、共享资源,将工匠精神融入人才培养、将职业元素融入专业建设、将企业文化融入教学全过程,打造了校企"三全育人"共同体,催生出"协同育人好师傅""优秀校友大讲堂"等多个文化育人品牌。

聚焦四全导向 聚力四优举措 智造堪当"造出来"重任的时代工匠

——陕西工业职业技术学院

为适应国家职业教育发展、陕西建设内陆开放高地和推进西部大开发新格局对高素质技术技能人才的新需求,学校坚持立德树人根本任务,牢牢把握产教融合、提质培优的新时代职教命题,聚焦"全方位、全链条、全流程、全周期"的人才培养导向,聚力实施创"优"校企互融共生格局、筑"优"岗课赛证贯通体系、塑"优"实践能力锻造机制、培"优"红色匠心育人品牌四优举措,不断壮大支撑"中国制造"强国战略的生力军和主力军,培养堪当"造出来"重任的时代工匠。

一、立足全方位,创优校企互融共生格局

学校立足高端装备制造行业,抢抓咸阳市创建国家产教融合试点城市的机遇,依托牵头成立的全国机械行业材料成型与控制技术职业教育集团、陕西装备制造业职业教育集团、校企协同育人战略联盟三大校企合作平台,创建西部产教融合研究院、西部现代职业教育研究院、西部创新创业研究院三大理论研究平台,突出资源整合与集成创新有机结合、面上提升与局部超越有机结合,重构校校联合、校政联手、校企联姻以及向国外教育机构延伸的协同互助生态,推动集团化办学全要素、多领域、高效益的新突破,加快从"利益合作体"走向"治理共同体"的全新布局。按照"一院一名企、一院一模式、一院一品牌"思路,与西安航天发动机有限公司、西门子等600余家企业深度合作,联合开设订单班338个,共建产业学院6个(如图1和图2所示)。学校探索出"招生招工一体、校企协同育人"的人才培养新路径,学做合一、理实一体,让人才培养与企业需求、专业教师与能工巧匠、理论教学与技能培训、教学内容与工作任务、能力考核与技能鉴定、校园文化与企业文化"深度融合",力促人才培养规格与企业岗位能力的"无缝匹配"。

图1 欧姆龙订单班开办典礼

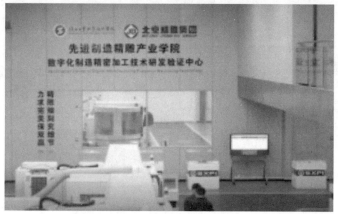

图 2 先进制造精雕产业学院

二、凸显全链条，筑优"岗课赛证"贯通体系

学校精准对接区域行业企业对人才培养的新需求，通过校企一体化实施菁英工匠质量提升工程，创新形成"校企双元协同、真岗实境强技、岗课赛证融通"的新型人才培养模式，按照结构化、模块化课程建设思路，多元化开发新业态教材，立体式建设数字化课程资源，全方位开展岗课赛证融合育人。紧贴岗位职业需求，基于岗位工作流程，以工作过程为导向，以课程教学形态改革为切入点，选取结构化和序列化的典型岗位工作任务系统化设计教学项目，在实际教学中引入生产标准和国际标准，重构"通识课共享、专业理论课分立、核心课互选"的全新课程体系，实施"岗课融通"，有效缩短了学生"职业适应期"，架起了人才培养直通用人单位的"立交桥"；实施校企双专业带头人制度，进一步优化人才培养各环节，梯次推进由通识课程向专业课程、核心课程的学习，突出"产教互动、工学结合"的核心，将"1+X"职业技能等级证书标准融入课程标准、证书知识点和技能点融入课程教学内容，校企合作开发职业技能等级标准和配套教材（如图 3 所示），搭建"基础实训室+综合实训基地+工业技术实训中心+校外实习基地"相配套的能力训练体系，促进"课证融通"；瞄准世界技能大赛及全国大学生技能大赛中的新技术、新规范、新要求、新标准，将职业技能大赛内容融入教学内容，大赛项目融入实践项目，大赛训练融入实践教学，实施"赛课融通"。近年来，共建成国家级精品在线开放课程 9 门（如图 4 所示）、省级精品在线开放课程 30 门、院级精品在线开放课程 71 门、资源库标准化课程 87 门，已有 149 门课程在国内知名课程平台上线并面向全国开放共享，选课学生超过 30 万人次，并向"一带一路"共建国家输出专业标准、课程标准累计 210 项。

图 3　校企合作开发的职业技能等级标准和配套教材

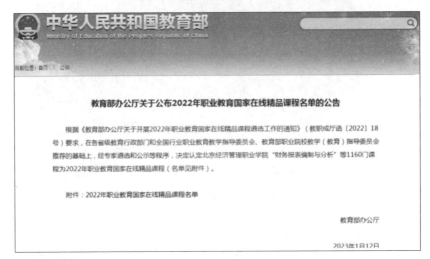

图 4　2022 年获批国家在线精品课程 6 门

三、贯通全过程，塑优实践能力锻造机制

学校坚持"以赛促教、赛教结合、以赛精艺、技艺共长"，聚焦人才培养的重点领域和关键环节创新实践，以专业群为基础，依托学校以"优质生源计划、优师优育计划、优生优业计划、优业优扶计划"为主要内容的"四优工程"，组建"四优工程"工匠培育班，广泛组织学生参与各级各类技能竞赛，锤炼基础技能。联合企业，遴选技能大师、教学名师、

科研骨干等，组建教学、技能大赛指导、科技创新指导、职业指导等四支队伍，构筑起"基础训练—仿真锻炼—实际操练"三层递进的学生能力培养机制。要求工匠培育班学生做到5个必须，即每年必须参加1项技能竞赛、在校期间必须参与1个由教师负责的课程建设或实训基地建设项目、每年必须赴企业进行为期1周的岗位实践锻炼、在校期间必须参与1个教师负责的科研项目（如图5所示）、在校期间协同教师必须解决1项企业生产过程中的技术难题，培养学生创新意识，提升学生创造能力。

图5　工匠培育班学生与教师一同研讨科技创新作品

近3年，毕业生一次性就业率平均保持在97%以上，国家骨干企业就业比例超过60%。学生累计获得各类技能大赛全国一等奖10项、二等奖11项、省级技能大赛一等奖101项，实现了"互联网+"大赛陕西省金奖零的突破（如图6所示）。24名优秀毕业生入职清华大学、浙江大学、北京航空航天大学等知名高校，先后涌现出2022年"大国工匠年度人物"

图6　技能大赛部分获奖证书

"全国五一劳动奖章"获得者何小虎、清华最美网红教师邢小颖、中国中铁青年岗位能手王英锋、梦桃式最美职工何菲、陕西最美青工黄亚光、陕西技术能手杨贵轩等一大批新时代工匠（如图7所示）。

图7 2022年"大国工匠年度人物"何小虎和清华大学基础工业训练中心教师邢小颖

四、紧扣全周期，培优红色匠心育人品牌

学校围绕"技术工人到大国工匠"的培养过程，将以延安精神、西迁精神为代表的红色文化，精益求精、守正创新的匠心文化，与时俱进、以工为主的专业文化，博大精深、历史厚重的地域文化融合，形成以"红色"作底色、以"工业"为灵魂、以"卓越"为境界、以"匠心"作特色的"红色匠心"校园文化，并将这一精神基因通过"教学链"和"教育链"分别落实到专业人才培养方案和文化育人实施方案中，创新"红色访学经历+社会实践经历+创新创业经历+企业实习经历+劳动锻炼经历"等"五历实践"文化育人行动机制，搭建校区、社区、厂区、馆区、园区等多元文化"五区一体"育人平台，构建精神、环境、制度、行为、企业五大"文化育人体系"，一体化指导育人实践。近年来，学校被认定为全国高校思政工作创新发展中心、教育部课程思政教学研究示范中心、省党建工作示范高校培育创建单位，荣获"全国机械行业'十三五'思政工作50强"，获全国高校思想政治理论课教学展示暨优秀课程观摩活动一等奖1项、二等奖2项，2门课程被认定为教育部课程思政示范课程，2支团队及其教师被认定为课程思政教学名师和团队（如图8和图9所示）。

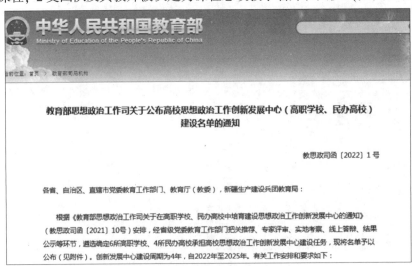

图8 全国高校思政工作创新发展中心批文

高校思想政治工作创新发展中心

（高职学校、民办高校）建设名单

（排名不分先后）

高职学校
北京电子科技职业学院
南京工业职业技术大学
山东商业职业技术学院
广东轻工职业技术学院
重庆城市管理职业学院
陕西工业职业技术学院

图 8 全国高校思政工作创新发展中心批文（续）

中华人民共和国教育部
Ministry of Education of the People's Republic of China

当前位置：首页 > 公开

信息名称：教育部关于公布课程思政示范项目名单的通知
信息索引：360A08-07-2021-0013-1 生成日期：2021-06-01 发文机构：中华人民共和国教育部
发文字号：教高函〔2021〕7号 信息类别：高等教育
内容概述：教育部公布课程思政示范项目名单。

教育部关于公布课程思政示范项目名单的通知

教高函〔2021〕7号

各省、自治区、直辖市教育厅（教委），新疆生产建设兵团教育局，有关部门（单位）教育司（局），部属各高等学校、部省合建各高等学校，国家开放大学、教育部考试中心：

二、职业教育与继续教育

序号	学校名称	课程思政教学研究示范中心名称
1	浙江金融职业学院	浙江金融职业学院课程思政研究中心
2	哈尔滨职业技术学院	哈尔滨职业技术学院课程思政教学研究中心
3	山东商业职业技术学院	山东商业职业技术学院课程思政教学研究中心
4	天津职业大学	天津职业大学课程思政教学研究中心
5	黄河水利职业技术学院	黄河水利职业技术学院课程思政教学研究中心
6	长沙民政职业技术学院	长沙民政职业技术学院课程思政教学研究中心
7	兰州资源环境职业技术学院	兰州资源环境职业技术学院课程思政教学研究中心
8	重庆工业职业技术学院	重庆工业职业技术学院课程思政教学研究中心
9	广州番禺职业技术学院	广州番禺职业技术学院课程思政研究中心
10	陕西工业职业技术学院	课程思政教学研究中心

序号	学校名称	课程思政示范课程	课程思政教学名师和团队
128	陕西工业职业技术学院	服饰传统手工艺	康强、纪惠军、秦辉、王晶、赵伟、袁丰华、钟敏维、刘庆华
129	陕西工业职业技术学院	高速切削与五轴加工	李晓鹏、梁晓哲、刘艳申、段文洁、陶静、王颖、崔静、舒蕾
130	陕西国防工业职业技术学院	UG 软件应用（CAM）	王明哲、徐家忠、李俊涛、赵小刚、甘代伟、张晨亮、曹旭妍、张新停
131	陕西交通职业技术学院	新能源汽车概论	阎宏良、任春晖、黄晓鹏、江泉、赵其勉、赵转转、孙少杰、朱布博
132	陕西省建筑材料工业学校	工程识图与 BIM 基础	郭利萍、韩宁、史亚妮、陈虹、王建华
133	陕西职业技术学院	职业素质英语	钱允凤、周小娟、王津津、王媛媛、张德增、王尔东、闫文英、曹娟
134	上海城建职业学院	陶瓷器鉴赏基础	高守雷、司红伟、赵慧群、施洪威、赵其旺、徐文越、熊樱菲
135	上海出版印刷高等专科学校	静电照相印刷	方恩印、孔玲君、杨晟炜、郑亮、李春梅、肖志和

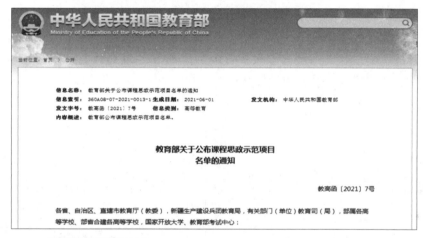

图 9 课程思政教学研究示范中心、课程思政教学名师和团队批文

以“杨职金课”为引领，推进课程建设与变革，提升人才培养质量

——杨凌职业技术学院

课堂教学质量是培养高素质技术技能人才的关键，学校始终秉承“德技并修、全面可持续发展”的育人理念，在教学过程中突出“以学生为中心”，实现从以“教”为中心向以“学”为中心转变，以“夯基固本、聚焦课堂”的“杨职金课”建设为引领（如图1所示），持续开展课程的顶层设计、体系构建、内容改革、机制创新和应用推广等工作，课堂教学革命取得显著成效，建成国、省、校三级精品在线开放课程体系，建成一批国家级、省级精品在线开放课程，建成一批国家级、省级“十四五”规划教材和优秀教材，国家级学生技能大赛屡获佳绩，人才培养质量显著提升。

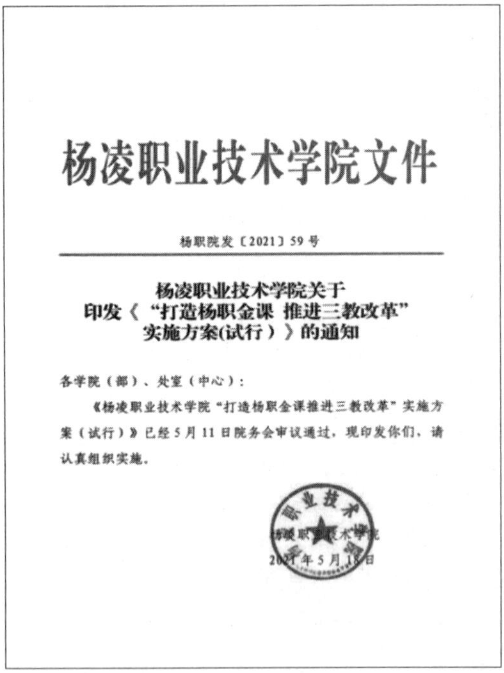
杨凌职业技术学院文件

杨职院发〔2021〕59号

杨凌职业技术学院关于
印发《“打造杨职金课 推进三教改革”
实施方案(试行)》的通知

各学院（部）、处室（中心）：

《杨凌职业技术学院“打造杨职金课推进三教改革”实施方案（试行）》已经5月11日院务会审议通过，现印发你们，请认真组织实施。

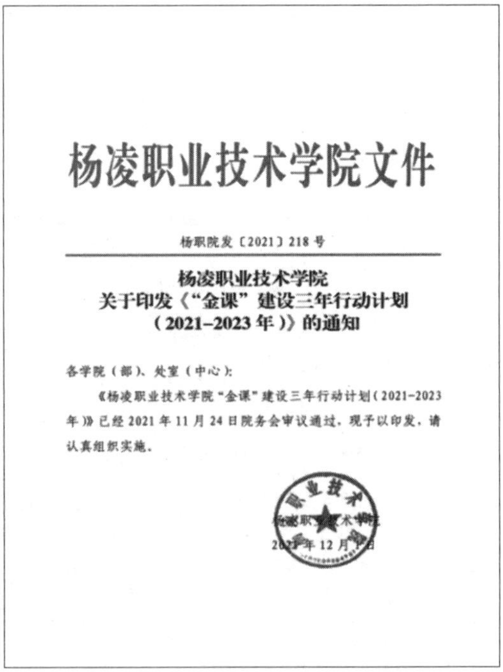
杨凌职业技术学院文件

杨职院发〔2021〕218号

杨凌职业技术学院
关于印发《“金课”建设三年行动计划
（2021–2023年）》的通知

各学院（部）、处室（中心）：

《杨凌职业技术学院“金课”建设三年行动计划（2021–2023年）》已经2021年11月24日院务会审议通过，现予以印发，请认真组织实施。

图1 “夯基固本、聚焦课堂”以“杨职金课”建设为引领

一、创新构建课程建设“三级”体系，形成课程建设梯度格局

依托“1534”门优慕课课程建设资源，构建国、省、校三级精品在线开放课程建设体系（如图2所示），形成课程建设梯度格局，优化各级课程建设资源配置，推行线上线下混

合课程等教学模式改革,校内课程线上教学全覆盖,夯实精品在线开放课程建设基础。目前建成国家级精品在线开放课1门,国家级课程思政示范课2门,职业教育国家在线精品课程6门,陕西省职业教育精品在线开放课程40门,校级精品在线开放课80门,进一步拓展课堂教学空间,提升教师教学创新能力。

图2　构建国、省、校课程建设"三级"体系

二、创新构建课程建设(两硬两软)"四大"平台,奠定课程建设坚实基础

建成高标准智慧教室88个,实现所有教室无线网络及多媒体设备全覆盖,强化信息化教学基础设施平台建设;携手国内知名在线教育平台智慧树,共同打造由活动区、拍摄区和制作区组成的"杨职课栈",强化一流水准的网络课程录制平台建设;校内采购优慕课平台、新华思政课程思政平台(如图3所示)、智慧农业虚拟仿真共享云平台等线上课程建设平台,强化专业核心课程、"匠心杨职"课程思政示范课、虚拟仿真实训课程的校内线上教学平台建设;校外与智慧树、学银在线、智慧职教、清华在线、学堂在线等课程平台合作,为课程录制、上线、推广提供技术支持,强化校外线上课程教学平台建设。通过构建课程建设(两硬两软)"四大"平台,进一步奠定课程建设坚实基础。

三、创新形成课程建设"六有"保障机制,夯实高质量课程建设保障,提升人才培养质量

构建"组织有机构、管理有制度、过程有资金、认定有标准、应用有平台、成果有激励"的"六有"课程建设保障机制,营造良好的课程建设氛围,夯实高质量课程建设保障。将企业(行业)技术标准、工艺规范、工程案例等引入课程内容,校企合作开发具有职业教育特色的活页式、工作手册式等新形态教材101本;鼓励教师和学生积极参加各级各类教师及学生技能大赛,依托课程建设的相关标志性成果丰硕(如图4所示)。

图3　校内新华思政课程思政平台

图4　依托课程建设的相关标志性成果

获得首届全国优秀教材二等奖教材2本,"十三五"职业教育国家规划教材14本,"十四五"职业教育国家规划教材22本,农业农村部"十三五"规划教材7本,国家林草局"十四五"规划教材6本,2020年陕西普通高等学校优秀教材奖一等奖2本、二等奖2本,2022年陕西普通高等学校优秀教材奖特等奖1本、一等奖1本,2023年陕西省"十四五"首批职业教育规划教材18本;学生在全国职业院校技能大赛中获得一等奖12项、二等奖27项、三等奖26项,在"互联网+"大赛中共获得金奖3项、银奖4项、铜奖10项;学校获高职院校资源建设优势学校60强、高职院校教师发展指数100强,高素质技术技能人才培养质量得到显著提升。

"四果一菌一蜂一麝"新品种新技术研发推广
——杨凌职业技术学院

乡村振兴关键靠产业，产业兴旺关键靠人才。围绕乡村振兴战略"产业兴旺、生态宜居、乡风文明、治理有效、生活富裕"20字总方针，学校成立了北方草莓产业研发中心、无花果产业研发中心、火龙果产业研发中心、山茱萸产业研发中心、秦岭食用菌产业研发中心、林麝产业研发中心及蜂产业研究院，开展"四果一菌一蜂一麝"产业振兴。通过开展水肥一体化、病虫害绿色防控技术、中蜂养殖技术、番茄新品种培育、电子商务及网络销售等理论培训，促进产业发展和培训人才良性互动。

目前，"四果一菌"产业研发中心已通过2个省审无花果新品种——丝路红玉、丝路黄金，1个省审火龙果新品种"秦红龙"，农业部登记番茄新品种1个，制定了6项规范性技术标准。

一、搭建专业化产业支持平台

围绕"四果一菌一蜂一麝"区域特色农业产业，搭建专业化平台，组建高水平团队，大力开展技术研发、示范推广、技术服务及培训等工作。

无花果产业研发中心和火龙果产业研发中心与相关企业合作，学校科研人员提供技术支持，探索高效栽培技术，形成有机无花果以及火龙果生产集成技术体系。

北方草莓产业研发中心主任杨振华老师组建草莓苗木生产公司，建立草莓"新机立智"高效栽培管理应用体系，依托6项技术专利，提高单位面积净收益2.5倍。

山茱萸产业研发中心组建老中青成员组成的科技创新团队，聚集科技创新合力，夯实科技创新基础。

秦岭食用菌产业研发中心致力于羊肚菌、大球盖菇、黑皮鸡枞、平菇等珍稀食用菌菌种及产品研发工作。

蜂产业研究院由陕西省蜂产业首席专家黎九洲教授领衔，深入各个中蜂养殖县区，就"烂子病"防治技术进行指导。

为了进一步发挥杨凌职业技术学院区位科技优势，学校组建林麝专家团队，创建产业研发中心，开展饲草种植、颗粒饲料研发等关键技术攻坚，完成5项新技术集成创新的试验与中试，保障林麝产业持续健康发展。2023年4月获批林麝产业工程技术研究中心（陕西省林业科学院林科院科技创新平台，SXLK2023-04-2；杨凌职业技术学院林麝实验示范站）。

二、大力开展技术研发创新

"四果一菌一蜂一麝"产业研发中心核心技术研发取得重要突破（如图1~图3所示）。

图 1　丝路红玉、丝路黄金 2 个无花果新品种获得林木良种证

图 2　《火龙果种苗设施生产技术规程》获批地方标准　　图 3　脱毒草莓研究获奖证书

（一）增强核心科技水平，培育新品种

新培育省审丝路红玉、丝路黄金 2 个无花果品种。创新高效栽培技术，建立有机无花果和火龙果生产集成技术体系。

火龙果产业研发中心发布并实施杨凌示范区设施火龙果种植技术标准 2 项，省审火龙果新品种 1 个，正在培育新品种 1 个，申报实用新型专利 2 项，采用"高校+合作社+农户"的模式，售卖火龙果苗木并输出火龙果种植技术标准。

（二）发表专利，建立工厂提升推广能力

基于《一种温室灌溉增温设备》等 6 项草莓技术专利，提高单位面积净收益 2.5 倍。

2020 年秦岭食用菌产业研发中心，建成 1 000 平方米现代工厂化车间、12 栋双膜双拱棚、6 栋日光温室，取得食用菌三级种生产经营许可资质，产品畅销陕西、甘肃、青海、广州等地。该团队先后引进羊肚菌新品种 5 个，并向咸阳市旬邑县、宝鸡市太白县、杨凌区等周边群众免费提供种植管理技术。

蜂产业研究院开展蜜蜂授粉、中蜂人工育王、中蜂强群饲养等技术研发，形成中蜂人工繁殖饲养综合技术体系。

三、着力开展技术推广和服务

"四果一菌一蜂一麝"产业研发中心积极开展技术示范推广工作。建成无花果产业化集成技术应用示范园1 000亩，辐射推广5 000亩；培训技术人员8 000人，带动农户300余人，实现经济效益增收5 000万元。

在省内外推广种植火龙果30 000亩，与12家村集体经济组织合作建成种植示范园1 500亩，每年接待参观考察人数超过50 000人次。

周至山茱萸种植面积超过2万亩，山茱萸原药材销量1 500余吨，产值达5 400万元，带动全县1.3万余人就业。

在旬邑县、太白县建立18个食用菌种植基地，为省内地区20余家企业开展技术培训及咨询。

指导太白县、略阳县、商南县、延安地区4个市县草莓产业发展，累计培训种植技术14 260人次，间接带动就业5 017人。

推动全省蜂产业发展，养殖户达3万余户（如图4所示）。

凤县林麝养殖数量与所产麝香都在全国市场总量占到70%，仅2022年，林麝人工养殖产业带动群众就业3 000余户10 000余人，人均增收4 500元。

据统计，"四果一菌一蜂一麝"产业发展壮大，带动群众致富，推广效益达5亿元。

图4　中蜂人工养殖培训

铁色铸魂　技能筑梦　培养具有央企特质的铁路工程开路先锋
——陕西铁路工程职业技术学院

学校作为全国唯一对接高铁产业的"双高计划"院校，始终坚持校企融合育人理念，通过思政教育指引航向、素养教育夯实基础、技能竞赛锤炼能力，培养了大批"听从党的召唤、践行国家意志、服务国家战略、履行社会责任"具有央企特质的新时代铁路工程高素质技术技能人才，物化了一批改革成果，输出了模式标准，引领了铁路类院校改革发展。

一、主要做法

（一）搭建"三全育人"大格局，打造思政教育新生态

成立党委书记担任组长的"三全育人"领导小组，将"三全育人"纳入事业发展规划和年度重点工作，制定"三全育人"综合改革方案和考核指标体系。成立红色文化研究中心开展专项研究，从规划设计、资源开发、队伍组建、平台建设等4个方面印发13项专项办法予以保障。

联合中铁一局等行业头部企业，共建省级马院、共享优秀师资，打造"融合体"思政队伍、"四有"好老师和"服务型"管理队伍。结合铁路行业发展开发"高铁中国"等课程，共建高铁生产性实训基地，筑牢课堂教学、党校教育、实践育人和网络教育四大阵地。搭建具有铁路特质的"三馆三廊三广场"，融通企业文化形成"铁军、精技、匠心"校园文化核心理念，邀请杰出校友回校宣讲，实施文化熏陶、优良学风、榜样引领、传递温暖、心理阳光和公寓育人六大工程（如图1所示）。

图1　学校杰出校友、全国"双百人物"窦铁成与学生话成长

（二）创新素养教育新模式，打造铁路工匠培养新体系

成立铁路文化研究中心，对铁路央企精神进行具体化表达，归纳出质量、安全等6项铁路企业岗位群特质要求和爱国、忠诚等9项共性要求，将15项素养要求细化为98个观测点，形成职业素养培养标准，并将培养标准植入人才培养方案（如图2所示）。

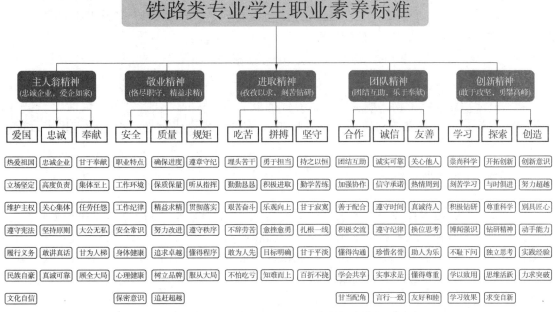

图2 高职铁路类专业学生职业素养培养标准

学校专业课程全部完成课程思政改革，将工匠精神、劳动精神等要素融入4门思政理论课、3门职业素养必修课和4门素养选修课，构建课堂系统学、网络自主学、专业拓展学的立体空间。依托铁路建设真实项目开展实习实训、技能竞赛、社会实践和创新创业，通过项目实践强化职业素养训练。

（三）构建技能竞赛新机制，打造技能人才培养新场域

连续18年举行"技能竞赛月"，设置50个赛项，覆盖学校开设全部专业，超过90%学生参赛。赛场设在企业真实生产环境，选取典型工作任务，师生同台竞技，企业人员担任评委，全程参与现场点评打分，帮助在校生练就生产一线技能。

通过校赛选拔产生种子选手，选派骨干师资进行针对性培训和指导校外竞赛，近5年，学生在省级及以上技能大赛、创新创业大赛中获奖240项。对获奖学生除给予物质和精神奖励外，还在奖学金评定、青春榜样评定中予以侧重，在全校巡回宣讲其经验和事迹。

二、实践效果

（一）建设成效突出，彰显了深化改革的引领性

学校荣获全国职业院校校园文化"一校一品"，入选省级重点马克思主义学院、课程思政教学研究示范中心和首批"陕西省大中小学劳动教育实践基地"，15门课程入选省级课程思政示范课。学生职业素养培养体系获国家级教学成果奖，技能竞赛和工匠精神培养的探索与实践分别获得省级校园文化成果奖。

（二）学生素养提升，彰显了人才培养的适应性

80%以上毕业生就职于中国中铁股份有限公司等世界500强企业，位居全国首位，超过60%扎根西部奋战在川藏线等国家重点工程；离职率较5年前下降8.2%，专业相关度等指标提升5%以上，薪酬待遇等7项指标高于全国平均值；呈现出"一年站稳岗位、二年技术骨干、三年独当一面"的职业成长态势，涌现出全国铁路好青年刘柯等一批优秀毕业生。连续两年入选陕西高校毕业生建功立业先进事迹报告团，入选"2023中国职业教育质量年报""人才培养卓越50强"等3个榜单。

（三）标准成果输出，彰显了推动发展的示范性

学校主编的《〈思想道德修养与法律基础〉教学建议》成为教育部高校思想政治理论课教学展示活动指定教学依据，职业素养培养标准被中国中铁股份有限公司认定推广。《中国青年报》等媒体以《厚植劳动精神德技双修 扎根铁路一线建功立业》等为题对比进行宣传报道。

三、下一步工作思路

紧扣立德树人根本任务，持续推进"三全育人"综合改革，打造精品课程、优质教材、教师教学创新团队和实践项目；紧跟高铁、铁路和城轨产业发展和技术升级，对接关键岗位群，将企业岗位能力需求、课程标准、技能竞赛要求、技能等级证书考评内容引入教育教学实践，"岗课赛证"融通，扩大优质资源共建共享，推动教育教学与评价方式变革，服务学生可持续发展。

紧跟铁路教随产出　伴随中企职教出海
——陕西铁路工程职业技术学院

学校充分发挥铁路类专业办学优势，主动肩负中国铁路标准的国际传播者使命，在肯尼亚、卢旺达、孟加拉国等"一带一路"共建国家开展境外办学，累计培养本土铁路技术技能人才 1 000 余人。学校肯尼亚铁路培训中心获批全国首批鲁班工坊运营项目，成为中国高职院校境外办学的践行者、推动者、引领者。

一、主要做法

（一）紧随铁路，组团出海，建设境外办学基地

围绕中国铁路"走出去"过程中本土化铁路人才匮乏难题，与中国路桥工程有限责任公司（非洲之星铁路运营公司）、肯尼亚铁路培训学院共建"陕铁院—肯尼亚铁路培训中心"，联合开展境外办学，为蒙内铁路、内马铁路培养本土化人才，传播中国铁路技术。

（二）三方协同，共建共赢，优化合作办学机制

以合作共赢为目标，形成"校—企—校"共建共管共育的新格局（如图 1 所示）。学校制定人才培养方案，建设师资队伍，开发教学资源。中国路桥工程有限责任公司提出人才需求，提供教学装备与办学经费，接纳合格毕业生。肯尼亚铁路培训学院招收管理学生，提供教学场地，共享中国铁路技术、标准和教学资源。

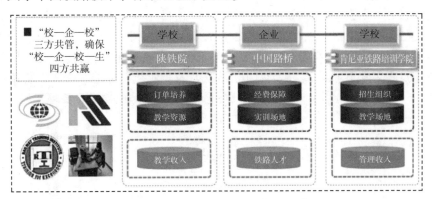

图 1　境外办学"校—企—校"共建共管共育模式

（三）聚合资源，进阶培养，打造双语教学团队

基于教师能力形成规律，以提高教师双语教学水平为目标，按照进阶式理念，学校设计"日常口语能力筑基、专项英语能力提升、工程英语能力强化"三阶段培养方案，联合西安外国语大学、西南交通大学开展教师双语培训，56 名教师获得双语教学能力认证，率先构

建了"三校协作,进阶培养"的双语教师培养路径。

（四）标准引领,菜单定制,开发优质教学资源

以"走出去"铁路企业岗位能力需求为出发点,以中国铁路职业标准为依据,以模块化、菜单式培训课程建设为关键,开发了集"岗位标准、教学标准、课程标准、双语教材及优质教学资源"于一体的双语资源包,共享中国铁路技术标准,为培养高素质本土化铁路人才奠定基础。

（五）三师联动,分期推进,共育本土铁路人才

以中方教师、企业工程师、外方教师为依托,建立形成了初级和进阶两种教学模式（如图2所示）。一是中方教师担任主讲教师,外方教师作为助教跟班学习并配合中方教师管理,企业工程师指导实习、实训的初级模式;二是中方教师负责教学统筹与管理,外方教师担任主讲教师,企业工程师负责岗位实习的进阶模式。校企协同推进本土铁路人才培养。

图2 "三师联动,校企协同"教学模式

二、实践效果

（一）境外办学成果丰硕,国际化水平持续提高

学校肯尼亚铁路培训中心获批全国首批鲁班工坊运营项目,按照肯尼亚鲁班工坊模式,在卢旺达、孟加拉国建设2个境外办学中心（如图3所示）。入选"未来非洲—中非职业教育合作特色项目""中国—东盟高职院校特色合作项目",承担教育部中外语言交流合作中心"中文+职业技能"项目2项,完成2019年度教育部援外项目1项。案例《国（境）外采用的教学标准稳中有升》入选《2021年中国职业教育质量年度报告》。在现代职业教育体系建设改革重点任务中获批陕西省具有国际影响力的职业教育标准、资源、装备培育项目。

图3 学校获全国首批鲁班工坊运营项目

（二）人才培养成效显著，职业发展力逐步增强

学校为肯尼亚、卢旺达、孟加拉国等10个国家培养"掌握标轨铁路技术、熟悉中国铁路标准、了解中国铁路文化"的本土化人才1 000余人，外方教师36人。20%的学生快速成长为管理干部或技术骨干，毕业生Titus Kiprono成长为蒙内铁路东部区域总经理。境外本土化人才培养事迹入选教育部发布的《锻造大国工匠奠基中国制造——新中国70年职业教育改革发展历程》。

（三）示范引领作用彰显，品牌影响力不断提升

中央电视台、肯尼亚电视台、《光明日报》等中外主流媒体报道学校境外办学事迹近百次。先后在第23届中国国际教育年会等重大会议做主旨发言23次。承办了2023年度全国鲁班工坊系列培训首期培训班、深圳职业技术大学等16所院校赴学校肯尼亚鲁班工坊考察学习（如图4所示）。中国教育国际交流协会会长刘利民认为学校依托肯尼亚鲁班工坊实现了"授人以渔"目标，有效地促进了国际产能合作（如图5所示）。

图4　深圳职业技术大学等16所院校赴学校肯尼亚鲁班工坊考察学习

图5　中国教育国际交流协会刘利民会长率团调研陕铁院肯尼亚鲁班工坊

三、下一步工作思路

学校将继续主动伴随中国铁路企业"走出去"，深化合作，教随产出，产教同行，打造铁路职业教育国际合作平台，面向"一带一路"共建国家培养本土化技术技能人才，做中国铁路技术的海外传播者和中国职业教育的共享者。一是完善体制机制，保障境外办学行稳致远；二是推进资源开发，夯实人才培养基础；三是强化跟踪反馈，讲好职教出海陕铁故事，不断擦亮境外办学"陕铁品牌"。

思政引领 聚焦航空 构建"1235"师德师风建设体系

——西安航空职业技术学院

一、实施背景

党的十八大以来,习近平总书记多次就加强师德师风建设发表重要讲话,强调师德师风是评价教师队伍素质的第一标准,对广大教师提出了"'四有'好老师""四个引路人""四个相统一""'六要'教师"的标准和期望。学校从战略层面深刻认识师德师风建设工作的重要性,积极探索师德师风建设模式,以创新理念、丰富内涵、健全机制、拓宽路径为抓手,构建"1235"师德师风建设体系,进一步提高教师队伍思想政治素质和职业道德水平,实现了师德师风建设新跨越(如图1所示)。

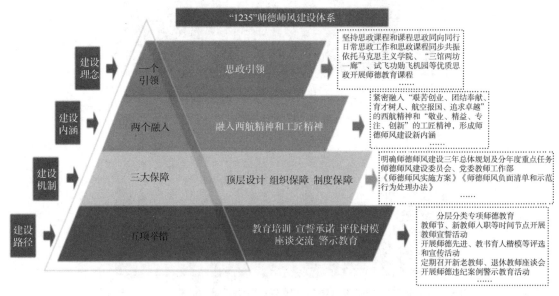

图1 "1235"师德师风建设体系

二、举措与做法

(一)形成"一个引领"建设理念

充分发挥思政教育在师德师风建设中"内心沁润"的重要作用,持续深化思政课教学改革。坚持思政工作和思政课程同频共振、思政课程和课程思政同向同行,深入推进课程思政和思政大练兵,牢牢稳固马克思主义在意识形态领域的主导地位,不断深化马克思主义现代化时代化。依托马克思主义学院，利用学校"三馆两坊一廊"及试飞功勋飞机园等校内外优质思政资源，开展师德师风学习教育，实现思政教育在师德师风建设中的引领作用。

（二）深化"两个融入"建设内涵

依托区域产业布局和学校航空特色专业优势，紧密融入"艰苦创业、团结奉献、育才树人、航空报国、追求卓越"的西航精神和"敬业、精益、专注、创新"的工匠精神，深入挖掘区域航空人物、航空文化等师德育人要素，结合西航人物、西航故事，形成师德师风建设新内涵。聘请试飞英雄黄炳新、全国劳模薛莹担任师德师风德育导师，聘请陈一坚、王巍院士为航空专业特聘教授，以身立教传播航空文化，引导教师追求卓越、潜心从教。

（三）健全"三大保障"建设机制

一是强化顶层设计，坚持政策引领、科学谋划，明确师德师风建设三年总体规划及分年度重点任务，确保分阶段、有步骤、有重点地开展师德师风建设工作；二是加强组织保障，形成党委统一领导，党政齐抓共管，教师工作部门统筹协调，各部门履职尽责的师德师风工作新格局；三是健全制度保障，出台师德考核和负面清单等制度文件，并将师德考核结果作为教师资格认定、职务评审、岗位聘任的重要依据，严格实行"一票否决制"。

（四）构建"五项举措"建设路径

一是开展师德培训。通过"名师大讲堂""师德讲堂"等专题培训，邀请校内外专家做师德师风主题报告，开展各类师德培训万余人次。二是开展宣誓承诺。利用教师节和新教师入职等时间节点开展教师宣誓活动，引导广大教师信守师德规范。三是开展评优树模。组织开展师德先进、教书育人楷模等评选及宣传活动，开展向各级优秀教师、教学名师、师德楷模等先进典型学习宣传活动。四是开展座谈交流。定期召开新老教师、退休教师交流座谈会，传承前辈以德治教、以身立教的优良传统。五是开展警示教育。建立完善师德违纪问题案例库，下发《师德师风警示教育学习汇编》，实现警示教育常态化。

三、成果成效

（一）精神文化引领铸魂

深入挖掘区域航空文化故事、工匠精神人物等师德育人要素，凝练形成"追求卓越、航空报国、言为士则、勤学笃行"的航空职教文化精神。编印集全国劳模薛莹、试飞英雄黄炳新、教书育人楷模张超等事迹的《师德师风典型案例集》，获评省级师德师风建设基地。

（二）名师名匠持续涌现

获评国家"万人计划"教学名师1人、黄炎培职业教育杰出校长1人、省级教书育人楷模2人、省级师德标兵2人、省级教学名师11人、省级最美教师1人，陕西最美退役军人1人，6名教师分获陕西省"五一劳动奖章""三秦工匠""陕西省技术能手""陕西省首席技师""陕西省工人发明家"等荣誉称号。

（三）团队建设凸显成效

获评全国高校黄大年式教师团队1个、国家课程思政示范团队1个、国家级教师教学创新团队1个、省级黄大年式教师团队2个、省级师德示范建设团队2个、陕西高校青年创新团队 3 个。以团队建设为抓手，取得了系列成果，荣获教学成果奖和教师教学能力大赛国家级奖项 9 项，其中一等奖 4 项，技能大赛获国奖 35 项，实现了获奖总数和一等奖数量的突破。

四、经验总结

（一）坚持思政引领，筑牢师德根基

坚持以习近平新时代中国特色社会主义思想为指导，始终把师德师风作为评价教师队伍素质的第一标准。以创新理念、丰富内涵、健全机制、拓宽路径为抓手，全面提升教师师德修养。

（二）强化示范引领，传承优秀品格

组建师德模范导师团，开展师德楷模、师德标兵等先进典型的评选表彰活动，充分运用线下线上媒介多角度、全方位地进行展示宣传，增强教师教书育人的使命感和责任感。

（三）彰显学校特色，丰富师德内涵

深入挖掘"西航精神"和"工匠精神"文化育人要素，丰富师德师风建设内涵，构建模块化师德师风育人内容体系，全面推进学校师德建设和思想政治教育工作。

德技融通 四阶递进 五方协同 创新定向军士人才培养模式

——西安航空职业技术学院

一、实施背景

学校贯彻军民融合发展战略,根据教育部、军委政治工作部、军委国防动员部下发的《关于做好招收定向培养军士工作的通知》要求,着力开展高素质军士人才培养。作为全国48所定向培养军士院校之一,学校传承军工基因,聚合优势航空教学资源,"政军行企校"五方协同,构建多元协同育人机制,创新"德技融通、四阶递进、五方协同"军士人才培养模式(如图1所示),实现军士学员"毕业即入伍、入伍皆能战"。

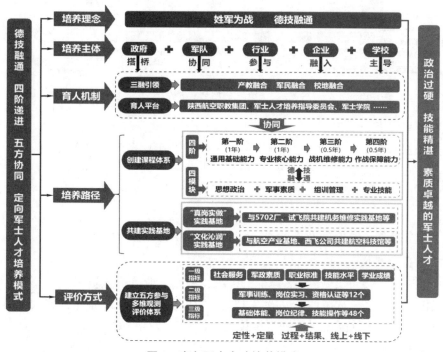

图1 定向军士人才培养模式

二、举措与做法

(一)多元融合+平台搭建,构建五方协同育人机制

1. 突出多元融合

以"产教融合、军民融合、校地融合"三融战略为引领,形成与部队人才需求对接、

与区域经济发展融合、与产业升级结合的发展格局。明确政府、军队、行业、企业、学校等育人主体的职能，政府出台政策，行业确定技术标准，企业提供团队、设备，军队开展训练指导、岗前培训，学校落实军士人才培养。

2. 搭建育人平台

与省军区、5702厂等36家单位共同成立陕西航空职教集团、军士人才培养指导委员会，组建军士学院，建成军地联合培养研究室等机构7个，制定《军士人才培养指导意见》等文件，构建以五方资源为纽带的育人平台。

（二）能力导向+实战需求，构建四阶段四模块课程体系

1. 聚焦能力培养

分析航空机务岗位群核心能力，梳理出作战保障、战机维修等四项能力，按照"能力目标对标岗位要求"划分四个阶段，依据人才成长规律四步递进分阶段培养，如图2所示。

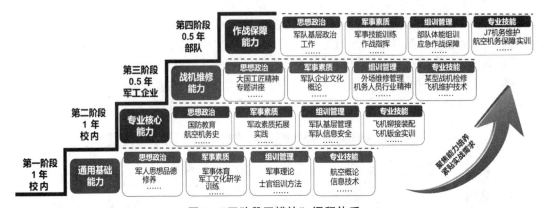

图2 "四阶段四模块"课程体系

2. 紧贴实战需求

按照"课程内容融入军政素质，教学项目对接工作任务"开发课程体系，形成思想政治、军事素质、组训管理、专业技能四类模块课程，开设"空军航空机务史"等军政素质课程12门，建成"航空机务保障"等课程思政专业示范课25门，在四阶段中递进设置。

（三）真实装备+特色文化，共建协同育人实践基地

1. 真实装备为载体

按照"实岗、实装、实做"，整合军工系统、中航工业等优质资源，与军航、民航维修企业共建飞机排故检修、试飞地面保障等15个"真岗实做"实践基地，加大学员在真实条件下专业技能等方面训练强度，历练学员技能，使其养成优良的维护工作作风。

2. 特色文化为引领

按照"文化赋能涵养军政素质"，融合军工、航空、企业、区域历史四种文化，与企业共建16个校内外"文化沁润"实践基地，以军队典型案例、先进事迹，铸就学员献身国防、能打胜仗的精神品质。

（四）多元评价+动态调整，构建五方多维评价体系

"政军行企校"五方共同制定军政素质、机务维修、职业标准等5个维度的一级指标，12个二级指标，48个三级指标，形成学员的评价体系（如图3所示）。按照"过程+结果"

"定性+定量"方式,通过课程考核、体能测试、部队集训、社会实践、资格认证等方式进行评价,形成包含学员军政素质、岗位技能、课程成绩等评价结果。适时动态调整并掌握军士学员培养效果,跟踪监测教学与学习过程,调整教学思路、教学内容,优化人才培养过程。

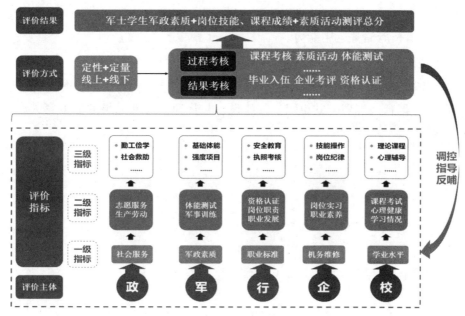

图3 "五方多维"评价体系

三、成果成效

(一)人才培养质量提升

践行"德技融通、四阶递进、五方协同"人才培养模式改革,人才培养质量显著提升。招生计划数7年翻5倍,入伍率从95%增至99%,部队满意度从90%增至98%。学员刘海博一年两次荣立三等功,8名学员在国庆阅兵中获荣誉奖章及重大任务纪念章。

(二)部队认可度高

部队首长高度评价学校"专业特色鲜明,军士生技能水平高,军政素质过硬,为部队输送了大批优秀人才",定向培养军士军种数由2个增加至4个,军士人才培养模式被中央电视台CCTV-7《军事报道》专题报道,学校获评全国国防教育特色院校。

(三)专业建设成效显著

定向培养军士的专业入选全国"双高计划"专业群,军士人才培养模式获国家级教学成果奖2项,主持建成国家级教学资源库2个,获评国家级优秀教材1本。学校在首届空军外场保障人员能力考核中获团体第一名。

四、经验总结

(一)突出军政素质培养

紧盯新时代强军兴军目标,紧扣军士人才培养规格,强化献身国防、能打硬仗的军人素养,形成重政治、铸军魂、强体能、宽基础、精技能的五层全面培养目标,在学员中形成争做"四有"新一代革命军人的生动局面。

(二) 筑牢专业技能根基

针对军士生"厚基础"的培养要求,按照能力递进分段开设基础技能课程,对标军机维修等基本标准,开展理实一体化教学模式改革,着力提升军士对航空装备维保的适应能力和先进装备的基本技能储备运用能力。

(三) 实施五方协同育人

找准"政军行企校"五方主体关系与动力因素,坚持"政府协调、契约保障、利益共享、协同实施",聚合共规划、共组织、共建设、共管理、共享成果的五方育人合力,提升军士人才培养质量。

"三匠四创、五阶递进、学训一体"，"行企校所"共育红色军工传人

——陕西国防工业职业技术学院

学校主动服务制造强国战略，适应军工高端装备制造业高质量发展，创新形成了"三匠四创、五阶递进、学训一体"，"行企校所"协同共育红色军工传人的长效机制，着力培养军工领域未来工匠。

一、案例背景

习近平总书记指出要培养更多高素质技术技能人才、能工巧匠、大国工匠。《国家职业教育改革实施方案》提出把发展高等职业教育作为培养大国工匠、能工巧匠的重要方式。陕西作为军工大省和国家军工重镇，军工科研院所与企业众多，对技艺高超的技术技能人才需求量大。针对军工行业工匠人才培养定位不准确、机制不健全，军工行业向高端转型中人才培养的规格难以有效满足岗位能力需要等问题，需要形成新的育人理念、培养体系和教学模式。学校依托深厚的军工行业办学积淀，针对工匠人才培养进行了深入探索与实践，在培养秉持军工报国之志、身怀工匠技艺的军工人才方面取得显著成效。

二、主要做法

（一）创新"三匠四创"育人理念，深化工匠人才培养供给侧改革

开设"军工文化概论"等课程，建设"红色实景课"，邀请徐立平等大国工匠开展"大国工匠进校园"等活动，营造尊崇工匠、崇尚技能氛围，引导学生树立精益求精、严谨专注的工匠精神，在学生中播种"匠心"；成立兵器工匠班、航天工匠班等，通过工坊训练、技能比武、跟岗学习等方式锤炼绝活"匠技"；聘任徐立平、杨峰等军工领域大国工匠领衔建立"大师工作站"，以"传帮带"的方式弘扬"匠领"；聚焦"创新意识、创新思维、创新方法和创新能力"，将创新教育和军工企业实践融合，推动人才培养供给侧改革，增强人才培养适应性（如图1所示）。

图1 "三匠四创、学训融合"工匠系统性人才培养理念

（二）构建"五阶递进"培养体系，优化工匠人才培养路径

按照"白手—新手—熟手—能手—高手—工匠"的5个阶段能力要求，与中国航天、兵器202所、西北工业集团等建成国家新时代航天工匠人才培养基地及航天产业学院、兵器

工匠学院等6个特色产业学院,形成"行企校所"协同共育红色军工传人的新路径(如图2所示)。一是整合优质资源,构建与军工行业岗位需求相匹配的模块化课程体系,开发"兵器概论"等课程30门;二是与军工行业技术专家、能工巧匠打造"双师型"教学团队;三是校企共建实践教学基地和技能培训认证中心,实施校企轮岗、工学交替,推动协同培养军工行业工匠人才。

图2 工匠人才培养路径——以航天工匠人才培养为例

(三)创新"学训一体"教学模式,形成工匠人才培养合力

根据学生成长的不同阶段,面向军工行业"高精尖"岗位群能力要求开展精准培养。按照"初级职业人—准员工—军工工匠"的晋级要求,搭建实境教学平台,引入真实案例,采用学训一体教学组织模式培养红色军工传人;构建以"大师点评规划、自我评价提高、军工企业检验"等为主要内容的红色军工传人培养评价体系,形成产业引领专业发展,专业服务产业升级的双融互促格局,促进人才链与产业链有机衔接(如图3所示)。

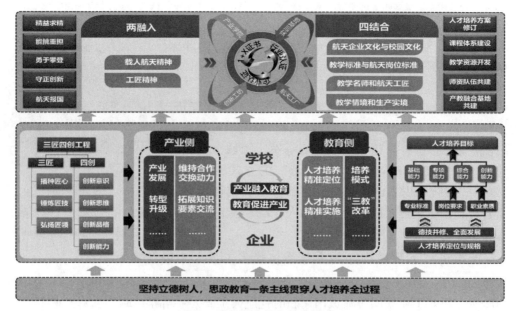

图3 红色军工传人培养模式

三、实施成效

近 5 年，相关教学改革成果获国家级教学成果奖二等奖 1 项，辐射形成教育部课程思政示范项目、全国教材建设奖一等奖等省级以上奖项 139 项，学生获省级以上大赛奖项 456 项。毕业生获全国技术能手 4 人、省技术状元和技术能手 16 人，学生在航天、兵器企业就业率达 30.27%，军工企业对毕业生满意度达 97% 以上；培养的亢明锴等 5 人成为"大国工匠"徐立平班组成员；培养了陕西省"首席技师"赵彦邦、西安工匠邓呈波、河洛工匠李鹏辉等一批技艺高超、扎根军工一线的工匠人才和技术领军人才；育人成果先后被《光明日报》《中国教育部》等多家媒体报道，辐射带动和示范引领作用持续增强（如图 4 和图 5 所示）。

图 4　《光明日报》《中国教育部》报道学校育人模式

图 5　毕业生获得"全国五一劳动奖章""全国技术能手""陕西省首席技师""工匠"等称号

四、经验总结

（一）红色军工传人培养应强化"匠心"塑造

通过讲军工事、传军工志，将价值引领、精神激励、文化浸润融入人才培养全过程以播种"匠心",方可增强奉献军工的荣誉感和使命感,砥砺投身军工的情怀和使命担当。

(二)红色军工传人培养应注重"匠技"磨砺

建立课堂教学、企业实践全过程培育链条,发挥实践教育载体作用,在真实工作情境强化"匠技",做到"做学合一,脑手并用",提升培育实效。

(三)行业特质人才培养需集聚"行企校所"资源

"行企校所"以共研人才培养方案、共建课程资源、共组工匠之师、共搭育人平台、共评育人成效等方式参与人才培养全过程,以传帮带方式弘扬"匠领",形成合作共赢良性生态。

"两园一体化、组织多元化、平台实体化"
三化一体，打造军民融合校企命运共同体
——陕西国防工业职业技术学院

学校根植国防，立足陕西，"政行军企校"五方共建"陕西国防职教集团、产教融合共同体、产业学院"三大平台，实现"两园一体化、组织多元化、平台实体化"三化一体，打造军民融合、校企命运共同体，形成产教融合新生态。

一、案例背景

教育部《关于实施中国特色高水平高职学校和专业建设计划的意见》提出，"与行业领先企业在人才培养、技术创新、社会服务、就业创业、文化传承等方面深度合作，形成校企命运共同体。"针对合作机制不健全、对接产业的精准度不够和缺乏产教深度融合平台等问题，构建三大产教融合平台，全面提升学校的校企合作水平。

二、主要举措

（一）建设全国示范性职教集团，为军民融合提供平台支撑

1. 健全职教集团运行机制

修订《集团运行管理实施细则》，建立理事会等制度，形成运行保障机制；制定《集团成员动态调整暂行办法》，新增单位55个、淘汰10个，建立动态调整机制；制定《科技成果转移转化奖励和收益分配办法》等制度，构建利益共享、风险共担机制，推进集团协同创新发展。

2. 搭建军民融合服务平台

学校与华晟经世、北京发那科等共建高水平生产性实训基地，与鄠邑区、兵器204所等共建国防人才培养及培训基地，与航天科技集团共建"新时代航天工匠人才培养基地"，与集团成员共建校企合作工作站、大师工作室，实现专业共建、师资共培、基地共享的多元合作共赢模式（如图1所示）。

3. 集聚育人各方优质资源

两园一体化——随中软国际、科大讯飞等头部企业进入产业园办学，实现学校产教园与企业产业园融为一体，服务人才培养；组织多元化——联合省军民融合人才中心、省国防工会、西安软件园发展中心等共建人才培养联盟，打造融合发展生态圈；平台实体化——共建产业学院、现场工程师学院、协同创新中心等实体平台，政行军企校深度耦合协同育人。

图1 校企共建军民融合服务平台

(二) 创建行业产教融合共同体，打造军民融合新生态

1. 牵头组建行业产教融合共同体

学校与中国兵器集团共建"兵器工业行业产教融合共同体"，与西安软件园、西北工业大学牵头组建"全国软件信息行业产教融合共同体（如图2所示）"。共同体采取理事会治理机制，建设技术创新中心、产教融合研究院，形成行业产教融合共同体样板。

图2 校企共建产教融合共同体

2. 共建产教协同发展联盟

学校联合百度等 79 家单位组建"全国人工智能职业教育产教协同创新联盟",组建由机械行指委、北京发那科、军工企业等参加的"军工装备智能制造协同创新联盟",建成军工品质智能制造中心、国防科学仪器科普教育基地,为西北工业集团等军工企业开展员工技能培训、职工技能大赛,军民融合工程服务能力显著提升。

(三)打造特色产业学院,助推专业群可持续发展

1. 对接区域重点产业建设产业学院

聚焦高端产业和产业高端,与省国防工会、兵器 202 所等军工企业共建兵器工匠学院;与行业头部企业北京发那科、比亚迪等共建产业学院,形成"1(二级学院)+1(特色专业群)+1(产业学院)"的办学格局(如图 3 所示)。

图 3　校企共建现代产业学院

2. 创新产业学院体制机制

制定《产业学院建设与管理办法》,采用理事会领导下的院长负责制,成立建设委员会、专家指导委员会,构建"共建基地、共同管理、共育人才、共组师资、共享利益"的运行管理机制,将产业学院建设成为人才培养基地、师资培训基地、协同创新中心和工程研究中心。

三、实施成效

一是陕西国防职教集团获批全国首批示范性职教集团培育单位,牵头组建"全国软件信息行业产教融合共同体",参建 15 个行业产教融合共同体并当选副理事长单位,推进校企命运共同体迭代升级。

二是学校获批陕西省军民融合示范高校,建成 4 个军工特色的"技能大师工作站"、13

个校企合作工作站、1个军工劳模服务工作站,建成1个高水平生产性实训基地,建成FAUNC技术应用中心,获批航天高端制造和工业智联网2个省级高校工程研究中心,推动军民融合高质量发展。

三是建成"兵器工匠学院"等6个特色产业学院,获批8个省级开放型区域产教融合实践中心、2个省级现场工程师专项培养项目、2个省级校企合作典型生产实践项目、工信部"专精特新产业学院"、教育部"中法施耐德电气绿色低碳产教融合项目",校企服务平台建设成效显著。

四、经验总结

(一)从制度设计上形成产教深度融合治本之策

通过健全制度激励多方主体参与产教融合的积极主动性,形成紧密型合作办学机制,推动校企合作提质升级。

(二)搭建平台载体构建产教融合有效路径

以职教集团、产教融合共同体、产业学院建设为载体,通过组建技术服务团队,联合技术攻关等开展项目合作,探索深化产教融合的有效路径。

(三)提供可借鉴的校企合作"国防职院样板"

获全国集团化办学典型案例、机械行业产教融合"十佳案例",《中国教育报》等50余家主流媒体聚焦报道学校产教融合的主要做法,为省内外兄弟院校提供了可借鉴的范式。

打造"一带一路"职教联盟平台
塑造"秦岭工坊"职教出海品牌
——陕西职业技术学院

2017年,学校响应国家"一带一路"倡议,联合境内外职业院校、教育机构和企业,牵头组建了"一带一路"职教联盟。"双高计划"建设期内,着力打造交流及资源共享的职教联盟平台,为成员单位搭建了交流桥梁,为陕西省引进、输出优质职教资源提供了有效途径,助推职业教育国际交流与合作。

一、举措

(一)筑平台:开展国际交流与合作

联盟现有成员单位119家,举办了七届国际职教论坛,数百位中外职业教育领域专家学者及院校、行业企业代表介绍各自特色和办学经验,分享产教融合案例,共话行业企业发展趋势。联盟促成多项中外合作项目,组织多家成员单位赴海外院校交流。接待吉尔吉斯斯坦、哈萨克斯坦、老挝等外国团组来访,服务境内、海外近万人次,"一带一路"职教联盟已经成为"西部窗口、中国一流、国际知名"的交流合作平台(如图1所示)。

图1 哈萨克斯坦高校联盟职业技能竞赛获奖选手来访

(二)搭桥梁:输出学校优质教育资源

学校以"中文+职业教育"线上国际课程推广平台为桥梁,输出学校优质教育资源。通过华裔"实景课堂"课程、"中文+传统文化"汉语桥线上研习营,架起沟通桥梁,促进文化传播与推广；针对西班牙、土耳其、刚果（金）、柬埔寨、老挝等国家不同需求，开展"中文+职业技能"线上培训，为师生国际教学提供服务，推动职业教育高质量发展（如图2所示）。

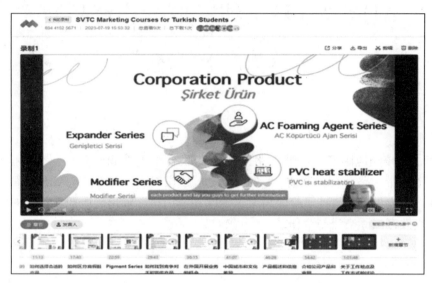

图2 "海外市场营销"土耳其线上授课

（三）立标准：实施"秦岭工坊"品牌项目

学校联合法国丝路商学院、法国职教研究院、瑞士国际日内瓦管理学院集团（IMSG）共建丝路职业教育国际标准认证体系，吸引了160所亚、欧、非职业院校参与；与吉尔吉斯共和国教育科学部签署《构建SRVE——国际标准化体系谅解备忘录》并开展SRVE师资培训；承担"秦岭工坊"项目的申报、评审、立项及验收（如图3所示）；联合7所院校参与到"秦岭工坊"丝路建设项目，并与吉尔吉斯斯坦国立技术大学签订了中乌共建无人机应用技术专业人才联合培养合作协议，外派教师赴吉开展教学，推进职业教育"走出去"。

图3 "秦岭工坊"项目启动仪式

二、成效

(一) 联盟多项工作被列入省级重点建设项目清单

联盟工作先后被列入《陕西省"一带一路"建设2019年行动计划》《陕西省"一带一路"建设2020年行动计划》《陕西省国民经济和社会发展第十四个五年规划和二〇三五年远景目标纲要》《中国（陕西）自由贸易试验区进一步深化改革开放方案》《陕西省教育事业发展"十四五"规划》《陕西省推进"一带一路"建设2022年工作要点》《陕西省教育厅2023年工作要点》，牵头建设"秦岭工坊"项目被列入《中国—中亚峰会涉陕成果对接清单及重点任务》。

(二) 课程输出增强了文化自信

学校推出的侨裔实景课堂，累计有40多个国家师生浏览学习20余万次；开展了4期"秦岭工坊"中文课堂、"中文+传统文化"汉语桥线上研习营，海外学员达450余人；国家级在线精品课程"旅游礼仪""创业策划及项目路演实训（中俄双语版）"在海外推广，学习人数逾万人；学校累计输出21门国际线上课程，涉及西班牙、阿根廷、墨西哥、老挝、刚果（金）、科特迪瓦等近50个国家或地区，累计选课人数超过30万人（如图4所示）。课程输出增进了中外文化交流，彰显了中华优秀传统文化的独特魅力。

图4　线上课程互动数据

(三)"秦岭工坊"品牌效应逐步彰显

学校推动联盟单位与德国、日本、吉尔吉斯斯坦等国签订项目20余个,建立联盟西部数字国际经贸研究院、巴基斯坦联络处、中德产教融合部、中吉产教融合部、联盟非洲部等6个中外联络点,"秦岭工坊"中文课堂持续开展,16个"秦岭工坊"项目落地实施,提升了职业教育的海外影响力和知名度,推进陕西职教出海,"秦岭工坊"品牌效应逐步彰显(如图5所示)。

图5 中—吉人才培养合作会议

打造专业化特种兵团 助力文旅产业转型升级
——陕西职业技术学院

陕西拥有丰富的历史文化资源，为文旅产业提供了广阔的发展空间。学校抢抓机遇，充分发挥专业特长，打造助力文旅产业发展的"特种兵团"，聚焦文旅产业链需求热点，与相关企业密切合作，开展项目研究和实施，开启文旅产业发展新局面。

一、举措

（一）建团队：深度参与文旅项目策划设计

校企共建专业团队，教师赴企业兼职、企业导师参与教学；鼓励专业教学团队创办公司，激发教师创新创业动力，发挥专业特长和优势，开展项目研究、成果转化等服务工作，全力助推文旅产业升级和地方社会经济发展。王金涛老师带领的文旅项目规划设计团队与西安百筑联建设工程有限公司合作共建 E 号仓实用美术工作室，与陕西秦竞互娱文化发展有限公司合作建设茯茶镇创业茶空间工作室。近 5 年来，参与完成景区景点以及建筑规划设计 27 项，产生经济效益 900 余万元（签约），有力地带动了当地旅游业和产业更新发展（如表 1 所示）。

表 1 文旅项目规划设计团队项目技术服务统计表

团队负责人	兼职身份	设计产品	委托单位	经济效益/万元
王金涛	1. 白鹿仓旅游规划设计研究院常务院长 2. 广州亚泰建筑设计院有限公司西安分公司设计总监	吉县沿黄农文旅融合示范区建设项目	晋之风生态农业科技有限公司	225
		尧山生态园	晋之风生态农业科技有限公司	70
		大荔县露营基地	渭南市体育局	20
		汉城湖农业生态园	汉城新区管委会	15
		江油市清理小镇	白鹿仓文旅集团	30
		鹤中一体化旅游发展规划	曲江文旅集团	70
		秦岭之瞳旅游带规划	宁陕县文旅局	90
		嘉峪关峪泉古街	白鹿仓文旅集团	60
		天水白鹿仓综合旅游度假区	白鹿仓文旅集团	70
		洛阳龙凤山康养小镇	白鹿仓文旅集团	45
		山西张壁古堡景区提升	山西介休张壁古堡文化旅游开发有限公司	30

续表

团队负责人	兼职身份	设计产品	委托单位	经济效益/万元
王金涛	3. 中科建筑设计研究院西安分院文旅总监	吴旗县长征旅游	吴旗县文旅局	22
		紫阳县道教文化区	紫阳县文旅局	5
		扶风县佛文化产业园	四川森雅景观设计有限公司	10
		清涧县笔架山公园	清涧县城投公司	23
		甘肃贵清山旅游风景区	甘肃贵清山旅游有限责任公司	5.5
	4. 西北建筑设计研究院景观装饰所旅游总顾问	咸阳宝得利生态园	陕西宝德利餐饮文化有限公司	2.5
		西安华城时代豪城	四川森雅景观设计有限公司	12
		临潼工人疗养院	西安跨界设计发展有限公司	4
		咸阳滨水新城小区	咸阳碧顺房地产开发有限公司	10
		户县山水草堂	四川森雅景观设计有限公司	10
	5. 陕西省土木建筑设计研究院旅游规划总顾问	西安慈恩古镇	四川森雅景观设计有限公司	10
		西安暖山康城	四川森雅景观设计有限公司	10
		镇安县翡翠明珠	南方东银置地有限公司	7
		咸阳怡水花园	佳龙地产公司	8
		长安区天赐颐府	陕西天宇实业投资有限公司	15
	6. 北京汉通建筑设计研究院西安分院旅游顾问	运城水岸新城	山西鼎鑫置业有限公司	9
		宝鸡锦绣东城	宝鸡市陈仓房地产有限公司	8
		昆明市广电苑	云南亚广传媒发展有限公司	25
		延安世纪广场	四川森雅景观设计有限公司	6
		户县万联世纪城	陕西万联置业有限公司	7.5

（二）创模式：开发特色旅游文创产品

创新"学徒制+工作室"技能培养模式，以项目任务为导向，深入文旅产业一线，面向旅游文创产品设计，策划企业 IP 形象，凝练地方特色文化，推广地方特色产品。董洁老师带领的文创产品设计团队，先后完成了历史名城苏州淮海街手绘、苏州市吴中区 7 场手绘、甘肃临夏东乡自治县、中国邮政"一带一路"倡议十周年纪念邮票等 IP 形象和标识设计 27 项，在促进学生专业成长的同时，有力地推动了地方经济和中小微企业的发展（如表 2、图 1～图 7 所示）。

表 2 文创产品设计团队旅游文创产品设计统计表

团队负责人	兼职身份	设计产品	委托单位
董洁	1. 西安文理学院历史文化旅游学院、西安千策电子信息科技有限公司产教融合文创产品研发中心设计研发指导教师	IP 形象开发设计与文创产品设计	陕西曲墨空间设计有限公司
		甘肃省临夏回族自治州东乡族自治县肉羊形象标识设计	西安易德森景观设计有限公司
		西咸国际人才公寓景观方案设计	陕西拾光景观设计有限公司
		甘肃省临夏州东乡族自治县文化旅游 IP 形象及文创产品方案设计	西安易德森景观设计有限公司

续表

团队负责人	兼职身份	设计产品	委托单位
董洁	2. 西部云谷创新创业发展中心创业导师	铜川新区灯具设计、铜川新区市政围挡设计	陕西拾光景观设计有限公司
		西安金唐科技景观提升	西安金唐材料应用科技有限公司
		吕梁市第一中学校园品牌文化建设方案	西安百思特展览装饰工程有限公司
		吕梁市第三中学、第五中学校园品牌文化建设方案	陕西拾光景观设计有限公司
		苏州市相城区手绘体验活动	同程旅游
	3. 陕西拾光景观设计有限公司产教融合文创产品研发中心设计研发指导教师	"好物江南·心上吴中"7场手绘体验活动，完成手绘作品和旅游产品推广手册的设计与制作	同程旅游
		陕西省商洛市镇安县塔云山手绘体验活动	同程旅游
		手绘茅台镇	贵州茅台集团
		"西安年最中国"西安旅行手绘	同程旅游
		"康养圣地中国凉都"贵州六盘水手绘体验	同程旅游
		"活色生鲜张家港"手绘体验活动	同程旅游
		"中国年看西安"手绘体验活动	同程旅游
	4. 陕西曲墨空间设计有限公司设计总监	"小山自然品牌文化建设"	武汉星创意文化传播有限公司
		授权"格雷迪诺小恐龙"	武汉知味文化传媒有限公司
		《站在命运的风口回望》散文篇和诗歌篇两册，设计两册封面及全书插画	甘肃文化出版社
		"苏州淮海街城市更新项目宣传资料手绘效果图"	西安易德森景观设计有限公司
	5. 朴道茶叶签约设计师	统一集团"统一汤达人"微博推广活动、手绘作品	微博动漫活动
		富平柿饼包装方案、贵妃葡萄包装	兴平市本草农业科技农民专业合作社
		黑河国家森林公园徽标设计、秦岭四宝挂历设计	陕西黑河国家森林公园

图 1　苏州淮海街——手绘图与实景对比图

图 2　苏州淮海街手绘地图——现场实拍

图 3　中国邮政"一带一路"倡议十周年纪念邮票

图 4　陕西职业技术学院白鹿原校区和长安校区手绘地图

图 5　苏州市吴中区旅游推广攻略书"好物江南,心上吴中"

图6　甘肃省临夏回族自治州东乡族自治县文化旅游 IP 形象及文创产品方案设计

图7　西安地铁一号线康复路站浮雕"微笑天使"

（三）促融合：助力企业高质量发展

学校加强校企深度融合，引进企业项目、技术、文化的同时，鼓励教师深入企业一线，为企业提供技术支持和技能培训。何叶老师带领旅游教学团队先后承担了多个国家级省级旅游骨干教师培训项目任务，为省内外上百家旅游企事业单位提供景区运营、服务流程等技术升级和员工业务培训，培训达 8 000 余人次（如表3、图8~图12所示）。

表3　旅游教学团队技术服务员工业务培训项目统计表

合作企业	服务内容	服务人次
西安市文旅局	为西安市旅行社从业人员做专题讲座	300
长安区农业农村局	长安区休闲农业和乡村旅游人才提升培训	300
长安区文旅局	长安区休闲农业和乡村旅游人才提升培训	300
陕西宾馆	中央第十四巡视组志愿服务工作、两会志愿服务工作	100
西安碑林博物馆	讲解培训、礼仪培训	400
西安翠华山	讲解培训、礼仪培训	400
西安宾馆	礼仪培训	200
西安千策电子信息科技有限公司	酒店 AI 虚拟仿真实训平台；《职业礼仪与形象塑造》软件的研发	50
白鹿之隐房车营地	客房服务、礼仪培训	200
西安环亚国际旅行社	直播课程培训、网页设计培训	400
陕西省旅游汽车公司	直播课程培训、网页设计培训	300
西安市临潼区旅游综合服务中心	直播课程培训、网页设计培训	300

续表

合作企业	服务内容	服务人次
延安唐乐宫有限公司	直播课程培训、网页设计培训	250
西安饮食股份有限公司老孙家饭庄	讲解培训、礼仪培训	240
西安彩拓网络科技有限公司	文创产品设计、办公软件操作培训	90
陕西光华国际旅行社	导游讲解培训、导游礼仪培训	380
陕西新生代广告有限公司	文创产品设计、办公软件操作培训	300
陕西旅游百事通国际旅行社有限公司	导游礼仪培训、导游英语口语培训	240
西安光大国际旅行社	导游礼仪培训、导游英语口语培训	280
西安中旅国际旅行社有限责任公司	导游讲解培训、导游礼仪培训	400
陕西牛背梁国家森林公园	导游讲解培训、导游礼仪培训	500
宝塔山景区	导游讲解培训、导游礼仪培训	200
陕西海外旅游有限责任公司	导游礼仪培训、导游英语口语培训	200
中国康辉西安国际旅行社有限责任公司	文创产品设计、办公软件操作培训	360
西安假日国际旅行社有限公司	导游礼仪培训、导游英语口语培训	200
中青旅（陕西）国际会议展览有限公司	导游讲解培训、导游礼仪培训	420
西安曲江国际旅行社有限公司	导游讲解培训、导游礼仪培训	250
西安天马国际旅行社	文创产品设计、导游礼仪培训	230
西安万达通旅游有限公司	导游讲解培训、导游礼仪培训	160
西安市亨昌源医疗科技有限公司	销售礼仪培训	80

图 8　景区管理服务能力提升指导实训现场

图 9　酒店礼仪培训

图 10　西安千第电子信息科技有限公司酒店 AI 虚拟仿真实训平台指导、实验设计任务现场

图 11　酒店 AI 软件知识内容

图 12　礼仪实训教学平台微课视频

二、成效

(一) 凸显了地域文化特色,繁荣了地方文化产业

文旅项目规划设计团队以挖掘地域文化、全方位把控文旅项目的综合能力为特点,代表作"白鹿仓景区",以其独具特色的民国建筑设计风格,以及强烈的白鹿原民俗体验感,完成了近 400 栋不同样式和风格设计方案,已成为白鹿原"网红打卡景区"。文创产品设计团队手绘文创产品,融入地方文化,以其独特的艺术语言,富有创意和灵感的设计,深受年轻人的青睐,在地方文旅产品宣传中大放异彩。"苏州淮海街城市更新项目宣传资料手绘效果图"项目,被用于动画宣传片进行苏州淮海街商业推广宣传,"好物江南·心上吴中"手绘地图、手绘攻略书,被用于吴中区枇杷成熟季宣传活动,受到中央电视台采访。以地方元素为主题的中国邮政"一带一路"十周年纪念邮票已正式发行。

(二) 产业项目落地有声,服务企业有口皆碑

文旅项目规划设计团队深耕文旅项目,设计完成的不同规模的文旅项目,已经产生了较大社会影响。在大型文旅项目设计案例中,参与规划设计的西安市灞桥区"白鹿仓景区"运营 5 年来,年均游客量保持在千万人次以上,该设计模式已被推广至嘉峪关、天水、海口、焦作等地,嘉峪关"关城里"景区、洛阳"龙凤山古镇",成为当地知名的文旅品牌。文创产品设计团队负责人董洁副教授设计的西安地铁 1 号线浮雕《微笑天使》《长乐未央》、甘肃省临夏回族自治州东乡族自治县肉羊形象标识,受到了当地政府部门和游客的广泛好评。旅游教学团队何叶教授,以其职业化的培训项目和服务社会的奉献精神,深受企业和行业欢迎,先后荣获"高级会务礼仪培训师""高级注册礼仪培训师""全国十佳服务礼仪培训师""陕西省师德标兵"和"教书育人楷模"等称号。

培根铸魂 实践强基 建设高水平教师团队
——陕西能源职业技术学院

百年大计,教育为本;教育大计,教师为本。学校始终将教师队伍建设放在重要核心地位,实施人才强校战略,通过创新举措和制度改革,调动学校教师积极性,形成"育才、引才、聚才、用才"的人才培养机制,为学校高质量发展提供坚实的人才基础。

一、实施背景

立足世界百年未有之大变局和国家能源结构基本特征,面对国家能源紧缺严峻挑战,聚焦国家"碳达峰、碳中和"战略部署,深入贯彻落实创新、协调、绿色、开放、共享的新发展理念,充分发挥学校煤炭类专业优势,推动煤炭专业创新发展。作为全国唯一以煤矿开采技术专业为引领的煤炭智慧开采与清洁利用"双高计划"群建设院校,学校肩负着为党的煤炭事业育人、育才的重要使命,只有持续加强学校教师队伍建设、平台搭建,提升教师队伍专业化水平与素养,才能更好地为国家培养更多优秀煤炭行业技能人才,推动国家煤炭行业高质量发展,有效缓解国家能源紧缺的局面。

二、主要做法

(一)建立完善保障体系,统筹协调推进师资队伍建设

成立人才工作领导小组,制定教学工作考核评价制度、教学质量管理监控体系、实践教学管理机制、教师培养制度、激励机制和责任机制;加强落实绩效考核制度,充分调动教师干事创业的积极性和主动性,增强教师职业的获得感、满足感和幸福感;实施组织保障、过程监控、制度保障和资金保障,高效推动师资队伍建设工作(如图1所示)。

图1 组织保障、过程监控、制度保障、资金保障协作体系

(二) 引培结合构建校企混编、梯队化、体系化团队

1. 坚持柔性引才，配强师资队伍

学校围绕战略布局和专业特色，及时优化人才引进政策，出台相应管理制度，建立完善的引才机制，加大高层次、高职称人才储备。积极创新引才举措，采用直接引进、外聘兼职、短期挂职、学术带头人、客座教授等多种形式，引进更多名师、名家、技术能手等高层次人才，配强学校师资队伍。

2. 搭建多元发展平台，助力教师专业成长

发挥康复治疗国家级教学团队，矿山机电、化工行业级教学团队，煤炭高效清洁利用省级科研创新团队，陕西省高校工程研究中心和教育部煤矿应用技术协同创新中心的作用，深化校企合作，搭建教师成长成才平台。学校充分发挥校企合作优势，建设煤炭类和医护康养类"双师型"教师培训基地和企业实践基地4个，煤炭院校思政课程与课程思政教师研修基地1个，省级"大思政课"建设示范基地1个，为教师发展和能力提升提供优质平台（如图2所示）。

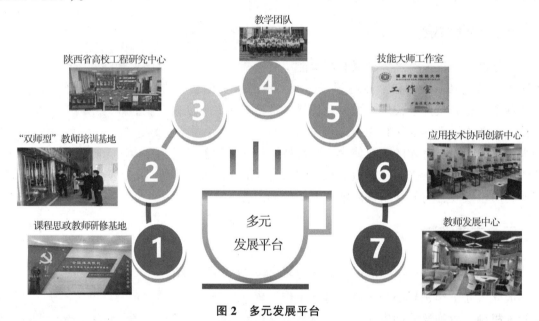

图2 多元发展平台

3. 聚焦"校企+校际"协同，推进协作共同体建设

按照专业领域，联合天津医学高等专科学校等同类院校，建立完善校际协同工作机制，建立"校际协作共同体"，增强院校之间人员交流、研究合作、资源共享。通过整合共同体优势教育资源，在人才培养、教学改革、职业技能等级证书培训考核等方面协同创新，带动共同体内各学校内涵式发展，实现学校间先进教育理念共享、管理机制共享、课程改革资源共享，推动院校与企业形成命运共同体。

(三) 多措并举，锻造新时代"双师型"工匠之师

面向品牌名师、骨干教师和新进教师实施"高峰工程""高原工程""基础工程""激励工程"和"保障工程"培养举措，构建"国培、省培、校培"三级培训工作体系，借力国培、省培及相关专业培训项目，推进强师计划，加强对骨干教师的培训和培养，吸收先进的教育理念、教学方法、科研方法，开阔教师的国际视野，培养教师的国际化意识和素养。

三、成果成效

学校充分发挥自身优势，充分利用周边资源，积极为教师的发展成长搭建平台，有效推动学校教师队伍建设。培养了二、三级教授7人，教育部行指委副主任委员3人，工信部产业教授1人，全国优秀教师1人，省级教学名师、优秀教师、师德标兵13人，行业教学名师5人，煤炭行业技能大师10人，陕西省技术能手9人（如图3所示）。

图 3　学校教师队伍建设成果展示

四、经验总结

"双师型"教师队伍改革要坚持标准优先、严格准入，要坚持校企合作、共同培养，要坚持团队发展、共同成长，在实践锻炼中提升能力。学校高度重视"双师型"教师队伍建设成效，整合各方资源和优势，致力于学校"双师型"教师队伍建设工作。在学校的支持下，近年学校"双师型"教师队伍建设取得重大突破，有力地证实了"搭平台、建机制、重实施"举措的正确性。学校将持续探索优化这一具有能源特色的"双师型"教师队伍建设举措，培养更高水平的"双师型"教师队伍。

学校持续立足新时代新征程，按照国家对"双师型"教师队伍建设的要求指示，深入教师队伍建设实践，大力优化、改善平台、机制和措施，为"双师型"教师队伍建设作出突出贡献。

"多级联动、逐级防护"保障学校数字化转型顺利实施

——陕西能源职业技术学院

在数字化转型中,学校以"多级联动、逐级防护"策略为核心,强化智慧校园网络安全。建立线上漏洞通报机制,确保新系统上线前严格审查与安全整改。梳理并分层部署从网络接入到数据库各层级的安全防护措施,构建立体化防护体系。搭建态势感知系统,实现风险识别、协同保护及实时联动防护,提升了全校安全运营效能。构筑多级联动防御体系,借助先进安全工具实现全网安全可视性和闭环管理,有力保障数字化转型进程,显著提高整体网络安全水平,有力推进智慧校园的深入建设和全面发展。

一、实施背景

早期网络边界分明,安全防护依赖于内外隔离机制,内部默认视为安全区而无需深度可视化。然而随着互联网的深度融合与开放性增强,内外界限模糊,攻击手段复杂化,传统的安全域划分已无法有效应对威胁。APT攻击常利用内网系统或用户作为渗透跳板,即使在内网环境中也潜藏风险。因此,在现代网络安全态势下,全面的可视性成为确保安全的基础,只有深入洞察网络行为、流量和资产状态,才能精准发现并防御潜在威胁,实现有效保护。

二、主要做法

(一)健全体制、理顺机制、完善制度,保障信息化顶层设计

学校成立网络安全与信息化领导小组,统筹学校网络安全与信息化建设;成立信息化建设与管理中心,明确信息化服务、支撑教学和管理的建设目标;发布数据保密和网络安全管理规定,明确各部门网络安全职责(如图1所示)。

(二)聚焦业务,建立系统漏洞线上通报机制

按照"谁主管谁负责、谁运维谁负责、谁使用谁负责"的原则,与各职能业务部门建立了网络安全联络员机制,定期通过线上流程通报各业务系统的漏洞现状,限期整改,未整改的业务系统强制下线,新的业务系统需走线上备案流程才可上线运行(如图2所示)。

(三)梳理网络和系统架构,逐级进行防护

对网络和系统安全进行梳理,分为网络接入层安全、操作系统层安全、业务访问层安全

图 1 学校制度

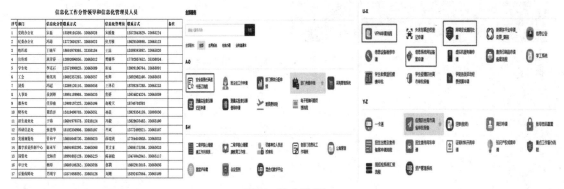

图 2 线上流程

和数据库安全 4 个层级，并分别针对各层安全进行针对性安全防护，保障学校信息化应用建设的成效（如图 3 所示）。

（四）建设网络安全态势感知系统，实现协同联动防护

构建基于网络安全工作流程从风险识别、协同保护、监测预警、响应处置、监督检查 5 个环节闭环流程，联动各层安全防护设备实时防护，增强学校安全运营能力，提升安全运营效率，体现安全工作效果，彰显安全工作价值（如图 4 所示）。

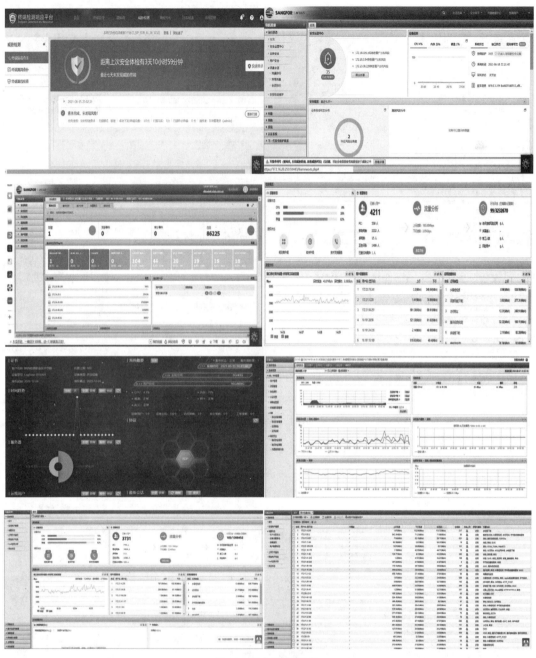

图3 安全防护设备

图4 安全态势感知平台

三、成果成效

（一）开展正版化，提升信息化素养

建设"软件正版化"服务平台，与统一身份认证系统集成，提供微软、360及金山 WPS 正版软件下载激活服务，并增设线上报修功能，安排专业人员上门支持。通过多渠道宣传推广，目前平台已激活操作系统等软件 2 353 台次，下载总数达 2 593 次，服务用户 750 人（如图 5 所示）。

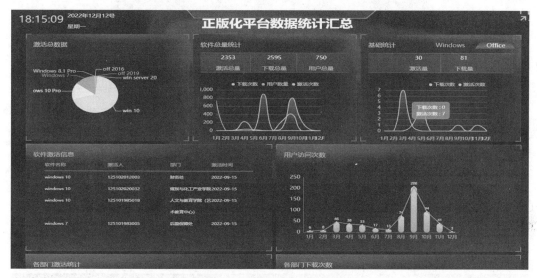

图 5　正版化数据统计大屏

（二）持续检测能力

1. 资产的新增或变更感知

通过业务识别引擎，主动识别新增业务资产或变更新的业务资产；发现资产变更后，自动对"变动资产"进行增量评估；减少新漏洞在网上的暴露时间。

2. 潜伏威胁及风险感知

实时汇集漏洞扫描信息，感知漏洞分布及危害情况；对绕过边界防御，进入内网的攻击进行检测，以弥补静态防御的不足。

3. 安全事件感知

对内部重要业务资产已发生的安全事件进行持续检测，第一时间发现已发生的安全事件。

4. 异常行为感知

该安全体系对内部用户和业务资产进行持续异常行为检测，实时感知并揭示潜在风险以减少损失。通过业务视角展示安全态势，并从攻击链分析资产失陷状况。系统详细举证失陷原因与危害，为运维及校领导提供处置方案，并揭示威胁影响范围及内部异常访问关系，描绘出攻击源与受害目标的横向行为特征以及失陷资产对外联络情况，从而实现精准溯源与防控。

（三）协同联动能力

构建多级联动的安全防御体系，形成对威胁的全面防御、检测、响应和预测闭环，灵活应对各种攻击（如图 6 和图 7 所示）。该体系通过智能集成联动技术，实现一键阻断木马与黑客通信、实时安全事件界面告警、终端病毒扫描查杀以及数据库审计防泄密分析追踪等功能，高效保障网络安全。

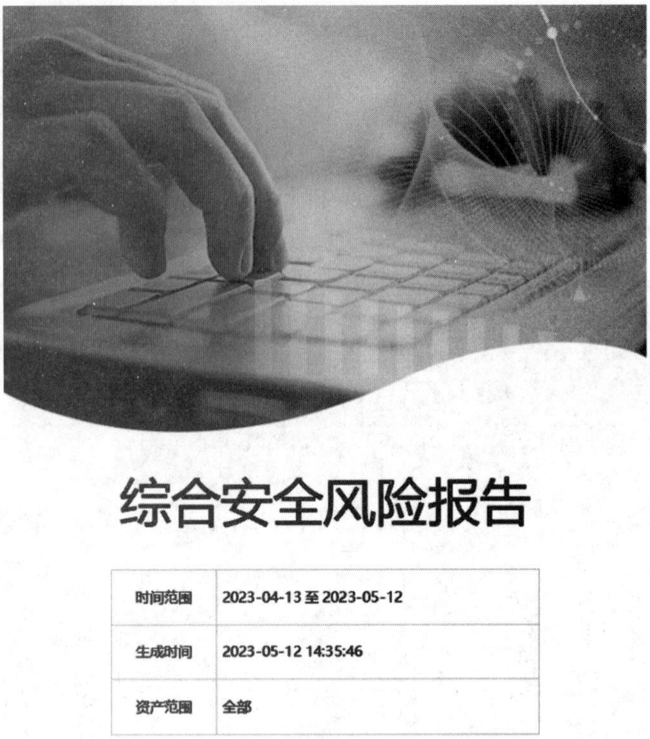

图 6　安全风险联动处置

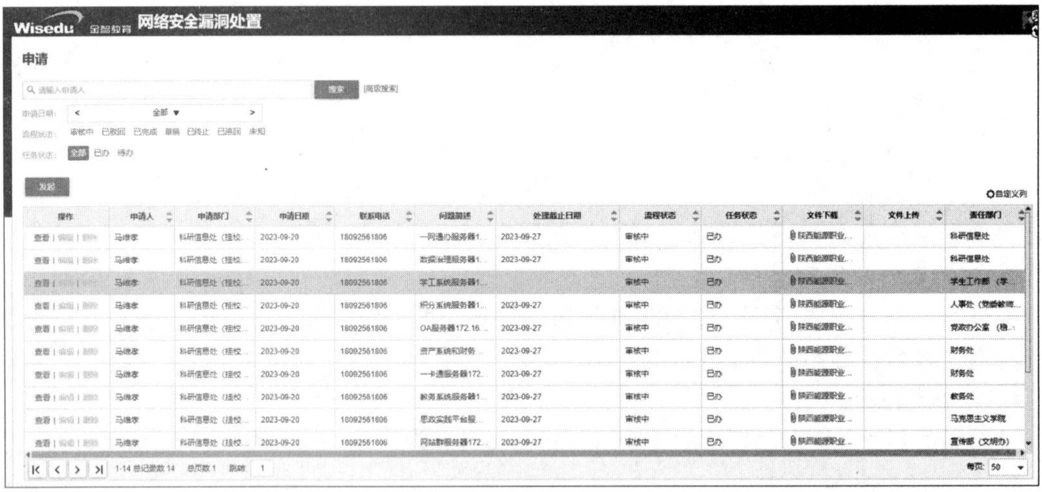

图 7　安全漏洞整改闭环

四、经验总结

部署终端检测及响应平台，实现全网安全的实时可视、预警与高效响应，**精准感知内部高级风险**。结合内外部威胁情报，通过探针和安全设备采集关键节点数据，运用行为分析、机器学习等技术检测潜伏威胁，并以可视化方式呈现网络整体安全状况。该方案整合边界防护、内网检测等功能，实现全网应用、业务、攻击流量可视化，有效解决安全黑洞与洼地问题，辅助决策并快速定位安全事件源头，显著降低运维复杂度。

"五维"并举 多方联动 打造技术技能创新服务"咸职"高地

——咸阳职业技术学院

学校实施模式打造、评价改革、项目驱动、路径拓展、功能提升"五维"同步,校内校外、校地行企一体联动,构建"特色领航、评价导航、项目驱动、多元共建、'两链'融通"机制,实现了平台技术技能创新服务能力全面提升。

一、实施背景

习近平总书记强调:"科技创新是提高社会生产力和综合国力的战略支撑,必须把科技创新摆在国家发展全局的核心位置。"打造技术技能创新服务平台是落实习近平总书记重要指示精神、支撑产业发展的需要,是高职院校塑造发展新动能、实现高质量发展的需要。为认真贯彻习近平总书记重要论述,解决创新动力不足、对接产业不紧、成果供给不足等问题,学院从模式打造、评价改革、项目驱动、路径拓展、功能提升五个维度同步发力,整合"校地行企"资源,构建"特色领航、评价导航、项目驱动、多元共建、'两链'融通"的平台建设机制,取得明显成效。

二、主要做法

(一)彰显特色建平台

立足专业实际,聚集创新资源,着力打造体现专业特色,彰显"咸职范式"的平台建设模式,打造形成"园校融合、多元共建"幼儿发展教育研究模式、"一体""两翼六阶"健康养老服务模式、"研服转养训"五位一体人工智能协同创新模式和"1+2+N"与"线上培训咨询+线下技术坐诊"现代农业技术服务模式(如图1所示)。

图1 深入田间地头,开展科技服务

（二）改革评价领平台

改革成果评价引导，加大对代表性科研成果产出的引导；改革项目验收考核，将平台建设、产品研发、人才培育、社会效益、制定标准、成果转化和新技术、新材料、新工艺等多元考核评价要素纳入科研绩效考核，构建以业绩和贡献为导向的多元化科研评价考核体系；细分能力设项，分类设立不同专项，引导提升科技创新能力，积累成果培育经验。获评陕西省深化新时代教育评价改革优秀案例。

（三）项目驱动促平台

坚持成果导向、项目驱动，修订完善平台管理制度和横向项目管理办法，根据不同平台专业特点和实际，明确平台依托单位和项目负责人责任，以目标化管理、项目化驱动、责任化落实夯实平台功能，促进多元成果产出。

（四）共建共享强平台

与礼泉县政府签订秦创原战略合作协议，协同推进科技创新与地方需求精准对接，"产学研用"深度融合；联合政府部门、专业机构、行业企业共建秦创原示范基地、园校政行企合作联盟、产教融合基地和协同创新中心、技术服务与培训认证中心，协同开展产业调研、横向研究、技能培训、科技成果路演、中小微企业项目咨询与诊断服务，推进科技成果转化（如图2所示）。

图2 合作共建秦创原示范基地

（五）"两链"融通展平台

聚焦服务区域产业结构转型升级和企业技术改造，融通创新链和产业链，建立市场技术需求发现、成果信息推介、成果转化协作等机制，建立三级技术经理人队伍，推进科技成果转化"三项改革"，引导平台瞄准前沿强化科技攻关，融通"两链"提升服务功能（如图3所示）。

图3 科技成果路演

三、成果成效

（一）科技成果供给能力明显增强

立项省级科研项目 58 项，签订横向项目 45 项，合同金额 304.82 万元，超过"十三五"时期总和；获发明专利 25 项；登记技术合同 56 份，技术合同金额 315.02 万元；"高校成果空间"推介成果 33 项、专利 17 项；形成产业研究和行业调研报告 2 份、地方标准 1 项，并被国、省相关部门采用。获全国技术研发与应用优秀成果奖 1 项、陕西省科技奖 1 项、陕西省高校科技奖 6 项。

（二）服务产业发展能力明显增强

建成国家级协同创新中心、市级重点实验室各 1 个，注册科技型企业 1 家，校地共建秦创原示范基地 1 个，承接咸阳市"揭榜挂帅"项目 2 项，转让技术成果 6 项，为区域中小微企业提供技术服务 240 次，校企合作开发中医农业应用技术 1 项，合同金额 1 500 万元；建立产业从业人员培训基地，成立"早教之家" 6 个，培训各类产业从业人员 5 000 余人，开展科普活动和健康教育近百场次；建立"互联网+健康养老"众创空间、示范社区和市级农业科技创新平台，开展"点菜式"技术服务，年均开展科技服务 500 余次，服务社区 115 个、养殖场 179 家；陕西省科技计划项目"大榛子引种示范推广"建成示范基地 800 余亩，陕西省农业科技创新驱动项目"石榴新优品种轻简高效标准化栽培技术集成示范"，建成示范基地 600 余亩，有效带动了农民增收、农业增效、农村发展。

（三）辐射带动人才培养能力明显增强

坚持一手抓科技创新与技术服务，一手抓教师成长与人才培养，培养农业科技特派员 18 人，技术经理人 12 人，打造创新创业团队 13 个。学生先后获中"互联网+"大赛、"挑战杯"大学生课外学术科技作品竞赛等赛事国奖 6 项，省奖一等奖 23 项；4 名教师先后荣获咸阳市"中青年科技创新领军人才"等荣誉称号。

五色赋能　共绘乡村振兴新画卷
——咸阳职业技术学院

学校深入贯彻落实乡村振兴战略，立足中国特色"双高计划"，聚力"红、金、绿、蓝、橙"五种颜色，实现职业教育与乡村振兴双向赋能，绘就乡村振兴新画卷。

一、实施背景

咸阳职院认真履行服务地方职责，立足西部特色农业发展实际，依托"五大振兴"理念，探索创新"五色共绘"服务乡村振兴新路径，实现职教发展、产业兴旺与农民致富"三丰收"（如图1所示）。

图1　咸阳职院"五色共绘"服务乡村振兴新路径

二、主要做法

（一）筑牢红色堡垒，党建领航促振兴

学院党委把乡村振兴作为重要政治任务，成立乡村振兴领导小组和乡村振兴学院，高位推动帮扶工作。依托"双高计划"建设，探索"党建+平台"服务乡村振兴新模式，选派"懂农业、爱农村、爱农民"教师，配齐配强帮扶村第一书记，5个党支部与永寿县小石村等开展校地共建，将基层党建优势转化为服务乡村振兴强大力量（如图2所示）。

图 2 咸阳职院与帮扶对象校地支部共建助力乡村振兴

(二) 发掘金色资源,沃土生金旺产业

以"帮扶单位+企业+基地+农户"产业发展模式,引导农林村发展大红袍花椒种植园项目,栽植花椒基地近 2 600 亩,年均增收 1 000 多万元(如图 3 所示)。与扶风等县签订优质农产品采购协议,在小石村创办肉牛养殖产学研基地、"秦脆"苹果示范园等,做优做强乡村农业绿色化、优质化、品牌化,让更多农民挑上"金扁担"。

图 3 咸阳职院党委书记张迪、院长杨卫军调研帮扶村花椒产业

(三) 打造绿色样板,科技支撑优生态

榛子生态功能强、经济效益好。学院园林技术专业科技创新团队依托省区域创新能力引导计划项目"大榛子引种示范推广",帮扶农民栽培新品种大榛子 800 多亩,实现亩产值 8 000 余元,把撂荒田变成"聚宝盆"(如图 4 所示)。与礼泉县开展秦创原战略合作,共建"石榴新优品种示范基地"等。逐年开展"科技之春"活动,为帮扶县村送知识、送科技、送成果,发放资料、提供咨询 1 万多人次,绿色科技铸就和美乡村。

图4 咸阳职院大榛子产学研示范基地

（四）培育蓝色智群，仪祉精神育英才

学院前身之一的陕西省仪祉农业学校创办于1939年，为国家培养培训农业技术人才上万人次。学院秉承仪祉精神，建立"蓝领"农业人才"一体两翼"育训体系，5年培养涉农专业学生1 005人，遍布西部第二大城市群，以"八十年"办学史辐射"八百里"秦川地。建设省级新型职业农民等培训基地7个，年开展"三农"等培训1万多人次，让更多"土秀才"成为乡村振兴"新农人"。

（五）弘扬橙色乡风，文化耕心惠民生

橙色象征温暖与幸福，也是志愿服务代表色。学院大力推广志愿服务助力乡村振兴，将"橙色文化"注入文明乡风。组建大学生"三下乡"助力乡村振兴等专项队伍，开展文化下乡等志愿服务（如图5所示）。为帮扶村制定《村规民约》，建立图书室，捐赠图书，开展"脱贫光荣户"等评选表彰活动，推动形成文明乡风、良好家风和淳朴民风（如图6所示）。学院被评为全国大学生"三下乡"先进单位。

图5 咸阳职院"推普助力乡村振兴"社会实践活动

图 6　咸阳职院院长杨卫军带队向扶风小学捐赠教学用品

三、成果成效

（一）办学宗旨融入助农兴农思想

将"育人惠民"办学宗旨融入"双高计划"目标任务，实现职业教育与区域农业发展同频共振。近年来投入 500 多万元助力乡村振兴，建立产业基地 4 个，结对帮扶 61 户贫困户成功脱贫。学院连续 6 年被评为全省"双百工程"先进单位。

（二）科教融汇赋能乡村振兴战略

依托"五色共绘"路径，探索形成了高校科教融汇助力乡村振兴有效模式，服务农村地区加快形成"新质生产力"。近 5 年立项农业类市级以上科研项目 25 个，授权国家发明专利 6 项，教师获市级以上科学技术奖、推广奖 8 项，1 个项目获省科学技术奖三等奖。

（三）人才培养助力农业强国建设

经过长期帮扶实践，不断推进涉农专业教育教学改革，建立以涉农专业学生培养为主体、以职业农民培训和村干部学历教育为两翼的农业人才"一体两翼"育训体系。近 5 年学生获国赛、省赛奖项 23 项，毕业生就业率连年 98% 以上，用人单位好评率 100%。

国家"双高计划"专业群典型案例

"四共四融、三进双通",校企共建先进制造产业学院

——陕西工业职业技术学院机械制造与自动化专业群

在当前装备制造业转型升级的背景下,陕西工业职业技术学院与北京精雕等头部企业共建先进制造精雕产业学院,成功构建了"四共四融"校企命运共同体——先进制造产业学院,实现产教融合模式创新。以"平台共建、资源共享、人员共用、利益共赢"为核心建设机制,保障了校企双方"团队融合、技术融合、文化融合、管理融合"。通过产业学院建设,不仅实现了企业实际工作任务与校内教学相融合,而且在实训基地建设等方面形成了新模式,为学生提供了高质量的育人平台与载体,得到社会媒体广泛报道,在产教融合、校企合作方面产生了典型的示范作用。

一、建设背景

近年来,信息技术的不断发展正在推动制造业向数字化、智能化、网络化方向变革。随着企业技术升级、工艺优化与标准更新,企业迫切需要能够支撑制造业转型升级的技术技能人才。然而,职业院校目前的人才培养环境与企业真实生产环境相差甚远,新工艺、新标准难以较好地融入课堂,人才培养与企业用人需求匹配度不高,人才培养质量难以提升。对此,陕西工业职业技术学院紧密围绕装备制造产业高端人才需求,聚焦数字化精密制造领域,联合北京精雕科技集团有限公司(以下简称"北京精雕")共建校企命运共同体,实体化运营"先进制造精雕产业学院"(以下简称"产业学院"),有机地将产业与教育深度融合,打通了校企合作的"最后一公里",实现"身在校园、做在企业"的实景化育人。

二、建设举措

(一)创新一个理念,"四共四融"建设产业学院

学校紧跟装备制造产业升级以及新技术、新模式、新业态发展,携手北京精雕等龙头企业建成产业学院(如图1所示),构建了"平台共建、资源共享、人员共用、利益共赢"企

业实景育人平台建设机制，形成了"团队融合、技术融合、文化融合、管理融合"运行机制。先后获批国、省、市、区研究服务平台（如图2所示），深入参与区域企业技术研究，推动企业技术升级，并将科研成果转化为教学资源进入教材，实现产学研耦合赋能，学生专业能力、实践创新能力随动行业技术同步提升。

图1　产业学院授牌

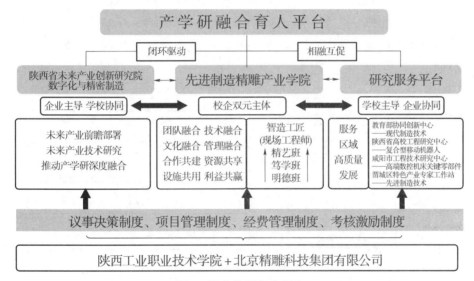

图2　校企协同育人平台

以产业学院为基础，基于"人才培养、技术研发、社会服务、科技转化、创新创业"五位一体建设思路，校企协同建设了数字化制造实训基地，包括数字化制造虚拟仿真中心和数字化制造精密加工研发验证中心，实现了"企业场景进校园、企业人员进团队、企业案例进教学，教学环境与企业现场互通、教学内容与生产技术互通"，形成了"身在校园、做在企业"的实景化育人。

依托产业学院，借助"教育部现代制造技术协同创新中心—陕西省高校工程研究中心—咸阳市工程技术研究中心—渭城区特色产业专家工作站"四级研究服务平台，校企共组团队展开教学科研，促生了"会教学擅服务"的育人团队建设，校企团队联合开展技术攻关和技术研发,以企业真实项目为载体将典型工作任务转化为教学内容,实现教师专业能力、科研能力随动产业技术发展动态提升,实现学生技术应用、技术创新能力同步提升。

(二)实行一套举措,"三进双通"促进产学研深度融合

为充分发挥产业学院校企协同育人职能,在产业学院的企业实景化加工环境基础上,北京精雕选派8名工程师与学校骨干教师共同组建"双导师"团队,共同承担产业学院的理论授课、项目实训教学、指导学生创新创业等工作,双方按照项目与教学内容,适时地相互转换"身份",实现人员双向流动与能力互通。

依托产业学院对接地域企业需求,校企团队深度参与企业生产技术研究,共同推动技术创新,深化企业技术服务,增效产品更新换代。校企团队以科研项目为载体,将科研成果转化为教学资源,为学生提供更具实践应用价值的学习体验,完成产学研深度融合,最终实现"企业场景进校园、企业人员进团队、企业案例进教学,教学环境与企业现场互通、教学内容与生产技术互通"。

为充分保障产业学院管理与运行,产业学院搭建了"决策层—管理层—运行层—执行层"的组织架构(如图3所示),形成"理事会—院长办公室—工作部—项目组"四层管理模式,明确了各层人员职能。制定了理事会组建与运行、理事会议事、项目结算等产业学院管理制度,制定了产业特聘教授选聘、兼职教师选聘、协同育人平台企业兼职人员选聘、企业人员柔性引进等人员管理制度,形成"教育教学+技术服务"长效运行机制,保障产业学院正常运行。

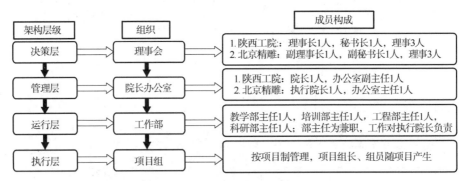

图3 产业学院组织架构

(三)建成一套体系,实行人才精准培养

以产业学院为平台,与北京精雕签订订单协议,成功实施了数字化精密加工人才定向精准培养,构建了三级递进式人才培养体系。以校企团队共同编写的数字化精密制造系列教材为载体,连续3年全面培养学生的专业技能与素养(如图4所示)。第一年以开阔学生视野、培养加工兴趣为目标,进行数字化精密加工基础知识讲解与软硬件认知培训;第二年以企业典型案例为载体,通过软硬件培训强化学生的专业基础知识,使其熟练掌握精密加工基础技能;第三年,以复杂零件加工项目为载体,全面进行"工艺编制—精密加工—在线监测"全流程精进培养,使学生具备系统化的零件加工思维,具备更全面的数字化精密加工技术技能。

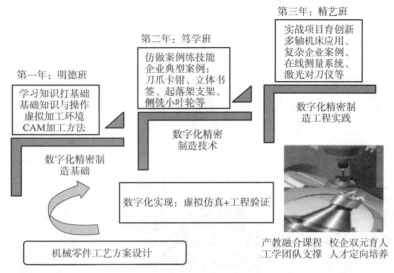

图 4 "精雕班"三级人才培养体系

三、建设成效

(一) 技能培养效果显著,就业质量全面提升

依托"精雕班"三级递进式人才培养体系,通过校企合作,高质量地实现了数字化精密加工技能人才培养,学生投身精密加工领域兴趣强烈,完成个性化作品制作(如图5所示),深刻理解了精密加工相关知识与理论,全面掌握了高端精密加工中心操作方法,实现高质量就业,"精雕班"毕业生实习薪酬平均5 000元,正式薪酬达到7 500~12 000元。

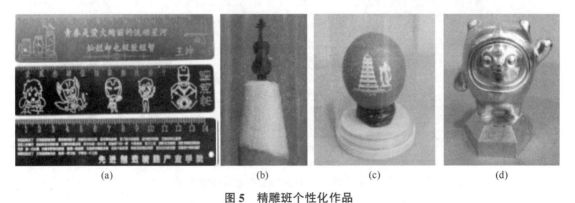

图 5 精雕班个性化作品

(a) 创意直尺;(b) 笔尖上的吉他;(c) 蛋壳上的雕刻;(d) 冰墩墩

(二) 教学资源丰富新颖,育人载体全面升级

依托产业学院,将企业典型产品引进课堂,生产过程与教学过程相融合,实现实境教学与双元育人。校企共同建设"数字化工艺设计""柔性工装设计""精密与多轴加工"等课程,引入了"薄壁精密航空叶轮""无缝对模""医疗骨搓"(如图6所示)等15类企业产品作为教学载体,培养了学生薄壁类等特殊精密零件的加工技术、多轴加工的CAM编程技术、五轴加工智能分中摆正技术等核心技能。为了进一步整合教学资源,组建了"双元"

教材开发联盟，开发了《数字化精密数控加工岗位群技能标准》1 项（如图 7 所示），编写了"1+X"精密数控加工证书配套教材 1 套。

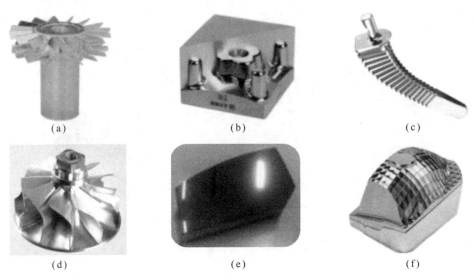

图 6　企业产品教学载体

（a）薄壁精密航空叶轮；（b）无缝对模；（c）医疗骨搓；（d）叶轮；（e）镜面精密零件；（f）汽车车灯灯模

图 7　数字化精密数控加工岗位群技能标准

（三）"双师"培养落到实处，助力科研成果突出

依托产业学院，以先进的硬件设施和高水平团队为保证，校企联合实施实际企业任务，逐步提升了校内师资数字化精密制造技术研发与验证能力，先后多名青年教师获得"1+X"精密数控加工职业技能等级证书（如图 8 所示）。在这个过程中，教师授课、技能、科研水平进一步增强，学校对外服务能力得到提升，相关教师参与西安高校保密科研项目 4 项、某研究所航发类保密项目 4 项、某军工企业保密项目 2 项、某三甲医院保密项目 1 项，服务 10 余家中小企业技术攻关项目 20 余项，为院校、科研院所和企业创造经济效益 1 000 余万元；学校被授予西安工业大学兵器工程学院研究生联合培养单位、陕西科技大学机电工程学院研究生联合培养单位（如图 9 所示）。

图 8　青年教师获得"1+X"精密数控加工职业技能等级证书

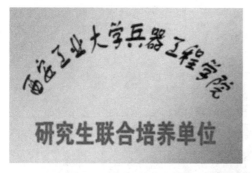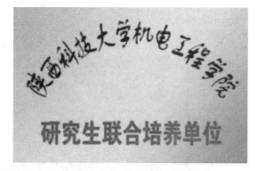

图 9　挂牌研究生联合培养基地

（四）科研平台有效保障，服务地方成效显著

在产业学院的支撑下，学校的咸阳市高端数控机床关键零部件工程技术研究中心被认定为咸阳市工程技术研究中心咸阳市重点实验室（如图 10 所示），同时挂牌陕西省高校复合型移动机器人工程研究中心与咸阳市秦都区工业企业创新发展服务基地（如图 11 和图 12 所示），以技术技能创新服务目标，与咸阳市中小微企业签订技术服务项目 50 余项，科技成果转化 6 项，企业收益超过 1 000 万元。

图 10　市级创新驱动平台授牌

图 11　陕西省高校复合型移动机器　　　图 12　咸阳市秦都区工业企业
　　　　人工程研究中心挂牌　　　　　　　　　　创新发展服务基地挂牌

（五）对外推广产生影响，社会媒体全面报道

产教融合模式得到了兄弟院校的认可，西藏民族大学、陕西科技大学、陕西国际商贸学院、宁夏工商职业技术学院、广东科学技术职业学院等200余所本科院校和高职院校来校进行调研，就产教融合、实训基地建设等方面进行了深入的交流（如图13所示）。

图 13　兄弟院校来访交流

中央电视台、中国教育电视台、陕西教育电视台、新华社、《人民日报》、《光明日报》、《中国教育报》、《陕西日报》等新闻媒体对先进制造产业学院进行了报道（如图14所示）。

图 14　中国教育网络电视台报道

2023年5月12日,《人民日报》刊发整版图文,以《理论与实践结合,教学与产业相融,培养与就业衔接,科研与生产互促 一所高职学校的产教深度融合探索》为题,6 000字长文深度聚焦学校产教融合育人,助推高质量发展的生动实践(如图15所示)。

图15 《人民日报》报道学校产教融合育人实践

"五化一体、六共协同"产教融合实训基地建设的"陕工模式"
——陕西工业职业技术学院材料成型与控制技术专业群

针对目前实训基地存在的融合度不够、专业化不强、共享度不足、建设模式缺失的问题，陕西工业职业技术学院材料成型及控制技术专业群立足西部，携手国家产教融合型企业——宁夏共享集团有限责任公司（专精特新小巨人企业），按照"研学用一体、产训培结合"建设思路，探索了"五化一体、六共协同"实训基地建设的"陕工模式"，有效促进了人才培养、真实生产、科学研究、社会服务、创新创业"五方"长效发展，为中国产业走向全球高端提供智能成型高素质技术技能人才支撑，自实施以来效果显著。

一、实施背景

材料成型及控制技术专业群紧扣制造业国家经济命脉的核心地位和"中国制造 2025"发展战略，立足西部，聚焦高端产业和产业高端转型升级需求，从创新性技术技能人才培养需求出发，针对实训基地现存的融合度不够、专业化不强、共享度不足、建设模式缺失等问题，与产业龙头企业合作，以"学校+企业"的产教融合方式设计，建设具有智能化、绿色化、迭代化、市场化、集成化的高水平专业化产教融合实训基地，形成实训场景共建、教学资源共享、教师队伍共用、国家标准共研、体制机制共创、校企利益共赢的实训基地建设新模式，树立智能成型领域职教专业品牌。

二、主要做法

（一）对接产业转型升级，共建"五化一体"实训基地

专业群聚焦"两机"关键零部件智能成型，基于铸造行业转型升级，引入5G、人工智能、大数据等领先技术，以"研学用一体、产训培结合"的建设思路，对接前沿、共建共享、强化内涵、产学并举，与国家产教融合型企业（专精特新小巨人企业）——宁夏共享集团有限责任公司校企双方深度合作，依托共享集团国家双创示范基地、国家智能铸造产业创新中心，学校投入资金、场地和师资队伍，企业配套设备、技术和产业资源，协同建设具有智能化、绿色化、迭代化、市场化、集成化"五化一体"智能成型实训基地（如图1所示）。

（二）兼顾多方诉求，创新"六共协同"实训基地长效运行机制

校企共同组建实训基地管理委员会，创新实训场景共建、教学资源共享、教师队伍共用、国家标准共研、体制机制共创、校企利益共赢的"六共协同"实训基地长效运行机制（如图2所示）。实训基地不仅具备实践教学、社会培训、社会技术服务的功能，并且能以企业生产的典型产品为载体，从产品的研发设计到产品的生产加工，实现了企业真实的生产经营过程，让学生体验到了"身在校园，做在企业"的学习氛围。在提高学生专业知识与

实践技能的同时,企业也获得了经济收益,保证了产教融合型实训基地能长效良性运转。

图1 "五化一体"智能成型实训基地

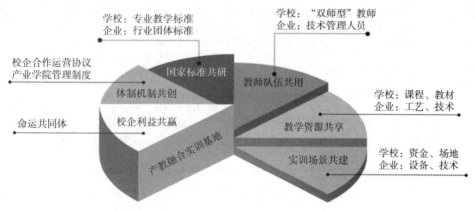

图2 "六共协同"实训基地运行机制

(三)协同推动"四链"有机结合,提高产、教、研、培建设水平

校企共建、协同运行,将典型产品生产和技术服务项目的新材料、新工艺、新技术融入人才培养方案、课程体系等各个环节,实施双导师项目化教学,推动教育链、人才链、产业链、创新链有机结合,不断提升实训基地管理水平,提高实训基地人才培养能力,服务区域产业升级,实现专业群的教育、培训、生产和科研多重职能有效运行。实训基地协同运行措施(如图3所示)。

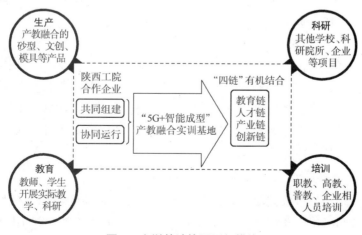

图3 实训基地协同运行措施

(四) 模式精炼，构建产教融合实训基地建设的"陕工模式"

聚焦行业转型升级，引入领先技术，校企协同共建，机制体制创新，推动"四链"结合，提高产、教、研、培建设水平。构建智能化、绿色化、迭代化、市场化、集成化"五化一体"，实训场景共建、教学资源共享、教师队伍共用、国家标准共研、体制机制共创、校企利益共赢"六共协同"的"研学用一体，产培训结合"产教融合实训基地建设的"陕工模式"，有效促进人才培养、真实生产、科学研究、社会服务、创新创业"五方"长效发展，为中国产业走向全球高端提供智能成型高素质技术技能人才支撑（如图4所示）。

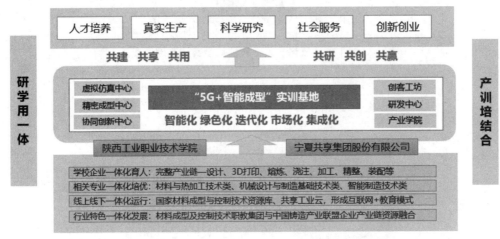

图 4 "研学用一体，产培训结合"的实训基地建设模式

三、成果与成效

(一) 培养了一批创新型技术技能人才

先后组织700余名学生参与创意、技术服务、产品试制、科研等项目140余项，提出创意规划70余条，有效提高了学生的创新研究能力，其中仅郑旭飞同学一人在校期间申报发明专利4项、实用新型专利16项。近3年，学生获"互联网+"大赛国赛金奖1项、铜奖2项，省赛金奖5项，学生"研学用"能力显著提升。专业群27%的毕业生就职于西安航天发动机有限公司、西北有色金属研究院等"两机"制造相关企业和科研院所，60%的毕业生就职于全国500强企业。

(二) 组建了一个高精专的智能成型教师团队

聘任国家增材制造创新中心卢秉恒院士为学校首席科学家、专业群智库首席专家，并成立"卢秉恒院士团队工作室"。材料工程学院教师党支部获批全国党建工作样板支部、全国机械行业职业教育服务先进制造专业教学团队，获评全国机械行业职业教育服务先进制造专业领军人才1人、省级特支计划教学名师1人、省级先进教育工作者1人、省级教学名师1人、省级以上技能大师工作室3个。

(三) 形成了一批高质量的专业教学标准

校企合作牵头制定材料成型及控制技术等国家专业教学标准3项，材料成型专业教学标准被尼日利亚温妮弗雷德创新学院等6所院校引用，成为其国家专业教学标准。制定的《铸造砂型3D打印设备通用技术条件》等1项国家标准、5项团体标准已发布实施。

（四）解决了一批行业企业技术难题

专业群教师参与的"电塑性挤压钛合金棒材微观组织的均匀化机理及调控方法"项目、"柔性玻璃的组成设计与离子交换增强机理研究"项目分别获得 2020 年、2021 年国家自然科学基金面上项目资助，主持陕西省教育厅科研项目 7 项，承担高温钛合金铸锭真空自耗电弧熔炼关键技术研究等横向科研项目 13 项，解决陕西新西商等 7 家企业技术难题 28 项，实现柔性玻璃成型技术等专利转让 10 项。

（五）模式经验得到兄弟院校和教育部领导的高度肯定

材料成型及控制技术专业群立足区域经济发展，深耕装备制造、航空航天等区域优势产业，与产业龙头企业合作共建产教融合实训基地，为吉林、湖南、陕西等 200 多所职业学校培训教师 2 123 人次，教育部部长怀进鹏、教师工作司司长任友群来校调研期间对"5G+智能成型"产教融合实训基地给予了高度肯定（如图 5 和图 6 所示）。

图 5　兄弟院校来校交流学习

图 6　教育部部长怀进鹏、教师工作司司长任友群来校调研

兴农强农躬耕不辍　振兴乡村奋楫笃行
——杨凌职业技术学院现代农业技术专业群

杨凌职业技术学院现代农业技术专业群培养"三农"高素质技术技能人才，弘扬"赵瑜育种精神"，情系乡土，忧患苍生，扎根西部，立德树人，深化产教融合，创新技术技能，形成了特有的"照准目标、矢志不渝、勇于创新、勤耕不息"的团队精神。

一、涵育团队精神，匠德精铸师魂，打造一流的师德建设示范团队

团队充分发挥课程思政培育时代新人的合力作用，着力培养师生胸怀天下的责任担当、扎根大地的种子精神、力耕勤读的优良品质、矢志兴农的坚定理想、立己达人的价值追求，构建课程思政育人大格局，形成了一支以名师引领提升教学创新、以院士引领助力科研创新、以专家引领提高社会服务的专业团队（如图1所示）。培育国家课程思政示范课程教学团队1个、课程思政教学名师5人、省级教学名师5人、省农业产业体系岗位专家5人、省级科技特派员11人、省青年杰出人才1人。团队获评省级黄大年式教师团队、师德建设示范团队、高等学校教学管理工作先进集体，党总支获评省级新时代党建标杆院系。

图1　杨凌职业技术学院现代农业技术教师团队

二、践行团队精神，匠心育孕农人，打造干旱半干旱地区现代农业人才培养高地

团队融入智慧农业发展理念，聚焦乡村振兴和现代农业发展人才需求，创新实施"双主体、五融合、模块化"人才培养模式。创新形成了"334"职业农民（村干部）人才培养模式，为"乡村振兴"人才培养先行探索。

近5年来，团队获国家教学成果二等奖3项，省级教学成果特等奖2项、二等奖2项，主持国家级资源库1个，建成6门省级精品在线开放课程，入选教育部"十四五"国家规划教材4本；主持制定国家职业教育专业教学标准2项。团队获教师教学能力大赛国家级三等奖2项，省级一等奖2项、二等奖3项。

团队先后为国家培养2万余名农业技术人才，已成为乡村振兴的主力军，涌现出了全国优秀党务工作者万传慧、"育苗能手"李建辉、脱贫攻坚的"大人才"刘建林等优秀代表。团队指导学生参加技能大赛，获国赛一等奖2项、二等奖1项、三等奖1项；指导学生参加"互联网+"大赛，获国赛金奖2项、银奖2项、铜奖4项。

三、传承团队精神，聚焦关键技术，打造现代农业科技创新发展新高地

团队依托"院士工作室"和"1院6中心"，形成"聚焦项目、校企联动、突出创新、服务产业"的运行机制。针对苹果、草莓、食用菌等经济作物栽培关键技术难题，先后申报并获批省级以上教科研项目60余项。在果树高效栽培、火龙果南果北种、土壤改良等领域取得20余项创新成果，发表SCI论文15篇，申请专利26项，转化知识产权成果3项，开发技术标准15项，承担企业横向技术研究20余项。获陕西省农技推广成果奖二等奖1项、高校科学技术奖3项，获批陕西省高校青年创新团队1个。

攻克种业芯片，2个小麦品种通过国审，在黄淮麦区累计推广8 000多万亩，实现农民增收48亿元；建成设施草莓高效生产应用体系，工厂化脱毒育苗的工艺流程和配套技术体系达到年产500万株优质草莓种苗，间接带动就业5 017人，累计乡村产业增收达2 036万元。

四、弘扬团队精神，共担时代使命，打造"一带一路"现代农业教育"耦合场"

团队积极响应国家"一带一路"倡议，充分发挥杨凌区位和科研优势，先后签订哈萨克斯坦现代农业技术培训中心留学生培养项目、中国—乌兹别克斯坦农业专业教育合作项目、荷兰朗蒂斯教育集团"现代农业技术"课程合作协议，向乌兹别克斯坦输出《园艺技术》专业标准及7门课程资源，培养服务区域发展的农业技术领域国际化人才100余人。团队通过"请进来""走出去"相结合的实践与探索，在培养多样化人才、传承技术技能、促进就业创业等方面取得显著成效，为当地经济社会发展提供了人力保障和智力支撑，扩大了农业职业教育的国际影响力。

行业指导　校企共建　上合助推的水利工程专业群人才培养模式建设与实践
——杨凌职业技术学院水利工程专业群

水利是国民经济的基础。针对高职水利工程类专业建设与行业发展融合度不深、人才培养与企业对高素质技术技能人才需求契合度不高等突出问题，针对水利专业群在教学中面临的问题，杨凌职业技术学院结合水利类专业特点及行业企业发展趋势，以"政行企校"协同育人的运行机制为突破口，通过重构课程体系，实现专业人才培养与企业人才需求的精准对接。

一、构建"宽基础平台+优质核心专业课程+专业特长模块"的课程体系，精准对接行业需求，解决人才培养规格与产业发展需求不匹配的问题

建立"政行企校"合作理事会，聘请行业、企业专业技术人员与专业带头人、骨干教师共同组成智库，并共同组建人才培养方案编制组。按照行业产业链对人才的需求和企业的核心岗位需求，构建实施"宽平台基础+优质核心专业课程+专业特长模块"的课程体系（如图1所示），共同制定人才培养方案。在人才培养过程中，通过"五对接、四融合、多方向、组合式"培养途径，加强核心能力与专业技能的培养。五对接：对接产业链定位人才培养规格，对接行业岗位群定位专业服务面向，对接企业技术岗位分析职业能力，对接岗位工作标准修订课程标准，对接岗位需求引导学生就业意向；四融合：毕业证与职业技能等级证融合（书证融合）、校内与校外教学资源融合（资源融合）、企业文化与校园文化融合（文化融合）、专职教师与兼职教师融合（队伍融合）；多方向：人才培养方案中制定的专业特长模块，结合产业链和企业发展对人才培养规格的要求变化，及时制定适应企业要求的特长模块；组合式：按照专业特长模块架构课程体系，组合课程内容，构建模块化教学体系。

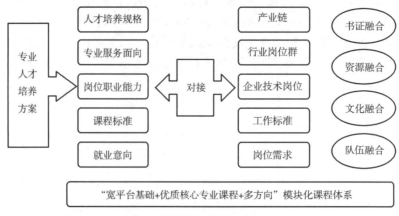

图1　模块化课程体系结构

二、对接专业岗位群，构建人才培养方案中"专业特长模块"动态调整机制，解决专业课程体系构建与行业、企业发展不同步的问题

结合行业、企业需求岗位动态变化的特点，校企双方以职业岗位工作能力和职业素质培养为主线，对接岗位群动态需求，建立"专业特长模块"动态调整机制（如图 2 所示）。动态调整的依据是产业链变化，使企业对用人规格发生变化，在第五学期设置"专业特长模块"，每个专业设置 2~3 个特长模块，对接岗位核心技能，强化岗位工作能力，确保人才培养与职业岗位需求有效对接，既保障人才培养满足基本要求，又动态适应行业、企业发展需求。但对人才培养的基本要求不能发生变化，对人才的基本素质要求、基本专业技能、专业核心的能力等不能因岗位群的变化，降低培养标准。每年在进行人才培养方案修订时，邀请"政行企校"合作理事会智库专家，共同研究岗位群的变化，制定"专业特长模块"和专业特长模块中的主要内容，供选定教材之用。

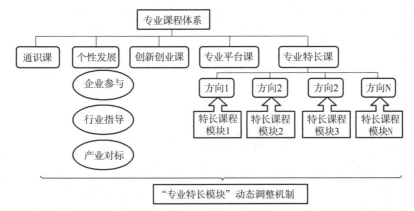

图 2 专业特长模块动态调整机制

三、校企联合建设共享型生产性实训中心，双主体协同培养人才专业技能，解决学生技能培养与企业岗位能力要求衔接不紧密的问题

聘请企业技术专家为兼职教师，建成专兼结合的教师队伍，形成"企业技术人员+骨干教师"的双主体育人团队。联合企业建互惠共享、符合生产标准的校内实训中心，如中水十五局材料检测杨凌分中心、施工实训中心、水工监测实训中心、"水利云"实训中心、水工虚拟仿真实训中心，精准对接企业专业人员岗位标准，将新标准、新技术典型工作案例融入教学内容，校内以基本技能仿真模拟实训为主，校外基地重在岗位工作的真做真训，校内校外有机衔接。

四、建设成果有实效，制定标准做引领，政行企校共发力，上合助推成模式

水利工程专业群经过多年的建设与改革，建设成果获陕西省教学成果二等奖；以水利工程专业为骨干的 4 个专业，获全国水利行业高职院校"优质专业"（并获得水利行业优质校）；专业群骨干教师主持了水利行业 4 个专业的高职专业标准，并制定了水利工程专业职业本科专业简介。目前，该专业群的建设成果正通过各种方式，推广到相关专业和兄弟院校。

四化协同 五课堂联动 打造专业群模块化课程改革新范式

——陕西铁路工程职业技术学院高速铁道工程技术专业群

陕西铁路工程职业技术学院高速铁道工程技术专业群聚焦高铁施工与运维关键岗位职业能力培养，遵循"岗位需求导向、专业跨类融通、教学资源共享"的思路，以数字化教学资源为支撑，对专业群课程进行系统改革，打造"四化协同、五课堂联动"专业群课程改革范式，课程建设成果获 2022 年职业教育国家级教学成果二等奖，被《光明日报》等主流媒体报道 36 次。

一、主要做法

（一）岗位标准贯穿，创新"四化协同"课程建设模式

联合中铁上海工程局等行业一流企业制定了核心岗位职业能力标准、课程标准和教学质量评价标准（如图 1 所示）。一是构建模块化课程体系。系统融入"四新"技术和高铁精神，创建岗位定向、能力分块、灵活组合的专业群模块化课程体系，实现了基于岗位能力对专业课程结构和内容的整体改造。二是实施项目化教学。以典型高铁工程项目为载体，实施项目引领、任务驱动项目化教学改革，学生通过完成工作任务实现知识和技能的积累。三是开发数字化教学资源。开发"教学资源库+融媒体教材+在线开放课+虚拟仿真实训平台"数字化教学资源，覆盖所有专业通用能力和核心能力模块课程，为高效开展课程信息化教学提供支撑。四是建设结构化教师团队。实施课程校企双负责人制，组建了专业融合的结构化教学团队，打破一人一课教学壁垒，实施分工协作授课。

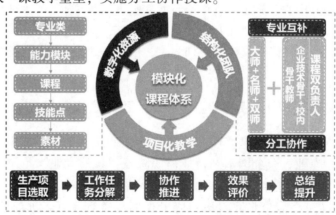

图 1　高速铁道工程技术专业群"四化协同"模块化教学改革

(二)生产项目导向,构建"五课堂"联动的教学实施路径

基于工匠精神内涵,以高铁施工生产项目为导向,构建一主四辅"五课堂"联动教学实施路径(如图 2 所示)。实施"知识积累+技能训练"教学主课堂夯基础、"赛证融合+专项强化"竞赛课堂精技能、"公益劳动+基地实操"劳动课堂提素养、"跟岗实践+技术服务"工地课堂强岗位、"项目驱动+师生共研"创新课堂拓能力等"五课堂"联动教学,实现了"学、精、强、提、拓"全方位、系统化培养,准确呼应了企业对学生的知识、技能、素养要求,有效增强了学生岗位履职能力和就业核心竞争力。

图 2 "五课堂"联动教学实施路径

(三)数据平台支撑,构建"三维多元、全程评价"的教学质量评价体系

将职业岗位能力、技能大赛评价和职业技能证书标准融入课程考核评价标准,实施教师、企业导师、学生等多元主体考核,采用知识测试、技能测评、成果展示等方式,知识技能人人达标、能力模块逐个过关、课程考核成果导向,实现了知识、技能及职业素养三维培养效果的全方位评价。从课堂活跃度、资源丰富度、目标达成度等三个方面,设计 26 个课程教学质控点,采集课程质量评价数据,形成课程、教师、课堂、学生画像,实现贯穿教与学过程、结果和目标达成度的全方位监测。

二、实践效果

(一)学生培养质量迈上新台阶

高速铁路精密测量等 38 门课程持续开展教学改革,工程测量、试验检测等 82 个能力模块实施过关考核。近 5 年,专业群学生 BIM 建模师、铁路线路工、工程测量员、物理性能检验员等取证率达到 88.2%。学生在各类竞赛中获省级以上奖项 50 项(其中国家级奖项 9 项),其中全国职业院校技能大赛二等奖 3 项。学生扎实的技术技能水平深受中国中铁、中国铁建等用人单位好评,就业率连续 6 年保持在 98% 以上,用人单位满意度达 99.6%。

(二)教学团队水平得到新提升

团队教师主持和参与制定国家专业教学标准 8 项、行业标准 3 项,教师教学比赛获国家级奖项 4 项,出版新形态教材 23 本,入选全国优秀教材 1 本、国家"十四五"规划教材 7 本;培育国家级教师教学创新团队 1 个,获评"全国工人先锋号"1 个,陕西省黄大年式教师团队、师德建设示范团队各 2 个；建成职业教育国家教学资源库 1 个，国家级在线精品课程 4 门、省级 9 门。

（三）教学改革成果取得新成效

模块化教学改革成果先后在国内 22 所院校进行推广，吸引 50 余所院校来校交流，受益学生达 13 500 余人。开发的教学资源被中铁上海工程局等 96 家企业用作员工技能培训资源。相关经验在铁道行指委、中国职教学会等会议上交流，做主题发言 23 次，成果被《光明日报》等主流媒体宣传报道 36 次。

三、下一步工作思路

（一）加强人才培养与产业需求的契合度

进一步对接高铁智慧建造产业需求，提升模块化课程建设适应性，为我国铁路建设源源不断培养高素质技术技能人才、大国工匠、能工巧匠。

（二）加强教学改革配套资源建设

继续开发以模块化课程为载体的新形态教材，用心打造培根铸魂、启智增慧的高铁智慧建造精品教材。

校企协同，六双引领，培育新时代城轨工匠
——陕西铁路工程职业技术学院城市轨道交通工程技术专业群

针对校企合作职责不明、企业参与度低、学生身份模糊等问题，陕西铁路工程职业技术学院城市轨道交通工程技术专业群以培养"精操作、懂工艺、会管理、善协作、能创新"的现场工程师为目标，持续深化产教融合、校企合作，形成了具备示范效应的双主体、双身份、双导师、双管理、双考核、双激励"六双"中国特色现代学徒制协同育人新机制，先后为中国中铁、中国铁建等世界500强企业输送现场工程师727人，为国家城市轨道交通工程建设提供坚实人才支撑，铸就了"企业用得上、岗位干得好、行业离不开、社会反响好"的城轨人才培养品牌。

一、主要做法

（一）双主体、双身份，增强现场工程师培养的聚合性

通过与中国中铁、中国铁建等企业签订校企合作协议和共建产业学院，构建组织架构，明确校企双方在联合育人过程中的"双主体"职责。通过签订学徒、学校、企业三方协议（如图1所示）和举行师徒结对仪式，推行"招生—培养—就业"一体化，明确了学校学生与企业学徒的双重身份。校企双方制定落实现场工程师培养制度，提高了企业参与人才培养的源动力，与学校结成了紧密共赢的"命运共同体"。

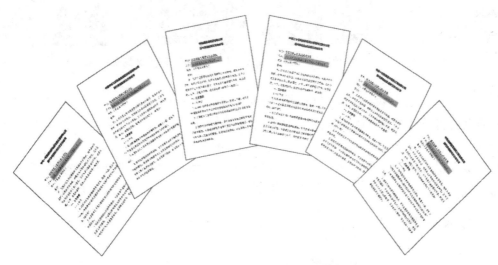

图1　学徒、学校、企业三方协议

(二) 双导师、双管理，增强现场工程师培养的适配性

通过校企互兼互聘，为现代学徒制班配足配齐企业指导教师，与校内专任教师实现理实对接、优势互补，打造专兼结合、分工协作的"双导师"教学团队。学校与企业派人共兼班主任，对现代学徒制订单班级进行日常管理，形成"双班主任"的"双管理"制度。校企双方共同制定人才培养方案，创建基于"项目载体、信息贯穿、能力递进"的人才培养模式（如图2所示），共同开发岗位技能课程与教材；积极推行企业文化育人，利用企业标识和文化布置教室，使学生产生强烈的归属感和责任感，为企业培养出真正"适销对路"的现场工程师，服务现代学徒制合作企业发展。

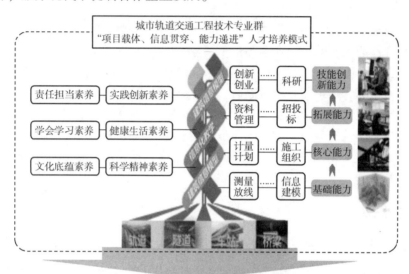

图2 基于"项目载体、信息贯穿、能力递进"的人才培养模式

(三) 双考核、双激励，增强现场工程师培养的导向性

校企联合推行"双考核"机制，实施学生职业能力双向测评，开展多维度多元化综合评价，促使学生综合素养全面提升。在学校原有奖助学金资助政策的基础上，企业通过为现代学徒制班提供专项奖学金、学徒实习补贴等举措，激励更多品学兼优的学生脱颖而出，并将考核评价结果应用到入职定岗、薪资待遇中，提升了现场工程师的培养质量。

二、实践效果

(一) 彰显了人才培养品牌效应

通过组建现代学徒制班，先后为中国中铁、中国铁建等世界500强企业输送现场工程师727人，为中国中铁、中国建筑等央企下属14家子公司培训员工3 200余人次，形成了"企

业用得上、岗位干得好、行业离不开、社会反响大"的城轨人才培养品牌。

（二）形成了辐射带动效应

改革经验推广至校内其他10余个专业，"六双"育人新机制受到全国同类院校高度肯定，山西工程科技职业大学、石家庄铁道职业技术学院等100余所院校学习借鉴。

（三）树立了良好社会口碑

中央电视台、《中国教育报》、《陕西工人报》等媒体专题报道城轨现代学徒制人才培养成效（如图3所示）。城轨专业群办学质量在迈可思、西安交大西部数据中心、武汉"金平果"等第三方评价机构排名中全国领先。

图3 中国教育报报道现代学徒制人才培养

三、下一步工作思路

一是持续深化产教融合、校企双元育人内涵，依托大数据分析与质量监控平台，完善学生成长评价与反馈机制，推进"六双"育人走深走实。

二是持续挖掘城轨专业群在现场工程师培养过程中的有效措施方法，宣传推广典型做法，营造良好氛围。同时，拓展国际合作渠道，加强对学徒通用素质、数字技能和绿色技能培训的交流合作。

"标准融通、军民两用"人才培养体系创新与实践

——西安航空职业技术学院飞机机电设备维修专业群

一、实施背景

我国军用飞机技术升级、民用飞机高安全性和高维修效率的要求,对飞机维修技术技能人才提出了更高要求。针对军航、民航维修标准融合度不高,人才培养规格与岗位要求匹配度不高等问题,西安航空职业技术学院飞机机电设备维修专业群按照"需求导向、体系构建、实践优化"的思路,开展人才培养改革,形成"标准融通、军民两用"的人才培养体系。

二、举措与做法

(一)标准融通、军民两用,创新人才培养模式

"政军行企校"五方组建专业建设指导委员会,通过分析岗位群、工作过程等,归纳军航民航维修五大核心就业岗位。融入军航民航维修人员资格标准,明确"强作风+遵规范+精技能+懂工艺"的人才培养规格,确定航空维修类"军民两用"人才培养目标,构建"航空基础+航修通用+机务核心+综合应用+岗位拓展"五层架构的职业能力培养体系。

(二)军民共建、任务依托,构建模块化课程体系

与中国人民解放军第5702工厂、东方航空技术有限公司等航空维修企业相关领域专家、技能大师组建相应课程建设团队。针对五大岗位核心能力,归纳出航线检查等20个典型工作任务,开发蜂窝夹层结构修理等92个核心能力模块。以航空维修典型工作任务为载体,将军航两类、民航三类标准和职业准入资格证书要求融入教学内容中,构建"军民两用"模块化课程体系(如图1所示)。

(三)互培共长、三教联动,打造国家级教师团队

对接军民两类维修技能等级资格要求,按照校、省、国三级教学名师标准,军民共育、军民联训,通过"专业教师"下车间、"蓝天工匠"进课堂,互培共长,培养"骨干教师、教学名师、领军人才",形成"分类分层、互培共长"的教师团队建设机制(如图2所示)。

(四)技术赋能、多维融通,建设立体化教学资源

集成飞机结构修理新技术等典型工作过程,构建"五模块+五阶段+四环节"的实训教学体系(如图3所示)。融通航空维修行业新技术、视情维修新知识,建设涵盖军航、民航核心岗位职业能力培养的"虚实结合"实训教学资源、资源库、在线课程等,编写校企双元活页式及工作手册式等教材。

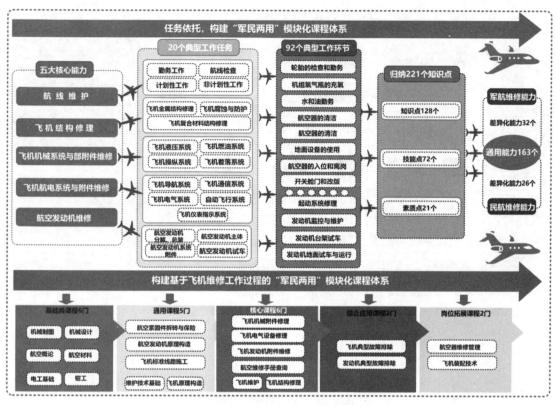

图1 专业群"军民两用"模块化课程体系

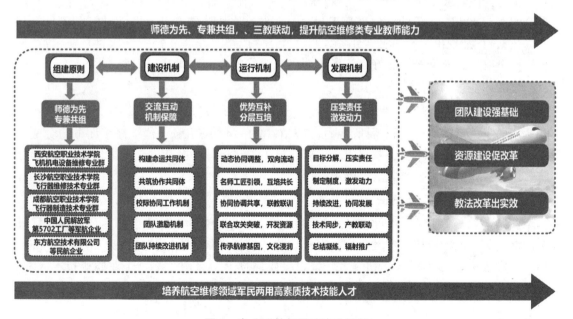

图2 专业群教师团队建设机制

（五）多元参与、动态优化，构建人才培养评价机制

紧跟航修产业升级，创新评价反馈机制，建立军航民航企业、学校、政府、学生、家长及第三方评价机构等多元参与评价反馈平台，跟踪监测教学与学习过程，关注学生个性化持续性发展，实现专业动态优化，持续提升人才培养质量。

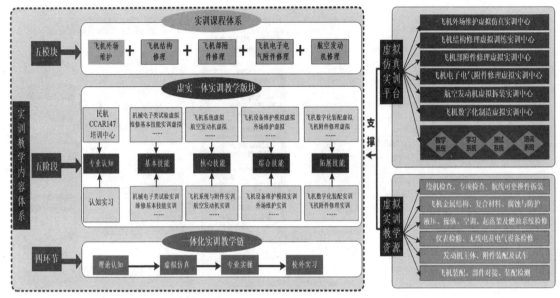

图 3 专业群实践教学体系

三、成果成效

(一) 行业精英辈出

与中国人民解放军第 5706 工厂、春秋航空等军航、民航企业开展订单式培养，毕业生去向落实率 96% 以上，就业对口率高于 86%，民航维修执照持有人数排全国高校第 4（中国民航局数据），涌现出"金牌蓝天工匠"叶牛牛、"成都工匠"王凯等一大批行业精英，毕业生受到军航、民航维修企业好评，形成"飞机维修找西航"的良好口碑。

(二) 专业品牌凸显

群内专业被认定为教育部交通运输类示范专业点、国家创新发展行动计划骨干专业、空军陆军定向军士培养专业。取得西北高校首家 CCAR-147 民用航空器维修培训机构合格证，建成国家级教学资源库 1 个，获国家级优秀教材 1 本，教师团队获批全国高校黄大年式教师团队、国家级职业教育教师教学创新团队等。

(三) 成为航空维修领域"头雁"

牵头制定《高等职业学校飞机机电设备维修专业实训教学条件建设标准》等国家标准，在全国航空领域推广应用。产教融合、军士培养、教师团队建设经验分别被 CCTV-1《新闻联播》、CCTV-7《军事报道》和《教师报》等媒体推介，吸引了南京工业职业技术大学等 50 余家兄弟院校竞相交流学习，引领航空维修专业发展。

四、经验总结

(一) 文化浸润，精准培养"军民两用"航空维修人才

秉承学校航修基因，构建"航修文化"浸润机制，践行军民两航维修"工匠精神"，将军航"三个负责"与民航"三个敬畏"等职业精神融入专业课程，铸牢学生对航空文化的认同感和归属感，精准培养"军民两用"航空维修人才。

（二）虚实一体，破解航空维修实践教学难题

对接飞机表面修复、战伤抢修等航空维修新技术，完善"理论认知+虚拟仿真+专业实操+校外实习"四环节一体化实训教学链，创设"虚实一体、真岗实做"教学环境，有效解决航空维修实践教学中"高投入、高难度、高风险、难实施、难观摩、难再现"的问题。

（三）协同创新，构建全国航空维修领域专业共同体

牵头组建全国航空维修领域专业共同体，构建"动态协同调整""名师工匠引领""联合攻关突破""协同协调共享""航空文化浸润"的团队协同运行机制，强化教师专业建设、资源开发、关键技术改进与创新等能力，不断提升航空维修领域专业共同体建设的整体水平。

跨类集群 课程筑基 多维融通
培养复合型无人机高素质技术技能人才
——西安航空职业技术学院无人机应用技术专业群

一、实施背景

无人机是国家战略新兴产业，代表着未来航空业新的发展方向，是中国经济增长的新动力。近年来无人机已广泛应用于军事侦察和打击、地理信息测绘、应急救援、农林植保、物流运输等领域，业内对具备无人机安装调试、飞行作业、指挥控制和运行维护能力的复合型人才需求迫切。专业群针对行业发展需求，围绕实施路径、课程体系构建、育人机制等人才培养的核心要素进行改革创新，形成"跨类集群、课程筑基、多维融通"的复合型人才培养新模式（如图1所示）。

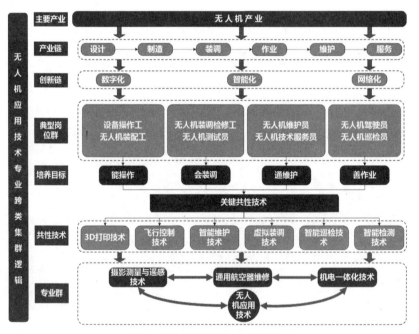

图1 跨类集群优化专业结构

二、举措与做法

（一）基于产业需求逻辑，跨类集群，提高学生适岗能力

1. 面向产业，专业集群

聚焦无人机产业在军民领域的应用需求，将无人机应用技术、机电一体化、摄影测量与

遥感、通用航空器维修四个不同学科类专业整合集群，强化学生的岗位核心综合能力，主动适应"无人机+"发展变化趋势。

2. 优势带动，主辅兼容

以"无人机应用技术"优势专业带动集群发展，对接主体岗位群，兼顾辅助岗位群，体系化制定专业发展规划，资源共建共享，协同发展，契合无人机行业的发展趋势与复合型人才供给需求。

（二）基于能力递进规律，课程筑基，重构模块化课程体系

1. 五育并举，夯实基础

注重学生德智体美劳全面发展，构建通识、机械、电气、电子、信息五类通用化基础模块，夯实专业基础，强化无人机产业对高素质技术技能人才共性能力培养。

2. 四岗并进，融通技能

以职业能力为导向，打通专业壁垒，围绕无人机制造、装调、作业、运维等四类主体岗位群，对接行业标准，以岗选课、以赛提技、以证定标，构建"菜单式"项目化专业模块，强化核心能力培养。

3. 三线并行，拓展场域

拓展"课前课后""校内校外""线上线下"三个学习场域，开发虚拟仿真、工业软件应用、工程创新、职业规划四类平台化拓展模块，服务学生自主、泛在式学习，满足学生个性化需求，提升综合素质（如图2所示）。

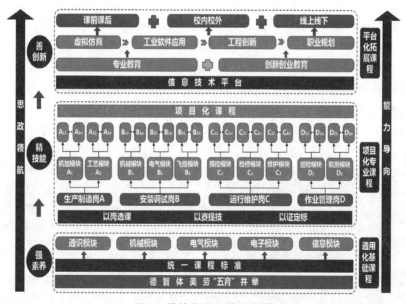

图2 模块化课程体系架构

（三）基于职业发展定位，多维融通，构建协同育人机制

1. 资源共建，信息共享

与纵横无人机等行业龙头企业共建产教融合共同体、产业学院及协同创新中心，合作开发30余门项目化课程与职业证书培训资源包，共建无人机模拟飞行等19个技术领先的实训基地，面向全国开展远程专业教学，开展技能培训和技术服务。

2. 人才共育，成效共评

打破人才培养单一主体和结果性的评价方式，建立专业群建设指导委员会，聘请企业总

师担任校外专业带头人,以"产业学院"等平台为载体,企业、军队导师深度参与人才培养全过程,反馈培养质量,多元多维度评价专业发展和人才培养成效(如图3所示)。

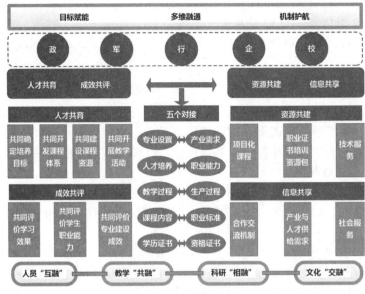

图3 多维融通协同育人

三、成果成效

(一)人才培养成效显著,招生就业呈现"两旺"态势

通过人才培养模式的创新,学生的专业技能、职业素养和创新能力显著增强,获全国职业院校技能大赛一等奖4项、省级奖励56项,涌现出江厚翔、郭猛刚等一批技术能手,培养定向军士500余人,招生人数年均增加20%,毕业生去向落实率连续5年保持在95%以上,毕业生满意度达96.9%,企业满意度达99.4%(如图4所示)。

图4 学生参加技能大赛获奖情况

(二) 教学团队能力倍增，教职工满意度持续提升

教学团队培育出1名中国职教优秀教师、7名教学名师、5名国赛优秀指导教师，获全国教学能力比赛一等奖2项、省级奖项7项；获评国家级、省级规划教材8本，精品在线开放课程8门，课程思政示范项目4项；所在支部获评全国高校党建工作样板支部，荣获"教学管理先进集体"，教职工满意度达98.9%（如图5所示）。

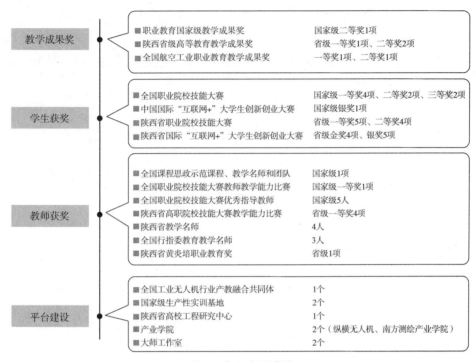

图5　专业建设成效

(三) 专业建设成果丰硕，社会服务能力显著增强

专业群牵头组建"全国工业无人机产教融合共同体"，服务产业与区域经济的能力持续增强，示范引领效应凸显。参与制定国家专业教学标准、专业简介，以及"无人机应用与操作"等6项"1+X"证书标准，累计完成中高职300余名教师和2 600名企业员工及退役军人的技能培训，联合企业开展50余项技术攻关，服务企业产值3 000余万元，有效地支撑了无人机产业和区域经济的发展。

四、经验总结

专业群形成的相关经验被中国教育电视台等媒体报道20余次，面向全国举行"专业教学标准研制""教学能力提升"等报告会，为同类院校专业的发展建设提供可借鉴、可复制的范本。

(一) 产业主导、跨类集群，是复合型人才培养的重要路径

专业群以产业发展需求为导向，将不同类型的专业跨类组合，突破单一专业能力培养的局限，以优势带动整体，集群协同发展，凸显聚集效应，实现人才培养、专业建设与产业发展同频共振。

（二）能力递进、三并三化，是课程体系创设的成功范式

专业群以提升专业能力和职业素养为目标，兼顾行业通用性与岗位的个性需求，"五育并举、四岗并进、三线并行"搭建课程体系架构，开发"通用化、项目化、平台化"的课程模块。课程模块可拆解、组合与动态调整，依据岗位"菜单式"选择课程，实现共性能力培养与岗位差异的有机融合。

（三）五方联动、四共四融，是多元协同育人的有效机制

政、军、行、企、校五方联动，从资源共建、信息共享、人才共育、成效共评四个维度全方位开展合作，人员互融、教学共融、科研相融、文化交融，建章立制，健全约束和激励机制，构建产教融合新生态。

"专产耦合、两境共育"培养军工智造工匠人才

——陕西国防工业职业技术学院机电一体化技术专业群

陕西国防工业技术学院机电一体化技术专业群以服务国防军工为宗旨，以立德树人为根本任务，精准对接智能制造产业链，数字赋能专业群升级，通过构建协同育人机制深化产教融合，成立协同创新联盟打造六个共同体，实现育人要素和产业发展要素相耦合，在学习和工作情境交替培养，创新形成了"专产耦合、两境共育"的专业群人才培养模式，培养大量军工领域智能制造工匠人才。

一、案例背景

《国家职业教育改革实施方案》要求职业院校深化教育综合改革，创新人才培养模式，全面提高人才培养的质量。党的二十大提出要加快建设制造强国，推动制造业高端化、智能化、绿色化发展。智能制造已成为我国经济增长的新引擎，武器装备制造智能化已成为国防军工企业发展的新趋势，急需大量的复合型技术技能型人才。针对机电一体化技术专业群人才职业能力与国防军工领域智能制造岗位需求匹配度不高的问题，开展人才培养供给侧改革，创新人才培养模式，提升人才培养与岗位需求的契合度。

二、主要举措

（一）聚焦智能制造产业发展，准确定位专业群人才培养目标

精确对接智能制造产业新需求，聚焦智能制造领域红色军工传人培养，与中国兵器西北工业集团、北京发那科等企业深度合作，按照"基础能力、职业能力、专项能力、综合能力、创新能力"五个阶段能力，分析企业典型岗位群的任职标准，培养掌握智能制造工艺设计与实施、智能生产线调试与运维、机器人调试与维护、数据采集及信息处理技能，具有国际视野和工匠精神的复合型高素质技术技能人才。

（二）军工文化引领，产教深度融合，创新人才培养模式

组建全国机械行业智能制造人才培养联盟和军工装备智能制造产教协同创新联盟，形成协同运行机制，实现资源集约共享，促进人才链与产业链有机衔接，实现育人要素和产业要素深度耦合，重构专业群课程体系，引进能工巧匠，将军工文化融入人才培养全过程、融入专业夯实专业群红色底蕴、融入课程坚守育人主阵地、融入团队锤炼思政育人能力、融入基地强化环境育人，发挥文化浸润和感染的力量，激励学生树立军工报国之志，涵养精益求精的优良品质，在学习情境和工作情境中交替培养，形成"专产耦合、两境共育"的专业群人才培养模式（如图1所示）。

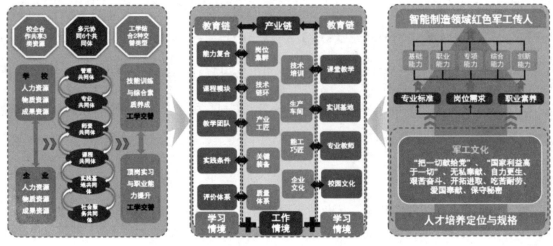

图 1 机电一体化技术专业群人才培养模式

1. 构建校企育人共同体，形成协同运行机制

整合"行企校所"资源配置，打造管理、专业、师资、课程、实践基地、社会服务六个共同体。通过制定《机电一体化技术专业群建设合作委员会工作细则》《机电一体化专业群建设管理办法》等制度，及时跟踪智能制造领域行业需求，适时调整群内专业定位及发展方向，对所需知识、能力进行滚动分析，结合教学实施反馈，重构教学内容，改革教学模式，形成"合作共建、持续改进、协调发展"的运行机制。

2. 对接产业技术链，构建模块化专业群课程体系

瞄准智能制造产业链，依据"强素养，厚基础，精技能，宽口径"人才培养规格，以军工文化为引领，引入智能制造和军工装备制造"四新"，融入大赛和"1+X"证书标准，划分通用核心、专业方向和迁延发展学习领域；按照智能制造国家标准，校企合作开发专业教学标准、模块化专业群课程标准、顶岗实习标准和实践教学标准，构建"基础融通、核心强化、拓展互选"的模块化课程体系（如图 2 所示）。

图 2 "基础融通、核心强化、拓展互选"的模块化课程体系

3. 引进产业能工巧匠，打造"双师型"教学团队

落实学校"人才强校"工程，以校企"师资混编、岗位互聘、专兼结合"为原则，以培养"教练型"教学名师和"工匠型"技能大师为主线，通过柔性引入行业大师、校企组建混编团队、校企互聘挂职、学历提升、企业实践锻炼等方式，持续推进"双师型"教师队伍建设，打造高素质教师团队（如图3所示）。

图3　大国工匠进站授课

4. 引入产业关键装备，校企共筑教学实践平台

坚持真实生产和虚实结合划分实训层级，依托全国示范性职业教育集团、FANUC产业学院和兵器工匠学院，将智能制造产业要素融入实践平台建设的全过程，对专业群实践环境进行智转数改，校企共建一体化高水平产教融合实践平台；基于企业真实生产创建学习情境和工作情境，"两境共育"使学生深度学习、获得岗位经验，学生技术技能大幅提升（如图4所示）。

图4　专业群实践平台层级

三、实施成效

专业群竞争力明显增强，人才培养质量显著提升，改革与社会贡献成果显著。获国家级教学成果奖3项，其中一等奖1项、二等奖2项；建成国家级教学资源库3个、国家精品在线开放课程1门、国家级课程思政示范课1门；获批国家规划教材2本；获批国家教师教学创新团队1个；获得全国技能大赛一等奖2项，教学能力比赛二等奖1项、三等奖1项（如图5所示）。毕业生就业率98.5%以上，31.1%的毕业生服务于十大军工集团，助推国防工

业高质量发展；企业满意度达 97.66%；学生获国家级奖项 9 项、省级奖励 53 项，50 余人获省、市级工匠等荣誉。

图 5　建设成效

四、经验总结

一是人才培养模式构建必须坚持文化铸魂。发挥军工特色院校的行业资源优势，把军工文化"浇铸"到专业群建设的全要素，"熔化"到立德树人的全过程，创新人才培养模式。

二是校企协同育人的前提是打造命运共同体。整合行企校所资源配置，打造六个共同体，实时响应优化人才培养方案、重构课程体系等，全面赋能协同育人。

育训结合建文旅服务平台
创新机制促区域产业发展
——陕西职业技术学院旅游管理专业群

为更好地服务区域经济和行业企业发展，陕西职业技术学院旅游管理专业群充分利用社会服务平台和校内外实践基地，以文旅产业数字化为引领，以人才培养培训、技术攻关与服务为重点服务领域，搭建"政、行、产、企、校"五位一体白鹿原智慧文旅协同创新中心，完善社会服务长效运行机制，拓展专业群社会服务的广度和深度，推动文旅产业发展。

一、举措

（一）集聚资源，拓展文旅技术服务

整合"政、行、产、企、校"优质资源，合作共建社会服务团队和技能大师工作室，建成"五位一体"白鹿原智慧文旅协同创新中心。充分发挥人才优势，探讨产品设计创新、技术服务提升等关键问题，服务乡村振兴战略，服务地方产业发展（如图1所示）。

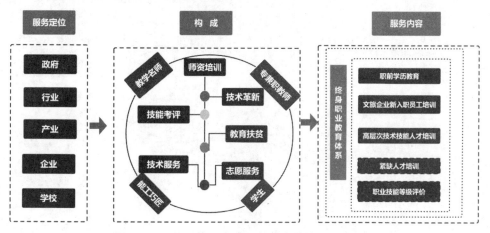

图1 "五位一体"白鹿原智慧文旅协同创新中心

（二）健全机制，开展文旅研学服务

构建"学生—教师—学校—企业"四级协同、育训结合的社会服务长效机制。师生为西安博物院、西安半坡博物馆、西安事变纪念馆、八路军西安办事处纪念馆、华夏文化旅游集团等多家企业提供研学服务，开展老挝万象省技术学院和"汉语桥"等线上研习营，线上线下累计服务6 000余人次。

(三) 技术赋能，提供文旅技能培训

教师团队结合文旅产业前沿成果，研究行业新业态和行业发展难题，参与西安市国家标准化人才职业技能教育工作，承办"1+X"标准编审职业技能等级证书学习班。为黑河国家森林公园、黄陵酒店、西安开元名都大酒店等持续开展标准推广、技术革新、员工能力提升等服务，为陕西省2023年度职业院校教师素质提高计划国培项目（旅游访学研学）专题培训班授课。

二、成效

(一) 打造陕西地标性景区，赋能文旅产业升级

王金涛带领文旅项目规划设计团队，发挥专业优势，先后完成了西安白鹿原·白鹿仓景区、嘉峪关峪泉古街、天水·白鹿仓国际旅游度假区、洛阳龙凤山康养小镇和山西张壁古堡等多个文旅项目的规划设计。白鹿原以生态环境优美、人文底蕴深厚著称，是西安市重点打造的国家AAAA级旅游景区。团队主持的白鹿原·白鹿仓项目，作为陕西地标性景区之一，被誉为推进全域旅游发展示范单位，已成为全国各地文旅小镇建设参观学习首选案例，并在甘肃、海南、河南等省域景区推广复制（如图2所示）。

图2　西安白鹿原·白鹿仓景区

(二) 发挥文旅人才优势，服务国家乡村振兴战略

充分发挥学校人才优势，"扶志"与"扶智"并举，深入推进了陕西省紫阳县和定边县等地脱贫致富，服务乡村振兴战略。开发"智慧+"文旅项目，"破晓青年计划"团队为兴平市秦岭中学、周至县第六中学等多所学校提供虚拟现实智慧文旅体验项目，用新技术、新科技赋能"乡村振兴"基础教育。学院教师受邀参与华夏文旅"景区管理智能化提升项

目",开展多层次、多形式的技术服务,为项目提供优化思路和发展建议,指导旅游企业智慧文旅技术革新、工艺流程改进,推动了景区管理智能化。

(三)产教融合引领技术创新,树立社会服务品牌

学校以"多方协同、共建共享"为宗旨,探索"产教深度融合、技术创新引领"的平台可持续发展模式,广泛整合优势资源,对接文旅产业谋升级、融通全域旅游促进经济发展,实现教育链、人才链与产业链的有机衔接。全国技术能手、学校教师曹雪利参加由国家文物局、中国社会科学院、陕西省政府指导举办的第四届中国考古学大会,并做《新时代考古学建设背景下文博技能人才培养的机遇与挑战》主题报告(如图3所示)。2021年获批陕西省政府建设文物保护职业教育与培训基地。2022年获批陕西省大中小学劳动教育实践基地、"双百工程"产学研一体化示范基地。

图3 全国技术能手曹雪利老师(中间)在第四届中国考古学大会做主题报告

煤矿智能开采虚拟仿真基地"一井+一面+一中心"一体化建设与应用
——陕西能源职业技术学院煤炭智能开采专业群

陕西能源职业技术学校煤炭智能开采专业群以产教融合为平台，以信息技术为支撑，以实训痛点难点为导向，围绕"育训结合、教学创新、研创应用、共建共享"四条主线，协同煤炭科学技术研究院有限公司等企业开展基地"一井+一面+一中心"一体化建设，成功入选2023年工信部、教育部、文化和旅游部、国家广播电视总局、国家体育总局五部委虚拟现实先锋应用案例。

一、实施背景

针对煤矿智能开采虚拟仿真基地缺少能够模拟井下真实环境的模拟矿井实验平台，矿山井下运输集中控制技术和智能化存在技术瓶颈，尚无虚拟化的仿真场景实验平台等难题，建设模拟矿井实验平台、高仿真井下模拟装置，为煤矿智能开采技术专业人才培养和煤矿企业员工职后能力提升培训提供实践支撑。

二、主要做法

（一）对标新岗位需求，一体化规划虚拟仿真实训基地建设

以智能开采监测平台为核心，建设"基地一张网、数据一片云、资源一视图"和五大实训中心，形成"1+3+5"架构的总体建设方案，基于"全局优化、专业分级、多点协同"改造模式，建成煤炭地质绿色勘查实训中心、煤炭智能开采数字孪生实训中心、煤矿智慧运维技术中心和矿井安全保障实训中心（如图1所示）。

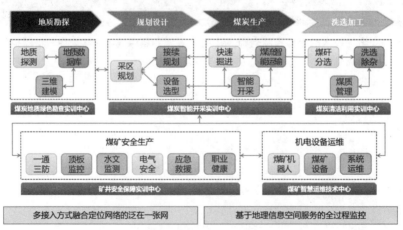

图1　煤炭智能开采虚拟仿真基地架构

（二）对标人才培养标准，校企联动开发虚拟仿真实训平台

研制了功能高度仿真、尺寸适当缩小的采煤机、刮板输送机和液压支架等主要模拟装置，设计了在模拟装置上配套真实的电液控系统、智能集成供液系统和综采自动化控制设备，搭建了模拟矿井实验平台、智能化采煤工作面关键技术验证平台、智能化掘进工作面关键技术验证平台、井下运输自动化关键技术装备平台和虚拟仿真实训平台，为教学、培训、部件试验等提供技术支撑（如图2所示）。

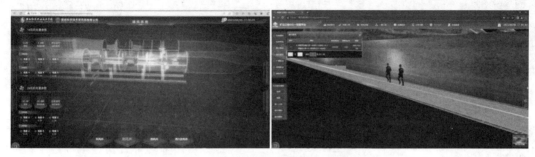

图2　基地虚拟仿真实训平台界面

（三）"一井+一面+一中心"一体化建设虚拟仿真实训基地

利用MR增强现实技术定制化升级原模拟矿井为煤矿智能开采模拟矿井，利用半实物仿真、数字孪生技术等新建煤矿智能开采工作面，通过地面调度指挥中心将实训场景、实训项目、实训数据一体化整合与管理，形成了基地"一井+一面+一中心"一体化建设，实训教学异地同步开展的新模式（如图3所示）。

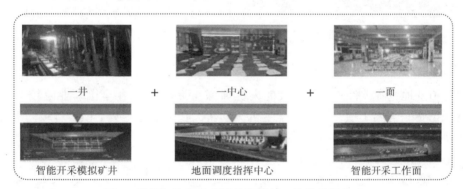

图3　煤炭智能开采虚拟仿真基地一体化建设模式

三、成果成效

（一）基地自建成以来，坚持育训并举

先后服务煤矿智能开采技术、机电一体化技术等专业796名在校学生和1 456名企业员工的实训教学与培训工作（如图4所示）。

（二）实施人才培养模式改革

先后承办矿山应急救援、煤矿智能开采"1+X"职业技能等级证书师资培训班3期，为来自全国煤炭类职业院校200余名教师开展培训，97名学生通过职业技能等级证书考试（如图5所示）。

图 4　基地承接人才培养与员工培训

图 5　基地承办 "1+X" 师资培训班与技能等级证书考核

（三）强化赛教融合

学生利用基地竞赛软件资源开展技能大赛训练，荣获 2022 年全国职业院校 "矿山应急救援" 赛项国赛一等奖 1 项，全国大学生机械创新大赛国赛二等奖 1 项、省级一等奖 2 项和三等奖 2 项，"互联网+" 大赛陕西赛区金奖 5 项、银奖 5 项、铜奖 3 项（如图 6 所示）。

图 6　学生大赛获奖证书

（四）坚持职普融通

先后接待咸阳市中小学生访学、兄弟院校交流、上级领导考察 500 余人次（如图 7 所示）。

图 7　基地接待考察与访学

（五）助力教师成长

依托基地，教师深入开展技术服务与研究，5 名教师获评全国煤炭行业技能大师，新增行业级、省级、市级技能大师工作室 6 个。

（六）创新突破

校企协同建成国内高职院校首家"一井+一面+一中心"煤矿智能化开采虚拟仿真实训基地，创新了"模拟巷道+高仿真设备+真实设备"井下真实的生产控制系统与全比例高仿真综采工作面有机融合的模拟矿井实验平台，取得知识产权证明 8 项，荣获第三届安全科技进步奖三等奖 1 项、中国煤炭工业科学技术奖三等奖 1 项（如图 8 所示）。

图 8　基地荣获科技进步奖

校企园融通打造共同体 开展卓越幼师培养的咸职新实践

——咸阳职业技术学院学前教育专业群

为落实国家推动普惠托育、学前教育高质量发展战略,咸阳职业技术学院通过组建产教融合共同体、开展卓越幼师培养模式改革、凝练师德培养路径、开展社会实践与成果推广等四大举措,为幼教行业培养了1 170名德技双馨的高素质技术技能人才,探索形成了"一四四"互融互通、学用结合的卓越幼师培养新模式。

一、实施背景

学校联合全国学前教育产教合作联盟、幼乐美(北京)教育科技有限公司等单位成立卓越幼师学院,建成陕西学前教育职教集团、陕西学前教育与托育服务产教融合共同体等开放性创新型组织,加强专业内涵建设,现已联合培养卓越幼师5届,人才培养模式推广覆盖至国内30余所高职院校,效果显著。

二、主要做法

(一)响应号召,构建专业群"三对接三融合"校企园协同发展新机制

聚合职业教育和学前教育领域30位全国知名专家学者成立"产教融合研究院",开展专业群顶层设计,绘制"三对接三融合"产教对接谱系(如图1和图2所示)。学校先后成立陕西学前教育职教集团、陕西学前教育与托育服务产教融合共同体,在教师专业发展、实训基地建设、实践体系改革等方面协同发展。

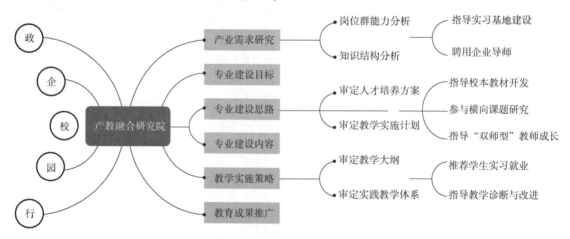

图1 产教融合研究院职能

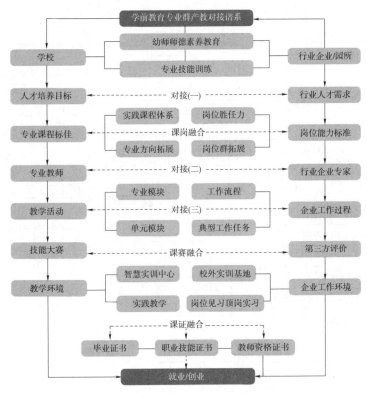

图 2 "三对接三融合"产教对接谱系

（二）深化改革，探索"一四四"互融互通、学用结合的人才培养新模式

探索形成互融互通、学用结合的人才培养新模式（如图 3 所示）。一主线：培养在保教情境中能够灵活运用教育策略的卓越幼师。四内核：①职前"四一制"，学生每周 4 天在校学习，每周 1 天在示范园开展跟班实习。②构建"以学生为中心"的学习共同体，第一学年以"教育绘初心、师幼强互动"等实践活动塑造学生自我认知；第二、三学年以通识课程和核心课程强化知识素质结构。③开发 60 个实践任务，引导学生开展建构性学习。④通过 1 本幼师成长档案、11 个观察实践工具包、165 个沟通技能点，支撑学生专业训练，实现职前职后成长全过程动态整合。四维度：①素质——师德涵养；②知识——学用结合；③能力——实践贯通；④践行—自主发展。

（三）聚焦师德，构建卓越幼师"三阶段、全过程"师德培养新路径

遵循师者德为先、德为重，构建"特征外显，递进循环"的实践育德培养路径（如图 4 所示）。第一阶段以专业核心课程学习与幼儿园实践双管齐下培育师德，内化认知、实践育德、自我修德。第二阶段设计《幼儿教师师德外显指标评价表》，将 338 项师德外显行为指标外化于行。第三阶段将幼儿园教师职业伦理融入专业课程，以德施教、以德育德，推动师德塑造从量变到质变。

（四）成果推广，形成助推西部幼教持续发展的新动能

聚焦管理规范、课程建设等问题深入 100 家社区公益性托育中心开展指导，提升西部地区普惠托幼办园水平；支持乡村振兴，组织开展"育禾计划"公益讲座与入户指导，为 2 000 余名 0~6 岁婴幼儿家长提供育儿咨询服务；组织线上线下教研活动 80 场，构建师资培训的同步机制，形成产教融合发展新格局（如图 5 所示）。

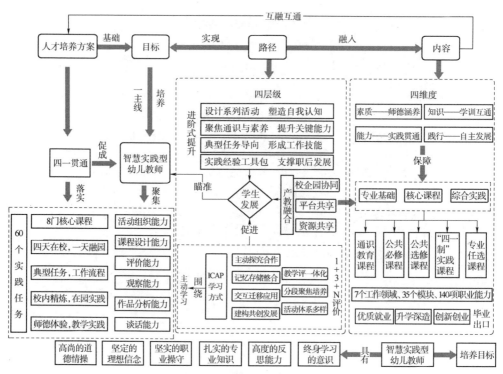

图 3 "一四四"人才培养模式

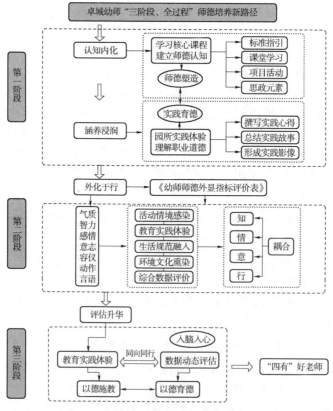

图 4 "三阶段、全过程"师德培养路径

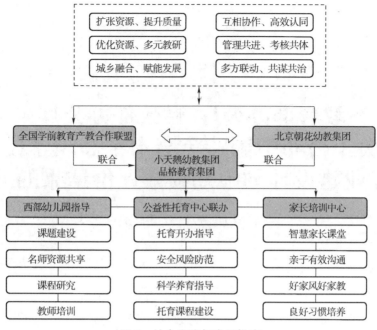

图 5 社会实践与成果推广

三、成果成效

（一）聚集优质资源，融合发展作用明显

共同体深度融合，资源共建、利益共享，形成人才培养与实践改革合作实体，开设创新实验班 10 个，共建实践基地 20 个，切实推动育人双主体、课程双开发、基地双主管，促进实践成果推广落地。已合作出版教材 9 本。

（二）推动"课堂革命"，立德树人绩效显著

通过实施岗位化、项目化、数字化为特征的"课堂革命"，学生分析和解决岗位实际问题的能力大幅提升。2023 年学前教育专业群毕业生就业率 96.66%，对口就业率 90%，用人单位满意度 99.42%，创新班教资通过率高达 90% 以上，获全国职业院校技能大赛奖 7 项。学生坚持学思用贯通、知信行合一，师德践行能力显著提升，成为最大受益者。

附录

教育部办公厅 财政部办公厅
关于公布中国特色高水平高职学校
和专业建设计划中期绩效评价结果的通知

教职成厅函〔2023〕3号

有关省、自治区、直辖市教育厅（教委）、财政厅（局），新疆生产建设兵团教育局、财政局：

根据《教育部办公厅 财政部办公厅关于开展中国特色高水平高职学校和专业建设计划中期绩效评价工作的通知》（教职成厅函〔2022〕10号）要求，经综合评议、审核公示，现对中国特色高水平高职学校和专业建设计划（简称"双高计划"）中期绩效评价结果予以公布。

请有关省级教育行政部门将本通知转发至本地区"双高计划"建设单位。有关地方要高度重视"双高计划"持续推进和整改提高工作，督促各建设单位根据专家意见和本次绩效评价中发现的问题，持续加强改进，高质量完成建设任务。整改情况将作为终结期满绩效评价的内容。

附件：中国特色高水平高职学校和专业建设计划中期绩效评价等级.docx

教育部办公厅 财政部办公厅
2023年1月30日

附件

中国特色高水平高职学校和专业建设计划中期绩效评价等级

陕西 8 所院校评价等级

序号	建设单位名称	类型	评价等级
10	陕西工业职业技术学院	学校 A	优
30	杨凌职业技术学院	学校 B	优
52	陕西铁路工程职业技术学院	学校 C	优
53	西安航空职业技术学院	学校 C	优
138	陕西国防工业职业技术学院	专业群 B	优
139	陕西职业技术学院	专业群 B	优
195	陕西能源职业技术学院	专业群 C	优
196	咸阳职业技术学院	专业群 C	优

陕西8所学校国家"双高计划"新增10项标志性成果项目情况

一、陕西工业职业技术学院(学校A档)

1. 国家级高技能人才培训基地　1项
2. 以革命文物为主题的"大思政课"优质资源项目　1项
3. "新时代职业学校名师(名匠)"培养基地(对象)　2项
4. 全国高校思政工作创新发展中心　1项
5. 享受国务院特殊津贴专家　1项
6. 教育部教学诊断与改进工作试点院校——首批复核通过院校　1项
7. 中德先进职业教育合作项目　1项
8. 全国健康学校建设单位　1项
9. 全国首批"1+X"证书制度试点院校　1项
10. 高等职业教育创新发展行动计划项目　22项

二、杨凌职业技术学院(学校B档)

1. 国审小麦品种　国家品种审定委员会　2项
2. 国家级创新创业教育实践基地　教育部高教司　1项
3. 全国毕业生就业能力培训基地　教育部学生司　1项
4. 新时代职业学校名师(名匠)培养对象　教育部教师工作司　1项
5. 职业教育示范性虚拟仿真实训基地培育项目典型案例、专项课题　教育部高等学校科学技术研究中心　2项
6. 全国水利优质高等职业院校　水利部　1项
7. 全国健康学校　教育部办公厅　1项
8. 中德先进职业教育合作项目　教育部国际司　1项
9. 全国大学生数学建模大赛　陕西省教育厅办公室　一等奖2项、二等奖11项
10. 黄炎培职业教育奖优秀学校奖、杰出校长奖、杰出教师奖　中华职业教育社　3项

三、陕西铁路工程职业技术学院(学校C档)

1. 国家级技能大师工作室　1项
2. 新时代职业教育学校名师(名匠)　1项
3. 职教国培示范项目　2项

4. 全国健康学校建设单位　1 项
5. 全国 BIM 技术大赛　7 项
6. 全国首批鲁班工坊运营项目：肯尼亚鲁班工坊　1 项
7. 教育部援外项目：鲁班学堂菲律宾铁路建设专业人才培养　1 项
8. 职业院校数字校园建设试点　1 项
9. 全国工商联人才中心产教融合示范实训基地（轨道交通智慧建造产教融合示范实训基地）　1 项
10. 2020 年全国大中专学生志愿者暑期"三下乡"优秀团队、大学生"返家乡"社会实践"优秀调研报告"　2 项

四、西安航空职业技术学院（学校 C 档）

1. 学生技能大赛类：中国人民解放军空军装备部定向培养军士（机械专业）团体第一名；嘉克杯国际焊接大赛；全国工业和信息部技能大赛；中华职业教育创新创业大赛（中华职教社）　14 项
2. 教学资源建设类：国家职业教育虚拟仿真示范实训基地专业课程与教学资源建设项目　教育部　4 项；

职业教育国家教学标准　教育部　15 项
3. 教师荣誉类：新时代职业教育名师（名匠）名校长培养计划　教育部　1 项；

黄炎培职业教育奖杰出校长奖　教育部　1 项；

教育部直属机关建议提案办理工作优秀承办个人　教育部　1 项；

中国职业技术教育学会优秀教师　中国职教学会　1 项
4. 数智项目类：信息化支撑职业院校校企合作专业共建项目首批共同体　中央电化教育馆　1 项
5. 专业建设类：现代学徒制试点单位　教育部　1 项；

空军、陆军、海军、火箭军定向军士培养　教育部等　4 项；

高职院校创新发展行动计划：骨干专业、生产性实训基地、优质专科高等职业院校、协同创新中心等　教育部　13 项
6. 廉洁教育类：教育部第八届高校廉洁教育系列活动案例展示优秀作品　教育部　1 项
7. 服务培训类：中国民用航空局维修培训机构合格证　民航局　1 项
8. 典型案例类：职业教育示范性虚拟仿真实训基地典型案例　教育部　1 项；

全国职业院校校园文化建设"一校一品"学校、金课案例　教育部文化素质教学指导委员会　3 项；

入选全国职业院校典型案例　全国高职高专网等　9 项
9. 科学研究类：国家自然科学基金依托单位　国家自然科学基金委　1 项；

"虚拟仿真技术在职业教育教学中的创新应用"专项课题　教育部　2 项；

学校高水平科研成果：SCI 论文　29 项；

学校高水平科研成果：发明专利　国家知识产权局　85 项
10. 乡村振兴类：2023 年共青团服务乡村振兴笃行计划全国示范性团队、2023 年乡村振兴"笃行计划"优秀实践个人　共青团中央　2 项；

2021 年获评文化和旅游部"建党百年红色旅游百条精品线路"　文化和旅游部　1 项

五、陕西国防工业职业技术学院（专业群 B 档）

1. 共青团中央 2022 年"三下乡"社会实践优秀团队　团中央青年发展部　1 项
2. 新时代职业学校名师（名匠）名校长培养计划（2023—2025 年）培养对象和培养基地——名师培养对象　教育部办公厅　1 项
3. 2022 年全国行业职业技能竞赛——全国服务型制造应用技术技能大赛国赛一等奖　人社部　1 项
4. 第十届全国大学生机械创新设计大赛国赛二等奖　全国大学生机械创新设计大赛组委会　1 项
5. 2022 年金砖国家职业技能大赛（决赛）服务机器人三等奖　金砖国家职业技能大赛组委会　1 项
6. 首批全国健康学校建设单位　教育部办公厅　1 项
7. 教育部首批职业院校数字校园建设试点单位　职业教育与成人教育司　1 项
8. 工信部专精特新产业学院　工信部中小企业发展促进中心　1 项
9. 法国施耐德电气绿色低碳产教融合项目建设单位　中国教育国际交流协会　1 项
10. 教育部全国高校供需对接就业育人项目　教育部高校学生司　20 项

六、陕西职业技术学院（专业群 B 档）

1. 中国—中亚峰会涉陕成果对接清单及重点任务　中国—中亚峰会　1 项
2. 教育部高等职业教育创新发展行动计划：骨干专业、生产性实训基地、优质专科高等职业院校、"双师型"教师培养培训基地　教育部职成司　11 项
3. 全国大学生数学建模竞赛　教育部高教司　二等奖 3 项
4. 首批产教融合专业合作建设试点专业　工信部人才交流中心　2 项
5. 中外人文交流全媒体产教融合项目首批合作院校　教育部中外人文交流中心　1 项
6. 全国工业大数据行业产教融合共同体　陕西省教育厅办公室　1 项
7. 第三批现代学徒制试点专业通过验收　教育部职成司　3 项
8. 全国旅游职业教育教学指导委员会专业标准研制专家、教育部职业院校艺术设计类专业研制组核心成员　全国旅游职业教育教学指导委员会、教育部职业院校艺术设计类专业教学指导委员会　3 项
9. 国家级其他项目：教育部供需对接就业育人项目　教育部学生司　9 项；

中国高校产学研创新基金课题　教育部高等学校科学研究中心　2 项；

全国教育科研"十四五"规划重点课题　教育部国家教师科研专项基金管理办公室　1 项；

文化艺术职业教育和旅游职业教育提质培优行动计划项目　文化和旅游部科技教育司　1 项；

全国学校共青团研究重点课题　共青团中央基层建设部　1 项；

中文+职业教育"语言桥"特色实践基地　中文联盟　1 项
10. 国家级其他竞赛项目："十四运"突出贡献奖　"十四运"组委会；

全国行业职业技能竞赛　人力资源和社会保障部　二等奖 1 项、三等奖 3 项；

中国技能大赛　交通运输部和人社部　二等奖 1 项；

第二届中华经典诵写讲大赛　教育部语言文字应用管理司　二等奖 1 项；

"云马户通杯"全国旅游院校服务技能（导游服务技能）大赛　全国旅游院校技能大赛组委会　一等奖 1 项

七、陕西能源职业技术学院（专业群 C 档）

1. 2023 年度虚拟现实先锋应用案例（煤矿智能开采虚拟仿真基地一体化建设与应用）　工业和信息化部、教育部、国家广播总局、国家体育总局　1 项

2. 坦桑尼亚职业标准　坦桑尼亚教育教学委员会　1 项

3. 主持或参与修订国家专业简介、专业教学标准、"1+X"标准　教育部（全国煤炭行业教育教学指导委员会、全国石油和化工职业教育教学指导委员会牵头）　28 项

4. 全国第一批职业院校数字校园建设试点院校　教育部职业教育与成人教育司　1 项

5. 主持研制国家技术标准　国家市场监督管理总局、国家标准管理委员会　1 项

6. 习近平新时代中国特色社会主义思想大学习领航计划主题教育活动（"我心中的思政课"——第六届全国高校大学生微电影展示活动一等奖）　教育部（教育部高校思政课教学指导委员会主办）　1 项

7. 高等职业教育创新发展行动计划项目（生产性实训基地、骨干专业、应用技术协同创新中心）　教育部　1 项

8. 全国大中专学生志愿者暑期"三下乡"社会实践活动"优秀团队"　团中央青年发展部　1 项

9. 全国煤炭行业技能大师　中国煤炭工业协会　10 项

10. 供需对接就业育人项目　教育部高校学生司　10 项

八、咸阳职业技术学院（专业群 C 档）

1. 全国文明单位　中央精神文明建设指导委员会　1 项

2. 全国大中专学生志愿者暑期"三下乡"社会实践活动　团中央青年发展部　2 项

3. 新时代职业学校名师（名匠）名校长培养计划（2023—2025 年）培养对象和培养基地　教育部办公厅　1 项

4. 现代学徒制第二批试点验收　教育部职业教育与成人教育司　1 项

5. 第二期供需对接就业育人项目　教育部高校学生司　5 项

6. 国家级技工教育和职业培训教材（技工教育规划教材）人社部　1 项

7. 全国绿化模范单位　全国绿化委员会　1 项

8. 第一批职业院校数字校园建设试点院校　教育部职业教育与成人教育司　1 项

9. 教育部中德先进职业教育合作项目首批试点院校　教育部办公厅　1 项

10. 全国大学生数学建模竞赛获奖　教育部高等教育司、中国工业与应用数学学会　5 项